高等院校智慧物流与供应链系列教材

智慧物流信息技术与应用

魏学将 王 猛 李文锋 编著

机械工业出版社

本书按照智慧物流信息管理流程对智慧物流信息技术进行分类，构建了较为系统的智慧物流信息技术体系框架。全书共 11 章，包括智慧物流信息技术概述、物品编码与标识技术、物流定位与导航技术、状态感知与执行技术、近距离无线通信技术、局域互联技术、广域互联技术、物物互联技术、数据存储与处理技术、智能分析与计算技术、数据交换与共享技术等内容，基本覆盖了智慧物流领域所涉及的各种信息技术，内容体系完整，章节组织合理。

本书适合物流管理、物流工程、供应链管理、电子商务等相关专业的本科生和研究生作为教材使用，也可作为物联网、云计算、大数据、人工智能和自动化等专业相关课程的参考教材，还可作为物流领域相关学者、科技人员及从业者的参考资料。

本书配有电子课件、教学大纲、授课计划、教学扩展视频和课后练习等教学资源，需要的教师可登录 www.cmpedu.com 免费注册，审核通过后下载，或扫描关注机械工业出版社计算机官方微信订阅号——身边的信息学，回复 73240 即可获取本书配套资源链接。

图书在版编目（CIP）数据

智慧物流信息技术与应用 / 魏学将，王猛，李文锋编著．—北京：机械工业出版社，2023.6（2025.1 重印）

高等院校智慧物流与供应链系列教材

ISBN 978-7-111-73240-2

Ⅰ. ①智… Ⅱ. ①魏… ②王… ③李… Ⅲ. ①智能技术-应用-物流管理-高等学校-教材 Ⅳ. ①F252.1-39

中国国家版本馆 CIP 数据核字（2023）第 091803 号

机械工业出版社（北京市百万庄大街 22 号　邮政编码 100037）
策划编辑：王　斌　　　　　责任编辑：王　斌　胡　静
责任校对：韩佳欣　张　薇　责任印制：任维东
北京中兴印刷有限公司印刷
2025 年 1 月第 1 版第 3 次印刷
184mm×260mm・22 印张・568 千字
标准书号：ISBN 978-7-111-73240-2
定价：89.90 元

凡购本书，如有缺页、倒页、脱页，由本社发行部调换

电话服务　　　　　　　　　　网络服务
客服电话：010-88361066　　　机　工　官　网：www.cmpbook.com
　　　　　010-88379833　　　机　工　官　博：weibo.com/cmp1952
　　　　　010-68326294　　　金　书　网：www.golden-book.com
封底无防伪标均为盗版　　　　机工教育服务网：www.cmpedu.com

高等院校智慧物流与供应链系列教材编委会成员名单

主　　任：李文锋

副 主 任：刘伟华　魏学将（执行）　王　猛（执行）

顾　　问：张金隆　张培林　张庆英　凌大荣　郑朝霞
　　　　　刘大成　贺可太　刘　军

委　　员：（按姓氏笔画排序）
　　　　　马向国　王　勇　王坚红　田益峰　代四广
　　　　　毕　娅　刘元兴　刘伟华　汤中明　杨　晋
　　　　　汪贻生　周小芬　周志刚　周琼婕　郑少峰
　　　　　徐海峰　辜　勇　熊文杰　戴小廷

秘 书 长：胡毓坚

副秘书长：时　静　王　斌

出 版 说 明

当前，物联网、云计算、大数据、区块链、人工智能、无人驾驶、自动化与机器人等技术在物流领域的广泛应用，推动传统物流向智慧物流转型。党的二十大报告明确提出："加快发展物联网，建设高效顺畅的流通体系，降低物流成本。"对现代物流与供应链人才的专业知识、管理技能和综合素质提出了更新、更高、更全面的要求。

为了适应创新型、复合型和应用型智慧物流与供应链人才培养的需要，机械工业出版社联合多所高校，汇集国内专家名师，共同成立教材编写委员会，组织出版了"高等院校智慧物流与供应链系列教材"，全面助力高校智慧物流与供应链人才培养。

本套教材力求实现物流与供应链管理专业同工科、理科等相关专业的充分结合，突出交叉学科融合特性；以我国智慧物流与供应链人才需求为牵引，在继承经典的物流与供应链理论、方法和技术的基础上，充分吸收国内外智慧物流与供应链发展的新理论、新技术和新方法，突出学科前沿性；以现代高等教育理论为依据，在充分体现智慧物流与供应链相关专业（方向）先进教学理念的基础上，引入优质合作企业的案例、技术、产品及平台，实现产教融合、协同育人，突出实践应用性。同时，系列教材教学配套资源丰富，便于高校开展教学实践；主要参编者皆是身处教学一线、教学实践经验丰富的名师，教材内容贴合教学实际。

我们希望这套教材能够充分满足国内众多高校智慧物流与供应链相关专业的教学需求，为培养优质的智慧物流与供应链人才提供强有力的支撑。并希望有更多的志士仁人加入到我们的行列中来，集智汇力，共同推进系列教材建设！

高等院校智慧物流与供应链系列教材编委会

前　言

智慧物流已然是我国一张亮丽的名片。智慧物流的发展不仅得益于物联网、云计算、大数据、人工智能、区块链等新兴信息技术的应用，同时也离不开物品编码、条码、射频识别、卫星定位、地理信息系统等传统技术的支撑。各种信息技术与现代物流的结合也催生了无人机、无人仓、无人驾驶卡车、智能快递柜等众多物流新技术与新装备。熟悉智慧物流信息技术体系构成，掌握相关信息技术的原理、功能、特点，具备一定的技术应用能力和创新思维，是对新时期应用型、创新型、复合型智慧物流人才的基本要求。因此，在机械工业出版社的支持下，按照"高等院校智慧物流与供应链系列教材"的规划，我们组织编写本书，作为智慧物流信息技术及相关课程的教材。

本书着眼于新时代智慧物流人才培养，以原理特性介绍为起始点，以功能效用分析为着重点，以应用场景描述为落脚点，希望能够促进读者技术应用能力与创新思维的形成。全书共 11 章，在智慧物流信息技术概述的基础上，从物品编码与标识、物流定位与导航、状态感知与执行、近距离无线通信、局域互联、广域互联、物物互联、数据存储与处理、智能分析与计算以及数据交换与共享等方面对相关的智慧物流信息技术进行了详细的分析和介绍。

本书的特色：一是注重内容的系统性，较为全面地梳理了智慧物流信息技术体系框架，基本涵盖了智慧物流发展中的典型技术和关键技术；二是注重内容的时代性，认真梳理了各相关技术的发展脉络，紧跟技术发展前沿，力争将当前主流的技术标准、功能特性、性能指标和应用情况展现给读者；三是注重内容的启发性，限于篇幅不能详尽描述所有的技术应用成果，所以在应用部分以场景、思路分析为主，并辅以适当的案例，希望能够借此来抛砖引玉；四是注重内容的思政性，将我国智慧物流信息技术发展和应用的重要和典型成果作为课程思政资源引入教材，挖掘其中的思政元素，最终形成了较为完整的课程配套思政资源库。

本书由武汉工商学院魏学将（副教授）、王猛（教授）和武汉理工大学李文锋（教授）联合编著。具体分工如下：李文锋编写第 1 章，魏学将编写第 2～9 章，王猛编写第 10、11 章。全书大纲由李文锋和魏学将共同拟定，由魏学将统稿。同时，武汉工商学院 2020 级物流管理专业的晏阳、潘小颖、李杏子、吴佳佳、龚磊、李子康等同学也参与了本书的文字整理、图片处理、书稿校对和资源制作等工作。

本书作为机械工业出版社"高等院校智慧物流与供应链系列教材"的规划项目之一，从立项、编写、审定到出版凝聚着机械工业出版社和系列教材编委会的支持；尤其是天津大学刘伟华教授，武汉理工大学张培林教授、张庆英教授，中国人民解放军陆军勤务学院凌大荣教授，《物流技术》杂志社郑朝霞社长，对本书的编写给予了大量的指导和帮助。在此一并表示最诚挚的谢意！

本书在编写过程中，参阅和引用了大量国内外文献，并从相关机构、杂志、网站等处选取了部分资料和案例，在此谨向有关作者与单位致以最衷心的感谢！

本书配备了免费的教学大纲、教学计划、教学 PPT 以及配套的习题库、案例库和思政资源库等教学资源，能够为课程教学提供全方位的支撑。读者可联系 81155173@qq.com 免费获取资料。

由于作者水平及时间有限，加上智慧物流信息技术发展迅速、体系繁杂，相关研究和应用成果不断推陈出新，书中难免有疏漏和不足之处，敬请各位专家和读者批评指正！

魏学将

教 学 建 议

本书可以作为物流管理、物流工程、供应链管理、电子商务等相关专业"物流信息技术"和"智慧物流技术"等相关课程的备选教材。

学习本书的前置条件是已经完成了"计算机基础""计算机网络""数据库原理与应用""智慧物流概论"(或"物流管理概论")等基础课程的学习。本书的内容能够为"智慧物流装备与应用""物流设施与设备""智慧物流与供应链管理""智慧仓储管理""智慧物流系统规划与设计""物流业务数据统计与分析"等后续专业课程奠定必要的知识基础。

本书设计学时为 64 学时，具体分配如表 0-1 所示。学时充裕情况下，可以选择方案 1；在学时数较少的情况下，可以仅选择部分内容进行课堂教学，其他部分可安排学生利用教材配套的电子资源自学。如果课程计划学时仅为 32 学时，可以参考方案 2；如果计划学时为 48 学时，可以参考方案 3。另外，本书还配套了 6 次共计 24 学时的实验，在教学过程中可以根据实际情况灵活选择。

表 0-1 学时分配与教学建议

章名	理论学时	方案1	方案2	方案3	实验学时
第1章 智慧物流信息技术概述	4	√	√	√	
第2章 物品编码与标识技术	8	√	√	√	4
第3章 物流定位与导航技术	8	√	√	调整为6	4
第4章 状态感知与执行技术	6	√	√	√	4
第5章 近距离无线通信技术	4	√	自学	自学	6
第6章 局域互联技术	4	√	自学	自学	
第7章 广域互联技术	6	√	自学	自学	
第8章 物物互联技术	6	√		√	
第9章 数据存储与处理技术	6	√	4选1	√	4
第10章 智能分析与计算技术	6	√		√	
第11章 数据交换与共享技术	6	√		√	2
合计	64	64	32	48	24

目 录

出版说明
前言
教学建议

第1章 智慧物流信息技术概述 …… 1
1.1 智慧物流信息技术的概念及性质 …… 1
1.1.1 智慧物流信息技术的概念与范畴 …… 2
1.1.2 智慧物流信息技术的性质与特点 …… 3
1.2 智慧物流信息技术的体系架构 …… 4
1.2.1 智慧物流感知层技术 …… 5
1.2.2 智慧物流网络层技术 …… 7
1.2.3 智慧物流应用层技术 …… 9
1.2.4 智慧物流集成化技术 …… 10
1.3 智慧物流信息技术的应用与发展 …… 10
1.3.1 传统物流信息技术应用稳步推进 …… 11
1.3.2 智慧物流新兴技术应用逐步深入 …… 12
1.3.3 "互联网+"智慧物流生态链逐渐成形 …… 17
1.3.4 物流机器人技术发展迅猛 …… 18
本章小结 …… 18
练习与思考 …… 19

第2章 物品编码与标识技术 …… 21
2.1 物品编码技术 …… 22
2.1.1 物品编码技术概述 …… 22
2.1.2 GS1 编码体系 …… 25
2.1.3 EPC 编码体系 …… 29
2.1.4 GS1 与 EPC 的转换 …… 32
2.2 条码技术 …… 37
2.2.1 条码技术概述 …… 37
2.2.2 条码的码制 …… 39
2.2.3 GS1 条码符号 …… 46

2.3 射频识别技术 …… 52
2.3.1 RFID 技术概述 …… 52
2.3.2 RFID 系统 …… 57
2.3.3 产品电子代码系统 …… 63
2.4 物品编码与标识技术在物流中的应用 …… 66
2.4.1 箱码在供应链中的应用 …… 66
2.4.2 RFID 技术在仓储中的应用 …… 70
2.4.3 GS1 标准在食品安全追溯中的应用 …… 71
本章小结 …… 75
练习与思考 …… 77

第3章 物流定位与导航技术 …… 79
3.1 全球卫星导航系统 …… 79
3.1.1 GNSS 概述 …… 80
3.1.2 GNSS 的工作原理 …… 83
3.1.3 北斗卫星导航系统 …… 85
3.2 地理信息系统 …… 88
3.2.1 GIS 概述 …… 89
3.2.2 GIS 空间分析技术 …… 95
3.2.3 GIS 的发展方向与主流产品 …… 97
3.3 室内定位技术 …… 105
3.3.1 室内定位技术概述 …… 105
3.3.2 室内定位技术原理 …… 108
3.3.3 常用室内定位技术 …… 110
3.3.4 室内定位网络平台 …… 114
3.4 物流定位与导航技术在物流中的应用 …… 117
3.4.1 BDS 在物流运输中的应用 …… 117
3.4.2 GIS 在物流领域的应用 …… 118

  3.4.3 室内定位技术在智慧物流园区中的

     应用……………………………… 119

 本章小结 ……………………………………… 120

 练习与思考 …………………………………… 121

第 4 章　状态感知与执行技术 ………… 123

 4.1 传感器技术 …………………………… 124

  4.1.1 传感器技术概述 ……………… 124

  4.1.2 新型传感器与常用传感器 …… 126

  4.1.3 传感器在物流中的应用 ……… 130

 4.2 语音识别技术 ………………………… 131

  4.2.1 语音识别技术概述 …………… 131

  4.2.2 语音识别系统 ………………… 133

  4.2.3 语音识别技术在物流中的

     应用 …………………………… 134

 4.3 机器视觉技术 ………………………… 137

  4.3.1 机器视觉技术概述 …………… 137

  4.3.2 机器视觉系统 ………………… 138

  4.3.3 机器视觉技术在物流中的应用 … 139

 4.4 物流机器人技术 ……………………… 141

  4.4.1 工业机器人概述 ……………… 141

  4.4.2 物流机器人及应用 …………… 143

 本章小结 ……………………………………… 148

 练习与思考 …………………………………… 148

第 5 章　近距离无线通信技术 …………… 150

 5.1 近距离无线通信概述 ………………… 150

  5.1.1 近距离无线通信的相关概念 … 150

  5.1.2 近距离无线通信技术标准及

     分类 …………………………… 153

 5.2 常用近距离无线通信技术 …………… 154

  5.2.1 Bluetooth 技术 ………………… 154

  5.2.2 ZigBee 技术 …………………… 158

  5.2.3 UWB 技术 ……………………… 161

  5.2.4 NFC 技术 ……………………… 164

 5.3 近距离无线通信技术的应用 ………… 165

  5.3.1 Bluetooth 在物流中的应用 …… 165

  5.3.2 WSN 在物流中的应用 ………… 169

  5.3.3 UWB 在物流中的应用 ………… 171

  5.3.4 NFC 技术在物流中的应用 …… 172

 本章小结 ……………………………………… 173

 练习与思考 …………………………………… 173

第 6 章　局域互联技术 …………………… 175

 6.1 现场总线技术 ………………………… 176

  6.1.1 现场总线技术概述 …………… 176

  6.1.2 现场总线控制系统 …………… 180

  6.1.3 现场总线技术在物流中的应用 … 182

 6.2 以太网技术 …………………………… 184

  6.2.1 以太网概述 …………………… 185

  6.2.2 以太网组网 …………………… 186

  6.2.3 以太网技术在物流中的应用 … 191

 6.3 无线局域网技术 ……………………… 193

  6.3.1 无线局域网概述 ……………… 194

  6.3.2 WiFi 技术 ……………………… 196

  6.3.3 无线局域网组网 ……………… 198

  6.3.4 无线局域网技术在物流中的

     应用 …………………………… 202

 本章小结 ……………………………………… 203

 练习与思考 …………………………………… 204

第 7 章　广域互联技术 …………………… 205

 7.1 互联网技术 …………………………… 205

  7.1.1 互联网概述 …………………… 205

  7.1.2 "互联网+"物流 ……………… 207

 7.2 移动通信技术 ………………………… 209

  7.2.1 移动通信技术概述 …………… 209

  7.2.2 5G 通信技术 …………………… 213

  7.2.3 5G+物流 ……………………… 216

 7.3 集群通信技术 ………………………… 217

  7.3.1 集群通信系统概述 …………… 217

  7.3.2 集群通信系统标准 …………… 219

  7.3.3 B-TrunC 及其在物流中的应用 … 222

 本章小结 ……………………………………… 227

 练习与思考 …………………………………… 227

第 8 章　物物互联技术 …………………… 228

 8.1 物联网技术 …………………………… 229

  8.1.1 物联网概述 …………………… 229

  8.1.2 物联网低功耗广域网络 ……… 230

  8.1.3 物联网技术在物流中的应用 … 232

 8.2 车联网技术 …………………………… 233

  8.2.1 车联网技术概述 ……………… 233

  8.2.2 车联网的体系架构及构成 …… 234

  8.2.3 车联网技术在物流中的应用 … 236

IX

8.3　信息物理系统 …………………… 237
　　　　8.3.1　信息物理系统概述 ………… 237
　　　　8.3.2　信息物理系统的体系架构 … 242
　　　　8.3.3　信息物理系统在物流中的应用 … 244
　　本章小结 ……………………………… 246
　　练习与思考 …………………………… 246

第 9 章　数据存储与处理技术 … 248
　　9.1　物流大数据概述 ………………… 249
　　　　9.1.1　物流大数据的概念 ………… 249
　　　　9.1.2　物流大数据的特征 ………… 250
　　　　9.1.3　物流大数据的内容 ………… 251
　　9.2　物流大数据存储技术 …………… 255
　　　　9.2.1　大数据存储的相关概念 …… 255
　　　　9.2.2　大数据存储方式 …………… 256
　　　　9.2.3　典型大数据存储系统 ……… 258
　　9.3　物流大数据处理技术 …………… 262
　　　　9.3.1　大数据处理的相关概念 …… 262
　　　　9.3.2　典型物流大数据处理技术 … 263
　　9.4　物流大数据的应用 ……………… 266
　　　　9.4.1　车货匹配 …………………… 266
　　　　9.4.2　运输路线优化 ……………… 266
　　　　9.4.3　库存预测 …………………… 267
　　　　9.4.4　设备修理预测 ……………… 267
　　　　9.4.5　供应链协同管理 …………… 267
　　本章小结 ……………………………… 268
　　练习与思考 …………………………… 268

第 10 章　智能分析与计算技术 … 270
　　10.1　云计算技术 …………………… 271
　　　　10.1.1　云计算技术概述 ………… 271
　　　　10.1.2　物流云及服务 …………… 272
　　　　10.1.3　物流云公共信息平台 …… 276

　　10.2　边缘计算技术 ………………… 278
　　　　10.2.1　边缘计算技术概述 ……… 278
　　　　10.2.2　典型边缘智能平台 ……… 280
　　　　10.2.3　边缘计算在物流中的应用 … 282
　　10.3　人工智能技术 ………………… 284
　　　　10.3.1　人工智能技术概述 ……… 284
　　　　10.3.2　人工智能的主要成果 …… 287
　　　　10.3.3　人工智能技术在物流中的应用 … 289
　　10.4　仿真模拟技术 ………………… 294
　　　　10.4.1　仿真模拟技术概述 ……… 294
　　　　10.4.2　虚拟（增强）现实技术 … 296
　　　　10.4.3　仿真模拟技术在物流中的应用 … 298
　　本章小结 ……………………………… 300
　　练习与思考 …………………………… 300

第 11 章　数据交换与共享技术 … 302
　　11.1　电子数据交换技术 …………… 303
　　　　11.1.1　EDI 概述 ………………… 303
　　　　11.1.2　EDI 系统 ………………… 304
　　　　11.1.3　EDI 标准 ………………… 306
　　　　11.1.4　EDI 技术在物流中的应用 … 308
　　11.2　可扩展标记语言 ……………… 311
　　　　11.2.1　XML 概述 ………………… 311
　　　　11.2.2　典型 XML 电子商务标准 … 313
　　　　11.2.3　XML 技术在物流中的应用 … 319
　　11.3　区块链技术 …………………… 320
　　　　11.3.1　区块链技术概述 ………… 320
　　　　11.3.2　区块链的技术原理 ……… 322
　　　　11.3.3　区块链技术在物流中的应用 … 325
　　本章小结 ……………………………… 335
　　练习与思考 …………………………… 336

参考文献 …………………………… 338

第1章　智慧物流信息技术概述

学习目标

- 理解智慧物流信息技术的概念和范畴。
- 了解智慧物流信息技术的性质与特点。
- 掌握智慧物流信息技术的体系架构。
- 熟悉智慧物流信息技术的应用现状与发展趋势。

导入案例

智慧物流发展的重要技术节点

自2012年以来，智慧物流发展迅速，取得了一系列的成果，物流技术行业结构也发生了重大变化。

2012年，亚马逊收购Kiva；2013年，SaaS服务商Adage、oTMS相继成立；2014年5月，菜鸟网络推出电子面单；2015年，京东、顺丰相继启动无人机项目。

2016年，菜鸟网络联合高德地图，发布物流数据开放平台，建立5级地址库；国产类Kiva机器人厂商陆续成立；中通、韵达、申通相继在转运中心引入自动化分拣设备。

2017年5月，青岛港全自动化码头开始运营；同年10月，京东建成全球首个全流程无人仓。

2018年1月，NURO宣布推出全球首个Level 4全自动无人配送车；同年3月，顺丰拿到国内首张无人机航空许可证。

2020年，物流无人化、少人化发展趋势加速。因此，2020年成为"AI+物流"的应用元年。同年12月，百度Apollo获取北京首批无人化路测（第一阶段）通知书。据艾瑞咨询预测，2025年我国"AI+物流"的市场规模将接近100亿元。

智慧物流的概念自2009年提出以来，一直受到高度关注。在实践应用层面，智慧物流更是发展迅速，取得了一系列建设成果。智慧物流的建设与发展，离不开物联网、云计算、大数据、人工智能、区块链等相关技术的支撑，同时也推动着相关技术的发展。系统认识和了解智慧物流相关技术，对于把握智慧物流本质，掌握智慧物流建设与发展规律，进一步明确智慧物流建设与发展目标，具有重要的促进作用。

1.1　智慧物流信息技术的概念及性质

物流信息技术是智慧物流发展的重要推动力。物流信息技术伴随着智慧物流的发展而发展，其范畴在不断扩大，同时也呈现出许多新的特点。

1.1.1 智慧物流信息技术的概念与范畴

1. 物流技术

技术是指人类为满足社会生产需要,根据生产经验和自然科学原理发展而成的各种工艺操作方法与技能,它既可以表现为实物形态的工具、仪器及设备,又可以表现为抽象形态的设计图纸、说明,还可以以劳动经验、工艺技巧、作业方式等形式存储在人类的头脑中。

物流技术是指物流活动中所采用的自然科学与社会科学方面的理论、方法,以及设施、设备、装置与工艺的总称。它包括在采购、运输、装卸、流通加工和信息处理等物流活动中所使用的各种工具、设备、设施和其他物质手段,以及由科学理论知识和实践经验发展而成的各种方法、技能以及作业流程等。

物流技术从所涉及的范围来看,可以分为狭义和广义两种。狭义的物流技术主要是指在物流活动中涉及的技术,如物品的包装、标识、实时跟踪技术和有关物流信息处理的技术。广义的物流技术不仅包括物流活动过程中的相关物流技术,还包括其他相关的物流技术以及物流技术的发展规律,如物流规划技术、物流效率分析和评价技术等。

从物流技术包括的内容来看,可以划分为实物流作业技术和物流信息技术。实物流作业技术主要包括包装技术、运输技术、储存保管技术、装卸搬运技术等;物流信息技术主要包括条码技术、射频识别技术(Radio Frequency Identification,RFID)、地理信息系统(Geographic Information System,GIS)和电子数据交换技术(Electronic Data Interchange,EDI)等。

按技术形态分类,可以分为物流硬技术和物流软技术。物流硬技术是指人们在物流活动中所使用的各种材料、物流机械和设施等,包括各种包装材料、运输工具、仓储设施以及服务于物流的电子计算机、通信设施等。物流软技术是指物流活动中所采用的由科学知识、劳动经验发展而成的各种技能、作业程序和现代管理方法等,包括物流系统规划技术、现代物流管理技术、物流系统评价技术和物流信息化技术等。

按物流系统的功能要素,物流技术可以划分为运输技术、仓储技术、装卸搬运技术、包装技术、配送技术、流通加工技术、物流管理技术和物流信息处理技术等。其中物流管理技术主要包括企业资源计划(Enterprise Resource Planning,ERP)、物料需求计划(Material Requirement Planning,MRP)、配送需求计划(Distribution Requirement Planning,DRP)、物流资源计划(Logistics Resource Planning,LRP)、订货点技术、准时制(Just in Time,JIT)等。

虽然从不同的角度可以将物流技术划分成不同类型,但在实践中各种分类方式是相互重叠的。因此在实际应用中不能简单地从某个角度认识物流技术,而应该综合、整体地看待。

2. 物流信息技术

信息技术(Information Technology,IT)是指主要用于管理和处理信息的各种技术的总称。它主要是应用计算机科学和通信技术来设计、开发、安装和实施信息系统及应用软件,因此也常被称为信息和通信技术(Information and Communications Technology,ICT)。现代信息技术主要包括传感技术、计算机与智能技术、通信技术和控制技术等。信息技术的应用包括计算机硬件和软件、网络和通信技术、应用软件开发工具等。自计算机和互联网普及以来,人们日益广泛地使用计算机来生产、处理、交换和传播各种形式的信息(如书籍、商业文件、报刊、唱片、电影、电视节目、语音、图形、影像等)。

物流信息技术(Logistics Information Technology)是指运用于物流各环节的信息技术。从构成要素上看,物流信息技术作为现代信息技术的重要组成部分,本质上都属于信息技术的范畴,只是因为信息技术应用于物流领域而使其在表现形式和具体内容上存在一些特殊性,但其基本要素仍然同现代信息技术一样,划分为物流信息系统技术、物流信息应用技术和物流信息安全技术三个层次。物流信息系统技术是有关物流信息的获取、传输、处理、控制的设备和系统的技术，它是建立在信息基础技术之上的，是整个信息技术的核心，其内容主要包括物流信息获取技术、物流信息传输技术、物流信息处理技术及物流信息控制技术。物流信息应用技术是基于管理信息系统（Management Information System，MIS）技术、优化技术和计算机集成制造系统（Computer Integrated Manufacturing Systems，CIMS）技术而设计的各种物流信息管理系统和物流自动化设备，例如，仓储管理系统（Warehouse Management System，WMS）、运输管理系统（Transportation Management System，TMS）、配送优化系统等。物流信息安全技术，即确保物流信息安全的技术，主要包括密码技术、防火墙技术、病毒防治技术、身份鉴别技术、访问控制技术、备份与恢复技术以及数据库安全技术等。

物流信息技术是现代信息技术在物流各个作业环节中的综合应用，是现代物流区别于传统物流的根本标志，也是物流技术中发展最快的领域，从数据采集的条码系统，到办公自动化系统中的计算机、互联网，各种终端设备等硬件以及计算机软件都在日新月异地发展。同时，随着物流信息技术的不断发展，产生了一系列新的物流理念和物流经营方式，推动着物流的变革。在供应链管理方面，物流信息技术的发展也改变了企业应用供应链管理获得竞争优势的方式。成功的企业通过应用信息技术来支持它的经营战略并选择它的经营业务，从而提高供应链的效率，增强整个供应链的经营决策能力。

物流信息技术的范畴伴随着信息技术和物流的发展而不断调整和变化。传统的物流信息技术主要包括计算机技术、网络技术、信息分类编码技术、条码技术、RFID、电子数据交换技术、卫星定位技术、地理信息系统和智能技术等。近年来，随着物联网（Internet of Things，IoT）、云计算（Cloud Computing）、大数据（Big Data）、人工智能（Artificial Intelligence，AI）、区块链（Block Chain）等信息技术的快速发展及其在现代物流领域的应用，这些技术也逐渐被纳入物流信息技术的范畴。

3. 智慧物流信息技术

智慧物流综合运用新兴信息技术与现代物流管理理论，以实现物流系统的智能、高效、绿色、宜人为目标，以系统论、信息论、控制论和运筹学为理论基础，构建具有智能感知、学习、分析、推断、控制、决策能力的现代综合物流体系，全面提升物流系统数字化、网络化、自动化、智能化、宜人化服务水平。智慧物流是现代物流发展的高级阶段，已经成为数字经济时代产业数字化的重要推动力。

智慧物流信息技术是物流信息技术在智慧物流这一特定阶段的特定表述。借用物流信息技术的概念，可以将智慧物流信息技术定义为：运用于智慧物流各环节的现代信息技术，不仅包括传统的物流信息技术，还包括物联网、云计算、大数据、人工智能、区块链等新兴信息技术。

智慧物流信息技术同样可以划分为物流信息系统技术、物流信息应用技术和物流信息安全技术三部分。本书以物流信息系统技术的介绍为主，兼顾物流信息应用技术，而物流信息安全技术则不作为重点。

1.1.2 智慧物流信息技术的性质与特点

智慧物流信息技术作为物流技术的子集，继承了物流技术的性质，同时也呈现出一些新的特点。

1. 应用性

应用性是物流技术的共性。首先，物流技术是与现实物流活动全过程紧密相关的，从这个观点说，物流技术是一种应用技术；其次，物流技术总是从一定的目的出发，针对物流建设与发展中存在的具体问题，形成解决方案，从而满足人们对物流在某些方面的需求。同时，在现代物流发展过程中，人类有目的、有计划、有步骤的技术活动推动了物流技术的不断发展，尤其是在当前，不断推动着智慧物流信息技术的发展。例如，对物品标识的需要，推动了条码、RFID 技术等在物流领域的应用；对物流情境全面感知的需要，推动着物联网、车联网等技术在物流领域的应用；对物流配送精准高效的需要，推动着卫星定位与 GIS 技术在物流领域的应用。

2. 开发性

开发性也可理解为创新性，是技术的共性。对于技术而言，创新是技术发展的核心，技术的发展需要创新并且技术创新是一个艰难的历程。对于物流信息技术而言，必须与多样化需求相适应，需要制定规划以促进技术的发展，因此物流信息技术也有开发性的特点。在智慧物流的发展过程中，物流信息技术的开发性体现得更加明显。某项技术在物流领域的应用，必须结合具体的应用场景和需求，进行一定程度的开发和创新。例如，商品电子防盗系统（Electronic Article Surveillance，EAS）、便携式数据采集终端（Portable Data Terminal，PDT）等是基于 RFID 开发的结果；云计算的应用促进了物流云的形成。

3. 集成性

智慧物流信息技术的集成性体现在两个方面。一方面，单一的物流信息技术需要与其他技术集成才能发挥效能。例如，在物流信息管理过程中，数据采集技术需要与传输、存储、处理和应用等技术充分集成，形成完整的物流管理信息系统，以实现物流信息的全寿命管理。另一方面，部分物流信息技术是多种技术集成的结果。例如，EDI 是计算机、通信和现代管理技术相结合的产物；无人仓中集成了无线传感器、人工智能和自动化控制等多种技术。

4. 交叉性

时至今日，传统单一技术类型已在逐渐减少，多项技术的融合以及跨领域结合的趋势越来越明显。多学科、多领域、多区域的合作对物流的影响是显著而深远的。例如，地理信息系统就是一门综合性学科，结合了地理学、地图学、数学和统计学、测绘科学以及遥感和计算机科学。智慧物流环境下，物流信息技术的交叉性更加明显。从学科层次，传统的文科和工科的界线变得模糊，跨学科合作、多学科交叉已成为一种常态；从技术层面，多学科、多领域的交叉融合促进了物流信息技术的不断创新与发展，尤其是统计预测、智能管理（Intelligent Management，IM）、智能调度等技术的发展。例如，统计预测技术是统计学、数学和计算科学交叉融合的产物；智能管理是人工智能与管理科学、知识工程与系统工程、计算技术与通信技术、软件工程与信息工程等多学科、多技术相互结合、相互渗透而产生的一门新技术、新学科；物流中的智能调度依赖于具有高速计算性能的设备与最优的智能算法。

1.2 智慧物流信息技术的体系架构

智慧物流是基于物联网技术在物流领域的应用而提出的。参考物联网的三层体系结构，智慧物流系统由底至顶一般划分为感知层、网络层和应用层三个层次。感知层负责信息的采集和初步处理；网络层负责信息的可靠传输；应用层负责数据的存储、分析与应用。本书在智慧物流系统层次划分的基础上，按照智慧物流信息管理流程及应用需求对每个层次进行细化，将智慧物流信息技术划分为三个层次 12 个模块，如图 1-1 所示。

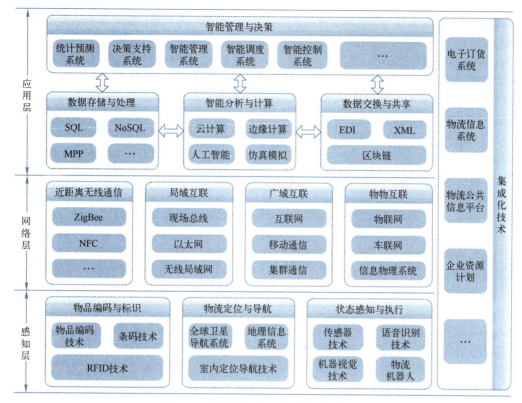

图 1-1　智慧物流信息技术体系框架图

1.2.1　智慧物流感知层技术

感知层是智慧物流系统实现对货物、物流设施设备、运行环境感知的基础，是智慧物流的起点。具体而言，又可划分为物品编码与标识、物流定位与导航、状态感知与执行三个方面的功能目标，分别对应于三类技术。

1. 物品编码与标识技术

《物流术语》（2021）中，物品特指经济与社会活动中实体流动的物质资料。此处的物品泛指智慧物流系统中各种有形或无形的实体，主要包括流通的物品、物流设施、物流设备、企业资产等，是需要信息交换的客体。物品编码与标识主要解决智慧物流环境下的物品数字化管理问题，所涉及的技术主要包括物品编码技术、条码技术和RFID技术等。

当前，全球范围内通用的物品编码体系是 GS1 编码体系，其为供应链中的不同层级的贸易项目（产品与服务）、物流单元、资产、参与方、服务关系、单据以及其他特殊领域提供全球唯一的编码标识及附加属性代码。然而，受编码池的限制，其中的全球贸易代码只能对某一类商品进行编码（典型应用是商品条码），而不能实现对单件商品的唯一标识，已经不能满足智慧物流建设与发展的需要。产品电子代码（Electronic Product Code，EPC）的出现较好地解决了这一问题。EPC 编码是对 GS1 编码的补充，可以实现对零售商品、物流单元、集装箱、货运包装等所有实体对象的唯一有效标识，被誉为具有革命性意义的新技术。

物品编码本身只是一组字符，需要有效的载体承载并与物品绑定才能实现对物品的标识。在实际应用过程中，GS1 编码以条码符号作为数据载体，而 EPC

拓展阅读 1-1：
编码池

编码则以 RFID 电子标签作为其数据载体。随着智慧物流的不断发展，EPC 编码的应用范围将会不断扩大。

2. 物流定位与导航技术

物流定位与导航技术主要解决货物运输过程的透明化以及室内物品、设备的定位导航问题，涉及的技术主要有全球卫星导航系统（Global Navigation Satellite System，GNSS）、地理信息系统和室内定位导航技术等。

GNSS 主要用于解决物流室外作业场景中的定位问题，如运输工具定位、在途货物定位、集装箱定位等，一般结合 GIS 使用。目前，全球有四大卫星导航系统供应商，包括美国的全球定位系统（Global Positioning System，GPS）、俄罗斯的格洛纳斯卫星导航系统（GLObal NAvigation Satellite System，GLONASS）、我国的北斗卫星导航系统（BeiDou Navigation Satellite System，BDS）和欧盟的伽利略卫星导航系统（Galileo Navigation Satellite System，Galileo）。当前，我国以 GPS 和 BDS 的应用为主，发展趋势是 BDS 将会逐步取代 GPS。GNSS 的应用领域主要包括运输车辆自主导航、地面车辆跟踪和城市智能交通管理、船舶远洋导航和进港引水、船只实时调度与导航等。

GNSS 与 GIS 的结合可以很好地解决智慧物流系统中的室外定位问题。但智慧物流系统中有很多作业场景位于室内，例如，仓库、配送中心等，需要室内定位导航技术的辅助，从而解决卫星信号不能穿透建筑物的问题，为室内物品和设备的定位导航提供技术支撑。

室内定位导航技术主要划分为基于无线通信基站的定位、惯性导航定位、地磁定位、基于图片（视频）的机器视觉定位等几种类型。常用的定位技术主要有 4G 基站定位技术、5G 基站定位技术、蓝牙定位技术、WiFi 定位技术、超宽带（Ultra Wide Band，UWB）定位技术和 vSLAM（Visual Simultaneous Localization and Mapping，基于视觉的同步定位与地图构建）技术等。其中，5G 基站定位技术、UWB 定位技术和 vSLAM 技术是当前关注的热点和重点。实际应用中，一般是多种技术综合使用，以达到较好的定位和导航效果。

3. 状态感知与执行技术

状态感知是指依靠传感器及其相关技术使计算机设备能够"感知"物流运作的情境，通过分析与计算，使物流系统能够自适应情境的变化，并主动做出准备或反应。状态感知能力的提升是智慧物流的重要基础，所涉及的技术主要包括传感器技术、语音识别技术、机器视觉技术以及物流机器人技术等。状态感知能力同样是物流机器人的基础能力，能够进一步提高智慧物流前端执行的智能化程度。

传感器从仿生学的角度，使机械像人类或动物的感觉器官一样能对外界环境变化进行感知。当前，使用的传感器主要是智能传感器，对外界信息具有一定的检测、自诊断、数据处理以及自适应能力，是微型计算机技术与检测技术相结合的产物。在智慧物流系统中，传感器处于最前端，是感知、获取与检测各种信息的窗口。它的作用是延伸、扩展、补充或代替人的听觉、视觉和触觉等器官的功能，是实现感知与自动控制的重要环节。在某些场景中，传感器被作为部件嵌入智能设备，例如，无人叉车、无人配送车等，用于感知设备本身和周边的环境信息；在另外的一些场景中，无线传感器组成无线传感器网络（Wireless Sensor Networks，WSN），采集某个区域范围内的特定环境参量，例如，仓储环境监控、园区安防监控等。

语音识别技术，也被称为自动语音识别（Automatic Speech Recognition，ASR），其目标是将人类语音中的词汇内容转换为计算机可读的输入符号，例如，按键、二进制编码或者字符序列。在物流领域，语音识别技术已经在分拣系统和智能客服中开始应用。

机器视觉主要用计算机来模拟人的视觉功能，但并不仅仅是人眼的简单延伸，更重要的是具有人脑的一部分功能——从客观事物的图像中提取信息，进行处理并加以理解，最终用于实际检测、测量和控制。在智慧物流系统中,机器视觉主要用于物流作业现场的人员和车辆管理,以及物流各作业环节的物品形状识别、尺寸检测、自动化数量检测、包装质量检测等,也包括前述的 vSLAM 技术。

物流机器人属于工业机器人的范畴,是智慧物流系统的前端执行机构。广义的物流机器人包括仓库物流机器人、无人驾驶物流车等多种形式;狭义的物流机器人主要指在仓库内执行装卸、搬运、分拣、包装以及拆码垛等功能的机器人。使用较为普遍的物流机器人主要有自动导引运输车(Automated Guided Vehicle,AGV)、自主移动机器人(Autonomous Mobile Robot,AMR)、有轨穿梭车(Rail Guided Vehicle,RGV)和搬运机械臂四种类型。

1.2.2 智慧物流网络层技术

智慧物流网络层是智慧物流系统的神经网络,连接着感知层和应用层,其功能为"传送",即通过通信网络进行信息传输。网络层包含接入网和传输网,分别实现接入功能和传输功能。传输网由公网与专网组成,典型传输网络包括电信网(固网、移动通信网)、广电网、互联网、专用网(数字集群);接入网包括光纤接入、无线接入、以太网接入、卫星接入等各类接入方式,实现底层的物品、人员、物流设施、物流设备等的无缝接入。根据应用场景可以划分为近距离无线通信技术、局域互联技术、广域互联技术和物物互联技术等,如图 1-2 所示。

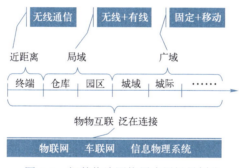

图 1-2 智慧物流网络层应用场景划分

1. 近距离无线通信技术

近距离无线通信技术,又称近间隔无线通信技术。其范围很广,在普通意义上,只需要通信收发双方经过无线电波传输信息,并且传输间隔限制在较短的范围内,通常是几十米内,就可以称为近(短)间隔无线通信,具有低成本、低功耗和对等通信等特征和优势。智慧物流系统中,近距离无线通信技术主要用于解决系统终端人员、物品、设备、设施等之间的有限距离或有限范围的无线通信问题,涉及的技术主要包括蓝牙(Bluetooth)、ZigBee、Z-Wave、红外(IrDA)、UWB、近场通信(Near Field Communication,NFC)、RFID 等。

智慧物流环境下,由于近距离无线通信的应用非常多样化,且要求各不相同,所以多种标准和技术并存的现象会长期存在。例如,需要宽带传输的视频、高速数据可以采用 UWB 技术;对速率要求不高但对功耗、成本等有较高要求的无线传感网可以采用 ZigBee、Z-Wave 及与其相似的技术;对于非常近距离的标签无线识别应用,则可采用 NFC、RFID 等无线通信技术。

2. 局域互联技术

此处的局域是指仓库、货场、配送中心、物流园区、转运中心、港口码头、货运机场等智慧物流系统中的有限区域和空间。局域互联技术着眼于解决这些区域的组网和通信问题,涉及的技术主要有现场总线技术和局域网技术。

现场总线一般用于解决工业现场的智能化仪器仪表、控制器、执行机构等现场设备间的数字通信以及这些现场控制设备和高级控制系统之间的信息传递问题。智慧物流系统中，作业现场的智能化设备越来越多，需要应用现场总线技术将其连接为一个整体，从而发挥协同效应，提高现场作业效率。

局域网是现代物流实现办公自动化和作业自动化的基础条件，按其接入方式可分为有线和无线两种方式。有线方式以以太网技术的应用最为普遍，其传输速度快，性能稳定，框架简易，并且具有封闭性，一般用于物流企业内部、室内作业现场和物流数据中心组网等。无线方式以 WiFi 的应用最为普遍，例如 WiFi6 覆盖了 2.4GHz、5GHz 两个频段，允许与多达 8 个设备通信，最高速率可达 9.6Gbit/s。与有线接入方式相比，WiFi 无须布线，健康安全，组网简单，能够较好地支持终端的移动性。

3．广域互联技术

智慧物流环境下，物流系统覆盖的范围经常跨城、跨省、跨区甚至跨国。城际、省际乃至全球性的信息交互是智慧物流系统正常运转的基础，所以需要互联网、移动通信和集群通信等技术的支持。

互联网打破了空间限制，降低了信息交换的成本，提升了信息的聚合效应，具备通信、社交、网上贸易、云端化服务、资源共享、服务对象化等多种功能，是信息社会的重要基础。互联网与物流的结合，不断创新物流经营和服务模式，将各种运输、仓储等物流资源在更大的平台上进行整合和优化，扩大资源配置范围，提高资源配置有效性，全面提升物流效率。

互联网虽然实现物流各主体之间广域互联，但无法充分满足物流对移动性的要求，在一定程度上也限制了智慧物流的发展。移动通信技术的进步为智慧物流发展注入了新的动力。随着 5G 技术的推广应用，国内物流行业将迎来新的发展机遇，智慧物流市场前景广阔。

互联网和移动通信网都是面向大众的公共通信网络。但在智慧物流系统中，货柜码头、大型转运站等某些特殊的场景，需要有专用的通信网络用于现场的指挥和调度。所以，仍然需要集群通信系统这一专用通信网络技术的支持。

4．物物互联技术

物物互联是智慧物流区别于传统物流的典型特征，也是智慧物流的重要基础，涉及的技术主要包括物联网、车联网、信息物理系统等，目的是实现"物"与"物"之间的相互通信和协同运作。

物联网技术被誉为信息科技产业的第三次革命。物联网的出现推动着现代社会智慧化程度的不断提高，"智慧地球""智慧城市""智慧生活"等概念不断被提出。物联网技术同样推动着现代物流向智慧物流发展，是智慧物流系统建设的基础支撑技术之一。

车联网（Internet of Vehicles，IoV）的概念源于物联网，即车辆物联网，是以行驶中的车辆为信息感知对象，借助新一代信息通信技术，实现车与X（X 表示车、人、路、服务平台）之间的网络连接，提升车辆整体的智能驾驶水平，为用户提供安全、舒适、智能、高效的驾驶感受与交通服务，同时提高交通运行效率，提升社会交通服务的智能化水平。车联网的发展推动着我国智慧物流的变革。随着车联网理念的引入，技术的提升，政策的支持，相信未来的车联网将给中国物流业带来革命性的变化，我国智慧物流将迎来大发展的时代。

信息物理系统（Cyber Physical System，CPS）是将计算资源与物理资源紧密结合与协调的产物，它将改变人类与物理世界的交互方式。作为物联网的演进，CPS 已经受到工业领域的广泛关注，并已在多个环节得到应用和体现。工业 4.0 制造必然需要物流 4.0 服务，CPS 系统绝不仅仅适合工业领域，物流领域仍然适用。CPS 在物流领域具有重要而广泛的应用前景。

1.2.3 智慧物流应用层技术

应用层相当于智慧物流系统的大脑，接收来自感知层的数据并进行智能分析与决策，辅助完成智慧物流相关业务或形成执行指令反馈给感知层，控制相应的自动化设备。智慧物流系统中，应用层直接影响和决定着系统智慧的高低。按照所发挥的功能，智慧物流应用层可以划分为数据存储与处理、智能分析与计算、数据交换与共享以及智能管理与决策四个组成部分。

1. 数据存储与处理

数据存储与处理是数据应用的基础，其主要目标是将原始的物流数据上升到信息层次。智慧物流环境下，物流数据类型繁多，来源复杂，信息量大，更新速度快，物流大数据时代已然来临。

大数据时代的关键不仅是帮助人们分析有价值的信息，更重要的是如何将这些有价值的信息存储下来，为未来或当下提供有效的信息。大数据的出现同时伴随着信息产业的发展，促进存储技术的革新。面对数据量庞大、结构复杂的物流数据，应该采用什么样的方式来存储，也是信息行业一直努力探索的目标。现如今应用的存储模型主要有 NoSQL、MPP（大规模并行处理）、分布式和云计算存储等。

在大数据处理方面，按照数据处理模式，可以划分为仅批处理、仅流处理和混合处理三种框架。仅批处理框架的典型代表是 Apache Hadoop，其处理引擎为 MapReduce；仅流处理框架的典型代表是 Apache Storm 和 Apache Samza；混合处理框架主要有 Apache Spark、Apache Flink 等。

2. 智能分析与计算

智能分析与计算以数据存储与处理为基础，在某些应用场景中，两者相互交叉、互为支撑。智慧物流系统中，智能分析与计算技术主要用于挖掘物流信息背后隐藏的规律，将信息上升到知识层次，为智能管理与决策提供支撑，涉及的技术主要有云计算技术、边缘计算技术、人工智能技术和模拟仿真技术等。其中，云计算和边缘计算主要提供算力；人工智能则主要提供算法，结合物流大数据可以充分实现物流系统的智能；而仿真模拟则提供了模型验证与优化的工具，能够提升物流系统智能进化的速度。

云计算是智慧物流发展的基础性技术之一。一方面，云计算具有超强的数据处理和存储能力；另一方面，智慧物流系统中无处不在的数据采集，需要大范围的支撑平台以满足其规模需要。然而，随着云计算、大数据、人工智能等技术的快速发展，以及各种应用场景的不断成熟，越来越多的数据需要上传到云端进行处理，给云计算带来更多的工作负载，同时，由于越来越多的应用需要更快的反应速度，边缘计算应运而生。

边缘计算将计算资源移到了靠近物或数据源头的网络边缘，能够就近提供边缘智能服务，从而满足智慧物流系统在敏捷连接、实时业务、数据优化、应用智能、安全与隐私保护等方面的关键需求。典型的边缘智能平台有 ParaDrop、Cloudlet、PCloud、Firework 和海云计算系统等。目前的主要应用有基于边缘计算的智慧交通应用、基于边缘计算的工业控制应用、基于边缘计算的视频监控智能分析应用等，这些应用将会进一步促进智慧物流的发展。

仿真模拟技术为物流系统中各种模型、方案的验证评估提供了必要的技术手段。尤其是虚拟现实（Virtual Reality，VR）和增强现实（Augmented Reality，AR）技术的出现，更进一步拓展了仿真模拟技术的应用范围，增强了仿真模拟的感知性、沉浸感、交互性和构想性，在物流系统仿真、物流数字孪生系统和物流实训等方面均有着广泛的应用。

3. 数据交换与共享

数据交换与共享技术是打破物流信息孤岛，促进物流数据流通，形成数据聚合效应的重要基础。虽然数据库、物流信息平台等技术在很大程度上扩大了数据共享范围，提升了数据共享能力，但针对智慧物流环境下的数据异构、自动交换、数据安全、数据溯源和可信性验证等问题，仍需要电子数据交换（Electronic Data Interchange，EDI）、可扩展标记语言（Extensible Markup Language，XML）和区块链等相关技术的支持。

EDI 将计算机和通信网络高度结合，能够快速处理并传递商业信息，形成了涌动全球的"无纸化贸易"。EDI 应用水平已经成为衡量一个企业在国际国内市场上竞争力大小的重要标志。EDI 对于提高智慧物流系统中各企业间的信息交互效率，推动物流全球化的发展具有重要作用。

然而，EDI 技术是在大公司的推动下发展起来的，其准入门槛相对较高，这就意味着有很多企业将失去很多机会和优惠条件。特别是随着电子商务的快速发展，企业与企业之间、企业与用户之间的信息交换越来越频繁，所以需要一种新的数据标准格式作为数据的载体，而且它应该是经过检验的国际标准，具有开放性，并且与平台、语言无关。XML 可以满足这样的要求。所以 XML 出现后，成为 EDI 的有效补充。

无论是 EDI 还是 XML，其所交换的内容仅仅是信息。同时，在数据可信性验证方面也存在着明显的不足。所以当区块链技术出现以后，为物流数据乃至价值的传递提供了新的解决方案。区块链本质上是一个共享数据库，存储于其中的数据或信息，具有"不可伪造""全程留痕""可以追溯""公开透明""集体维护"等特征。基于这些特征，区块链技术奠定了坚实的"信任"基础，创造了可靠的"合作"机制，在智慧物流领域具有广阔的应用前景。

4. 智能管理与决策

智能管理与决策面向物流管理和作业人员，是对智能分析与计算结果的应用，同时也需要数据存储与处理和数据交换与共享技术的支撑。

智能管理与决策技术主要表现为各种形式的物流软件，主要包括统计预测系统、决策支持系统、智能管理系统、智能调度系统、智能控制系统等，一般集成在各种物流业务管理系统中，如仓储管理系统、运输管理系统和配送管理系统等，成为各系统的智能核心。

智能管理与决策技术是多种基础技术在物流各环节集成应用的结果。本书以基础技术介绍为主，所以对本部分不再单独列章，而是结合其他技术的应用进行分析介绍。

1.2.4 智慧物流集成化技术

所谓集成化，即是把某些东西（或功能）集在一起，使形成的新对象具有被集成对象的全部属性和功能，甚至衍生出新的功能。物流集成化技术中"集成"的对象主要是技术和功能，集成的结果能够满足特定领域、特定场景或特定业务的全部需求，部分技术在层次上也贯穿了智慧物流的感知层、网络层和应用层。物流集成化技术的典型代表有电子订货系统、物流信息系统、企业资源计划和物流公共信息平台等。

智慧物流集成化技术不是本书的重点内容，会在相关基础技术章节结合技术应用做简单介绍。

1.3 智慧物流信息技术的应用与发展

智慧物流信息技术的应用是智慧物流实现的基础，同时也伴随着智慧物流的发展而发展。预计 2025 年将是我国智慧物流信息技术应用的成熟期，不仅会形成信息全网全覆盖的应用模式，而且将打破行业间、企业间的信息孤岛和不对称，有效整合社会物流资源，以实现我国智慧物流的高效发展。本节以中国信通院、网经社、罗戈研究院、智研咨询和产业信息网等多家企业

（组织）的研究报告和统计数据为依据，从传统物流信息技术、智慧物流新兴技术、"互联网+"智慧物流生态链和物流机器人技术四个方面，分析和介绍当前智慧物流信息技术的应用与发展情况，尤其是我国智慧物流信息技术的应用与发展情况。

1.3.1 传统物流信息技术应用稳步推进

此处的传统物流信息技术主要指条码、RFID、GNSS 和 GIS 等，这些仍然是智慧物流发展的重要基础，在智慧物流系统中的应用稳步推进。

1．条码技术应用现状

条码技术产业除了在传统的零售与物流领域应用之外，还开拓了医疗卫生行业、军事应用、邮政、航空等新的应用领域，加强了在食品追溯、仓储管理等领域的推广力度。法国、澳大利亚、日本在内的全球 20 多个国家和地区，都采用条码技术建立食品安全系统。

基于条码技术应用的高度自动化的现代物流系统，是目前国际上物流发展的一大趋势。2020 年全世界条码识别设备市场规模约为 160 亿人民币，年增长率为 4.57%，亚太地区增速为 6.7%，高于其他地区。

2．RFID 技术应用现状

RFID 技术，由于具有高速移动物体识别、多目标识别和非接触识别等特点，显现出巨大的发展潜力与应用空间，被认为是 21 世纪最有发展前途的信息技术之一。许多国家都将 RFID 作为一项重要产业予以积极推动，物流是 RFID 最有潜力的应用领域之一。UPS、DHL、FedEx 等国际物流巨头都在积极试验 RFID 技术并推广应用。

根据中国 RFID 产业联盟的数据（见图 1-3），自 2010 年我国物联网发展被正式列入国家发展战略后，我国 RFID 及物联网产业迎来了难得的发展机遇。2013 年，我国 RFID 的市场规模突破 300 亿元，规模增速达到 35.0%，随后市场平稳上升；2019 年，我国整体宏观环境遇冷，下游需求受到影响，市场增速有所下降，但整体仍保持上升势头，市场规模在 1100 亿元左右；2020 年，基于 RFID 技术的物联网应用更不断丰富，与移动互联网的结合不断深入，应用领域不断广泛，RFID 市场规模继续保持高速增长趋势，2020 年年末我国 RFID 市场规模突破 1200 亿元。

图 1-3　2012—2020 年我国 RFID 市场规模增长情况及测算

3．GNSS 和 GIS 应用现状

GNSS 和 GIS 作为重要的空间信息技术，对智慧物流的发展有着重要的促进作用。尤其是在 2020 年我国北斗卫星导航系统成熟以后，其应用范围和应用领域得到了进一步拓展。

2017 年，交通运输部、中央军委装备发展部发布《北斗卫星导航系统交通运输行业应用专项规划（公开版）》，对 2020 年进行了目标规划："重点运输车辆北斗兼容终端应用率不低于 80%，国内'四类重点船舶'北斗兼容终端应用率不低于 80%，推动民航低空空域监视北斗定位信息应用训练场达到 100%，铁路列车调度北斗授时应用率达到 100%"。2011—2019 年我国卫星导航与位置服务产业总产值总体呈逐年增长态势，2019 年我国卫星导航与位置服务产业总产值为 3450 亿元，同比增长 14%，如图 1-4 所示（资料来源：《中国卫星导航与位置服务产业发展白皮书》）。另据前瞻产业研究院预测（见图 1-5），2019—2024 年我国车载导航电子地图市场规模仍将维持中高速发展，预计 2024 年达到 77.6 亿元。

图 1-4 2011—2019 年我国卫星导航与位置服务产业总产值情况

图 1-5 2019—2024 年我国车载导航电子地图市场规模预测情况

1.3.2 智慧物流新兴技术应用逐步深入

智慧物流新兴技术主要指物联网、车联网、云计算、大数据、人工智能、区块链和 5G 等技术，是推动智慧物流发展的基础技术和关键技术，在智慧物流中的应用也逐步深入。中商产业研究院分析认为，预计未来 5～10 年（始于 2019 年），物联网、云计算和大数据等新一代信息技术将进入成熟期，物流人员、装备设施以及货物将全面接入互联网，呈现指数级增长趋势，形成全覆盖、广连接的物流互联网，"万物互联"将助推智慧物流发展。

1. 物联网技术应用现状

在物联网方面，其产业市场规模正不断扩大。中国通信工业协会的数据表明（见图 1-6），自 2013 年以来我国物联网行业规模保持高速增长，增速一直维持在 15%以上，已从 2013 年的 4896 亿元增长至 2019 年的 14500 亿元。根据 GSMA 的数据（见图 1-7），2025 年我国物联网行业规模将超过 2.7 万亿元。另据有关数据显示，2017 年我国的物联网设备达到 12.1 亿台，预计到 2025 年，我国物联网设备数量将增长到 53.8 亿台。物流行业是物联网重要的应用领域，物联网作为智慧物流实现的基础，伴随着物流行业的快速发展，正得到越来越广泛的应用。

图 1-6　2013—2019 我国物联网行业市场规模统计及增长情况

图 1-7　2020—2025 年我国物联网行业市场规模趋势

物联网应用于智慧物流主要经历了三个阶段，也就是启蒙阶段（2003—2004 年）、发展与探索阶段（2005—2009 年）和理念提升阶段（2009 年至今）。前两个阶段主要是沿着 RFID/EPC 和 GPS/GIS 两条技术路线不断探索的。而以 2009 年为开端的第三个阶段则是质的飞跃，物联网理论得到了补充和完善，逐步形成三大技术核心，即感知技术、网络通信技术和智能应用技术。物联网在智慧物流中的应用具有必然性。在主观性方面，无论是在理论上、实验中还是初步的实践中，物联网在智慧物流领域的应用已经初见雏形，并且有进一步发展的主观可能性；在客观性方面，推进物联网在智慧物流领域的应用是智慧物流行业发展的需要，也是其他相关行业发展的需要。

2．车联网技术应用现状

在车联网方面，得益于政策和行业的发展，市场规模也在不断扩大。据中国联通数据显示（见图 1-8），预计 2025 年，全球车联网市场将接近 17000 亿美元，中国车联网市场规模接近 10000 亿元，渗透率达到 77%（见图 1-9）。另外，据 IHS 预测，2025 年全球自动驾驶汽车销量将达到 23 万辆，2035 年将达到 150 万辆。其中，北美市场上的份额将达到 29%，中国为 24%，西欧为 20%。所以，无论在企业方面还是市场规模方面，车联网都将作为物联网的重要领域继续发展，尤其是在各个细分领域，例如，智能驾驶、智慧物流及智能终端设备等方面都将继续渗透，进行技术革新，提高工作效率。车联网的发展会进一步推动中国智慧物流的变革。依托 RFID、BDS/GIS、GPRS（通用无线分组业务）等车联网技术集成应用，搭建物流货运与配载信息化监控管理平台，能够为客户在线提供实时货物信息、返程配货信息等。所以，车联网时代建立智能物流货运与配货平台，具有重要意义，同时具有较大的市场机遇。

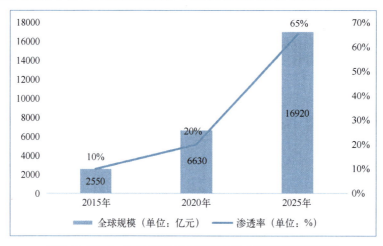

图 1-8　2015—2025 年全球车联网行业市场规模及渗透率

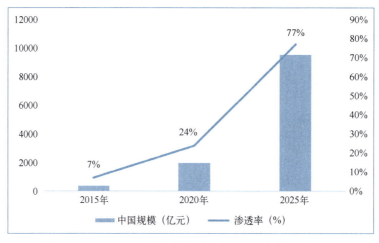

图 1-9　2015—2025 年我国车联网行业市场规模及渗透率

3．云计算技术应用现状

在云计算方面，云技术从粗放向精细转型，技术体系日臻成熟，迎来了多样化、全面化的发展时期。据中国信息通信研究院统计，2020 年我国云计算整体市场规模达 2091 亿元，增速 56.6%。其中，公有云市场规模达 1277 亿元，相比 2019 年增长 85.2%（见图 1-10）；私有云市场规模达 814 亿元，较 2019 年增长 26.1%（见图 1-11）。另根据 Gartner 统计，2015—2020 年，全球云计算市场渗透率逐年上升，由 4.3%上升至 13.2%。

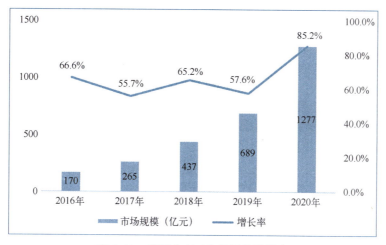

图 1-10　我国公有云市场规模及增速

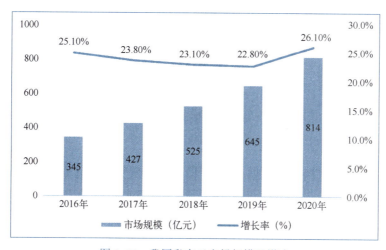

图 1-11　我国私有云市场规模及增速

目前，在物流领域有些运作已经有"云"的身影，如车辆配载、运输过程监控等。借助云计算中的"行业云"，多方收集货源和车辆信息，并使物流配载信息在实际物流运输能力与需求发生以前得以发布，加快了物流配载的速度，提高了配载的成功率。"云存储"也是可以发展的方向之一，利用移动设备将在途物资作为虚拟库存，即时进行物资信息交换和交易，将物资直接出入库，并直接将货物运送到终端用户手中。

4．大数据技术应用现状

在大数据方面，物流大数据研究和应用刚刚起步，尚属新兴的研究领域，发展比较缓慢。同时，物流大数据行业的生命周期（数据产生→数据采集→数据传输→数据存储→数据处理→数据分析→数据发布、展示和应用→产生新数据）比较长，一般需要 5~8 年，前期的数据积累和沉淀耗时、耗力、耗财。

从细分市场来看，医药物流、冷链物流、电商物流等都在尝试乘上大数据这辆高速列车，但从实际应用情况来看，电商物流凭借互联网平台具有一定的先发优势，发挥了一定的引领作用。大数据在物流企业中的应用贯穿了整个物流企业的各个环节，对物流企业的管理与决策、客户关系维护、资源配置等方面起到积极的作用。2014 年，我国物流大数据应用市场应用规模为 2.92 亿元，2020 年达到 188.23 亿元。据预计，未来五年我国物流大数据市场规模年增速将保持在 40%左右。

5．人工智能技术应用现状

在人工智能方面，由于互联网+基础设施不断完善，AI+物流具备了一定的数据基础。随着数字化渗透率持续提升，人工智能将成为物流的"新基建"，正在不断深入行业应用。无人化、少人化发展趋势加速，2020 年成为"AI+物流"的应用元年。据艾瑞咨询统计，AI 在物流各环节的应用分布方面，目前仓储与运输环节占比较大，两者占比之和超过 80%。例如，在智能仓储方面，AI 入库识别、货物搬运、存储上架、分拣出库、软件上面都有应用；在搬运环节，移动机器人的应用已经开始爆发式增长。在市场规模方面，2019 年已达 15.9 亿元，预计到 2025 年将接近 100 亿（见图 1-12）。

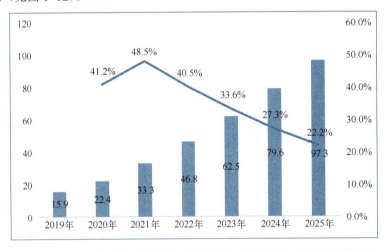

（备注：柱形代表 AI+物流总体市场规模，单位为亿元；线形代表 AI+物流市场规模增速）

图 1-12　2019—2025 年我国人工智能+物流市场规模情况

6．区块链技术应用现状

在区块链技术应用方面，早在 2016 年中国物流与采购联合会就已经意识到区块链技术对物流与供应链领域可能带来的巨大变化，由多家物流、供应链、区块链等企业联合发起成立了中国物流与采购联合会区块链应用分会，致力于推动区块链技术在物流与供应链领域的应用。2019 年 10 月 24 日，中共中央政治局专门就区块链技术发展现状和趋势进行第十八次集体学习（以下简称中央政治局区块链学习）。这表明区块链行业和行业区块链的发展均受到高度重视。

物流与供应链领域是区块链技术重点应用方向，正迎来新的发展机遇。据不完全统计，国内外披露的无币区块链项目中，物流供应链方向的项目超过 35%，物流供应链领域已经成为区块链技术应用最具潜力的市场。在中物联区块链分会的积极推动下，行业区块链应用蓬勃发展，区块链技术在物流供应链领域多项应用落地，在物流供应链金融、物流及商品溯源、供应链协同平台、电子单据票据等领域都相继推出基于区块链技术的产品，涌现出了顺丰速运、京东物流、中都物流等一批优秀的区块链创新应用企业，引领区块链技术在物流供应链领域的发展方向。

7. 5G 技术应用现状

随着 5G 技术的推广应用，国内物流行业将迎来新的发展机遇，智慧物流市场前景广阔。而物流作为 5G 产业链上不可分离的重要部分，将会因为 5G 发生巨大变革。同时，5G 作为"新基建"中的领衔领域，不仅是物流业创新发展、转型升级的赋能者，还推动着物联网、大数据、人工智能以及物流相关技术的进步，以及在物流行业的应用创新。所以，5G 对于物流来说，价值不言而喻。

2020 年 6 月 8 日，中国移动、华为、昆船集团和倍福（中国）四方联合发布的《5G 智慧物流应用场景与解决方案白皮书》披露，从最完整的物流行业链条看，5G 智慧物流的应用场景贯穿从生产组装到运输管控再到分拣配送的全流程，涉及产品生产、流通、消费的全环节。其中，物流设备的 5G 化是关键举措，从负责原料搬运的无人叉车、堆垛机，到负责生产总装和电商分拣的 AGV，以及贯穿其中的质量检测和运输管控设备，都需要植入 5G 模块实现高质联网，保障关键节拍的安全高效运转。

在应用实践方面，行业内已有多家系统集成商（昆船、今天国际、兰剑、中鼎集成等）积极探索 5G 新一代信息通信技术与工业领域的深度融合，围绕物流装备、工业生产制造等重点环节，开展 5G+工业互联网深度协同和新业态与应用模式的创新研发工作，积极打造 5G+数据采集和感知、5G+智能辅助、5G+精准操控、5G+无损检测、5G+机器视觉、5G+集群调度、5G+云化 AGV、5G+安全监控等应用场景。

1.3.3 "互联网+"智慧物流生态链逐渐成形

"互联网+"带来物流生态链的革新，从制造商、供应商、分销商、交付环节、零售商、消费者各个环节、上下游及与最终客户的交互等方向进行信息化改革，促使物流打通信息化各链条，推动传统物流生态链向智慧物流生态链转型。智慧物流生态链是以数据共享、信用机制、物联网技术为支撑，以平台运营中心为核心，由供给生态群、物流生态运营商以及需求生态群组成的链状结构，它已经成为物流发展的新阶段与新模式。智慧物流生态链的发展激发了商业模式创新和市场新进入者的参与，催生了互联网+车货匹配、互联网+合同物流、互联网+库存管理等新模式，成为物流业大众创业、万众创新的重要源泉。

在互联网+车货匹配方面，新华社中国经济信息社在《网络货运平台发展调研报告（2020）》中预测了货运平台的发展趋势，认为未来网络货运平台呈现出向智能供应链生态升级、新技术赋能提速换挡、行业标准化与规范化水平逐步提升、深挖大数据价值创造经济效益等发展趋势。

在互联网+合同物流方面，京东集团表示，"中国合同物流发展程度低，但市场规模已经位居全球第一，且平均增长速度超过 12%，大于中国社会物流总费用 10%的增速，合同物流行业发展空间较大，未来 3～5 年（2020 年开始）是发展机遇期。"

在互联网+库存管理方面，从目前中国互联网+物流仓储行业投资主体来看，行业基本以民营企业为主，近几年国有企业投资速度显著增加。从投资企业的主要业务类型来看，主要可以分为三类。一是以普洛斯为代表的工业地产与传统仓储物流行业企业，二是以 BATJ（百度、阿里巴巴、腾讯、京东）等为代表的互联网企业，三是快递以及零售等对供应链管理、物流信息化要求较高的企业。近几年来，随着国有企业在物流仓储领域的投资增加，一些国有企业、民营企业和地方国资委设立的智慧物流仓储投资平台也逐渐成为行业投资主要力量。

1.3.4 物流机器人技术发展迅猛

近年来，在电子商务、新零售等新兴商业模式创新发展需求的拉动下，在智能制造、智慧物流等发展理念的引领下，在人工智能、物联网、大数据等新技术的驱动下，我国物流机器人行业一路高歌，技术发展突飞猛进，无论硬件如机器人本体、驱动装置、传动系统等，还是软件如控制系统、导航技术、视觉感知、调度系统等，都取得长足进步。例如，针对定位、导航等移动机器人基础技术，在激光传感器、视觉传感器国产化及 SLAM（Simultaneous Localization and Mapping，即时定位与地图构建）等方面已经取得了显著的进展，正由单一的传感定位导航技术发展为多传感器融合的智能定位导航技术，由单 AGV/IGV（Intelligent Guided Vehicle，智慧型导引运输车）的路径规划/调度技术发展到多/群 AGV/IGV 的智能协同路径规划/调度技术，实用化和稳定性得到了极大提升；针对物流机器人对能源的特殊需求，新型的清洁能源和高续航电池的研发也取得了长足进步，无人货车、无人物流运输机进入了实测与应用阶段；在系统软件建设方面，机器人系统与上位调度系统融合，移动机器人工具化的趋势日渐明显，同时便于客户使用和维修；在港口物流装备方面，我国的物流机器人装备已经处于领跑或并跑阶段，基于磁钉定位+GPS 定位导航的 AGV 技术已经得到了工程验证和运用，目前正开展基于激光+视觉+北斗+5G 的 IGV 装备的运营实践，AGV/IGV 装备应用数量已经达到了近百辆，成为智慧港口的重要技术装备。

在推广应用方面，我国物流机器人主要应用在仓储、运输以及制造等行业领域，以辅助/替代人工作业，提升作业环境中自动化水平和作业效率，降低差错率和货损率。AGV 机器人在我国汽车、烟草、印钞、新闻纸等行业已有大规模应用。据统计，目前汽车制造业（主要是零部件制造）使用 AGV 机器人的占比最高，约占 43%；其次是电力行业，应用占比约为 13%；柴油发动机、烟草、乳品和饮料行业的应用分别约占 AGV 总量的 9%、6%和 6%。另外，仓储场景中的"货到人"拣选，在机器人的推动下迅速成为一种主流的方案，可以大大提升仓储环节的拣选效率，提升仓储空间利用率。

2020 年，全球经济受疫情影响遭受重创，却加速了机器人技术的研发和产业的发展。在抗击新冠疫情过程中，物流机器人展现了强大的战斗力、执行力和创造力，极大地提升了物流机器人的市场前景与预期，成为机器人的一个重要分支。2020 年我国物流机器人企业吸引的主要投融资事件占机器人领域的 22%，显示了物流机器人研发与应用的巨大活力。

当然，我国物流机器人技术发展还存在一定的瓶颈与挑战，核心及关键技术的原创性研究仍比较薄弱，高可靠性基础功能部件、系统工艺应用解决方案以及主机批量生产等方面有待全面提升，核心零部件长期依赖进口局面还亟待突破，物流机器人的智能化与自适应能力还有待进一步提升。面对智慧物流这一必然发展趋势，数字化、智能化、柔性化是重要目标，环境感知、多机协同、技术平台等将成物流机器人技术创新的重要方向。

本章小结

智慧物流信息技术是智慧物流建设与发展的重要基础。智慧物流信息技术是物流技术的重要组成部分，是现代信息技术发展及物流应用的结果，既包括条码、RFID、GNSS、GIS 等传统的物流信息技术，也包括 IoT、IoV、云计算、大数据、AI、区块链等新兴技术，在范畴上要大于传统的物流信息技术。

参照物联网的三层技术体系架构，智慧物流技术也可划分为感知层、网络层和应用层三个层次。感知层技术负责构建智慧物流系统的"电五官"，可分为物品编码与标识、物流定位与导航、状态感知与执行三类应用场景，主要包括物品编码技术、条码技术、RFID、GNSS、GIS、室内定位导航技术、传感器技术、ASR、机器视觉技术和物流机器人技术等；网络层技术负责构建智慧物流系统的"神经传导系统"，可划分为近距离无线通信、局域互联、广域互联和物物互联等四类应用场景，主要包括现场总线、以太网、WiFi、互联网、移动通信、集群通信、IoT、IoV、CPS、ZigBee、蓝牙、NFC等技术；应用层技术负责形成智慧物流系统的"大脑"，可分为数据存储与处理、智能分析与计算、数据交换与共享、智能管理与决策四个模块，主要包括大数据存储技术、大数据处理技术、云计算、边缘计算、人工智能、EDI、XML、区块链等技术以及统计预测、决策支持、智能管理、智能调度、智能控制等系统。除此之外，还包括电子订货系统、物流信息系统、企业资源计划、物流公共信息平台等物流集成化技术。

　　智慧物流技术是智慧物流赖以实现的重要基础，并伴随着智慧物流的发展而发展。当前，传统物流信息技术的应用稳步推进，智慧物流新兴技术的应用也逐步深入，"互联网+"智慧物流生态链逐渐形成，物流机器人发展迅猛，取得了一系列重要成果。

练习与思考

一、思考题

1. 如何理解智慧物流信息技术的概念范畴？
2. 智慧物流系统中，物品编码与标识技术主要有哪些？其作用是什么？
3. 智慧物流系统中，物流定位与导航技术主要有哪些？各有何作用？
4. 智慧物流系统中，状态感知技术主要有哪些？各有何作用？
5. 智慧物流系统中，近距离无线通信技术主要有哪些？
6. 智慧物流系统中涉及的局域互联技术主要有哪些？分别适用于什么场景？
7. 智慧物流系统中涉及的智能分析与计算技术主要有哪些？

二、论述题

1. 物流信息技术与智慧物流信息技术有何区别和联系？
2. 简述智慧物流信息技术的应用发展情况。

三、案例分析

快递行业巨变：机器人会代替快递员吗？

　　快递行业不仅解决了很多普通人的就业问题，而且还贴上了"月薪过万""虽然有点累，但赚的钱比白领坐班还多"等鲜明标签，但是，快递员的日子会一直这么好过下去吗？

　　近日，美国突然传来消息，联邦快递将使用机器人实现"最后一公里"短程配送。一款由电池提供动力，最高可达 16km/h 的机器人，借助 LIDAR 传感器和摄像头，可躲避行人和动物、过红绿灯，自动爬楼梯，在人来人往的大街小巷穿梭自如。

　　一个问题随之而来：未来，快递行业真的不需要人了吗？

　　2017年，京东物流首个全流程无人仓正式亮相，这是全球首个规模化投入使用的全流程无人物流中心。京东无人仓从入库、存储，到包装、分拣，真真正正实现全流程、全系统的智能化和无人化。在京东无人仓的整个流程中，从货到人到码垛、供包、分拣，再到集包转运，应用了多种不同功能和特性的机器人，而这些机器人不仅能够依据系统指令处理订单，还可以完成自动避让、路径优化等工作。

　　2018年6月18日，京东第一架重型无人机正式下线。该无人机翼展超过10m，具有全天候全自主飞行能力，巡航高度3000m，巡航速度超过200km/h，可连续飞行1000km以上。起飞重量 840kg，能够携带 5 个标准立方的航空箱。

2018 年 7 月 4 日，百度 AI 开发者大会基于 Apollo 平台第 100 辆搭载 Level 4 自动驾驶技术的量产型"阿波龙"正式下线。资料显示，"阿波龙"是由百度公司和金龙客车合作生产的全国首辆商用级无人驾驶微循环电动车，其车身长 4.3m，宽 2m，共 8 个座位，核载 14 人（含 6 个站位），采用纯电动动力，充一次电，可以跑 100km。

无人物流运输的网络已从空中延伸到陆地，从长距离可至 1000km，到解决"最后 1 公里"的需求。也就是说，目前快递行业已经实现了无人化，整个过程全部可由人工智能来完成。

问题：

1. 无人化是智慧物流的一个重要发展趋势，请思考机器是否会彻底取代人工操作？

2. 从目前情况看，机器已经能够取代人的部分操作，将来会有哪些岗位保留给人们？又或者会新增哪些岗位？这些岗位对从业者的知识、能力和素质会提出哪些新的要求？

第 2 章　物品编码与标识技术

学习目标
- 理解物品编码与标识的基本原理。
- 掌握 GS1 和 EPC 编码体系及相互转换机制。
- 掌握典型的条码码制及 GS1 条码符号。
- 掌握 RFID 的基本原理及 EPC 系统的构成。
- 初步形成物品编码与标识技术的应用思维。

导入案例

GS1 编码助力供应链协同

2017 年 8 月 11 日，国家商务部办公厅、财政部办公厅联合发布《关于开展供应链体系建设工作的通知》，要求重点围绕物流标准化、供应链平台、重要产品追溯打基础、促协同、推融合，从 1200mm×1000mm 标准托盘和全球统一编码标识（GS1）商品条码切入，提高物流链标准化信息化水平，推动供应链各环节设施设备和信息数据的高效对接。

SSCC（Serial Shipping Container Code Barcode，系列货运包装箱代码）对每一特定的物流单元的标识是唯一的，并基本上可以满足所有的物流应用。其采用 GS1-128 条码作为数据载体。

为了落实《关于开展供应链体系建设工作的通知》，从全球统一编码标识（GS1）商品条码切入，国家食品（产品）安全追溯平台在原平台功能基础上增加了物流托盘管理的相关操作，平台能够自动生成 SSCC 和物流标签，方便企业用户下载打印，使企业更规范、更便捷地使用物流标准托盘。SSCC 与 EDI 或者 XML 结合起来使用，可把信息流和货物流有机连接起来，能够大大提高货物装载、运输和接收的效率，进而提升整个供应链的效率。

物品信息的数字化管理是智慧物流系统建设的重要内容，也是智慧物流发展的重要基础。物品信息的数字化管理可以划分为编码、标示、识别和解码四个步骤（见图 2-1）。编码是给物品赋予代码的过程，如商品条码、货位编码等。标示是将代码转换成符号、标记、数据电文的过程，如条码符号、RFID 标签中的二进制数据电文等。识别就是对标识信息进行处理和分析，从而实现对事物进行描述、辨认、分类和解释的过程，其处理结果就是代码。而能够自动获取标识信息并完成识别的过程称为自动识别，涉及的技术即为自动识别技术。解码是将代码还原为物品自己属性信息的过程，是编码的逆运算。编码与解码是物品信息数字化管理的基础，物品标示与识别是物品数字化管理的核心。智慧物流系统中主要使用 GS1 和 EPC 对物品进行编码，两者常用的信息载体分别是条码和 RFID 标签。

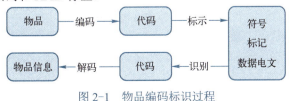

图 2-1　物品编码标识过程

2.1 物品编码技术

物品编码是数字化的"物"信息,是当今社会现代化和信息化的基石。物联网、云计算、智慧地球等新概念、新技术和新应用,究其根本,仍是以物品编码为前提。物品编码技术是一种描述物品编码数据特性的信息技术。物品编码技术规定了编码数据各信息段的含义,从而为物品标识提供技术保障。

2.1.1 物品编码技术概述

1. 物品编码的发展历程

1970年,美国超级市场委员会制定了通用商品代码(Universal Production Code,UPC),采用12位数字编码。1973年,美国统一编码委员会(Universal Code Council,UCC)成立,负责UPC的管理。1974年,标识代码和条码首次在开放的贸易中得以应用。1976年美国和加拿大的超级市场开始使用UPC条码应用系统。

1977年欧洲物品编码协会EAN成立,开发出与UPC条码完全兼容的EAN(European Article Number)码,并在北美以外的地区使用。EAN码主要用13位数字编码。1981年,EAN更名为国际物品编码协会(International Article Numbering Association,IANA)。这时EAN已经发展成为一个国际性的组织,EAN码作为一种消费单元代码,在全球范围内被用于唯一标识一种商品。

伴随着经济全球化的进程,需要对全球每个物品进行编码和管理,条码的编码容量满足不了这样的要求,EPC就应运而生了。2003年9月,UCC和EAN共同成立EPC global,其主要职责是在全球范围内建立和维护EPC网络,保证采用全球统一的标准完成物品的自动、实时识别,以此来提高国际贸易单元信息的透明度与可视性。

2005年2月,EAN和UCC正式合并更名为GS1(Globe Standard 1)。更名对GS1的发展意义重大,表明了机构的性质、品牌、发展目标及宣传方针等内容的变化,意味着机构从单一的条码技术向更全面、系统的技术领域及服务体系发展。经过不断的完善和发展,GS1已拥有一套全球跨行业的产品、运输单元、资产、位置和服务的标识标准体系和信息交换标准体系,使产品在全世界都能够扫描和识读;GS1的全球数据同步网络(Global Data Synchronization Network,GDSN)确保全球贸易伙伴都使用正确的产品信息;GS1通过EPC、RFID标准提供更高的供应链运营和管理效率;GS1可追溯解决方案,帮助企业遵守欧盟和美国食品安全法规,实现食品消费安全。

2. 物品编码的相关概念

(1)物品编码与物品代码

物品编码是指按一定规则赋予物品易于机器和人识别、处理的代码,是给物品赋予编码的过程。物品编码按照编码的功能可以划分为物品分类编码、物品标识编码和物品属性编码。物品分类编码是按照物品通用功能和主要用途对物品进行聚类,形成的线性分类代码,用以明确物品相互间的逻辑关系与归属关系。物品标识编码是赋予物品的身份标识的编码,用以唯一标识某类、某种或某个物品。物品属性编码是对物品本质特征的描述及代码化表示,一般与标识编码组合使用。本书中的物品编码大多数情况下特指物品标识编码。

物品编码的结果是代码,通常是一组有序字符的组合,表现形式有数字型、字母型和数字字母混合型。为了实现对物品的有效标识,代码必须符合以下要求:①可以唯一地标识一个分类对象(或实体);②加快输入减少出错,便于存储与检索,节省存储空间;③使数据的表述标准化,简化处理程序,提高处理效率;④能够被计算机系统识别、接收和处理。

代码本身只是一组字符，需要有效的载体承载并与物品绑定才能实现对物品的标识。智慧物流系统中，代码的载体主要有条码和 RFID 标签，部分场景中也会使用磁卡和 IC 卡等作为载体，如仓库门禁卡。当载体与物品绑定后，结合其他技术就可以实现对物品的跟踪与追溯管理，例如，集装箱运输跟踪管理、农产品溯源管理等。

拓展阅读 2-1：代码的分类

（2）物品编码系统与物品编码体系

物品编码系统是指以物品编码为关键字（或索引字）的物品数字化信息系统，如图 2-2 所示。物品编码（代码）本身只是一组无含义的字符，需要结合信息系统才能实现对物品信息（名称、规模、单价、位置等）的数字化管理。由于物品编码的唯一性，以物品编码为关键字检索物品编码系统可以准确获取物品的相关信息。因此，国家物品编码系统是国家物品识别网络的基石，为自动识别系统提供数据采集内容。

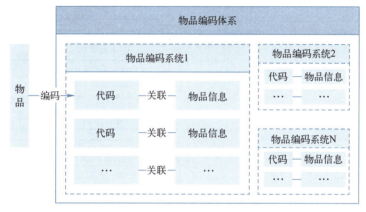

图 2-2　物品编码体系层次结构示意图

物品编码系统按其应用范围可分为通用物品编码系统和专用物品编码系统。通用物品编码系统是指跨行业、跨部门、开放流通领域应用的物品编码系统，是开放流通领域物品的唯一身份标识系统，是目前应用最为广泛的编码系统，包括商品条码编码系统和采用射频识别技术的产品电子代码系统等。通用物品编码系统是全国各领域各种流通物品都适用的物品编码系统，也是开放流通领域必须使用的编码标准。通用物品编码是目前应用最为广泛的编码系统。与其他编码不同，这些编码在采用条码、射频等自动识别数据载体进行承载时，一般采用标准规定的数据载体，或在数据载体中采用特殊规定的、确定的数据标识进行区分。因此，在国家物品标识体系中，通用物品编码的确定可以在数据载体层进行，不需在编码层添加特殊的标识。

专用物品编码系统是指在特定领域、特定行业或企业使用的物品编码系统。专用物品编码一般由各个部门、行业、企业自行编制，在本部门、本系统或本行业采用。专用物品编码系统都是针对特定的应用需求而建立的，例如，固定资产分类与代码、集装箱编码、货位编码等。由于专用物品编码受限，有其适用范围，一般采用的都是通用的数据载体，因此，在数据编码层需要增加特殊的标识进行区分。

物品编码体系是指由物品编码系统构成的相互联系的有机整体。例如，我国国家物品编码体系由物品基础编码系统和物品应用编码系统两大部分构成（见图 2-3）。物品基础编码系统是国家物品编码体系的核心，由物品编码系统标识编码、物品信息标识编码和物品标识编码三个部分组成。物品应用编码系统是指各个领域、各个行业针对信息化管理与应用需求建立的各类物品编码系统。物品应用编码系统包括商品流通与公共服务编码系统以及其他物品应用编码系统两大部分。

23

图 2-3 我国国家物品编码体系构成

拓展阅读 2-2：中国国家物品编码体系

3．智慧物流对物品编码体系的要求

随着智慧物流的不断发展，物流对物品编码体系的依赖性越来越大，同时也对物品编码体系提出了一定的要求，需要具备以下特性。

（1）科学性

物品编码体系的建立需遵循人类认识事物的基本方法和一般规律。首先应对物品编码体系的各构成要素及其关系进行透彻研究和分析。在此基础上，归纳和分析对象并且将两者结合起来，建立一个结构明确、易于使用和维护的体系框架，体系之间各要素的联系符合科学发展规律。

（2）兼容性

智慧物流环境下，信息交换在交换对象方面从人与人向人与物以及物与物拓展；在交换范围上，突破了传统的地域界限，跨地域、跨系统、跨行业的信息交互逐渐成为常态。这就必然要求物品编码体系能实现与各系统的兼容。尤其是在开放流通领域中，各编码系统的兼容是打破信息孤岛、实现信息共享的必然要求。

（3）全面性

物品编码体系需面向各行各业的所有物品，如能源、化工、服装等各行业。要求物品编码体系是一个全面的编码体系，可以在物品的贸易运输、商品结算、产品追溯等多个环节应用。

（4）可扩展性

按照实际发展情况和需求变化，物品编码体系需满足扩展性要求，保留一定的扩展位，为新的物品编码的需求提供发展空间和方向。

（5）国际性

国际物流是现代物流的重要组成部分。在物品编码领域，由于需确保物品编码在全球的唯一性，要求各国协商一致，根据各国的市场与需求合理分配代码。这需要一个国际机构统一组织管理，推动物品编码实现国际化。

（6）无歧视性

无论采用全数字还是字母结合数字的形式，物品编码都不受地方色彩、语言、经济水平、政治观点的限制，是无歧视性的编码。

根据国家商贸物流标准化试点示范要求，推荐采用 GS1 编码体系作为智慧物流编码体系，实现全球自动识别、状态感知、透明管理和追踪追溯。随着 EPC 的成熟与运用，EPC 有望成为下一代智慧物流编码体系。

2.1.2　GS1 编码体系

GS1 编码体系为供应链中不同层级的贸易项目（产品与服务）、物流单元、资产、位置与参与方、服务关系、单据以及其他特殊领域提供全球唯一的编码标识及附加属性代码，如图 2-4 所示。其中 GTIN 只能标识对象的类别，不能标识对象的个体；SSCC、GLN、GIAI、GSRN、CPID 可以对单一对象进行标识；GRAI、GDTI、GCN 属于混合式，既可标识对象类别，也可以标识对象个体；GINC、GSIN 用于标识物理实体的逻辑分组，而不是物理实体本身；附加属性代码不能脱离标识代码独立存在，其类型由应用标识符（Application Identifier，AI）决定。下面结合智慧物流系统的应用需求，仅对其中部分类型进行介绍。

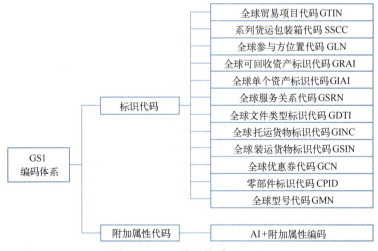

图 2-4　GS1 编码体系（V22）

1．全球贸易项目代码（GTIN）

全球贸易项目代码（Global Trade Item Number，GTIN）是 GS1 编码系统中应用最广泛的标识代码。贸易项目指一项产品或服务。GTIN 是为全球贸易项目提供唯一标识的一种代码。标识代码无论应用在哪个领域的贸易项目上，每一个标识代码必须以整体方式使用。完整的标识代码可以保证在相关的应用领域内全球唯一。对贸易项目进行编码和符号表示，能够实现商品零售、进货、存补货、销售分析及其他业务运作的自动化。

GTIN 由前置码、项目参考码和校验码三部分组成（见图 2-5），划分为 GTIN-8、GTIN-12、GTIN-13 和 GTIN-14 四种不同的编码结构。其中，GS1-8 前置码是由 GS1 全球总部管理和分配，采用 3 位定长的十进制数字串，仅用于 GTIN-8；GS1 公司前置码（下文称厂商识别码）由 GS1 成员机构管理和分配，为 4～12 位变长的十进制数字串，用于在全球范围内唯一标识某个厂商，并且首位为 0 的 GS1 公司前置码（UPC 公司前置码）仅用于 GTIN-12；GTIN-14 第 1 位为指示符，取值范围为 1～9。在我国，厂商识别码由国家物品编码中心负责管理和分配，长度为 7～10 位。其中，前 3 位为前缀码，GS1 全球总部分配给我国的为 960～965 和 969。

	GS1-8前置码或GS1公司前置码											项目参考码		校验码
GTIN-8						N_1	N_2	N_3	N_4	N_5	N_6	N_7		N_8
GTIN-12			N_1	N_2	N_3	N_4	N_5	N_6	N_7	N_8	N_9	N_{10}	N_{11}	N_{12}
GTIN-13		N_1	N_2	N_3	N_4	N_5	N_6	N_7	N_8	N_9	N_{10}	N_{11}	N_{12}	N_{13}
GTIN-14	N_1	N_2	N_3	N_4	N_5	N_6	N_7	N_8	N_9	N_{10}	N_{11}	N_{12}	N_{13}	N_{14}

图 2-5　GTIN 的编码结构

当编码的载体要求必须使用 14 位固定长度编码时，对于不足 14 位的 GTIN 的编码，采取在左侧填充"0"的方式补齐（见图 2-6）。填充"0"的存在与否不会影响 GTIN 的标识功能。在数据库存储过程中，是否包含填充"0"由具体应用的实际需求决定，但对于 GTIN-12 本身所包含的前置"0"必须保留。

	填充0						原GTIN代码串右对齐							
GTIN-8	0	0	0	0	0	0	N_1	N_2	N_3	N_4	N_5	N_6	N_7	N_8
GTIN-12	0	0	N_1	N_2	N_3	N_4	N_5	N_6	N_7	N_8	N_9	N_{10}	N_{11}	N_{12}
GTIN-13	0	N_1	N_2	N_3	N_4	N_5	N_6	N_7	N_8	N_9	N_{10}	N_{11}	N_{12}	N_{13}
GTIN-14	N_1	N_2	N_3	N_4	N_5	N_6	N_7	N_8	N_9	N_{10}	N_{11}	N_{12}	N_{13}	N_{14}

图 2-6　GTIN 编码的 14 位表示方式

GTIN 编码本身只能标识某个对象类别，如果要对某个对象（产品或服务）个体进行标识，需要结合附加属性代码"序列号"。序列号编码结构如图 2-7 所示，应用标识符"21"表示后面代码段的类型为 GTIN 的序列号。序列号编码为 1～20 位变长的字母、数字混合型字符串。序列号由厂商自己管理和分配，结合 GTIN 编码后要确保其全球唯一性。

应用标识符	序列号	
21	X_1 ← 变长 →	X_{20}

图 2-7　序列号编码结构

2. 系列货运包装箱代码（SSCC）

系列货运包装箱代码（Serial Shipping Container Code，SSCC）是对物流单元的标识，具有全球唯一性。通过 SSCC 建立商品物流与相关信息间的对应联系，就能够自动跟踪和记录物流单元的实际流动情况，同时也可用于运输行程安排和自动收货等。

SSCC 的编码结构如图 2-8 所示，由扩展位、厂商识别码、参考码和校验码组成。扩展位表示包装类型，用于增加 SSCC 的容量，由建立 SSCC 的厂商分配，其取值范围为 0～9。厂商识别码由 4～12 位十进制数字组成，用于在全球范围内唯一标识某个厂商。参考码是由系统成员自行分配给物流单元的一个连续号。校验位为一位数字，用于检验整个编码的正误。

扩展位	厂商识别码 →										← 参考码						校验码
N_1	N_2	N_3	N_4	N_5	N_6	N_7	N_8	N_9	N_{10}	N_{11}	N_{12}	N_{13}	N_{14}	N_{15}	N_{16}	N_{17}	N_{18}

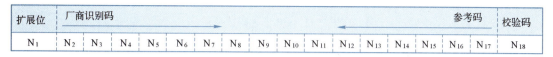

图 2-8　SSCC 的编码结构

通常情况下，物流单元除了需要标明其标识代码 SSCC 外，还需要明示出一些其他的附加信息，如运输目的地、物流包装重量、物流单元的尺寸等。在物流单元编码中，这些属性信息的编码采用“AI+附加属性信息代码”表示，并且要求属性数据与物流单元相关联，单独出现没有意义。

3. 参与方位置代码（GLN）

参与方位置代码（Global Location Number，GLN）是对参与供应链等活动的法律实体、功能实体和物理实体进行唯一标识的代码。法律实体是指合法存在的机构，如供应商、客户、银行、承运商等；功能实体是指法律实体内的具体部门，如某公司的财务部；物理实体是指具体的物理位置，如建筑物的某个房间、仓库或仓库的某个门、交货地等。

参与方位置代码由厂商识别码、位置参考码和校验码组成，用 13 位十进制数字表示，具体结构如图 2-9 所示。厂商识别码由 4～12 位十进制数字组成；位置参考码由厂商自行分配和管理，也是十进制数字串，其长度取决于所使用的厂商识别码，两部分总长度为 12 位。

厂商识别码 →								← 位置参考码				校验码
N_1	N_2	N_3	N_4	N_5	N_6	N_7	N_8	N_9	N_{10}	N_{11}	N_{12}	N_{13}

图 2-9　GLN 的编码结构

对于 GLN 标识的位置的内部物理位置（如仓库、工厂、建筑物等），使用 GLN 扩展部分来标识，其编码结构如图 2-10 所示。应用标识符“254”表示后续代码段的类型为 GLN 的扩展部分，使用 1～20 位可变长度的字母数字混合型字符串编码。GLN 的扩展部分是可选的，但如果使用了扩展部分，则 GLN 的应用标识符必须为“414”，表示当前的 GLN 用于标识某个物理位置。

应用标识符	GLN 扩展部分
254	X_1 —— 变长 —→ X_{20}

图 2-10　GLN 扩展部分编码结构

4. 全球可回收资产标识代码（GRAI）

全球可回收资产标识代码（Global Returnable Asset Identifier，GRAI）用于对可回收资产的标识，具有全球唯一性。可回收资产是指具有一定价值的、可重复使用的包装或运输设备，例如，啤酒桶、高压气瓶、塑料托盘或板条箱等。GS1 系统使用 GRAI 对可回收资产进行标识和跟踪，并记录相关的数据，从而实现对可回收资产的全寿命管理。

GRAI 的编码结构如图 2-11 所示，由先导 0、厂商识别码、资产类型、校验码和序列码等部分组成。其中，先导 0 具有强制性，将 GRAI 数据域生成到 14 位有效代码，以满足载体编码的需要；资产类型的结构与内容由资产所有者或管理者分配，但建议采用连续编号的方式编码，而且结合厂商识别码后要确保 GRAI 编码的全球唯一性；序列码为可选部分，也由资产所有者或管理者分配，使用 1～16 位可变长度的字母数字混合型字符串编码，用于标识某类资产中的单个资产。

先导0	厂商识别码							资产类型					校验码	序列码（可选）		
0	N_1	N_2	N_3	N_4	N_5	N_6	N_7	N_8	N_9	N_{10}	N_{11}	N_{12}	N_{13}	X_1	变长	X_{16}

图 2-11　GRAI 编码结构

5. 全球单个资产标识代码（GIAI）

单个资产指由一定特性组成的某一物理实体。全球单个资产标识代码（Global Individual Asset Identifier，GIAI）将某一物理实体标识为一项资产，但不能用作标识贸易项目或物流单元。全球范围内，GIAI 必须保持唯一性，因此在资产生命周期内以及结束的一段时间内，被分配的 GIAI 不能另作他用。当资产所有人发生变更时，被分配的 GIAI 是否保留取决于具体的商业应用需求。如果选择保留，则该代码永远不得重复使用。

GIAI 的编码结构如图 2-12 所示，由厂商识别码和单个资产参考码两部分组成。厂商识别码为 4～12 位十进制数字串；单个资产参考码为变长的字母、数字混合型字符串，与厂商识别码的长度之和不能超过 30 位。

图 2-12　GIAI 的编码结构

6. 全球服务关系代码（GSRN）

全球服务关系代码（Global Service Relation Number，GSRN）用以唯一标识接受服务和提供服务的组织和实体之间的关系。GSRN 可以作为关键字，在计算机系统中存储有关服务提供和接受的信息，也可以作为 EDI 中的参考信息。

GSRN 的编码结构如图 2-13 所示，包括厂商识别码、服务参考码和校验码三部分。服务参考码使用十进制数字串编码，其与厂商识别码的总长度为 17 位。

厂商识别码													服务参考码				校验码
N_1	N_2	N_3	N_4	N_5	N_6	N_7	N_8	N_9	N_{10}	N_{11}	N_{12}	N_{13}	N_{14}	N_{15}	N_{16}	N_{17}	N_{18}

图 2-13　GSRN 的编码结构

在使用 GSRN 时，通常需要在事务中获取两种关系，即输出服务的组织和服务真正接受方之间的关系以及输出服务的组织和服务真正提供方之间的关系。GS1 系统中，使用应用标识符"8017"和"8018"来区分这两种关系。两种应用标识符置于 GSRN 之前，且不能组合使用。图 2-14 所示的 GSRN 标识了服务的输出组织与服务提供方之间的关系；图 2-15 所示的 GSRN 标识了服务的输出组织与服务接受方之间的关系。

应用标识符	GSRN-服务提供方																	
	厂商识别码												服务参考码				校验码	
8017	N_1	N_2	N_3	N_4	N_5	N_6	N_7	N_8	N_9	N_{10}	N_{11}	N_{12}	N_{13}	N_{14}	N_{15}	N_{16}	N_{17}	N_{18}

图 2-14　GSRN 服务提供方编码结构

应用标识符	GSRN-服务接受方																	
	厂商识别码												服务参考码				校验码	
8018	N_1	N_2	N_3	N_4	N_5	N_6	N_7	N_8	N_9	N_{10}	N_{11}	N_{12}	N_{13}	N_{14}	N_{15}	N_{16}	N_{17}	N_{18}

图 2-15　GSRN 服务接受方编码结构

2.1.3 EPC 编码体系

EPC 编码是国际条码组织推出的新一代产品编码体系，可以实现对零售商品、物流单元、集装箱、货运包装等所有实体对象的唯一有效标识，被誉为具有革命性意义的新技术。EPC 编码是在原有 GS1 编码体系的基础上提出的，是对原有编码体系的补充而不是取代。未来的供应链中，将由GS1 编码标准逐渐过渡到EPC 标准，或者两者共存。

1. EPC 的编码原则

（1）唯一性

EPC 提供对实体对象的全球唯一标识，一个 EPC 代码只标识一个实体对象。96 位（二进制）的EPC，可以为2.68 亿个公司赋码，每个公司可以有1600 万类产品，每类产品有680 亿个独立产品编码，形象地说可以为地球上的每一粒大米赋一个唯一的编码。

（2）简单性

EPC 的编码既简单又能同时提供实体对象的唯一标识。以往的编码方案，很少能被全球各行业广泛采用，原因之一是编码的复杂导致不适用。

（3）可扩展性

EPC 编码留有备用空间，具有可扩展性。EPC 地址空间是可发展的，具有足够的冗余，确保了EPC 系统的升级和可持续发展。

（4）保密性与安全性

EPC 编码与安全和加密技术相结合，具有高度的保密性和安全性。保密性和安全性是配置高效网络的首要问题之一。安全的传输、存储和实现是EPC 能否被广泛采用的基础。

2. EPC 的编码形式

根据应用层次的不同，EPC 采用纯标识 URI、标签 URI 和二进制三种编码形式，如图 2-16 所示。

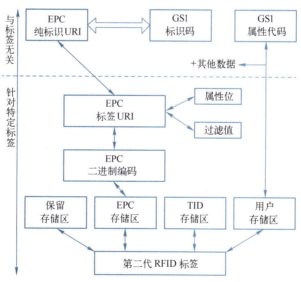

图 2-16 EPC 标签数据标准组织体系

EPC 纯标识 URI 面向实际的业务应用。其采用互联网统一资源标识符形式编码，与所使用的载体形式无关，用于在信息系统中标识特定的物理对象。例如，urn:epc:id:sgtin:0614141.112345.400 是某个特定贸易项目（单品）的 EPC 纯标识 URI，厂商识别代码为 0614141，商品项目代码为 12345，商品序列号为 400，在全球范围内具有唯一性。EPC 纯标识 URI 与 GS1 标识码有良好的对应关系，也可以按一定规则转换成 EPC 标签 URI。

EPC 标签 URI 面向标识信息读写应用。从读的角度，希望读的结果类似于纯标识 URI，容易辨识；从写的角度，需要标识信息中包含必要的控制信息。EPC 标签 URI 在纯标识 URI 的基础上，增加了属性位和过滤值等控制信息，同时还明确了具体的二进制编码方案，完全而且唯一地确定了 RFID 标签中 EPC 存储区的内容。其中，过滤值能够保证在读取 EPC 标签时，快速过滤掉不感兴趣的标签，提高标签读取效率。

EPC 二进制编码是最终存储在 RFID 标签中的形式。将 EPC 标签 URI 编码成二进制串能够有效节省标签中的存储空间。

3. EPC 的标识类型

EPC 是新一代的与 GS1 码兼容的编码标准，EPC 编码体系中既有通用标识（GID）的类型，也有基于 GS1 的标识类型，还有为满足其他应用需求而构建的标识类型，如图 2-17 所示。其中基于 GS1 的标识类型有 SGTIN、SSCC、SGLN、GRAI、GIAI、GSRN、GSRNP、GDTI、CPI、SGCN、GINC、GSIN、ITIP、UPUI、PGLN；其他类型包括 USDOD、ADI、BIC、IMOVN。

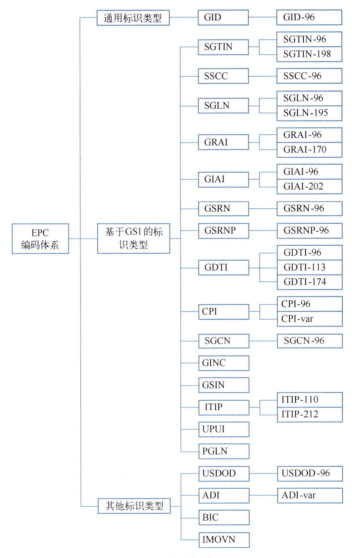

图 2-17 EPC 编码体系（V1.13）

（1）通用标识类型

通用标识符（General Identifier，GID）不依赖于 EPC 编码体系之外的任何规范或标识方案，是 EPC 编码体系中的一种全新标识方案。GID 的二进制编码使用 96 位编码方案，即 GID-96。

（2）基于 GS1 的标识类型

序列化全球贸易项目标识符（Serialized Global Trade Item Number，SGTIN）用于唯一标识全球贸易项目中的单品，对应于 GS1 中的 GTIN（+序列号），二进制编码有 SGTIN-96 和 SGTIN-198 两种方案。

系列货运包装箱标识符（Serial Shipping Container Code，SSCC）对应于 GS1 中的 SSCC，二进制编码方案为 SSCC-96。

序列化全球参与方位置标识符（Serial Global Location Number，SGLN）对应于 GS1 中某个物理位置的 GLN（如仓库中某个货架），二进制编码有 SGLN-96 和 SGLN-195 两种方案。

全球可回收资产标识符（Global Returnable Asset Identifier，GRAI）用于可回收资产的全球唯一标识，对应于 GS1 中的 GRAI，二进制编码有 GRAI-96 和 GRAI-170 两种方案。

全球单个资产标识符（Global Individual Asset Identifier，GIAI）用于单个资产的全球唯一标识，对应于 GS1 中的 GIAI，二进制编码有 GIAI-96 和 GIAI-202 两种方案。

全球服务关系服务接受方标识符（Global Service Relation Number-Recipient，GSRN）用于服务关系中服务接受方的全球唯一标识，对应于 GS1 中的 GSRN 服务接受方编码，二进制编码方案为 GSRN-96。

全球服务关系服务提供方标识符（Global Service Relation Number-Provider，GSRNP）用于全球唯一标识服务关系中的服务提供方，对应于 GS1 中的 GSRN 服务提供方编码，二进制编码方案为 GSRNP-96。

全球文件类型标识符（Global Document Type Identifier，GDTI）用于文件的全球唯一标识（如土地登记证、保单等），对应于 GS1 中的 GDTI，有 GDTI-96、GDTI-113（已弃用）和 GDTI-174 三种二进制编码方案。

部件标识码（Component Part Identifier，CPI）用于技术行业（包括汽车行业）对零件或组件进行唯一标识，对应于 GS1 中的 CPID，有 CPI-96 和 CPI-var 两种二进制编码方案。

序列化全球优惠券标识符（Serialized Global Coupon Number，SGCN）对应于 GS1 中的 GCN，二进制编码方案为 SGCN-96。

全球货物托运标识符（Global Identification Number for Consignment，GINC）对应于 GS1 中的 GINC，未定义二进制编码方案（截至 EPC TSD V1.13，下同）。

全球货物装运标识符（Global Shipment Identification Number，GSIN）对应于 GS1 中的 GSIN，未定义二进制编码方案。

个人贸易项目标识符（Individual Trade Item Piece，ITIP）用于唯一标识某个贸易项目中的子元素，对应于 GS1 中的应用标识符"8006"+"21"的组合编码，有 ITIP-110 和 ITIP-212 两种二进制编码方案。

单位包装标识符（Unit Pack Identifier，UPI）的依据 EU2018/574 是对单个烟草项目进行标识，对应于 GS1 中的 GTIN+TPX，未定义二进制编码方案。

参与方全球位置编码（Global Location Number of Party，PGLN）用于为贸易参与方（经济运营者或成本中心）提供唯一的身份标识，对应于 GS1 中的参与方 GLN，未定义二进制编码方案。

（3）其他标识类型

美国国防部标识符（US Department of Defense identifier，USDOD）用于美国的国防供应

链,使用 USDOD-96 二进制编码方案。

航空航天和国防标识符(Aerospace and Defense EPC Identifier,ADI)用于航空航天和国防部门唯一标识飞机及其部件,其二进制编码方案为 ADI-var。

国际集装箱局(Bureau International Container,BIC)集装箱标识符(BIC Container Code,BIC)用于标识联运集装箱,由 BIC 负责管理,未定义二进制编码方案。

国际海事组织(International Maritime Organization,IMO)船舶标识符(IMO Vessel Number,IMOVN)由 IMO 负责管理,未定义二进制编码方案。

2.1.4 GS1 与 EPC 的转换

GS1 和 EPC 之间有良好的对应关系。GS1 编码通过一定的机制可以转换成对应的 EPC 纯标识 URI,进而转换成 EPC 二进制编码。EPC 二进制编码的通用结构是一个比特串,由一个固定长度(8 位)的标头和一系列二进制数字字段组成(见图 2-18)。标头决定了编码的总长、结构和功能。与 GS1 相关的部分标头值如表 2-1 所示。

图 2-18　EPC 二进制编码通用结构

表 2-1　EPC 部分标头值

标头值(二进制)	标头值(十六进制)	编码长度	编码方案
0011 0000	30	96	SGTIN-96
0011 0110	36	198	SGTIN-198
0011 0001	31	96	SSCC-96
0011 0010	32	96	SGLN-96
0011 1001	39	195	SGLN-195
0011 0011	33	96	GRAI-96
0011 0111	37	170	GRAI-170
0011 0100	34	96	GIAI-96
0011 1000	38	202	GIAI-202
0010 1101	2D	96	GSRN-96
0010 1110	2E	96	GSRNP-96

1. 序列化全球贸易项目标识符(SGTIN)

EPC 中的 SGLN 基于 GS1 的 GTIN。一个单独的 GTIN 不符合 EPC 纯标识中的定义,因为它不能唯一标识一个具体的物理对象。为了给单个对象创建一个唯一的标识符,需要给 GTIN 增加一个序列代码。GTIN 和唯一序列代码的结合,成为一个序列化 GTIN(SGTIN),从而可以按图 2-19 所示的对应关系进行相互转换。对于 GTIN-8、GTIN-12 和 GTIN-13,需要在其前端填充"0"补足到 14 位(见图 2-6),首位的"0"充当指示码。

SGTIN 的 EPC 二进制编码有 96 位和 198 位两种方案(见表 2-2 和表 2-3)。采用 SGTIN-96 时,序列号只能是不包含前置"0"的纯数字编码,最长 20 位(十进制),其值不能超过 $2^{38}-1$,即取值范围为[0, 274877906943]。采用 SGTIN-198 时,序列号可以使用 20 位长度的字母、数字混合编码(**必须符合 GS1 应用标识符可编码字符集 82 的要求,除 CPID 外,下同**)。

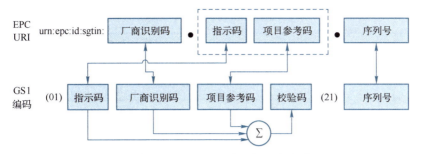

图 2-19　EPC 纯标识 URI 和 GS1 编码的对应关系（SGTIN）

表 2-2　SGTIN-96 编码表

标签 URI 格式	urn: epc: tag: sgtin-96: F. C. I. S					
逻辑段	标头	滤值	分区	厂商识别码	指示码&项目参考码	序列号
逻辑段位长	8	3	3	20～40	24～4	38
二进制编码段	标头	滤值	GTIN			序列号
URI 对应关系		F		C. I		S
编码段位长	8	3	47			38
数位位置	$b_{95}b_{94}...b_{88}$	$b_{87}b_{86}b_{85}$	$b_{84}b_{83}...b_{38}$			$b_{37}b_{36}...b_0$

表 2-3　SGTIN-198 编码表

标签 URI 格式	urn: epc: tag: sgtin-198: F. C. I. S					
逻辑段	标头	滤值	分区	厂商识别码	指示码&项目参考码	序列号
逻辑段位长	8	3	3	20～40	24～4	140
二进制编码段	标头	滤值	GTIN			序列号
URI 对应关系		F		C. I		S
编码段位长	8	3	47			140
数位位置	$b_{197}b_{196}...b_{190}$	$b_{189}b_{188}b_{187}$	$b_{186}b_{185}...b_{140}$			$b_{139}b_{138}...b_0$

2. 系列货运包装箱标识符（SSCC）

与 GTIN 不同的是，GS1 中的 SSCC 设计本身已经分配给个体对象，因此不需要任何附加字段来作为一个 EPC 纯标识，可按照图 2-20 所示的对应关系直接转换。

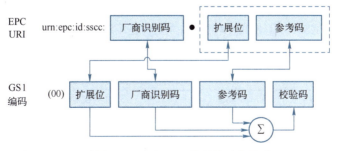

图 2-20　EPC 纯标识 URI 和 GS1 编码的对应关系（SSCC）

SSCC 的 EPC 二进制编码使用 96 位编码方案（见表 2-4），能够完全满足 GS1 中 SSCC 全系列编码的需要。

表 2-4 SSCC-96 编码表

标签 URI 格式	urn: epc: tag: sscc-96: F. C. S					
逻辑段	标头	滤值	分区	厂商识别码	扩展位&参考码	(保留位)
逻辑段位长	8	3	3	20~40	38~18	24
二进制编码段	标头	滤值	SSCC			(保留位)
URI 对应关系		F	C.S			
编码段位长	8	3	61			24
数位位置	$b_{95}b_{94}...b_{88}$	$b_{87}b_{86}b_{85}$	$b_{84}b_{83}...b_{24}$			$b_{23}b_{22}...b_0$

3. 序列化全球参与方位置标识符（SGLN）

EPC 中的 SGLN 基于 GS1 中的 GLN。GLN 无论是否包含扩展位都可以与 SGLN 相互转换（见图 2-21 和图 2-22）。如果 GLN 没有扩展位，则将 SGLN 扩展位的值设置为 0，表示当前的 SGLN 是由不包含扩展位的 GLN 转换而来。

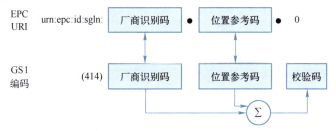

图 2-21 EPC 纯标识 URI 和 GS1 编码的对应关系（SGLN 不含扩展位）

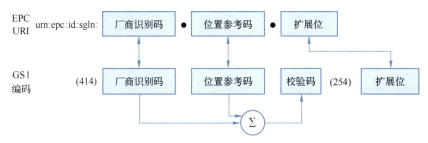

图 2-22 EPC 纯标识 URI 和 GS1 编码的对应关系（SGLN 含扩展位）

SGLN 有 96 位和 195 位两种二进制编码方案，如表 2-5 和表 2-6 所示。与 SGTIN 相似，SGLN-96 仅允许扩展位是无前置"0"的纯数字编码，最长 20 位（十进制），其值不超过 $2^{41}-1$，即取值范围为[0, 2199023255551]。SGLN-195 允许扩展位是不超过 20 位的数字、字母混合编码。

表 2-5 SGLN-96 编码表

标签 URI 格式	urn: epc: tag: sgln-96: F. C. L. E					
逻辑段	标头	滤值	分区	厂商识别码	位置参考码	扩展位
逻辑段位长	8	3	3	20~40	21~1	41
编码段	标头	滤值	GLN			扩展位
URI 对应关系		F	C.L			E
编码段位长	8	3	44			41
数位位置	$b_{95}b_{94}...b_{88}$	$b_{87}b_{86}b_{85}$	$b_{84}b_{83}...b_{41}$			$b_{40}b_{39}...b_0$

表 2-6 SGLN-195 编码表

标签 URI 格式	\multicolumn{6}{c}{urn: epc: tag: sgln-195: F. C. L. E}
逻辑段	标头	滤值	分区	厂商识别码	位置参考码	扩展位
逻辑段位长	8	3	3	20～40	21～1	140
编码段	标头	滤值		GLN		扩展位
URI 对应关系		F		C. L		E
编码段位长	8	3		44		140
数位位置	$b_{194}b_{193}...b_{187}$	$b_{186}b_{185}b_{184}$		$b_{183}b_{182}...b_{140}$		$b_{139}b_{138}...b_0$

4. 全球可回收资产标识符（GRAI）

EPC 中的 GRAI 基于 GS1 的 GRAI，但是只有包含序列号的 GRAI 能够在 GS1 与 EPC 之间相互转换（见图 2-23）。没有序列号的 GRAI（GS1）只是对资产类别的标识，不符合 EPC 纯标识中的定义，不能进行转换。

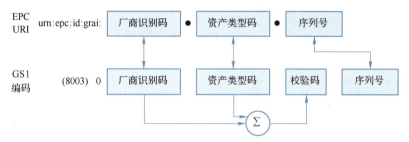

图 2-23 EPC 纯标识 URI 和 GS1 编码的对应关系（GRAI 含序列号）

GRAI（EPC）有 96 位和 170 位两种二进制编码方案，如表 2-7 和表 2-8 所示。GRAI-96 仅允许序列号是无前置 "0" 的纯数字编码，最长 16 位（十进制），其值不超过 $2^{38}-1$，即取值范围为[0, 274877906943]。GRAI-170 允许序列号是不超过 16 位的数字、字母混合编码。

表 2-7 GRAI-96 编码表

标签 URI 格式	\multicolumn{6}{c}{urn: epc: tag: grai-96: F. C. A. S}
逻辑段	标头	滤值	分区	厂商识别码	资产类型码	序列号
逻辑段位长	8	3	3	20～40	24～4	38
编码段	标头	滤值	\multicolumn{3}{c}{分区+厂商识别码+资产类型码}		序列号
URI 对应关系		F		C. A		S
编码段位长	8	3		47		38
数位位置	$b_{95}b_{94}...b_{88}$	$b_{87}b_{86}b_{85}$		$b_{84}b_{83}...b_{38}$		$b_{37}b_{36}...b_0$

表 2-8 GRAI-170 编码表

标签 URI 格式	\multicolumn{6}{c}{urn: epc: tag: grai-170: F. C. A. S}
逻辑段	标头	滤值	分区	厂商识别码	资产类型码	序列号
逻辑段位长	8	3	3	20～40	24～4	112
编码段	标头	滤值	\multicolumn{3}{c}{分区+厂商识别码+资产类型码}		序列号
URI 对应关系		F		C. A		S
编码段位长	8	3		47		112
数位位置	$b_{169}b_{168}...b_{162}$	$b_{161}b_{160}b_{159}$		$b_{158}b_{157}...b_{112}$		$b_{111}b_{110}...b_0$

5. 全球单个资产标识符（GIAI）

GS1 系统的 GIAI 用于单个资产的全球唯一标识，能够直接转换为 EPC 系统中的 GIAI，其对应关系如图 2-24 所示。

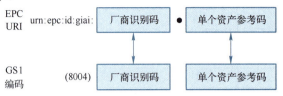

图 2-24　EPC 纯标识 URI 和 GS1 编码的对应关系（GIAI）

GIAI 的 EPC 二进制编码有 96 位和 202 位两种编码方案，如表 2-9 和表 2-10 所示。GIAI-96 仅允许单个资产参考码是无前置 "0" 的纯数字编码，最大长度（十进制）取决于厂商识别码的长度。GIAI-202 允许单个资产参考码是不超过 24 位的数字、字母混合编码。

表 2-9　GIAI-96 编码表

标签 URI 格式	urn: epc: tag: giai-96: F. C. A				
逻辑段	标头	滤值	分区	厂商识别码	单个资产参考码
逻辑段位长	8	3	3	20～40	62～42
编码段	标头	滤值	GIAI		
URI 对应关系		F	C. A		
编码段位长	8	3	85		
数位位置	$b_{95}b_{94}...b_{88}$	$b_{87}b_{86}b_{85}$	$b_{84}b_{83}...b_0$		

表 2-10　GIAI-202 编码表

标签 URI 格式	urn: epc: tag: giai-202: F. C. A				
逻辑段	标头	滤值	分区	厂商识别码	单个资产参考码
逻辑段位长	8	3	3	20～40	168～148
编码段	标头	滤值	GIAI		
URI 对应关系		F	C. A		
编码段位长	8	3	191		
数位位置	$b_{201}b_{200}...b_{194}$	$b_{193}b_{192}b_{191}$	$b_{190}b_{189}...b_0$		

6. 全球服务关系标识符（GSRN、GSRNP）

EPC 中使用 GSRN、GSRNP 分别标识全球服务关系的服务接受方与提供方。而在 GS1 中均使用 GSRN，具体区分通过附加应用标识符（AI）的方式实现。其 EPC 纯标识 URI 和 GS1 编码之间的转换机制如图 2-25 和图 2-26 所示。

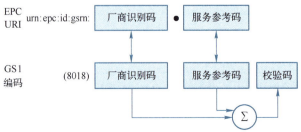

图 2-25　EPC 纯标识 URI 和 GS1 编码的对应关系（GSRN）

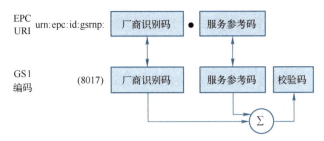

图 2-26　EPC 纯标识 URI 和 GS1 编码的对应关系（GSRNP）

GSRN 和 GSRNP 的 EPC 二进制编码方案均为 96 位，如表 2-11 和表 2-12 所示。

表 2-11　GSRN-96 编码表

标签 URI 格式				urn: epc: tag: gsrn-96: F. C. S		
逻辑段	标头	滤值	分区	厂商识别码	项目参考码	（保留）
逻辑段位长	8	3	3	20～40	38～18	24
编码段	标头	滤值		GSRN		（保留）
URI 对应关系		F		C. S		
编码段位长	8	3		61		24
数位位置	$b_{95}b_{94}...b_{88}$	$b_{87}b_{86}b_{85}$		$b_{84}b_{83}...b_{24}$		$b_{23}b_{22}...b_0$

表 2-12　GSRNP-96 编码表

标签 URI 格式				urn: epc: tag: gsrnp-96: F. C. S		
逻辑段	标头	滤值	分区	厂商识别码	项目参考码	（保留）
逻辑段位长	8	3	3	20～40	38～18	24
编码段	标头	滤值		GSRN		（保留）
URI 对应关系		F		C. S		
编码段位长	8	3		61		24
数位位置	$b_{95}b_{94}...b_{88}$	$b_{87}b_{86}b_{85}$		$b_{84}b_{83}...b_{24}$		$b_{23}b_{22}...b_0$

2.2　条码技术

条码技术是在计算机的应用实践中产生和发展起来的一种自动识别技术。自动识别技术的形成与条码的发明、使用和发展紧密相关。虽然新的自动识别技术不断出现，但条码技术在当今自动识别技术中仍占有十分重要的地位。条码技术在物流领域的应用，较好地解决了数据录入和数据采集的瓶颈问题，加速了物流信息化的进程。在智慧物流系统中，条码技术仍然发挥着重要作用，是进行物流信息自动采集的重要手段。

2.2.1　条码技术概述

1. 条码的产生与发展

条码最早出现在 20 世纪 40 年代，但是得到实际应用和发展还是在 20 世纪 70 年代左右。现在世界上的各个国家和地区都已经普遍使用条码技术，其应用领域也越来越广泛。

20 世纪 40 年代，美国的乔·伍德兰德（Joe Wood land）和伯尼·西尔沃（Berny Silver）两

位工程师开始研究用代码表示食品项目及相应的自动识别设备,并于 1949 年获得了美国专利。

1970 年美国超级市场 Ad Hoc 委员会制定出通用商品代码 UPC。1973 年美国统一编码协会 UCC 建立了 UPC 条码系统,实现了该码制标准化。

1974 年 Intermec 公司的戴维·阿利尔(Davide Allair)博士研制出 39 码,很快被美国国防部所采纳,作为军用条码码制。

1977 年,欧洲共同体在 UPC-A 基础上制定出欧洲物品编码 EAN-13 和 EAN-8 码,签署了"欧洲物品编码"协议备忘录,并正式成立了欧洲物品编码协会(简称 EAN)。

20 世纪 80 年代初,人们围绕提高条码符号的信息密度,开展了多项研究。128 码和 93 码就是其中的研究成果。随着条码技术的发展,条码码制种类不断增加,因而标准化问题十分突出。为此先后制定了军用标准 1189、交叉 25 码、39 码和库德巴码 ANSI 标准 MH10.8M 等。同时一些行业也开始建立行业标准,以适应发展需要。到 1990 年年底为止,共有 40 多种条码码制,相应的自动识别设备和印刷技术也得到了长足的发展。

20 世纪 90 年代,国际流通领域将条码誉为商品进入国际市场的"身份证",使全世界对它刮目相看。印刷在商品外包装上的条码,像一条条经济信息纽带将世界各地的生产制造商、出口商、批发商、零售商和顾客有机地联系在一起。这一条条纽带,一经与 EDI 系统相连,便形成多项、多元的信息网,各种商品的相关信息犹如投入了一个无形的、永不停息的自动导向传送机构,流向世界各地,活跃在世界商品流通领域。

2. 条码的定义与结构

条码(Bar Code)是由一组规则排列的条、空组成的符号,可供机器识读,用以表示一定的信息。完整的条码由两侧的静区、起始符、数据字符、校验字符和终止符等组成,如图 2-27 所示。部分条码还包括分隔字符,主要用于 EAN 条码。

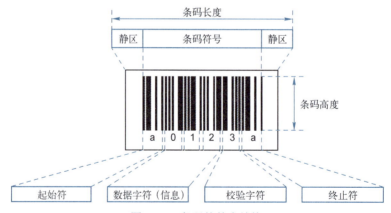

图 2-27 条码的基本结构

静区是位于条码符号两侧的无任何符号及信息的白色区域,其作用是提示条码阅读器准备扫描条码符号。如果边缘宽度不够,条码阅读器就无法对条码数据进行扫描。左右边缘都必须至少是窄条宽度(最小单元宽度)的 10 倍。

起始符是条码符号的第一位字符,它的特殊条、空结构用于识别一个条码符号的开始。阅读器首先确认此字符的存在,然后处理由扫描器获得的一系列脉冲。数据字符位于起始字符后面,标志条码的值,用于代表事实上的原始数据信息,其结构不同于起始字符,允许进行双向扫描。分隔字符用来间隔左右两侧的数据字符。校验字符代表一种算术运算的结果,它是通过对数据字符进行一种算术运算而确定的。终止符是条码符号的最后一位字符,用于识别一个条码符号的结束。阅读器识别终止字符，便可知道条码符号已扫描完毕。终止符的使用，避免了不完整信息的录入。

条码的长度包括左右静区的长度。如果包括静区在内的条码与扫描宽度不符，条形码阅读器就无法扫描数据。条码的高度在打印机许可的条件下尽量要高。如果条码高度不够，激光将会偏离条码，导致读取困难。推荐高度为长度的 15%以上。

3. 条码的特点及分类

条码是迄今为止最经济、实用的一种自动识别技术，具有以下几个方面的优点。

（1）信息采集速度快

普通计算机键盘录入速度是 200 字符/分钟，而利用条码扫描的录入信息的速度是键盘录入的 20 倍，并且能实现即时数据输入。

（2）可靠性高

键盘输入数据出错率为三百分之一，利用光学字符识别技术出错率为万分之一，而采用条码技术误码率低于百万分之一。

（3）采集信息量大

利用传统的一维条码一次可采集几十位字符的信息，二维码更可以携带数千个字符的信息，并有一定的自动纠错能力。

（4）灵活、实用

条码标识既可以作为一种识别手段单独使用，也可以和有关识别设备组成一个系统实现自动化识别，还可以和其他控制设备连接起来实现自动化管理。

（5）自由度大

识别装置与条码标签相对位置的自由度要比 OCR（光学字符识别）大得多。条码通常只在一维方向上表达信息，而同一条码上所表示的信息完全相同并且连续，这样即使标签有部分欠缺，仍可以从正常部分输入正确的信息。

（6）设备简单

条码符号识别设备的结构简单，操作容易，不需专门训练。

（7）易于制作

条码可印刷，称为"可印刷的计算机语言"。条码标签易于制作，对印刷技术设备和材料无特殊要求。

条码按照不同的分类方法、不同的编码规则可以分成许多种，现在已知的世界上正在使用的条码有 250 多种。条码的分类主要由条码的编码结构和条码的性质来决定。按条码的长度，可分为定长和非定长条码；按排列方式，可分为连续型和非连续型条码；按校验方式分，可分为自校验和非自校验型条码等；按信息表示的维度，可分为一维条码和二维条码。

2.2.2 条码的码制

条码的码制是规定条码用条和空的排列规则表达数据的编码体系。各种条码符号都是由符合特定编码规则的条和空组合而成的，具有固定的编码容量和条码字符集。

拓展阅读 2-3：
编码容量与条码字符集

1. 一维条码的码制

一维条码（One-dimensional Bar Code 或 Linear Bar Code）是指仅在一个维度上表示信息的条码符号。一维条码的码制有 100 多种，常用的主要有 UPC、EAN 码、ITF、Code39 码、库德巴码（Codabar）和 Code128 等，如表 2-13 所示。

表 2-13 典型一维条码码制

码制	EAN/UPC	ITF	Code39	Codabar	Code128
字符集	仅为数值（0~9）	仅为数值（0~9）	● 数值（0~9） ● 字母（A~Z） ● 符号（-、.、空格、$、/、+、%） ● 起始/终止符（*）	● 数值（0~9） ● 字母（A~D） ● 符号（-、.、空格、$、/、+、%） ● 起始/终止符（*）	全部 ASCII 码： ● 数值（0~9） ● 字母（大、小写） ● 符号 ● 控制符（[CR]、[STX]等）
特征	以分布码为标准	在具有同样位数的情形下，条码的大小可以小于其他类型的条码	可以采用字母和符号来表示编号	可以表示字母和符号	支持所有类型的字符 CODE-C 仅能用数值，允许用最小的条码来表示（大于 12 位）
可打印位数	13 位或 8 位（12 位或 7 位）	仅为偶数位	任意位数	任意位数	任意位数
条结构	● 四个条尺寸 ● 无起始/终止符 ● 用两个条和两个空来表示一个字符	● 两个条尺寸 ● 无起始/终止符 ● 用五个条（或五个空）来表示一个字符	● 两个条尺寸 ● 用星号*来代表起始/终止符 ● 用五个条和四个空来表示一个字符	● 两个条尺寸 ● 用 A 到 D 来代表起始/终止符 ● 用四个条和三个空来表示一个字符	● 四个条尺寸 ● 三种类型的起始/终止符 ● 每种类型支持自己的字符类型 ● 用三条和三个空来表示一个字符
应用性能	● 世界通用码 ● 大多日常物品都打有此码 ● 图书出版业	以分布码为标准	● 广泛用作工业用条码 ● 汽车工业行动组（AIAG） ● 美国电子工业协会（EIA）	● 血库 ● 门到门交货服务单（日本）	● 开始在各个行业被用作 GS1-128 ● 物流业 ● 食品业 ● 医学

（1）EAN/UPC 条码

UPC 条码是美国统一代码委员会制定的一种商品用条码，主要在美国和加拿大使用，用于工业、医药、仓储等部门。EAN 条码是在国际物品编码协会的 UPC 条码的基础上制定的一种商品用条码，兼容 UPC，全球通用。

EAN/UPC 条码字符集可表示 0~9 共 10 个数字字符。每个条码字符由 2 个"条"和 2 个"空"构成。每个"条"或"空"由 1~4 个模块组成，每个条码字符的总模块数为 7。用二进制"1"表示"条"的模块，用二进制"0"表示"空"的模块，如图 2-28 所示。

EAN 码符号有标准版和缩短版两种，如图 2-29 所示。标准版表示 13 位数字，又称为 EAN-13 码，缩短版表示 8 位数字，又称 EAN-8。UPC 有 A、B、C、D、E 五个版本。UPC-A 为 12 位数字，UPC-E 为 7 位数字，如图 2-30 所示。条码的最后一位为校验位，由前面的数字计算得出。

图 2-28 EAN/UPC 条码字符的构成

a)

a)

b)

图 2-29 EAN 条码示例
a) 标准版型 b) 缩短版

图 2-30 UPC 码示例
a) UPC-A b) UPC-E

（2）ITF

交叉 25 码（Interleaved "2 of 5"，ITF）是美国 Intermec 公司在 1972 年发明的一种条、空均表示信息的连续型、非定长、具有自校验功能的双向条码。初期广泛应用于仓储及重工业领域。1981 年美国开始将其用于运输包装领域。1987 年，日本引入交叉 25 码，标准化后用于储运单元的识别与管理。GS1 规范中将交叉 25 码作为用于储运单元的标准条码。

交叉 25 码的字符集为数字 0～9，如图 2-31 所示。每一个条码数据符由 5 个单元组成，其中两个是宽单元（表示二进制的"1"），三个窄单元（表示二进制的"0"）。条码符号从左到右，表示奇数位数字符的条码数据符由条组成，表示偶数位数字符的条码数据符由空组成。因此，组成条码符号的条码字符数个数为偶数。当条码字符所表示的字符个数为奇数时，需要在字符串左端添加"0"。交叉 25 码不使用起始和终止符号，但使用条式图案来代表起始和终止。起始符包括两个窄条和两个窄空，终止符包括两个条（一个宽条、一个窄条）和一个窄空。

交叉 25 码容易产生因信息丢失引起的误读。当扫描路径没有经过两个空白区时，容易把一个条码符号的条与空当成起始符或终止符而引起信息丢失或译码错误。因此交叉 25 码常用于标识固定长度的字符，此时译码器或计算机只接收固定长度的信息，短的数据信息可在开头加"0"字符以达到固定长度。另外交叉 25 码常采用保护框来防止不完全扫描而产生的数据误读。

（3）Code39 码

Code39 码是 Intermec 公司在 1975 年研制成功的。其字符集由 44 个字符构成，包括 26 个大写字母（A～Z）、十个数字（0～9）、连接号（-）、句号（.）、空格、货币符号（$）、斜扛（/）、加号（+）、百分号（%）以及星号（*）。其中，星号（*）仅用作起始和终止符。由于可以处理字母，Code39 码在工业领域必不可少，广泛用于汽车、电子等工厂自动化行业。在美国，汽车工业行动组织已经对其进行了标准化。

Code39 码的名称来自它的条和空的图案，如图 2-32 所示。Code39 码中每个字符由 5 条线和分开它们的 4 条缝隙共 9 个元素构成，线和缝隙有宽窄之分。

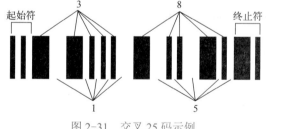

图 2-31　交叉 25 码示例

图 2-32　Code 39 码示例

CODE39 码能够对任意长度的数据进行编码。条码的开始和结束（起始/终止符）都带有星号（*）。字符之间的空称作"字符间隔"。一般来说，间隔宽度和窄条宽度一样（规定最大宽度大于窄条宽度的 3～5.3 倍）。Code39 码通常情况下不需要校验码，但对于精确度要求高的应用，需要在其后增加一个校验码。

（4）Codabar

库德巴码（Codabar）是由 Monarch Marking Systems 公司在 1972 年研制的条码，是一种长度可变的非连续型自校验数字式码制。库德巴码广泛用于需要序列号的领域，如血库、门到门交货服务订单以及会员卡片管理。

库德巴码的字符集为数字 0～9，A、B、C、D 4 个大写英文字母以及 6 个特殊字符（-、:、

/、.、+、$),共 20 个字符。其中,A、B、C、D 只用作起始符和终止符。库德巴码用 4 个条和 3 个空(共 7 个单元)来表示一个字符,如图 2-33 所示。

库德巴码的遗漏读取比 ITF 要少。同 Code39 相比,条码尺寸也较小。但这并不意味着库德巴码就不存在遗漏读取。如果条码的打印质量不好,往往也会出现遗漏读取。

(5)Code128 码

Code128 码是由 Computer Identics Corporation(美国)在 1981 年研制的一种可变长度的高密度条码。由于其优良的特性,Code128 码广泛应用于企业内部管理、生产流程控制、物流控制系统等方面,是目前应用最广泛的条码码制之一。

图 2-33 库德巴码

Code128 码可以表示全部 128 个 ASCII 码字符,包括数字(0~9)、全部字母(大、小写)、符号和控制符等,故称 128 码。Code128 码有 A、B、C 三个版本,每个版本最多可包含 105 个字符,所以不同版本的字符集不同。

Code128 码用 3 个条和 3 个空(共 6 个单元)表示一个字符。其起始符有"CODE-A""CODE-B"和"CODE-C"三种,分别对应 A、B、C 三个版本。如图 2-34 所示,当起始符为"CODE-C"时,一个条式图案可以代表 2 位数字,从而使条码的构成更高效。如果条码数据具有 12 位或更多,与 ITF 相比,Code 128 码尺寸更小。

图 2-34 Code128 码示例

2. 二维条码的码制

二维条码(Two Dimensional Bar Code)简称二维码,是指在横向和纵向两个维度上都表示信息的条码符号。与一维条码相比,二维码信息容量更大,编码范围更广,保密、防伪性能更好,译码可靠性更高,修正错误能力更强,容易制作且成本很低,条码符号的形状可变。因此,近年来,二维码也逐渐成为 GS1 编码的重要载体。常见的二维码码制主要有 PDF417 码、QR 码、Data Matrix 等;拥有我国自主知识产权的有龙贝码和汉信码等。

(1)PDF417 码

PDF417 码由美国 SYMBOL 公司发明,PDF(Portable Data File)的意思是"便携数据文件"。PDF417 码不仅可以表示数字、字母、二进制数据,还可以将照片、指纹、掌纹、签字、声音、文字等可数字化的信息进行编码。因此,PDF417 码是实现证件及卡片等大容量、高可靠性信息自动存储、携带并可用机器自动识读的理想手段。

PDF417 二维条码是一种堆叠式二维条码,如图 2-35 所示。其编码原理建立在一维条码编码基础之上,是将多个一维条码纵向堆叠而产生的。组成条码的每一个条码字符由 4 个条和 4 个空共 17 个模块构成，故称为 PDF417 条码。PDF417 条码需要有 PDF417 解码功能的条码阅读器才能识别，其最大的优势在于其庞大的数据容量和极强的纠错能力。一个 PDF417 条码最多可容纳 1850 个字符或 1108 个字节的二进制数据，如果只表示数字则可容纳 2710 个数字。PDF417 的纠错能力分为 9 级，级别越高，纠正能力越强。由于这种纠错功能，使得污损的 PDF417 条码也可以正确读出。

图 2-35　PDF417 码示例

PDF417 还有 PDF417 截短码、PDF417 微码和宏 PDF417 码三种变形的码制。PDF417 截短码，在相对"干净"的环境中，条码损坏的可能性很小，则可将右侧的行指示符省略并减少终止符。PDF417 微码是进一步缩减的 PDF 码。当文件内容太长，无法用一个 PDF417 码表示时，可用包含多个（1～99999 个）条码分块的宏 PDF417 码来表示。

（2）QR 码

QR 码（Quick Response Code）是由日本 Denso 公司于 1994 年 9 月研制的一种矩阵式二维码。它可以对多种字符类型进行编码，包括数字型数据（0～9）、字母数字型数据、8 位字节型数据和中国汉字字符等。其中，字母数字型数据包括数字 0～9、大写字母 A～Z 和 9 个其他字符；中国汉字字符包括了 GB 2312—1980 对应的汉字和非汉字字符。

QR 码设有 1～40 的不同版本，每个版本都具备固有的码元结构，即码元数。码元是指构成 QR 码的方形黑白点，黑色表示二进制"1"，白色表示二进制"0"。码元数从版本 1（21 码元×21 码元）开始，纵向和横向各自以 4 码元为单位递增，一直到版本 40（177 码元×177 码元）。QR 码的各个版本结合数据量、字符类型和纠错级别（见表 2-14），均设有相对应的最多输入字符数。如果增加数据量，则需要使用更多的码元来组成 QR 码，QR 码就会变得更大。参照最大规格符号版本 40-L 级，QR 码的编码容量对于数字数据最高达 7089 个字符，字母数据为 4296 个字符，8 位字节数据为 2953 个字符，汉字数据为 1817 个字符。

表 2-14　QR 码纠错等级表

纠错等级	纠错能力
L 级	约可纠错 7%的数据码字
M 级	约可纠错 15%的数据码字
Q 级	约可纠错 25%的数据码字
H 级	约可纠错 30%的数据码字

QR 码的结构如图 2-36 所示。位置探测图形、位置探测图形分隔符和定位图形，用于对二维码的定位；校正图形的数量和位置由规格（版本）决定；格式信息表示该二维码的纠错级别，分为 L、M、Q、H；版本信息即二维码的规格；数据即实际保存的二维码信息；纠错码字用于修正二维码损坏带来的错误。

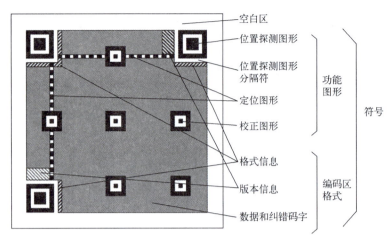

图 2-36　QR 码的结构

（3）Data Matrix

Data Matrix（DM）二维码由美国国际资料公司（International Data Matrix）于 1989 年发明，是一种由黑色、白色的色块以正方形或长方形组成的二维码，其发展构想是希望在较小的标签上存储更多的信息量。DM 码的最小尺寸是目前所有条码中最小的，特别适合于小零件的标识，直接印刷在实体上，广泛应用在电路、药品等小件物品以及制造业的流水线生产过程。

旧版的 DM 码包括 ECC000、ECC050、ECC080、ECC100 和 ECC140，而 ECC200 是最新的 DM 码版本，两者最大的差别在于模块数目。旧版本的模块为奇数，而新版本的模块为偶数。相比而言，ECC200 容错能力较强，更为常见。后续所说的 DM 二维码特指 ECC200。

DM 码由数据区、寻边区和空白区组成，如图 2-37 所示。数据区包含编码信息，由数字、字母和汉字等按照一定的编码规则生成。每个相同大小的黑色和白色方格称为一个数据单元，分别代表二进制的 1 和 0。寻边区包括 L 形的实心定位标识和反 L 形的虚线边界。L 形实心定位标识主要用于限定 DM 码的物理尺寸、定位和符号失真。反 L 形虚线边界主要用于限定单元结构，但也能帮助确定物理尺寸及失真。条码读取器通过对定位标识与时钟标识进行图像处理来检测位置，可进行 360° 全方位读取。寻边区外层为空白区，宽度至少为 1 个数据单元。

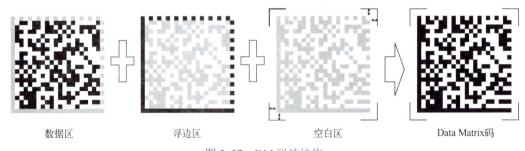

图 2-37　DM 码的结构

DM 有正方形和矩形两种配置形式，如图 2-38 所示。正方形配置共有 24 种字符尺寸，范围为从 10×10 模块到 144×144 模块。当模块数目超过 24×24 时，代码将分成区块，每个区块不会超过 24 个模块。此结构可防止代码失真。矩形配置共有六种尺寸，分别是 8×18 模块（1 个区块）、12×26 模块（1 个区块）、16×36 模块（1 个区块）、8×32 模块（2 个区块）、12×36 模块（2 个区块）、16×48 模块（2 个区块）。

图 2-38 DM 码示例
a) 正方形配置   b) 矩形配置

DM 码数据区由相同大小的黑白格子组成，分别代表二进制的 1 和 0，以二维元码（binary code）方式进行编码，计算机可直接读取其数据信息，如图 2-39 所示。最常见的编码模式采用 ASCII 方式，每个编码单元有 8 位，代表一个字节。8 个方格组成 L 形方格阵。DM 可编码字符集包括全部的 ASCII 字符及扩充 ASCII 字符，共 256 个字符。正方形配置的最大数据容量，数值型为 3116 个字符，字母数字型为 2335 个字符，二进制为 1556 个字符；矩形配置的最大数据容量，数值型为 98 个字符，字母数字型为 72 个字符，二进制为 47 个字符。

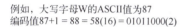
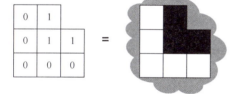

图 2-39 DM 码的编码规则

Data Matrix 码在一部分损坏时也能够自动纠错而不会丢失数据。即使二维码出现脏污或部分缺失，仍能正确识别，如图 2-40 所示。因而 DM 码很适合应用在条码容易受损的场景，例如，暴露在高热、化学清洁剂、机械剥蚀等特殊环境的零件上。

正常　　　　　脏污　　　　　损坏

图 2-40 DM 码的纠错和复原能力

（4）汉信码

汉信码是一种全新的二维矩阵码（见图 2-41），由中国物品编码中心牵头组织相关单位合作开发，完全具有自主知识产权。和国际上其他二维条码相比，汉信码更适合汉字信息的表示，具有汉字编码能力强、抗污损、抗畸变、信息容量大等特点。

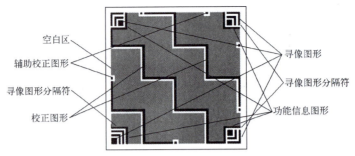

图 2-41 汉信码的结构

汉信码支持 GB18030 中规定的 161 万个汉字信息字符,并且采用 12 位的压缩比率,每个符号可表示 12~2174 个汉字字符。在打印精度支持的情况下,每平方英寸⊖最多可表示 7829 个数字字符,或 2174 个汉字字符,或 4350 个英文字母。汉信码可以将照片、指纹、掌纹、签字、声音、文字等可数字化的信息进行编码。汉信码是第一种在码制中预留加密接口的条码,它可以与各种加密算法和密码协议集成,因此具有极强的保密防伪性能。汉信码具有很强的抗污损和畸变能力,可以被附着在常用的平面或桶装物品上,并且可以在缺失两个定位标的情况下进行识读。汉信码采用世界先进的数学纠错理论,采用太空信息传输中常采用的 Reed-Solomon 纠错算法,使得纠错能力可以达到 30%。

拓展阅读 2-4:汉信码的应用范围

2.2.3 GS1 条码符号

GS1 条码是 GS1 编码的重要载体,是各种条码码制在 GS1 系统中的具体应用。常用的 GS1 条码主要有 EAN/UPC 码、ITF-14 码、GS1-128 码、GS1 DataBar 码、GS1 DM 码、GS1 QR 码以及 GS1 复合码等。

1. EAN/UPC 码

EAN/UPC 码主要用于表示商品标识代码,包括 UPC-A、UPC-E、EAN-13 和 EAN-8 四种结构,以及两位数和五位数的附加符号,附加符号必须与主码组合使用。EAN/UPC 条码广泛应用于 POS 系统,在其他贸易项目中也有应用。

EAN-13 码用于表示 GTIN-13,应用于一般商品识别。EAN-13 码由左侧静区、起始符、左侧数据符、中间分隔符、右侧数据符、校验符、终止符、右侧静区及供人识别字符组成,如图 2-42 所示。在 GS1 前缀码分配的基础上,国家物品编码中心将我国的 EAN-13 划分为四种结构,如表 2-15 所示。其中,厂商识别码由国家物品编码中心统一分配给申请的厂商,是在全球范围内对厂商的唯一标识;商品项目代码由各申请厂商根据应用需求自行分配,但必须做到唯一性。

图 2-42 EAN-13 码的符号结构

⊖ 1 英寸=2.54 厘米。

表 2-15　EAN-13 代码的结构

结构种类	厂商识别码	商品项目代码	校验码
结构一	$N_{13}N_{12}N_{11}N_{10}N_9N_8N_7$	$N_6N_5N_4N_3N_2$	N_1
结构二	$N_{13}N_{12}N_{11}N_{10}N_9N_8N_7N_6$	$N_5N_4N_3N_2$	N_1
结构三	$N_{13}N_{12}N_{11}N_{10}N_9N_8N_7N_6N_5$	$N_4N_3N_2$	N_1
结构四	$N_{13}N_{12}N_{11}N_{10}N_9N_8N_7N_6N_5N_4$	N_3N_2	N_1

EAN-8 码用于表示 GTIN-8，一般用于包装面积较小的商品。EAN-8 码由左侧静区、起始符、左侧数据符、中间分隔符、右侧数据符、校验码、终止符、右侧静区及供人识别字符组成，如图 2-43 所示。

图 2-43　EAN-8 码的符号结构

UPC-A 码仅用于表示 GTIN-12，可以通过在 GTIN-12 中添加一个隐含的前导 "0" 解码为 13 位数字。也就是说 UPC-A 码是 EAN-13 码的一种特殊形式，UPC-A 码与 EAN-13 码中首位为 '0' 的编码兼容。UPC-A 码由左侧空白区、起始符、左侧数据符、中间分隔符、右侧数据符、校验符、终止符、右侧空白区及供人识别字符组成，如图 2-44 所示。

当 GTIN-12 中的特定位置存在 4～5 个连续的 "0" 时，12 位的 UPC-A 码可以被表示为一种缩短形式的条码符号，即 UPC-E 码。UPC-E 码仅直接表示 6 个数据字符，条码符号本身没有中间分隔符，终止符也与 UPC-A 不同。它由左侧空白区、起始符、数据符、终止符、右侧空白区及供人识别字符组成，如图 2-45 所示。

图 2-44　UPC-A 码的符号结构　　　　图 2-45　UPC-E 码的符号结构

2. ITF-14 码

ITF-14 条码用于标识非零售的商品，采用 14 位固定长度数字编码，对应于 GTIN。ITF-14 码对印刷精度要求不高，比较适合直接印制（热转换或喷墨）在表面不够光滑、受力后尺寸易变形的包装材料上，如瓦楞纸或纤维板等。

ITF-14 码由矩形保护框、左侧静区、条码字符、右侧静区和供人识别字符组成，如图 2-46 所示。ITF-14 码符号的放大系数范围为 0.625~1.200，条码符号的大小随放大系数的变化而变化。

图 2-46　ITF-14 码的符号结构

3. GS1-128 码

GS1-128 码是 Code128 码的子集，也是一种商品条码符号。GS1-128 码不仅可以表示 GTIN，还可以表示商品的附加信息，因此广泛应用于非零售贸易项目、物流单元、资产、位置的标识。

GS1-128 码符号集的结构如图 2-47 所示，由公共部分和数据段两个部分组成。公共部分即每个条码都包括的部分，位于数据段两侧，包括起始符、FNC1、校验符和终止符等。其中，FNC1 表示此条码为 GS1-128，并且其后的数据段为包含应用标识符（AI）的 GS1 编码（串）。

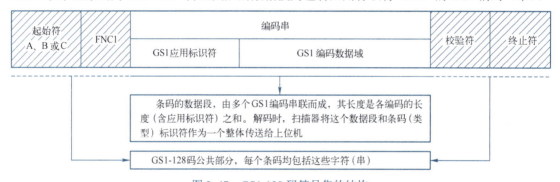

图 2-47　GS1-128 码符号集的结构

数据段是由一个或多个 GS1 编码串联而成的。GS1 编码的应用标识符需要显式标注，格式为"（AI）+GS1 编码"。GS1 中的应用标识符大约有 100 种，用户可以根据应用需求自由编制。如果应用标识符（如"01"）对应的编码为固定长度（如 GTIN，14 位定长），则后续的 GS1 编码可直接连接；如果应用标识符（如"21"）对应的编码为非定长（如 GTIN 的序列号），则与后续的 GS1 编码之间需要添加"FNC1"或"<GS>"（ASCII 控制字符，值为 29）作为分隔符，表明后续字符串为新的编码；最后一个编码的末尾不需要使用分隔符。如果编码串中仅有一个变长的编码，则将其置于末位，这样可以减少分隔符的使用。

图 2-48 为 GS1-128 码的示例。应用标识符"01"表明后续编码为 GTIN，值为"95012345678903"；"3102"表明后续编码表示商品的净重，值为 4kg。虽然应用标识符两侧要加括号，但括号不包括在条码数据内，不进行条码的符号表示，仅仅是为了阅读方便。

图 2-48　GS1-128 码示例

解码时，扫描器将数据段和条码类型标识符作为一个整体传送给上位机。根据 ISO/IEC 15424 信息技术—自动识别和数据捕获技术—数据载体标识符（包括条码类型标识符）的规定，条码类型标识符置于数字段之前，由三位字符构成，GS1-128 对应的标识符为"]C1"。

4. GS1 DataBar

GS1 DataBar 原名为 RSS 条码，是 GS1 系统的一种连续型条码符号，2010 年 1 月 1 日正式投入使用，其对应的标识符为"]e0"。

由于 EAN/UPC 条码仅能标示 GTIN 本身，而不能标示产品的附加属性信息，所以不适合标记新鲜食品和农产品等特殊产品。与 EAN/UPC 条码相比，GS1 DataBar 条码不仅可以承载 GTIN，还可以承载产品的附加属性信息，如重量、有效期、序列号等。同时，这种条码尺寸更小、信息量更大，比 EAN/UPC 条码可携带更多信息。因此，GS1 DataBar 可以满足特殊产品的标识需求，如特小型产品、不定量产品、需要安全追溯管理的食品等。

GS1 DataBar 包括 3 种类型 7 种形式，如表 2-16 所示。第一种类型为固定 14 位长度，包括全向式 DataBar-14、截短式 DataBar-14、层排式 DataBar-14、全向层排式 DataBar-14 四种形式，均需要显式编码应用标识符"01"。第二种类型仅包括限定式 DataBar 一种形式，专为小型产品设计，不支持全向扫描识别，也需要显式编码应用标识符"01"。第三种类型为扩展型，包括扩展式 DataBar 和层排扩展式 DataBar 两种形式，可以同时编码 GTIN 和附加属性。

表 2-16 GS1 DataBar 的形式及特点

名称	条码图样	承载数据	适用领域	备注
全向式 DataBar-14		GTIN	专为零售 POS 点（全向式识别器）设计	尺寸为 EAN-13 码尺寸的 1/2 以下
全向层排式 DataBar-14		GTIN		
扩展式 DataBar		GTIN+产品附加信息		
层排扩展式 DataBar		GTIN+产品附加信息		最多可分为 11 个层排，携带多达 74 位数字字符或 41 位字母数字字符
截短式 DataBar-14		GTIN	为小型产品设计	
层排式 DataBar-14		GTIN		
限定式 DataBar		GTIN		

5. GS1 DM 码

GS1 DM 码从 1994 年开始在公共领域使用，是 DM 码（ISO/IEC 16022）的子集，执行 ECC200 标准，对应的条码类型标识符为"]d2"。与一维条码相比，其设计紧凑，制作工艺多样，能够适应多种基材，包括零件直接标记、部件激光或化学蚀刻、小型产品标记、B2C 扩展包装等。

GS1 DM 码要求被编码的数据必须按照 GS1 系统的规则进行格式化。编码的字符集只能使用 ISO/IEC 646 的子集（相当于 256 个 ASCII 码）；GS1 DM 码以 FNC1 为起始符，数据段由一个或多个 GS1 编码串联而成，串联规则与 GS1-128 保持一致，如图 2-49 所示。

| FNC1 | GS1编码1
（定长） | GS1编码2
（非定长） | FNC1
或
<GS> | GS1编码3
（非定长） | FNC1
或
<GS> | ... |

图 2-49　GS1 DM 字符集格式示例

GS1 DM 的编码结构、编码规则与普通 DM 保持一致，但 GS1 DM 一般还包括供人识别的字符（HRI）。当 GS1 DM 编码的数据量比较大时，字符中一般仅包含编码的主要信息（如 GTIN 等），要求清晰易读，并且必须与应用标识符同时使用，如图 2-50 所示。应用标识符有时也可以使用数据标题代替，如图 2-51 所示，使用"EXPIRY（有效期）"代替"AI（17）"。

拓展阅读 2-5：
HRI[0]的介绍

(01) 03453120000011
(17) 191125
(10) ABCD1234

(01) 09501101020917 (17) 190508 (10) ABCD1234 (21) 10

图 2-50　GS1 DM 码示例 1

GTIN (01): 03453120000011

EXPIRY: 2019-11-25

BATCH/LOT (10): ABCD1234

图 2-51　GS1 DM 码示例 2

6. GS1 QR 码

GS1 QR 码是 QR 码的子集，对应的条码类型标识符为"]Q3"。与 GS1 DM 码一样，其设计紧凑，制作工艺多样，能够适应多种基材。其同样要求被编码的数据按照 GS1 系统的规则进行格式化，具体标准可参照 GS1 DM 码，编码形式如图 2-52 所示。在供应链中使用 GS1 QR 码，需要配备专门的图像扫描器。

7. GS1 复合码

GS1 复合码是由一个 GS1 一维码和一个 GS1 二维码组合而成的条码符号，对应的条码类型标识符为"]e0"。

复合码中，一维码位于下部，用于主标识的编码（如 GTIN、SSCC 等），以便所有的扫描技术都可以读取条码信息；二维码位于复合码的上部，用于附加属性的编码，例如，批号和有效期等，只能用专门的二维扫描设备读取。两部分之间使用分隔符隔开，分隔符与二维码之间允许最大 3X（X 为标准模块的宽度）高度的间隙，使两个部分能够分开打印。如果两个部分同时打印，则需要按照图 2-53 所示的样式对齐。

(01)09521101530001
(17)210119(10)AB-123

图 2-52　GS1 QR 码示例

(01)13112345678906(17)010615(10)A123456

图 2-53　GS1 复合码示例

GS1 复合码划分为 A、B、C 三种类型，每种类型均有其对应的编码规则。一维码的可选类型有 GS1-128 码、EAN/UPC 码和 GS1 DataBar 等，二维码的类型有 CC-A、CC-B、CC-C 三种类型，并且两者之间有着严格的对应关系，如表 2-17 所示。其中，二维码采用面向位的压缩模式，能够高效压缩包含 GS1 应用标识符的编码。每个二维码都包含一个链接标记，用于提示阅读器仅在一维码被扫描和解码时，才会传输二维码的数据。一维码中，除 EAN/UPC 码外，其他类型的条码也包含一个显式链接标记。

表 2-17　一维码和二维码之间的组合关系

一维码		二维码	
名称	编码容量	CC-A/CC-B	CC-C
UPC-A	定长，12 位	是（4 栏）	否
UPC-E	定长，12 位	是（2 栏）	否
EAN-8	定长，8 位	是（3 栏）	否
EAN-13	定长，13 位	是（4 栏）	否
GS1-128	变长，最大 48 位	是（4 栏）	是（变宽）
全向式 GS1 DataBar	定长，16 位	是（4 栏）	否
全向层排式 GS1 DataBar	定长，16 位	是（2 栏）	否
截短式 GS1 DataBar	定长，16 位	是（4 栏）	否
层排式 GS1DataBar	定长，16 位	是（2 栏）	否
限定式 GS1 DataBar	定长，16 位	是（3 栏）	否
扩展式 GS1 DataBar	变长，最大 74 位	是（4 栏）	否
层排扩展式 GS1 DataBar	变长，最大 74 位	是（4 栏）	否

CC-A 是 PDF417 微码基于特定 RAP（Row Address Patterns）的变体，是三种类型中最小的二维码，最大编码长度为 56 位。其行区间为 3~12，栏区间为 2~4，对应有三种结构，如图 2-54 所示。CC-A 行高最小值为 2X，与一维码之间的分隔符最小高度为 1X。但如果一维码是 EAN/UPC，则需要使用 6X 高度的分隔符。编码栏与 PDF417 保持一致，宽度为 17X，包括 4 个条和 4 个空共 17 个模块。RAP 栏为 GS1 系统特有，宽度为 10X（最右侧的为 11X），包括 3 个条和 3 个空共 10 个模块。静区宽度为 1X。

图 2-54 CC-A 结构

CC-B 是以编码"920"起始的 PDF417 微码，最大编码容量为 338 位。当待编码数据超出 CC-A 的容量时，编码系统会自动选择 CC-B。其行区间为 10～44，栏区间为 2～4，也对应有三种结构，如图 2-55 所示。CC-B 的行高、分隔符高度、静区宽度等参数与 CC-A 一致。

图 2-55 CC-B 结构

CC-C 是由位于条码长度描述符之后的"920"标记的 PDF417 码，仅与 GS1-128 码组合使用，最大编码容量为 2361 位。其行区间为 3～30，栏区间为 1～30，另外还包括起始符、终止符和两个行指示栏，其结构如图 2-56 所示。CC-C 行高最小值为 3X，与一维码之间的分隔符最小高度为 1X。编码栏与 PDF417 保持一致，宽度为 17X，包括 4 个条和 4 个空共 17 个模块。行指示栏和起始符宽度为 17X，终止符宽度为 18X，静区宽度为 2X。

| 静区 | 起始符 | 行指示栏 | 1~30个数据/EC编码栏 | 行指示栏 | 终止符 | 静区 |

图 2-56 CC-C 结构

2.3 射频识别技术

射频识别（Radio Frequency Identification，RFID）技术是一种利用射频通信实现的非接触式自动识别技术。由于具有高速移动物体识别、多目标识别和非接触识别等特点，RFID 技术显示出巨大的发展潜力与应用空间，被认为是 21 世纪的最有发展前途的信息技术之一，同时也是物联网等现代信息技术的重要支撑。随着智慧物流的不断发展，RFID 在物流领域的应用不断深入，对于提高物流管理和运作效率发挥着重要作用。

2.3.1 RFID 技术概述

1. RFID 的起源与发展

RFID 技术最早可以追溯到第二次世界大战中飞机的敌我目标识别。1948 年哈里·斯托克曼发表的"利用反射功率的通信"奠定了射频识别的理论基础。在 20 世纪，无线电技术的理论与应用研究是科学技术发展最重要的成就之一。

（1）RFID技术的发展历程

RFID技术的发展历程可按10年期进行划分。

1941—1950年。雷达的改进和应用催生了RFID技术，1948年奠定了RFID技术的理论基础。

1951—1960年。早期RFID技术的探索阶段，主要处于实验室实验研究。

1961—1970年。RFID技术的理论得到了发展，开始了一些应用尝试。

1971—1980年。RFID技术与产品研发处于一个大发展时期，各种RFID技术测试得到加速，出现了一些最早的RFID应用。

1981—1990年。RFID技术及产品进入商业应用阶段，各种规模应用开始出现。

1991—2000年。RFID技术标准化问题日益得到重视，RFID产品得到广泛使用，RFID产品逐渐成为人们生活中的一部分。

2000年以后。标准化问题日趋为人们所重视，RFID产品种类更加丰富，有源电子标签、无源电子标签及半无源电子标签均得到发展，电子标签成本不断降低，规模应用行业扩大。

（2）RFID技术国内外发展状况

RFID技术在国外的发展较早也较快，尤其是在美国、英国、德国、瑞典、瑞士、日本、南非目前均有较为成熟且先进的RFID系统。

美国对RFID的研究起步较早，无论是民间还是政府都非常重视RFID技术的开发和应用，对RFID系统的标签芯片、天线、射频模块等都有较深入的探索和研究。美国德州仪器公司最早致力于RFID技术研发，较早开发了一些与人们日常生活紧密相关的低频和微波频段的产品，如高速公路自动收费系统、大型养殖场的动物跟踪管理系统以及车辆的防抢防盗系统等，为后续技术的提高和产品开发奠定了基础。IBM、HP等公司也不甘落后，积极开发相应的软件及系统来支持RFID的应用。沃尔玛、家乐福等企业不断加强RFID技术在其仓储管理中的应用。2004年，美军方宣布军用物资均使用RFID技术进行识别与跟踪，极大地推进了RFID的研究和应用。

欧洲对RFID技术的研发和应用紧随美国之后，开发速度很快，开发能力也非常强大。1990年，飞利浦半导体公司研发了第一个芯片读写RFID系统；最早对RFID中的反碰撞问题进行研究；最先试验成功了低频RFID（13.56MHz）系统。

日本也非常重视RFID技术的发展，在电子标签领域的研究起步较早。日本曾在包括消费电子、书籍、服装、音乐、建筑机械、制药和物流等七大产业做好RFID的应用试验。2004年，三菱成功地开发出了避免RFID读卡器之间干扰的新技术。NEC宣布，生产笔记本、个人计算机产品时引进了使用RFID的生产管理系统。

韩国主要通过国家联合民间企业的力量来推动RFID的发展。2004年3月韩国提出了IT839计划，RFID的重要性得到了进一步加强。2005年3月，韩国政府耗资7.84亿美元在仁川新建技术中心，主要从事电子标签技术包括RFID的研发及生产，以帮助韩国企业快速确立在全球RFID市场的主流地位。

相对于国外，我国对RFID系统的研究较晚。1993年，国家制订金卡工程实施计划，旨在加速推动我国国民经济信息化进程，由此RFID在我国的发展及应用迅速展开，这也是我国开展RFID技术研究的标志。在我国，RFID的典型应用是二代身份证技术，采用13.56MHz的RFID作为内核技术，在防伪方面取得了重大突破。据国外研究机构统计，因为二代身份证的巨大发行量，我国已经成为世界上最大的RFID市场。同时，RFID在车辆管理、交通管理、物流管理、图书管理等领域的应用也在不断推进。

2. RFID 的基本工作原理

RFID 的基本工作原理并不复杂。标签靠近阅读器后，接收阅读器发出的射频信号，凭借感应电流所获得的能量发送出存储在芯片中的信息，或者由标签主动发送某一频率的信号，阅读器读取信息并解码后，送至中央信息系统进行有关数据处理。从电子标签到阅读器之间的通信及能量感应方式来看，其交互方式可以分成电感耦合（Inductive Coupling）和电磁反向散射耦合（Backscatter Coupling）两种，如图 2-57 所示。

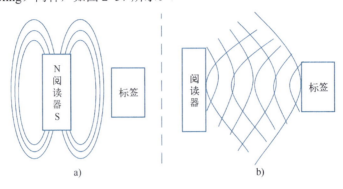

图 2-57　电感耦合和电磁反向散射耦合
a) 近距离电感耦合　b) 远距离电磁耦合

（1）电感耦合

电感耦合通过空间高频交变磁场实现耦合，依据的是电磁感应定律，对应于 ISO/IEC 14443 协议。电感耦合的工作原理如图 2-58 所示，其电子标签几乎都是无源的，标签中微芯片工作所需的全部能量由阅读器发送的感应电磁能提供。高频的强电磁场由阅读器的天线线圈产生，并穿越线圈横截面和线圈的周围空间，以使附近的电子标签产生电磁感应。

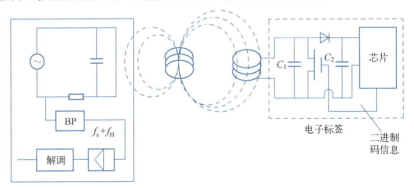

图 2-58　电感耦合的原理框图

（2）电磁反向散射耦合

电磁反向散射耦合，即雷达原理模型，发射出去的电磁波碰到目标后反射，同时带回目标信息，遵循的是电磁波的空间传播规律。

RFID 反向散射耦合方式的原理如图 2-59 所示。图中的读写器、应答器（电子标签）和天线构成了一个收发通信系统。电子标签接收读写器发射的信号，其中包括已调制载波和未调制载波。当标签接收的信号没有被调制时，载波能量全部被转换成直流电压，为电子标签内的芯片提供能量；当载波携带数据或者命令时，电子标签通过接收电磁波作为自己的能量来源，并对接收信号进行处理，从而接收读写器的指令或数据。电子标签向读写器返回信号时，读写器只向标签发送未调制载波，载波能量一部分被电子标签转化成直流电压，供给电子标签工作；另一部分被标签通过改变射频前端电路的阻抗调制并反射载波来向读写器传送信息。

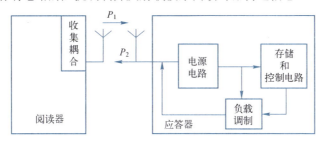

图 2-59　RFID 反向散射耦合方式的原理框图

3. RFID 的工作频率

RFID 频率是 RFID 系统的一个很重要的参数指标，它决定了工作原理、通信距离、设备成本、天线形状和应用领域等各种因素。RFID 典型的工作频率有 125kHz、133kHz、13.56MHz、27.12MHz、433MHz、860～960MHz、2.45GHz、5.8GHz 等。按照工作频率的不同，RFID 系统集中在低频、高频和超高频三个区域。

（1）低频（Low Frequency，LF）

低频的范围为 30～300kHz，工作在低频的读写器在全球没有任何特殊的许可限制。RFID 典型低频工作频率有 125kHz 和 133kHz 两个，其波长大约为 2500m。低频标签一般都为无源标签，其工作能量通过电感耦合的方式从阅读器耦合线圈的辐射场中获得，通信范围一般小于 1m。除金属材料影响外，低频信号一般能够穿过任意材料的物品而不缩短读取距离。虽然该频率的电磁场能量下降很快，却能够产生相对均匀的读写区域，非常适合近距离、低速、数据量要求较少的识别应用。相对其他频段的 RFID 产品而言，该频段数据传输速率比较慢，因标签天线匝数多而成本较高，标签存储数据量也很少。其典型的应用包括畜牧业的管理系统、汽车防盗和无钥匙开门系统的应用、马拉松赛跑系统的应用、自动停车场收费和车辆管理系统、自动加油系统、酒店门锁系统、门禁和安全管理系统等。

（2）高频（High Frequency，HF）

高频范围为 3～30MHz，同低频一样，该频段在全球都得到了认可，没有任何特殊的限制，能够产生相对均匀的读写区域。RFID 在该频段的典型工作频率为 13.56MHz，其波长大约为 22m，通信距离一般也小于 1m，但最远可以达到 1.5m（ISO15693）。该频率的标签不再需要线圈绕制，可以通过腐蚀或者印刷的方式制作标签内的天线，采用电感耦台的方式从阅读器辐射场获取能量。除金属材料外，该频率的波长可以穿过大多数材料，但是往往会降低读取距离。与低频不同的是，该频段具有防碰撞特性，可以同时读取多个电子标签，并把数据信息写入标签中。另外，高频标签的数据传输率比低频标签高，价格也相对便宜。其典型的应用包括图书管理系统、瓦斯钢瓶管理、服装生产线和物流系统、三表预收费系统、酒店门锁管理、大型会议人员通道系统、固定资产管理系统、医药物流系统、智能货架的管理等。

（3）超高频（Ultra High Frequency，UHF）

超高频范围为 300MHz～3GHz，3GHz 以上为微波范围。采用超高频和微波的 RFID 系统一般统称为超高频 RFID 系统，典型的工作频率为 433MHz，860～960MHz，2.45GHz，5.8GHz，波长在 30cm 左右。严格意义上，2.45GHz 和 5.8GHz 属于微波范围。超高频标签可以是有源的，也可以是无源的，通过电磁耦合方式同阅读器通信。通信距离一般大于 1m，典型情况为 4～6m，最大可超过 10m。超高频频段的电波不能通过多种应用材料，特别是水、灰尘、雾等悬浮颗粒物质；穿透力较强，抗极端自然环境；安全系数高、安全性强；可多次重复使用，数据信息的存储容量大。超高频阅读器有很高的数据传输速率，在很短的时间内可以读取大量的电子标签。阅读器一般安装定向天线，只有在阅读器天线定向波速范围内的标签才可被读写。标签内的天线一般是长条和标签状，天线有线性和圆极化两种设计，满足不同应用的需求。超高频标签的数据存储量一般限定在 2048bit 以内，更大的存储容量在现阶段基本上没有什么意义。从技术及应用角度来说，标签并不适合作为大量数据的载体，其主要功能还是在于标识物品并完成非接触识别过程。典型的数据容量指标有 1024bit、128bit、64bit 等。EPC global 规定的电子产品码 EPC 的容量为 96bit。其典型应用包括供应链管理、生产线自动化、航空包裹管理、集装箱管理、铁路包裹管理、后勤管理系统等。

超高频中需要重点关注的是 860～960MHz 频段。该频段是 EPC Gen2 标准描述的第二代 EPC 标签与读写器之间的通信频率，是实现物联网的主要频段，主要采用无源标签，设备造价较低，适用于 4～7m 的应用场合，最大可扩展到 10m 的应用场合。EPC Gen2 标准是 EPC global 最主要的 RFID 标准，世界不同地区分配了该频段的频谱用于 UHF RFID，Gen2 标准的读写器能适用不同区域的要求。我国根据频率使用的实际状况及相关的实验结果，结合我国相关部门的意见，并经过频率规划专家咨询委员会的审议，规划 840～845MHz，及 920～925MHz 频段用于 RFID 技术。典型应用有 EPC Gen2 标签、我国铁路车号自动识别系统（ATIS）、商品电子防盗系统（EAS）、供应链管理、邮包识别、集装箱管理和机场行李分类等。EPC Gen2 标签是 EPC 编码的数据载体，每天应用数百万个，每年几十亿个，广泛应用于行李管理、供应链管理和运输业，有希望替代条码应用。

RFID 各频段的技术参数及常见材料穿透能力如表 2-18 和表 2-19 所示。

表 2-18 RFID 各频段技术参数对比

参数	低频（LF）	高频（HF）	超高频（UHF）		微波
频段	125～134kHz	13.56MHz	433MHz	860～960 MHz	2.45GHz，5.8 GHz
波长	长波	短波	分米波		分米波与厘米波
工作原理	电感耦合	电感耦合	电磁反射散射耦合		电磁反射散射耦合
运行方式	无源型	无源型	有源型	无源/有源型	有源型
识别距离	<60cm	<1.5m	0～200m	1～8m	>10m 或 100m（有源）
技术特点	穿透及绕射能力强，但无法同时进行多标签读取，传输速度慢、距离近	性价比适中，适用于绝大多数环境；但抗冲突能力差	速度快、作用距离远；但穿透能力弱		速度快、作用距离远；但抗干扰力差
识别速度	1～17Kbit/s	106Kbit/s ISO14443B 支持最高速 847.5Kbit/s	40～640Kbit/s		250Kbit/s～1Mbit/s
典型应用	存货控制 门禁系统 动物识别	智能卡 图书馆管理 票据管理	人员定位 车辆定位	EPC 供应链管理 集装箱管理	道路收费
环境影响	迟钝 ←				→ 敏感
说明	环境影响：空气湿度、空气颗粒物、墙壁阻挡、金属等 物资影响：水分含量、物品摆放等				

表 2-19 RFID 各频段常见材料穿透能力对比

名称	频段	常见材料						
		纺织	纸张	塑料	木材	液体	石墨	金属
微波	2.45～5.8GHz	穿透	穿透	穿透	穿透	吸收	遮挡	遮挡
超高频	860～960MHz	穿透	穿透	穿透	穿透	吸收	遮挡	遮挡
高频	13.56MHz	穿透	穿透	穿透	穿透	穿透	遮挡	遮挡
低频	125～134kHz	穿透	穿透	穿透	穿透	穿透	遮挡	遮挡

4. RFID 的技术优势

与条码、磁卡、IC 卡等相关技术相比，RFID 技术有诸多优势，主要表现在以下几个方面。

（1）非接触式数据读写

通过 RFID 解读器，可不需接触直接读取标签信息至数据库内，且可一次处理多个标签，并可以将物流处理的状态写入标签，供下一阶段物流处理的读取判断之用。

（2）形状小型化和多样化

RFID 标签在信息读取上不受大小和形状的限制，不需要为了读取精确度而增加投入。此外，RFID 标签可向小型化与多样化方向发展，以应用于不同产品。

（3）环境适应强

传统条码的载体是纸张，一受到脏污就会看不到，但 RFID 标签对水、油和药品等物质有很强的抗污性，在黑暗或脏污的环境中也可以读取 RFID 标签的数据。

（4）可重复使用

由于 RFID 标签储存电子数据，可以反复擦写，因此可以回收标签重复使用。

（5）穿透性强

在被覆盖的情况下，RFID 能够穿透纸张、木材和塑料等非金属或非透明的材质，并能够进行穿透性通信。

（6）数据容量大

数据容量最大的二维码可以存储 2000～3000B，RFID 电子标签的数据存储量可以根据用户需要扩充到数 MB，而且随着储存技术的进一步发展，存储容量会越来越大。

（7）安全性高

由于 RFID 承载的是电子信息，其数据内容可用密码保护，不易被伪造。

各种信息载体的具体性能对比如表 2-20 所示。

表 2-20 各种信息载体的具体性能对比

名称	信息载体	信息量	读写性	读取方式	保密性	智能化	抗干扰	寿命	成本
条码	纸、塑料薄膜、金属表面等	小	只读	CCD 或光束扫描	差	无	差	较短	最低
磁卡	磁性物质	一般	读/写	电磁转换	一般	无	较差	短	低
IC 卡	EEPROM	大	读/写	电擦除、写入	好	有	好	长	较高
RFID 标签	EEPROM	大	读/写	无线通信	好	有	很好	最长	较低

2.3.2 RFID 系统

1. RFID 系统的体系结构

射频识别系统（Radio Frequency Identification System）是在计算机技术支持下，由射频标签、识读器、计算机网络和应用程序及数据库组成的自动识别和数据采集系统。典型的 RFID 系统主要由阅读器、电子标签、RFID 中间件和应用软件四部分构成，一般把中间件和应用软件统称为应用系统，如图 2-60 所示。

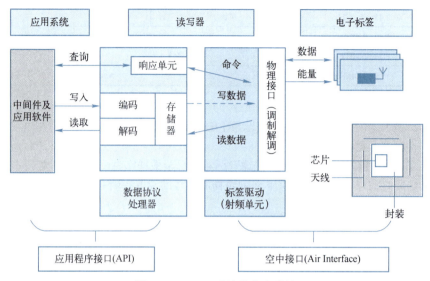

图 2-60　RFID 系统的基本结构

在实际 RFID 解决方案中，不论是简单的 RFID 系统还是复杂的 RFID 系统都包含一些基本组件。组件分为硬件组件和软件组件。从端到端的角度来看，一个 RFID 系统由电子标签、读写器天线、读写器、传感器/执行器/报警器、通信设施、控制器、应用软件等组成，如图 2-61 所示。读写器、传感器/执行器/报警器、控制器和边缘接口通常都被封装在一起，又统称为阅读器，所以工业界经常将 RFID 系统分为阅读器、天线和标签三大组件，这三大组件一般都可由不同的生产商生产。

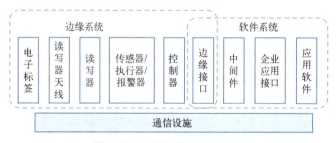

图 2-61　RFID 系统基本组成

若从功能实现的角度观察，又可将 RFID 系统分成边缘系统和软件系统两大部分。这种观点同现代信息技术观点相吻合。边缘系统主要是完成信息感知，属于硬件组件部分。软件系统完成信息的处理和应用，属于软件组件部分。软件系统独立于硬件组件之上，包括边沿接口、中间件、企业应用接口和应用软件等。其中，中间件是为实现所采集信息的传递与分发而开发的软件；企业应用接口，即为企业前端软件，如设备供应商提供的系统演示软件、驱动软件、接口软件、集成商或者客户自行开发的 RFID 前端软件等；应用软件主要指企业后端软件，如后台应用软件、管理信息系统（MIS）软件等。

通信设施也是 RFID 系统的重要组成部分，为不同的 RFID 系统管理提供安全通信连接。通信设施包括有线或无线网络，读写器或控制器与计算机连接的串行通信接口。无线网络可以是个域网（Personal Area Network，PAN）（如蓝牙技术）、局域网（如 802.11x、WiFi），也可以是广域网（如 GPRS、5G 技术）或卫星通信网络（如同步轨道卫星 L 波段的 RFID 系统）。

2. RFID 系统的主要组件

结合智慧物流系统的应用需求，本部分重点对电子标签、阅读器和 RFID 中间件进行介绍。

（1）电子标签

电子标签是射频识别系统的数据载体，相当于条码技术中的条码符号，用来存储需要识别传输的信息。但与条码不同的是，标签必须能够自动或在外力的作用下，把存储的信息主动发射出去。

电子标签由收发天线、电压调节器、解调器、逻辑控制单元、存储器和调制器等组成，如图 2-62 所示。其中收发天线用于接收来自阅读器的信号，并把所要求的数据送回给阅读器；电压调节器利用阅读器发射的电磁场能量或自身电池提供的能量，经稳压电路输出为其他模块提供稳定的电源；解调器负责从接收的信号中去除载波，解调出原信号；调制器负责将逻辑控制单元所送出的数据经调制器后加载到天线并送给阅读器；逻辑控制单元对来自阅读器的信号进行译码，并根据阅读器的要求回发信号；存储器是系统运作及存放识别数据的位置。

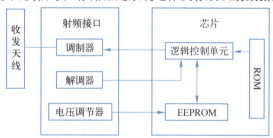

图 2-62 电子标签组织结构示意图

根据电子标签供电方式的不同，电子标签可以分为有源标签（Active tag）、无源标签（Passive tag）和半有源标签（Semi-passive tag）。有源标签内装有电池，为自身工作提供能量，不需要利用阅读器的射频能量；无源标签中不包含电池，其工作能量来自阅读器的射频能量；半有源标签也内装电池，但电池仅起辅助作用，它对维持数据的电路供电或对标签芯片工作所需的电压作辅助支持。

依据通信方式的不同，电子标签又可分为主动式标签（Tag Talk First，TTF）和被动式标签（Read Talk First，RTF），两者的性能对比如表 2-21 所示。主动式标签一般内部自带电池进行供电，它的电能充足，工作可靠性高，信号传送距离远。另外，主动式标签可以通过设计电池的不同寿命对标签的使用时间或使用次数进行限制；缺点主要是标签的使用寿命受到限制，而且随着标签内电池电力的消耗，数据传输的距离会越来越小，影响系统的正常工作；主要应用于军事和交通控制。而被动式标签具有永久的使用期，常常用在标签信息需要每天读写或频繁读写多次的地方；支持长时间的数据传输和永久性的数据存储；缺点主要是数据传输的距离要比主动式标签小；主要应用于零售行业的传统标签。

表 2-21 TTF 与 RTF 性能对比

指标	TTF	RTF
标签电池	有	无
所需信号强度	低	高
通信范围	可达 100m	3～5m
读取多标签	1000 个	3m 内几百个
数据存储量	128KB 可读可写	128B 可读可写

按照标签所使用的芯片，电子标签可分为只读型标签和读写型标签两类。顾名思义，只读型标签是只能读出不能写入的标签，还可细分为只读标签、一次性编程只读标签和可重复编程只读标签三种。只读标签的内容出厂时已写入，识别时只可读出，不可改写；一次性编程只读标签的标签内容只可在应用前一次性编程写入，识别过程中内容不可改写；可重复编程只读标签的标签内容经擦除后可重新编程写入，识别过程中内容不可改写。相比于只读型标签，读写型标签的标签内容既可被读写器读出，又可由读写器改写。

按标签中存储器数据存储能力划分，电子标签包括标识标签和便携式数据文件两种。标识标签中一般只存储被标识对象的标记代码，不存储其属性信息；而便携式数据文件不仅存储被标识对象的标记代码，还存储被标识对象的其他相关信息，如包装说明、工艺过程说明等，一般是用户可编程的。

按标签的工作频率，电子标签也可划分为低频标签、中高频标签及超高频标签等。与 RFID 的工作频率相对应，低频标签的典型工作频率为 125kHz 和 133kHz，一般为无源标签，工作能量通过电感耦合（近场）获得，阅读距离小于 1m。中高频标签的典型工作频率为 13.56MHz，一般也采用无源设置，其工作能量和低频标签一样，也是通过电感耦合（近场）获得，其基本特点与低频标签相似，由于其工作频率的提高，可以选用较高的传输速度，天线设计相对简单，标签一般制成卡片形状，如电子身份证、电子车票等。超高频标签的典型工作频率为 433MHz、800/900MHz 频段和 2.45/5.8GHz 频段，其耦合方式为反向散射耦合（远场），阅读距离一般大于 1m，最大可达 10m 以上（微波有源可达 100m）。

另外，按标签的工作距离，电子标签还可被划分为远程标签（>1m）、近程标签（10～100cm）和超近程标签（0.2～10cm）。

各类电子标签交叉关系及分布如图 2-63 所示。

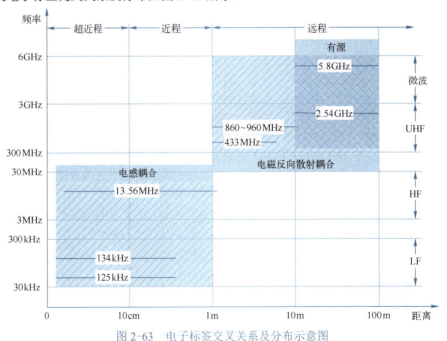

图 2-63 电子标签交叉关系及分布示意图

（2）阅读器

阅读器又叫读写器，是将电子标签中的信息读出，或将电子标签所需要存储的信息写入电子标签的装置，是 RFID 系统信息控制和处理中心。RFID 系统工作时，阅读器在一个区域内发送射频能量形成电磁场，区域的大小取决于发射功率。在电磁场覆盖区域内的标签被触发，发送存储在其中的数据，或根据阅读器的指令修改存储在其中的数据，并能通过接口与计算机网络进行通信。

典型的 RFID 阅读器包含射频模块（发送器和接收器）、控制单元以及阅读器天线，如图 2-64 所示。其中射频模块主要负责射频信号与基带信号之间的转换和数据信息的调制解调；控制单元作为 RFID 阅读器的核心，主要负责与平台系统及 RFID 标签间的通信管理、基带信号的编解码、执行防碰撞算法、数据传送过程中的加解密、身份认证以及对外设的控制等功能；天线的功能主要是负责接收或者发送射频信号，实现数据信息和能量的传送。有时阅读器的天线是一个独立的部分，不包含在阅读器中。

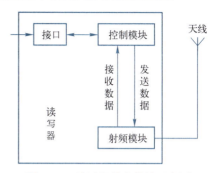

图 2-64 读写器基本结构示意图

RFID 阅读器的结构没有固定的形式，主要根据需要和应用场景来设计 RFID 阅读器的结构和外观形状。常见的 RFID 阅读器主要有固定式、手持式、一体式、分离元器件、工业读头、OEM 模块式等。几种典型阅读器实物如图 2-65 所示。

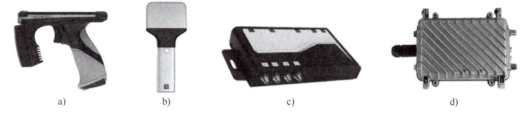

图 2-65 几种典型阅读器实物

a) RFID 手持机　b) RFID 蓝牙手持拍　c) RFID 固定式读写器　d) 2.4GHz 户外全向读写器

（3）RFID 中间件

中间件是介于应用系统和系统软件之间的一类软件，通过系统软件提供基础服务，连接网络上不同的应用系统。RFID 中间件是介于前端阅读器与后端应用程序之间的独立软件，如图 2-66 所示。它能够与多个 RFID 阅读器以及多个后端应用程序连接，以减轻架构与维护的复杂性。其具有数据搜集、过滤、整合与传递等功能，以便将正确的对象信息传到企业后端的应用系统。

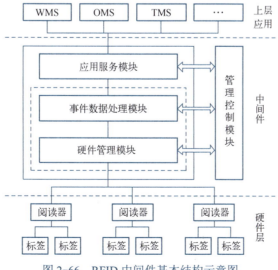

图 2-66 RFID 中间件基本结构示意图

RFID 中间件可以从架构上分为以应用程序为中心和以架构为中心两种类型。以应用程序为中心（Application Centric）的设计概念是通过 RFID 阅读器厂商提供的 API，以 Hot Code（热编码）方式直接编写特定阅读器读取数据的适配器，并传送至后端系统的应用程序或数据库，从而达成与后端系统或服务串接的目的。然而，随着企业应用系统的复杂度增高，企业无法负荷以 Hot Code 方式为每个应用程式编写适配器，同时面对对象标准化等问题，企业可以考虑采用厂商所提供标准规格的 RFID 中间件。这样一来，即使存储 RFID 标签情报的数据库软件改由其他软件代替，或读写 RFID 标签的 RFID 阅读器种类增加等情况发生时，应用端不做修改也能应付。

3. RFID 系统的耦合方式

电子标签与阅读器之间的作用距离是 RFID 系统应用中的一个重要问题，通常情况下这种作用距离定义为电子标签与阅读器之间能够可靠交换数据的距离。RFID 系统的作用距离是一项综合指标，与电子标签及阅读器的配合情况密切相关。根据 RFID 系统的作用距离，可将 RFID 系统划分为密耦合系统、遥耦合系统和远距离系统三种类型。

（1）密耦合系统

密耦合系统的典型作用距离为 0～1cm。实际应用中，通常需要将电子标签插入阅读器中或将其放置到阅读器天线的表面。密耦合系统利用的是电子标签与阅读器天线无功近场区之间的电感耦合，构成无接触的空间信息传输射频通道，从而实现工作的。密耦合系统的工作频率一般局限在 30MHz 以下的任意频率。由于密耦合方式的电磁泄漏很小，耦合获得的能量较大，因而适合要求安全性较高，作用距离无特殊要求的应用系统，如电子门锁等。

（2）遥耦合系统

遥耦合系统的典型作用距离可以达到 1m。遥耦合系统又可细分为近耦合系统（典型作用距离为 15cm）与疏耦合系统（典型作用距离为 1m）两类。遥耦合系统利用的也是电子标签与阅读器天线无功近场区之间的电感耦合，构成无接触的空间信息传输射频通道，从而实现工作的。遥耦合系统的典型工作频率为 13.56MHz，也有一些其他频率，如 6.75MHz、27.125MHz 等。遥耦合系统目前仍然是低成本射频识别系统的主流。

（3）远距离系统

远距离系统的典型作用距离为 1～10m，个别的系统具有更远的作用距离。所有的远距离系统均是利用射频标签与读写器天线辐射远场区之间的电磁耦合，构成无接触的空间信息传输射频通道，从而实现工作的。远距离系统的典型工作频率为 915MHz、2.45GHz、5.8GHz，此外，还有一些其他频率，如 433MHz 等。一般情况下，有电池的射频标签的作用距离较无电池的射频标签的作用距离要远一些。

远距离系统一般情况下均采用反射调制工作方式实现电子标签到阅读器方向的数据传输。远距离系统一般具有典型的方向性，电子标签与阅读器成本目前还处于较高的水平。从技术角度来说，满足以下特点的远距离系统是理想的射频识别系统：电子标签无源，电子标签可无线读写，支持多标签读写，适合应用于高速移动物体的识别（物体移动速度大于 80km/h），远距离（读写距离大于 5～10m），低成本（可满足一次性使用要求）。现实的远距离系统一般均只能满足其中的几个要求。

4. RFID 系统的基本类型

根据 RFID 系统完成的功能不同，可以把 RFID 系统分成四种类型。

（1）EAS

EAS 是一种设置在需要控制物品出入的门口的 RFID 技术。这种技术的典型应用场合是商店、图书馆、数据中心等，当未被授权的人从这些地方非法取走物品时，EAS 系统会发出警告。在应用 EAS 技术时，首先在物品上黏附 EAS 标签，当物品被正常购买或者合法移出时，在结算处通过一定的装置使 EAS 标签失活，物品就可以取走。物品经过装有 EAS 系统的门口时，EAS 装置能自动检测标签的活动性，发现活动性标签的 EAS 系统会发出警告。EAS 技术的应用可以有效防止物品被盗，不管是大件的商品，还是很小的物品。应用 EAS 技术，物品不用再锁在玻璃橱柜里，可以让顾客自由地观看、检查商品，这在自选日益流行的今天有着非常重要的现实意义。

（2）便携式数据采集系统

便携式数据采集系统是使用带有 RFID 阅读器的手持式数据采集器采集 RFID 标签上的数据。这种系统具有比较大的灵活性，适用于不宜安装固定式 RFID 系统的应用环境。手持式阅读器（数据输入终端）可以在读取数据的同时，通过无线电波数据传输方式实时地向主计算机系统传输数据，也可以暂时将数据存储在阅读器中，再一批一批地向主计算机系统传输数据。

（3）物流控制系统

在物流控制系统中，固定布置的 RFID 阅读器分散布置在给定的区域，并且阅读器直接与数据管理信息系统相连，信号发射机是移动的，一般安装在移动的物体上面或人身上。当物体、人经过阅读器时，阅读器会自动扫描标签上的信息，并把数据信息输入数据管理信息系统进行存储、分析、处理，达到控制物流的目的。

（4）定位系统

定位系统用于自动化加工系统中的定位，以及对车辆、轮船等进行运行定位支持。阅读器放置在移动的车辆、轮船上或者自动化流水线中移动的物料、半成品、成品上，信号发射机嵌入操作环境的地表下面，其中存储了位置识别信息；阅读器一般通过无线或者有线的方式连接到主信息管理系统。

2.3.3 产品电子代码系统

产品电子代码系统，即 EPC 系统，是一个非常先进的、综合性的复杂系统，其最终目标是为每一单品建立全球的、开放的标识标准。它由 EPC 编码体系、射频识别系统及信息网络系统三部分组成，主要包括六个方面的内容，如表 2-22 所示。

表 2-22 EPC 系统的构成

系统构成	名称	说明
EPC 编码体系	EPC 代码	用来标识目标的特定代码
射频识别系统	EPC 标签	贴在物品之上或者内嵌在物品之中
	读写器	识读 EPC 标签
信息网络系统	EPC 中间件	EPC 系统的软件支持系统
	对象名称解析服务（Object Naming Service，ONS）	
	EPC 信息服务（EPC IS）	

1. EPC 系统的特点

EPC 系统具有以下特点。

（1）开放的结构体系

EPC 系统采用全球最大的公用 Internet 网络系统。这就避免了系统的复杂性，同时也大大降低了系统的成本，并且还有利于系统的增值。

（2）独立的平台与高度的互动性

EPC 系统识别的对象是一个十分广泛的实体对象，因此，不可能有哪一种技术适用所有的识别对象。同时,不同地区、不同国家的射频识别技术标准也不相同。因此开放的结构体系必须具有独立的平台和高度的互操作性。EPC 系统网络建立在 Internet 网络系统上,并且可以与 Internet 网络所有可能的组成部分协同工作。

(3) 灵活的可持续发展体系

EPC 系统是一个灵活、开放的可持续发展体系,可在不替换原有体系的情况下进行系统升级。EPC 系统是一个全球的大系统,供应链的各个环节、各个节点、各个方面都可受益,但对低价值的识别对象,如食品、消费品等来说,它们对 EPC 系统引起的附加价格十分敏感。EPC 系统正在考虑通过本身技术的进步,进一步降低成本,同时通过系统的整体改进使供应链管理得到更好的应用,提高效益,以便抵消和降低附加价格。

2. EPC 系统的工作流程

在由 EPC 标签、读写器、EPC 中间件、Internet、ONS 服务器、EPC 信息服务以及众多数据库组成的实物互联网中,读写器读出的 EPC 只是一个信息参考(指针),由这个信息参考从 Internet 找到 IP 地址并获取该地址中存放的相关的物品信息,并采用分布式的 EPC 中间件处理由读写器读取的一连串 EPC 信息。由于在标签上只有一个 EPC 代码,计算机需要知道与该 EPC 匹配的其他信息,这就需要 ONS 来提供一种自动化的网络数据库服务,EPC 中间件将 EPC 代码传给 ONS,ONS 指示 EPC 中间件到一个保存着产品文件的服务器(EPC IS)上查找,该文件可由 EPC 中间件复制,因而文件中的产品信息就能传到供应链上,EPC 系统的工作流程如图 2-67 所示。

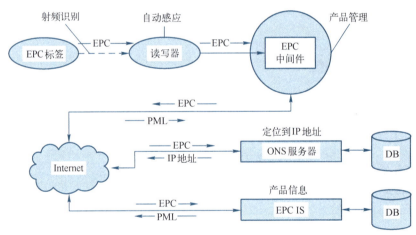

图 2-67 EPC 系统工作流程示意图

3. EPC 射频识别系统

EPC 射频识别系统是实现 EPC 代码自动采集的功能模块,主要由射频标签和射频读写器组成。射频标签是 EPC 代码的物理载体,附着于可跟踪的物品上,可全球流通并对其进行识别和读写。射频读写器与信息系统相连,是读取标签中的 EPC 代码并将其输入网络信息系统的设备。EPC 系统射频标签与射频读写器之间利用无线感应方式进行信息交换,具有非接触识别、可识别快速移动物品、可同时识别多个物品等特点。

EPC 射频识别系统为数据采集最大限度地降低了人工干预,实现了完全自动化,是"物联网"形成的重要环节。

(1) EPC 标签

EPC 标签是产品电子代码的信息载体,主要由天线和芯片组成。EPC 标签中存储的唯一信息是产品电子代码。为了降低成本，EPC 标签通常是被动式射频标签。

EPC 标签根据其功能级别的不同分为 5 类，目前所开展的 EPC 测试使用的是 Class1/GEN2。

（2）读写器

读写器是用来识别 EPC 标签的电子装置，与信息系统相连实现数据的交换。读写器的基本任务就是激活标签，与标签建立通信并且在应用软件和标签之间传送数据。EPC 读写器和网络之间不需要 PC 作为过渡，所有读写器之间的数据交换可以直接通过一个对等的网络服务器进行。

读写器的软件提供了网络连接能力，包括 Web 设置、动态更新、TCP/IP 读写器界面、兼容 SQL 的数据库引擎。

当前 EPC 系统尚处于测试阶段，EPC 读写器技术也还在发展完善之中。Auto-ID Labs 提出的 EPC 读写器工作频率为 860～960MHz。

4．EPC 信息网络系统

EPC 信息网络系统由本地网络和全球互联网组成，是实现信息管理、信息流通的功能模块。EPC 信息网络系统是在全球互联网的基础上，通过 EPC 中间件、ONS 和 EPC IS 来实现全球"实物互联"。

（1）EPC 中间件

EPC 中间件是具有一系列特定属性的"程序模块"或"服务"，并被用户集成以满足他们的特定需求，EPC 中间件以前被称为 Savant。

EPC 中间件是加工和处理来自读写器的所有信息和事件流的软件，是连接读写器和企业应用程序的纽带，主要任务是在将数据送往企业应用程序之前进行标签数据校对、读写器协调、数据传送、数据存储和任务管理。图 2-68 描述了 EPC 中间件组件与其他应用程序的通信。

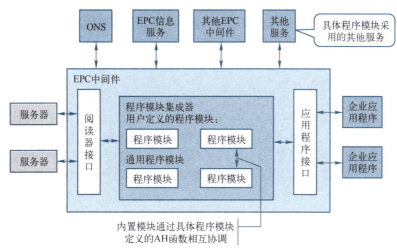

图 2-68　图 2-1 EPC 中间件与其他应用程序的通信

（2）对象名称解析服务（ONS）

ONS 是一个自动的网络服务系统，类似于域名解析服务（DNS），ONS 给 EPC 中间件指明了存储产品相关信息的服务器。

ONS 服务是联系 EPC 中间件和 EPC 信息服务的网络枢纽，并且 ONS 设计与架构都以因特网域名解析服务 DNS 为基础，因此，可以使整个 EPC 网络以因特网为依托，迅速架构并顺利延伸到世界各地。

（3）EPC 信息服务（EPC IS）

EPC IS 提供了一个模块化、可扩展的数据和服务的接口，使得 EPC 的相关数据可以在企业内部或者企业之间共享。它处理与 EPC 相关的各种信息，例如，EPC 的观测值、包装状态（例如，物品在托盘上的包装箱内）、信息源（例如，位于 Z 仓库的 Y 通道的 X 识读器）等。其中，EPC 的观测值回答"What / When / Where / Why"的问题，通俗地说，就是观测对象、时间、地点以及原因。这里的原因是一个比较笼统的说法，它应该是 EPC IS 步骤与商业流程步骤之间的一个关联，例如，订单号、制造商编号等商业交易信息。

EPC IS 有两种运行模式。一种是 EPC IS 信息被已经激活的 EPC IS 应用程序直接应用；另一种是将 EPC IS 信息存储在资料档案库中，以备今后查询时进行检索。独立的 EPC IS 事件通常代表独立步骤，例如，EPC 标记对象 A 装入标记对象 B，并与一个交易码结合。对于 EPC IS 资料档案库的 EPC IS 的查询，不仅可以返回独立事件，而且还有连续事件的累积效应，例如，对象 C 包含对象 B，对象 B 包含对象 A。

2.4 物品编码与标识技术在物流中的应用

智慧物流系统中，物品编码与标识技术的主要作用是实现物品信息的电子化管理。在实际应用中，已经以此为基础拓展到智慧物流和供应链管理的各个方面。本部分仅对其中的部分应用进行介绍。

2.4.1 箱码在供应链中的应用

箱码（Case Code）是商品外包装箱上使用的条码标识，是在商品订货、批发、配送及仓储等流通过程中应用的条码符号，专业术语称为储运包装商品条码（详见 GB/T 16830—2008）或非零售商品条码。在供应链上，产品通常是以箱的形式进行配送，箱码的广泛应用和统一标识，实现了物流信息的自动化采集、信息的共享与传递，对提高企业供应链效率、减少差错、降低企业运营成本起到重要作用。

1. 箱码的主要形式

箱码主要有 EAN-13 码、ITF-14 码和 GS1-128 码三种形式，分别对应不同的包装类型和使用场景。EAN-13 既可以作为商品条码使用，也可以作为箱码使用，所以 EAN-13 作为箱码既可用于物流仓储，也可用于 POS 结算。ITF-14 码只用在物流仓储环节，不用于 POS 结算，同时条码对印刷精度要求不高，适合直接印刷在表面不够光滑、受力后外包装容易变形的材料上，如瓦楞纸或纤维板等。GS1-128 码包含商品的附加信息，主要用于供应链精细化管理，通常以标签的形式粘贴在产品外箱上。

在供应链过程中，箱码是全球通用、全球统一的物流信息标识，实现贯穿供应链的高效数据交换和无障碍沟通；箱码能够区分商品的不同包装级别和类别，确保物流信息准确；箱码可以实现货物配送、分拣、仓储、盘点等作业的自动化，避免人为失误，可以为企业产品数量统计与预测提供精准、及时的信息，减少库存提高周转效率。

2. 箱码的使用场合

在供应链过程中，箱码在订货、EDI 报文、入库、拣货、出库、配送/退货、收货（门店）、零售等各个环节（场合）都有不同程度的应用，如图 2-69 所示。

订货环节，每种箱子对应一个条码，其与包装箱内零售商品的编码和数量有对应关系。EDI 报文中，箱码是储运包装单元商品的唯一标识。入库环节，扫描箱码，不需拆箱扫描便可确定商品与数量是否正确；同时，系统可以自动完成入库记录。拣货环节，扫描条码，可以根据计算机或手持数据终端提示进行拣选确认，而不需要人工计数。出库环节，扫描箱码，完成出库出货，同时，系统可以自动完成出库记录。退货时，扫描箱码进行货物统计并与配送中心和制造商进行信息反馈。门店收货时，扫描箱码，不需拆箱扫描便可确定商品与数量是否正确；同时，系统可以自动完成入库记录。零售环节，扫描箱码（仅限EAN-13）可以实现快速结算，并将信息及时反馈给订货系统。

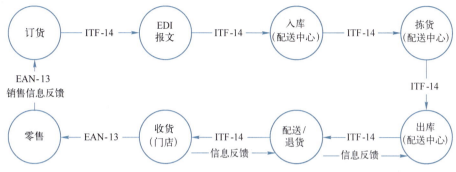

图 2-69　箱码使用时机示意图

3. 箱码的编制过程

商品零售与储运管理过程中，涉及单品包装、包装盒包装和托盘集装三种不同形式，所对应的编码为全球贸易项目代码（GTIN），所采用的数据载体主要为EAN-8码、EAN-13码、UPC-A码、UPC-E码、ITF-14码、GS1-128码。其中EAN-8码一般用于包装尺寸较小的单件商品；UPC-A码、UPC-E码仅在美国和加拿大使用。所以本书仅介绍基于EAN-13码的固定贸易单元的箱码编制过程。

EAN-13 码在单品和包装盒上均可以使用。如果包装盒中仅内装一件商品（如洗衣机、冰箱等），则包装盒上使用与内装产品一样的 EAN-13 码；如果包装盒内装多件同质商品，一种方案是重新编制一个区别于内装商品的 EAN-13 码，另一种方案是基于内装商品的 EAN-13 码编制一个 14 位的 ITF-14 码，但仅能用于储运管理，不能用于零售；如果包装盒内装多件异质商品，则需要专门编制一个 ITF-14 码用于包装盒；如果出于供应链精细化管理的需要，条码中要求包含对应的产品信息，则需要使用 GS1-128 码，通常以物流标签的形式粘贴在产品外箱上。具体流程如图 2-70 所示。

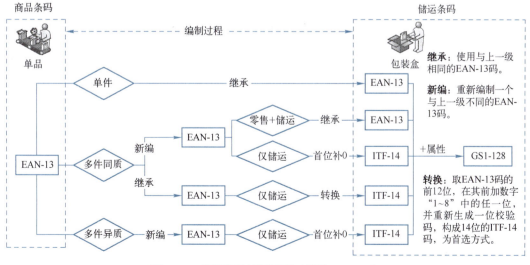

图 2-70　储运条码编制流程（基于 EAN-13）

每个完整的非零售商品包装上至少应有一个条码符号，其到任何一个直立边的间距应不小于 50mm。运输过程中的包装项目上最好使用两个条码符号，放置在相邻的两个面上——短的面和长的面右侧各放一个，如图 2-71 所示。

图 2-71　储运条码符号位置示例

4. 箱码的具体应用

本部分以供应链中的生产、仓配和零售三个典型场景为例介绍箱码的具体应用。制造商、配送中心和零售门店等实体通过箱码的应用，可以实现内部的高效作业与有效管理，以及相互之间信息的快速传递和充分共享。

生产环节的箱码应用如图 2-72 所示。原材料接收时，通过扫描原材料箱码，可以完成收货和原料库存管理；产品出厂时，通过在外箱上印制箱码，可以实现贯穿供应链的高效数据交换和无障碍沟通；拣货环节，利用箱码可以实现快速拣货；在信息交换过程中，可以以箱码为关键字，发送、接收 EDI 报文；出库环节，通过扫描箱码，可以高效出货；当商品集装为物流单元时，物流标签上可以将箱码作为产品标识符。

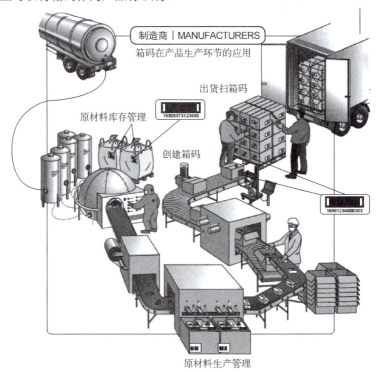

图 2-72　箱码在生产环节的应用

箱码在配送中心的应用如图 2-73 所示。具体应用为：以箱码为关键字，发送、接收 EDI 报文；扫描箱码或物流标签，高效收货；使用传送带时，扫描箱码自动拣货；利用箱码进行库存管理，分配存货区域；记录货物流转，为订货预测系统提供数据支持；精确出货。

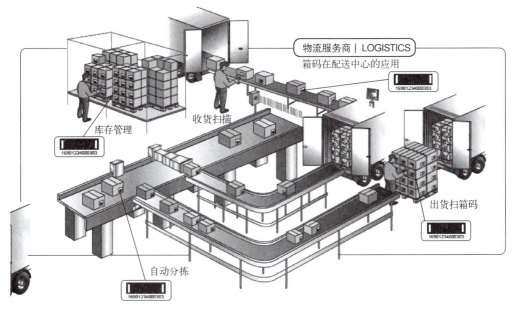

图 2-73　箱码在配送中心的应用

产品销售环节的箱码应用如图 2-74 所示。具体应用为：收货扫箱码；根据订单核对货物，发送收货回执；自动完成入库记录；扫描箱码进行快速销售，提高结算效率，增加消费者满意度；扫描退货产品的箱码进行合理配送，减少生产企业损失，构建和谐的"零供关系"。

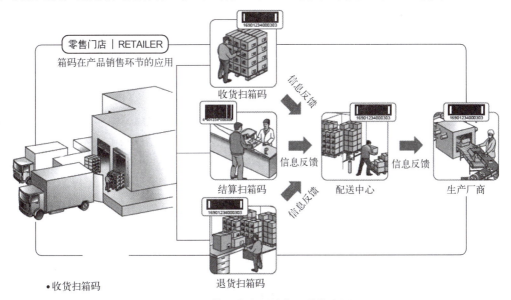

图 2-74　箱码在产品销售环节的应用

2.4.2 RFID 技术在仓储中的应用

RFID 技术与仓储的结合，能够有效优化仓储作业流程，提高仓储作业效率，基本流程如图 2-75 所示。

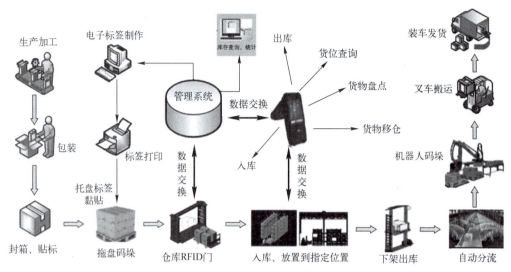

图 2-75 基于 RFID 的仓储作业流程

1. 入库作业

在货物上贴上 RFID 标签，或将货物摆放在装有 RFID 标签的托盘上，完成货物与标签的绑定。收到货物信息和车辆信息并传到仓库，仓库的仓储管理系统会根据实际情况对货物的库区和储位进行分配。当货物到了以后，仓库工作人员可以用 RFID 读写器验证货物，读写器会迅速读取货物的相关信息，并核对货物是否正确，从而保证货物及时入库。将货物送到指定的库区后，入库时读写器会再次进行扫描和核对，并且会将信息传递到仓储管理系统，当出现错误时，由人工进行修正。

与传统的仓储管理业务流程相比，RFID 智能仓储具有以下优势：仓储库区储位不再由调度员安排，而是由系统进行分配；入库和上架时有读写器进行扫描，提高了准确率。

2. 库存盘点

传统的盘点工作由于是靠人工完成的，不仅浪费了大量的人力资源，且由于操作烦琐，比较容易出错，而且效率低下。采用 RFID 技术后，这些问题可以很好地得到解决，使盘点工作可以快速完成，且准确率高。通过读写器读取货物的信息，并与系统的货物进行比对，很容易查清楚货物的数量、种类、质保期等信息。

与传统的盘点工作相比，采用 RFID 技术具有以下优势：节省了大量的人力资源，可以降低人工成本；提高了工作效率和准确率，降低了企业的损失；通过管理系统对货位进行调整，不需要人工进行调整，更加智能、准确。

3. 出库作业

出库时，系统会自动调出货物的相关信息，可以确定货物的库区和货位，然后用叉车取下货物，通过 RFID 读取核对货物是否准确，准确时绿灯亮起。扫描时会将货物信息录入计算机，已确认仓库管理系统取货信息，并自动更改系统中的货物信息。当存在错误时，系统会提醒，红灯亮起，禁止通行。管理人员需返回排除异常后，再次进行以上操作直至正确并且出库，检验无误后才能离开。

与传统的仓储管理出库业务流程相比，采用 RFID 技术具有以下优势：系统会自动生成取货单，不用人工手写取货单，降低了错误率；由带有 RFID 读写器的自动分拣机进行分拣，提高了效率，降低了失误率；由 RFID 读写器对出库的货物进行核对，提高了检验的效率，并可以实现货物库存信息的自动更新。

2.4.3 GS1 标准在食品安全追溯中的应用

当前全球供应链长且复杂，全球供应链追溯面临诸多挑战，为了实现端到端的全球供应链追溯，不同追溯系统之间必须具有互操作性。GS1 标准作为全球通用的商务语言，用于自动准确地标识、采集和共享信息，从而确保产品、服务和信息每天在世界各地的供应链中高效安全地移动，为互操作性提供了基础。

1. GS1 标准体系架构

GS1 标准用于在对象的整个生命周期中标识、采集和共享相关信息，为互操作性提供核心基础。其体系架构如图 2-76 所示。

（1）编码标识

供应链参与方使用标准化编码来标识追溯对象、参与方和位置。如用 GTIN 标识全球贸易项目，用 SSCC 标识物流单元，用 GLN 标识公司或位置等。

（2）数据采集

承载编码信息的载体要确保追溯对象可以在整个供应链中被自动和一致读取。载体包含一维码、二维码和 RFID 标签。EAN/UPC 一般用于零售单元；ITF-14 一般用于箱包装；GS1-128 可以承载更多的信息，如有效期、批号、序列号等，一般用于箱包装和物流包装。二维码能够以更小的面积承载更多的信息。

（3）数据共享

采用全球数据同步（GDSN）、电子数据交换（EDI）和产品电子代码信息服务（EPCIS）等实现主数据、交易数据和物理事件数据的交换。

图 2-76 GS1 标准体系架构

2. 追溯编码方案

对供应链中的追溯对象、追溯参与方和位置进行标识，是追溯的关键所在。

（1）追溯对象

追溯对象可以划分为贸易项目和物流单元编码两类。

贸易项目的追溯可划分为品种、批次和单品三个层级。品种级采用 GTIN 编码，一般选择 EAN/UPC 码作为数据载体。批次级采用"商品条码+批号（GTIN+批号）"表示，一般选择 GS1-128 码和 GS1 DM 码作为数据载体，工业化生产的产品一般追溯到批次。单品级采用"商品条码+序列号（GTIN+序列号）"表示，风险程度高或价值高的产品可追溯到单品。如果需要标识更多的信息，如生产日期、保质期、有效期等，则需要使用 GTIN+AI 属性的方式表示，一般使用 GS1 DM 码、GS1 QR 码或 EPC 标签作为数据载体。

物流单元编码采用 SSCC 表示，用于标识物流单元（如托盘、包裹等），载体为 GS1-128 码。

（2）追溯参与方和位置

供应链参与方使用 GLN 标识，如果需要标识参与方内部的具体位置（如仓库内部的货架、配送中心的 RFID 阅读点等），则需要结合扩展部分，具体规则如图 2-77 所示。GLN 的载体为 GS1-128 码。

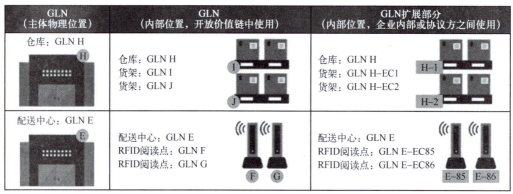

图 2-77　GLN 内部物理位置标识实例

3．食品安全追溯的具体实施

食品从生产到最终送达消费者手中，需要经历初级生产商、生产商/制造商、仓库/分销商和零售商等多个中间环节。食品安全追溯覆盖供应链的全程。

（1）初级生产商

初级生产商环节的标识、采集与共享方案如图 2-78 所示。在标识层次，GTIN +批号用于标识箱装产品/散装产品；SSCC 用于标识从农场分销的带有批号信息的产品；品牌所有者为每一个物理位置分配 GLN。在采集层次，GTIN 和产品数据（批号或生产日期等）打印在产品包装上（条码或人工识读字符）；SSCC 用 GS1-128 表示。在共享层次，使用 GDSN 定义、创建和发布产品数据；品牌所有者 GLN 作为产品数据源共享；EDI 采购订单、预先发货通知、提货单、发票等交易数据在交易方之间共享。该方案的最终目标是向消费者提供产品信息，包括营养成分、过敏源、可持续性信息等；在追溯中更好地识别产品和位置；启用快速召回；加强可视化以支持安全处理流程；增强产品可视化。

（2）生产商/制造商

生产商/制造商环节的标识、采集与共享方案如图 2-79 所示。在标识层次，首先是保证关键流程（接收、原材料转换成半成品和最终产品、库存和分销）的内部追溯；GTIN 和产品日期（批号或有效期）印在产品包装上用于分销；货物的接收和最终产品的分销要通过 GTIN 和批号保证内部链接。在采集层次，GTIN 和产品数据（批号、序列号或生产日期等）打印在产品包装上（条码或人工识读字符）；SSCC 用 GS1-128 表示。在共享层次，使用 GDSN 定义、创建和发布产品数据;品牌所有者 GLN 作为产品数据源共享;EDI 采购订单,预先发货通知、提货单、发票等交易数据在交易方之间共享。该方案的最终目标是通过使用 GTIN、SSCC、条码和电子数据,减少手动流程的成本和时间,提高订单准确度和电子商务/网站信息的准确性,减少交付错误,以及提高现金流;通过条码中的唯一产品标识(GTIN 和批次或序列号)和位置标识 GLN 的应用,增强产品可视化以支持安全搬运过程(停留时间、温度一致性、源位置等)。

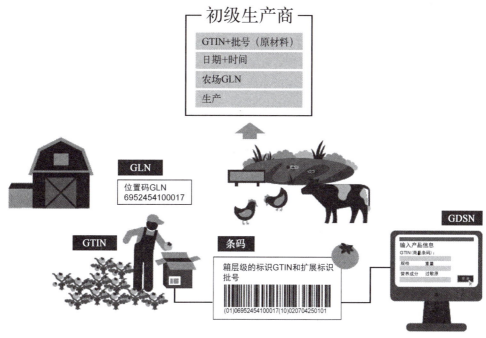

图 2-78 初级生产商环节的标识、采集与共享方案

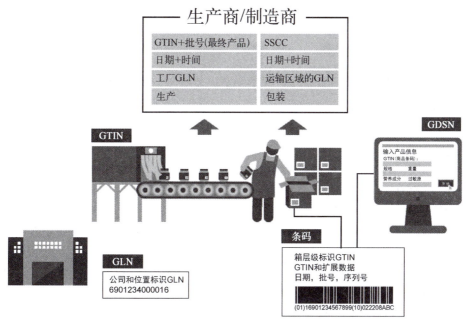

图 2-79 生产商/制造商环节的标识、采集与共享方案

（3）仓库/分销商

仓库/分销商环节的标识、采集与共享方案如图 2-80 所示。在标识层次，首先是保证关键流程（接收、配送、存储和分销）的内部追溯；GTIN 和批号或有效期用于确保拣选产品的准确性，箱包装与托盘 SSCC 保持关联；发货通知包含 GTIN、SSCC 和 GLN。在采集层次，GTIN、SSCC、GLN 和条码用于收货验证、产品入库、产品拣选/语音拣选、货物创建以及物理事件数据采集等；GTIN 和批号或序列号以及产品日期用于库存周转、质量控制过程/召回准备和订单管理。在共享层次，GTIN、SSCC 和 GLN 用于电子数据交换；使用由工厂分配的 GLN 识别产品的来源和接收方。该方案的最终目标是，通过 GTIN、SSCC、GLN、条码和电子数据的使用，优化接收效率，提高接货准确率、库存管理水平和收货速度，减少错误选择；使用 GLN 识别仓库地点和产品来源；GDSN 数据交互确保产品尺寸、产品处理流程等的一致性；使用物理事件数据优化库存管理，管理产品的日期编码；通过 GS1 标准获得更好的数据从而提升劳动力规划和效率。

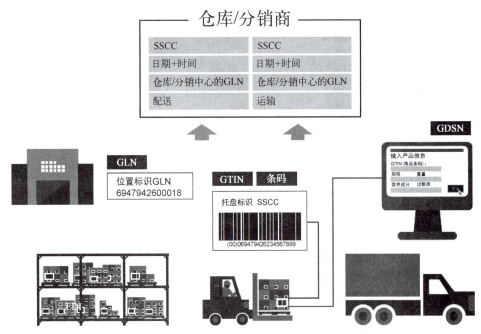

图 2-80　仓库/分销商环节的标识、采集与共享方案

（4）零售商

零售商环节的标识、采集与共享方案如图 2-81 所示。在标识层次，零售商或餐饮店提供给消费者产品信息；主数据或事件数据（用于追溯）可以通过产品标签或扫描条码提供给消费者。在采集层次，GTIN、SSCC、GLN 和条码用于收货验证、产品入库、库存补货、高效的 POS 流程以及物理事件数据采集；GTIN 和批次或序列号和产品日期用于库存周转、质量控制过程、销售记录和召回准备。在共享层次，使用 GDSN 数据；由工厂分配的 GLN 可以验证产品的来源和接收方；GTIN、SSCC 和 GLN 用于电子数据流程，包括 EDI 采购订单、预先发货通知、提货单、发票、货架供应、ERP 系统更新以及产品召回自动报警触发等。该方案的最终目标是，通过 GTIN、SSCC、GLN、条码和电子数据的应用，优化收货效率，提高库存管理水平并减少缺损；GTIN、GLN 和条码的应用，便于快速准确的 POS 扫描结算，能够提高顾客忠诚度并加强会员管理。

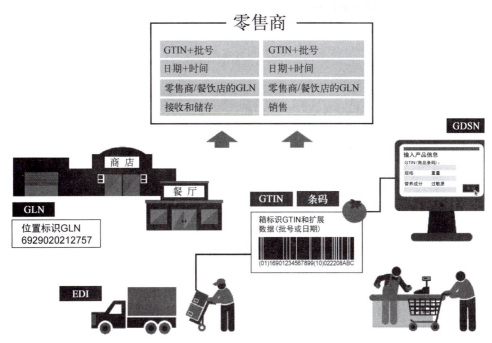

图 2-81　零售商环节的标识、采集与共享方案

本章小结

物品编码与标识技术是物品信息的数字化管理的重要基础。本章主要介绍了 GS1、EPC 两种编码体系，以及条码技术、射频识别技术等两种自动化识别技术，两种体系存在着紧密联系（见图 2-82），共同促进着智慧物流的发展。

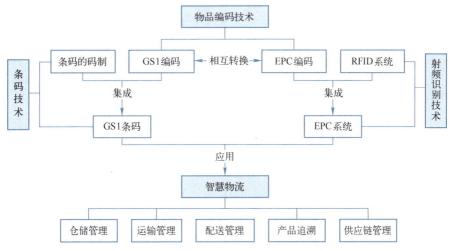

图 2-82　物品编码与标识技术知识体系框架

GS1 编码是当前全球范围内使用最为广泛的编码，能够为贸易项目（产品与服务）、物流单元、资产、位置与参与方、服务关系、单据以及其他特殊领域提供全球唯一的编码标识及附加属

性代码。EPC 编码是国际条码组织推出的新一代产品编码体系，可以实现对零售商品、物流单元、集装箱、货运包装等所有实体对象的唯一有效标识，被誉为具有革命性意义的新技术。EPC 编码是对 GS1 编码的补充而非替代，两者之间有着良好的对应关系，可以根据相应的机制实现相互转换。

条码是 GS1 编码的数据载体，可划分为一维码和二维码两类。常用的一维码的码制有 UPC 码、EAN 码、交叉 25 码、Code39 码、库德巴码（Codabar）和 Code128 码等；常用的二维码的码制有 PDF417 码、QR 码、Data Matrix，以及拥有我国自主知识产权的有龙贝码和汉信码等。GS1 编码与对应码制的结合便形成了 GS1 条码，主要有 EAN/UPC 码、ITF14 码、GS1-128 码、GS1 DataBar、GS1 DM 码、GS1 QR 码以及 GS1 复合码等。

射频识别技术是一种利用射频通信实现的非接触式自动识别技术，常用的频率划分为低频、高频和超高频三个频段，不同的频段能够满足不同的应用需求。典型的 RFID 系统包括阅读器、电子标签、RFID 中间件和应用软件四个组成部分，其中电子标签是 ECP 编码的数据载体。EPC 编码体系、射频识别系统以及信息网络系统的结合便形成了 EPC 系统，能够为每一单品建立全球的、开放的标识标准。

表 2-23 是对编码与载体之间对应关系的概括与总结。

表 2-23 GS1 数据载体一览表

类型	名称	标识	属性	类型标识	起始符或强制引导符	定界符	数据元素修饰符
一维码	EAN-13	GTIN-13	无	]E0	guard bars	N/A	N/A
	UPC-A	GTIN-12	无	]E0	guard bars	N/A	N/A
	EAN-8	GTIN-8	无	]E4	guard bars	N/A	N/A
	UPC-E	GTIN-12	无	]E0	guard bars	N/A	N/A
	ITF14	GTIN	无	]I1	I-2/5 Start Pattern	N/A	N/A
	GS1-128	全部	全部	]C1	FNC1	FNC1	AI
	扩展式 GS1 DataBar	GTIN	TI AIs	]e0	guard pattern	FNC1	AI
	限定式 GS1 DataBar	GTIN	无	]e0	guard pattern	N/A	AI 01
	其他 GS1 DataBar	GTIN	无	]e0	guard pattern	N/A	AI 01
二维码	GS1 DM	全部	全部	]d2	FNC1	FNC1	AI
	GS1 QR	全部	全部	]Q3	FNC1（mode）	FNC1	AI
复合码	CC-A	GTIN（AI）	全部	]e0	row address pattern	FNC1	AI
	CC-B	GTIN（AI）	全部	]e0	row address pattern	FNC1	AI
	CC-C	GTIN（AI）	全部	]e0	row address pattern	FNC1	AI
GS1 RFID	UHF Gen 2	SGTIN SSCC GLN GRAI GIAI GDTI GSRN	全部				
	HF Gen2	SGTIN SSCC GLN GRAI GIAI GDTI GSRN	全部				

说明：

1. 对于受管制的医疗卫生贸易项目（RH），二维码只能使用 GS1 Data Matrix；

2. GS1 QR 不能用于卫生相关的应用；

3. TI 指贸易项目（Trade Item）。

练习与思考

一、思考题
1. 物品编码、物品代码、物品编码系统、物品编码体系之间有何联系？
2. 智慧物流对物品编码体系有何要求？
3. GS1 编码体系是如何构成的？
4. EPC 编码体系是如何构成的？
5. 条码技术有何特点？其主要码制有哪些？
6. GS1 条码主要有哪些？各有何特点？
7. RFID 技术具有哪些优势与特点？
8. 典型的 RFID 系统由哪些部分组成？
9. RFID 系统包括哪些基本类型？

二、论述题
1. 简述 GS1 编码体系与 EPC 编码体系之间的联系和区别。
2. 简述条码码制与 GS1 条码之间的关系。
3. 简述 GS1 编码与 GS1 条码之间的关系。
4. 简述 RFID 标签的类别及交叉关系。
5. 简述 EPC 系统的构成及工作流程。

三、案例分析

中国商品信息服务平台

中国商品信息服务平台（以下简称"平台"）是由中国物品编码中心（以下简称"编码中心"）依照 GS1 数据池国际标准构建的、集产品管理与服务于一体的商品信息公共服务平台。

平台遵循产品标识、产品属性、产品分类、数据交换等全球统一标准，以商品条码为基础，直接由中国商品条码系统成员填报商品信息，有效保证了信息的准确性、时效性与持续性。

平台在编码中心及全国 46 家物品编码分支机构的统一维护下，安全、稳定、快速地运行与发展，现已拥有超过 19 万家企业会员的 1800 万条商品信息，并以每天 3 万条的速度快速增长，覆盖了我国食品饮料、日用百货、家具建材、医疗卫生、文教用品等数百个行业，为我国商品信息查询、商品贸易流通、产品质量监管等领域提供着高效的商品信息数据支持服务，在服务消费者、服务企业、服务政府方面发挥着重要作用。

服务消费者——真实、准确的数据是消费者享受信息服务的基础条件，在商品极其丰富的今天，各种流通渠道蕴含着海量的商品信息，平台以其自身及专业的电子商务网站、手机查询软件等多种形式开放商品基础信息，有效地帮助消费者获取生产企业的第一手资料。

服务企业——标准化的商品信息是平台为企业提供产品信息管理、数据同步、电子数据交换等服务的独特优势，其全球通用的数据标准和架构，最大程度统一了数据的管理与共享规则，使企业既能科学管理产品，又能与合作伙伴在同一通道交流对话。平台商品信息数据同步服务是零供企业间实现商品数据无缝共享的重要手段，至今实现了美国劳氏、家乐福、麦德龙、新华都、华润万家、乐天玛特、北京华联与宝洁（中国）、强生、联合利华等知名企业的数千家门店的国际、国内商品数据同步，简化的信息沟通过程，高效的数据传输效率，令企业供应链不断优化升级，为我国广大"零供"企业带来显著收益。

服务政府——平台拥有高效的技术支持力量与培训服务机制，为政府管理部门与企业之间建立起畅通的信息沟通渠道，方便管理部门有效整合商品信息，推动产品质量监管工作的执行，也在很大程度上帮助了企业提升了信誉和市场竞争力。

资料来源：中国物品编码中心官网

问题：

1. 试分析中国商品信息服务平台对促进商品流通的作用和意义？
2. 查阅资料了解加入中国商品信息服务平台的流程并绘制流程图。

第3章 物流定位与导航技术

学习目标

- 掌握 GNSS 的工作原理。
- 掌握 BDS 的服务类型及关键指标。
- 了解 GIS 组成及基本功能。
- 了解 GIS 空间分析技术。
- 了解 GIS 发展方向及主流 GIS 软件。
- 了解室内定位技术的分类及常用室内定位技术。
- 掌握室内定位网络平台的架构和功能。
- 初步形成物流定位与导航技术的应用思维。

导入案例

北斗定位"中国精度"

精度提升对于智慧交通而言,带来的是全方位的管理和体验水准的提升。而在这种大幅提升的背后,北斗系统的高精尖科技功不可没。

延崇高速在 2021 投入了基于北斗的隧道伪卫星定位技术,成为国内第一条北斗卫星信号全覆盖的山区高速公路。配合可接受高精度信号的终端,从而实现了隧道内车辆的精准定位,甚至可通过相应的导航系统,标注出隧道内的救援点、逃生点等信息。

而对于车道级导航相比普通导航的突破,高德地图定位软件工程师方兴解释道:"车道级导航实现的难点在于,如何将导航定位精度由道路级进化到车道级。北斗三号全球卫星导航系统全面上线,客观上帮助了高精定位落地。"

相较传统的地图导航,高德车道级导航最大的不同在于:利用高清渲染技术,在屏幕上最大程度地还原真实道路场景,包括当前道路的车道数量、地面标识标线、出入口、特殊车道等;应用北斗系统亚米级的高精度定位技术,结合参考站修正信息,经过融合和解算后,实现定位精度从 5~10m 的道路级,进化到 1m 以内的车道级别。

按照交通运输部部署,未来北斗系统将进一步与 5G、大数据、人工智能等新兴技术融合发展,支持我国综合、立体交通体系的建设进程。

[m2]物流定位与导航技术主要解决货物运输过程的透明化以及室内物品、设备的定位问题。对于货物运输一般选择全球卫星导航系统进行定位与导航,同时需要地理信息系统提供强大的电子地图数据支撑。由于卫星信号难以穿透建筑物外墙,所以还需要使用 5G 基站定位、蓝牙定位、WiFi 定位、UWB 定位和 vSLAM 等室内定位技术,解决仓库、配送中心等室内作业场景中的精确定位与导航问题

3.1 全球卫星导航系统

全球卫星导航系统也叫全球导航卫星系统(Global Navigation Satellite System,GNSS),是

能在地球表面或近地空间的任何地点为用户提供全天候的三维坐标和速度以及时间信息的空基无线电导航定位系统。

3.1.1 GNSS 概述

1. 定位导航技术的发展历程

（1）早期的导航技术

早期，由于缺乏有效的技术和设备，人们只能依靠地磁场、星光、太阳高度等天文、地理方法获取定位、定向信息。例如，星历导航是最古老、最简单的导航方法。战国时期，中国人发明了指南针（古称司南），成为最早的导航仪，几个世纪以来它经过不断的改进而变得越来越精密，并一直为人类广泛应用着。1761 年，英国乡间的制钟木匠约翰·哈里逊（John Harrison），经过 47 年的不懈钻研和探究，发明了最早的航海表（时称航海钟），较好地解决了远洋航海中的经度测定问题。在随后的 100 多年，人类通过综合利用指南针和航海表来进行导航和定位。

拓展阅读 3-1：航海钟的变迁

（2）惯性导航技术

20 世纪初开始，海员们通过测量船体的速度增量并进行外推来确定自己的位置（Dead Reckoning）。随后人们又发明了惯性导航（Inertial Navigation）技术，即通过对加速度计所记录的载体加速度进行积分来确定位置，奠定了整个惯性导航发展的基础。当前，惯性导航技术正处于第四代发展阶段，其目标是实现高精度、高可靠性、低成本、小型化、数字化、应用领域更加广泛的导航系统。

（3）地基电子导航系统

地基电子导航系统（Ground-based Radio Navigation System）主要由在世界各地适当地点建立的无线电参考站组成，接收机通过接收这些参考站发射的无线电电波并由此计算接收机到发射站的距离来确定自己的位置。地基电子导航既具有全天候能力，使用方便，又较之前的仪表导航系统和惯导系统大大提高了精度。20 世纪 30 年代，无线电信标用来提供飞机场的方位信息。二战期间的长距离辅助导航系统（LORAN），就是通过接收来自不同的 LORAN 发射台的时间信号进行定位。20 世纪 60 年代，欧米伽（Omega）系统首次提供电子导航系统的全世界覆盖。上述的陆基电子导航系统的精度为数公里，与天文导航系统相当。

（4）空基电子导航系统

空基电子导航系统（Space-based Radio Navigation System）又称为卫星电子导航系统。1957 年 10 月 4 日，苏联成功发射世界上第 1 颗人造地球卫星，远在美国霍普金斯大学应用物理实验室的两位年轻学者接收该卫星信号时，发现卫星与接收机之间形成的运动——多普勒频移效应，并断言可以用来进行导航定位。在他们的建议下，美国在 1964 年建成了国际上第一个卫星导航系统即"子午仪"，由 6 颗卫星构成星座，为军用舰艇和潜艇提供了更为精确的定位，开星基导航的先河，属于第一代导航卫星系统。1967 年，"子午仪"系统解密并提供给民用。

"子午仪"系统的精度均匀，而且不受时间和天气限制。但由于卫星数目较少（5～6 颗），运行高度较低（平均约为 1000km），从地面观测到卫星的时间间隔较长（平均 1.5h)，因而无法提供实时三维定位信息。

（5）全球卫星导航定位系统

广义的全球卫星导航定位系统，涵盖了全球系统、区域系统和增强系统，始于 20 世纪 70 年代后期美国的 GPS。截至 2023 年，GNSS 包括了美国的 GPS、俄罗斯的 GLONASS、中国的 BDS 和欧盟的 Galileo 四个全球系统，以及日本准天顶卫星系统（Quasi-zenith Satellite System,

QZSS）和印度区域卫星导航系统（Indian Regional Navigational Satellite System，IRNSS）两个区域系统，都属于第二代导航卫星系统。

2. 四大 GNSS 系统

依据联合国卫星导航委员会的认定结果，全球卫星导航服务有四大系统，分别是美国的 GPS、俄罗斯的 GLONASS、中国的 BDS 和欧盟的 Galileo。其中，BDS 和 GPS 已服务全球，性能相当；功能方面，BDS 较 GPS 多了区域短报文和全球短报文功能。GLONASS 虽已服务全球，但性能相比 BDS 和 GPS 稍逊，且 GLONASS 轨道倾角较大，导致其在低纬度地区性能较差。Galileo 的观测量质量较好，但星载钟稳定性稍差，导致系统可靠性较差。后面的内容中，除特殊说明外，GNSS 系统特指这四大系统。

拓展阅读 3-2：中国人如何寻找正确的方向

（1）GPS

20 世纪 70 年代，美国国防部为了给陆、海、空三大领域提供实时、全天候和全球性的导航服务，并执行情报收集、核爆监测和应急通信等军事任务，开始研制"导航卫星定时和测距全球定位系统"，简称全球定位系统，即 GPS。1973 年，美国国防部开始设计、试验。1989 年 2 月 4 日，第一颗 GPS 卫星发射成功。经过 20 余年的研究实验，耗资 200 多亿美元，到 1994 年 3 月，全球覆盖率达到 98%的 24 颗 GPS 卫星星座全部布设完成。1995 年 4 月美国国防部正式宣布 GPS 具备完全工作能力。GPS 单机导航精度约为 10m，综合定位的话，精度可达厘米级和毫米级，但民用领域开放的精度约为 10m。

（2）GLONASS

GLONASS 是苏联启动的项目。1976 年苏联政府颁布建立 GLONASS 的政府令，并成立相应的科学研究机构，进行工程设计。1982 年 10 月 12 日，成功发射第一颗 GLONASS 卫星。1996 年 1 月 24 颗卫星全球组网，宣布进入完全工作状态。之后，苏联解体，GLONASS 步入艰难维持阶段，2000 年年初，该系统仅有 7 颗卫星正常工作，几近崩溃边缘。2001 年 8 月，俄罗斯政府通过了 2002—2011 年间 GLONASS 恢复和现代化计划。2001 年 12 月发射成功第 1 颗现代化卫星 GLONASS-M。直到 2012 年该系统回归到 24 颗卫星完全服务状态。

（3）BDS

BDS 是中国着眼于国家安全和经济社会发展需要，自主建设运行的全球卫星导航系统，是为全球用户提供全天候、全天时、高精度的定位、导航和授时服务的国家重要时空基础设施，是继美国 GPS 和俄罗斯 GLONASS 之后，第三个成熟的全球卫星导航系统。20 世纪后期，中国开始探索适合国情的卫星导航系统发展道路，逐步形成了三步走发展战略（见图 3-1）：2000 年年底，建成北斗一号系统，向中国提供服务；2012 年年底，建成北斗二号系统，向亚太地区提供服务；2020 年，建成北斗三号系统，向全球提供服务。

图 3-1 BDS 发展战略

2020 年，北斗三号全球卫星导航系统建成暨开通仪式于 7 月 31 日上午在北京举行。北斗三号全球卫星导航系统全面建成并开通服务，标志着工程"三步走"发展战略取得决战决胜，我国成为世界上第三个独立拥有全球卫星导航系统的国家。2035 年前，我国仍将继续完善国家空间基础设施，开展下一代北斗卫星导航系统导航通信融合、低轨增强等深化研究和技术攻关，推动构建更加泛在、更加融合、更加智能的国家综合定位导航授时（PNT）体系。

拓展阅读 3-3：北斗三号全球卫星导航系统开通仪式

BDS 的建设实践，走出了在区域快速形成服务能力、逐步扩展为全球服务的中国特色发展路径，丰富了世界卫星导航事业的发展模式。

（4）Galileo

Galileo 是由欧盟研发的全球卫星导航定位系统。该计划 1999 年启动，最初目标是 2008 年建设完成，但由于技术等问题，推迟到了 2011 年。2010 年年初，欧盟委员会再次宣布，伽利略系统推迟到 2014 年投入运营。2019 年 7 月 14 日，伽利略系统技术故障导致部分导航服务中断，2019 年 8 月 18 日恢复正常。2021 年，在第 13 届欧洲太空会议上，欧盟专员蒂埃里·布雷顿（Thierry Breton）表示，欧盟希望在比原计划提前的 2024 年发射新一代欧洲伽利略卫星。2023 年 1 月 27 日，欧空局在第 15 届欧洲太空会议上宣布，经过工程师在 ESTEC 技术中心几个月的测试，由 28 颗卫星组成的伽利略全球导航卫星系统，其高精度定位服务（HAS）已启用，水平和垂直导航精度分别可达到 20cm 和 40cm。

拓展阅读 3-4：伽利略导航系统与中国[0]北斗卫星导航系统的渊源

伽利略卫星导航定位系统的意义在于，欧盟将从此拥有自己的全球卫星导航定位系统，有助于打破美国 GPS 导航定位系统的垄断地位，从而在全球高科技竞争浪潮中获取有利位置，并为将来建设欧洲独立防务创造条件。

拓展阅读 3-5：伽利略导航系统的服务类型

3．GNSS 系统的特点

（1）全球性、全天候

对于 GNSS，当在轨运行卫星数量达到一定程度（≥24 颗）且分布合理，则地球上的任何地点均可连续、同步观测到至少 4 颗卫星，从而实现全球性的定位。同时，导航卫星一般使用微波频段 300MHz～30GHz 发送信号，能够穿透大气层，不受恶劣天气影响，从而能够提供全天候的导航定位服务。表 3-1 为四大 GNSS 系统使用的频谱。

表 3-1　四大 GNSS 系统在轨运行卫星数量及频谱分配一览表

系统名称	卫星数量	频谱分配
GPS	24	1176MHz、1227MHz、1575MHz 附近频率
GLONASS	30	1246MHz、1602MHz 附近频率
BDS	35	1590MHz、1561MHz、1269MHz、1207MHz 附近频率
Galileo	28	1589.74 MHz、1561.1 MHz、1268.52 MHz、1207.14 MHz 附近频率

（2）定位速度快、精度高

GNSS 能够提供近乎实时的三维位置。以 GPS 为例，1s 内可以取得几次位置信息，对于高动态用户具有很大意义。在定位精度上，美国的 GPS 单机定位精度优于 10m；俄罗斯的 GLONASS 定位精度为 10m 左右；欧盟的 Galileo 提供的公共服务定位精度单频为 15～20m，双频为 5～10m，公共特许服务有局域增强时能达到 1m，商用服务有局域增强时为 10cm～1m；我国的 BDS 全球平均水平定位精度优于 9m，垂直精度优于 10m，精密单点定位优于 0.2m，如果采用差分定位，精度可达厘米级甚至毫米级。

拓展阅读 3-6：中国与欧盟的频谱之争

（3）抗干扰能力强、保密性好

当前，提供服务的四大 GNSS 都是采用无源定位方式。用户端一般只接收卫星信号，自身不会发射信息，因而不会受到外界其他信号源的干扰，同时也保护了用户位置等隐私信息。

拓展阅读 3-7：什么是差分定位？

（4）功能多、用途广泛

GNSS 系统除了提供精确的三维位置信息，还提供精确的速度和时间信息，部分 GNSS 系统还提供通信功能（如 BDS 的短报文通信），在军、民两个领域都有广泛的应用。例如，美国的 GPS 除用于军事用途外，在陆地、海洋和航空上都有广泛应用，陆地应用就涉及车辆导航、应急反应、大气物理观测、地球资源勘探、工程测量、变形监测、地壳运动监测、市政规划控制。随着 BDS 的不断完善，其在公共事业、交通运输、海洋渔业、减灾救灾、气象监测、商业物流、农林牧业、电子、金融等领域均有广泛运用。

3.1.2　GNSS 的工作原理

1. 定位原理

GNSS 进行定位的理论基础是"后方交会"。"后方交会"是从一个未知点分别观测几个已知坐标点，然后根据测量出的几个已知点到未知点的距离，计算出未知点坐标的测量方法。其几何原理如图 3-2 所示，在平面上要求出未知点 U 的坐标，至少需要测量出未知点 U 到三个已知点的距离 r_a、r_b、r_c，然后通过式（3-1）进行求解。

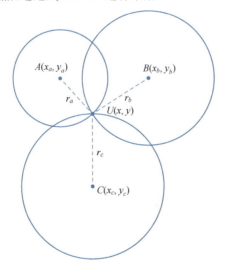

拓展阅读 3-8：用高中知识了解北斗导航的工作原理

图 3-2　"后方交会"原理示意图

$$\begin{cases} (x-x_a)^2 + (y-y_a)^2 = r_a^2 \\ (x-x_b)^2 + (y-y_b)^2 = r_b^2 \\ (x-x_c)^2 + (y-y_c)^2 = r_c^2 \end{cases} \tag{3-1}$$

在太空中，这些点变为三维空间的点，圆圈变为球面，所以至少需要知道 U 点至 4 个已知点的距离才能确定 U 的位置。实际上，通过数学的方法 3 颗卫星就可以得到用户的位置。

2. 定位条件

GNSS 中，要实现对未知目标的定位，至少需要满足两个条件：一个是要有

拓展阅读 3-9：星历与历书

足够的已知点,即要同时被足够多的卫星覆盖;另一个是要知道未知点到已知点的距离。

卫星是按照预设的轨道和速度运行的,卫星会定期将自己的星历、历书等以导航电文的方式向覆盖区域广播,用户接收并解算出导航电文,就可以根据卫星星历来计算卫星发送信号时的位置与速度。

已知点到未知点的距离通过电磁波测距获得,即距离=传播时间×传播速度,而传播时间=接收时间-发出时间。由于本地时间通常与卫星时间(原子时钟)不同步,会存在一个叫钟差的未知数,造成传播时间误差较大,所以测量出的距离不是真实距离,故又称"伪距"。所以正确的算式不是式(3-2),而是式(3-3)。其中,(x, y, z)是待测点的坐标;(x_i, y_i, z_i)为已知点的坐标,由卫星导航电文求得;r_i为待测点到已知点的距离,由$r_i = c\Delta t_i$求得,c为卫星信号传播速度(即光速),Δt_i为卫星i信号到达待测点的时间,由导航电文求得;v_{t_i}为卫星i卫星钟的钟差,由卫星星历提供;v_{t_0}为待测点接收机的钟差,为未知数。由此可见,在式(3-3)中存在4个未知数x、y、z、v_{t_0},所以要求解未知点的坐标,至少需要有4个方程组成的方程组,即在地球上任意一点至少需要4颗卫星才能进行三维定位。

$$(x-x_i)^2 + (y-y_i)^2 + (z-z_i)^2 = r_i^2 (i=1,2,\cdots) \qquad (3-2)$$

$$\sqrt{(x-x_i)^2 + (y-y_i)^2 + (z-z_i)^2} + c(v_{t_i} - v_{t_0}) = r_i (i=1,2,\cdots) \qquad (3-3)$$

3. 系统组成

GNSS系统一般由空间部分、控制部分和用户部分等组成,如图3-3所示。

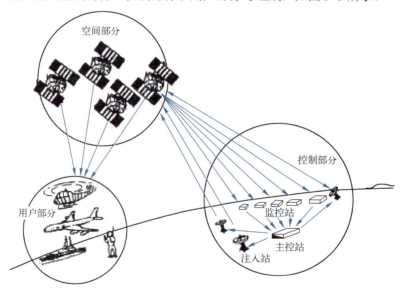

图3-3 GNSS系统结构图

空间部分由卫星组成,用于传输包含卫星轨道、位置、传输时间的导航电文。通过科学设置卫星运行轨道,使得全球任何地方、任何时间能够同时观察到至少4颗卫星,并能保持良好定位解算精度的几何图像,从而保证全球性、全天候的定位导航服务。例如,GPS的空间星座部分中24颗卫星基本均匀分布在6个轨道平面内,轨道平面相对赤道平面的倾角为55°,各轨道平面之间的交角为60°,每个轨道平面内的卫星相差90°,任一轨道平面上的卫星比西边相邻轨道平面上的相应卫星超前30°。卫星轨道平均高度为20200km。每颗卫星每天约有5个小时在地平线以上，同时位于地平线以上的卫星数目随时间和地点而不同，可为 4~11 颗。

控制部分由主控站、监控站、注入站以及通信与辅助系统等组成，用于跟踪卫星信号、收集伪距测量数据和大气层模型数据、提供导航信息更新、大气信息和校正信息以及进行卫星控制。例如，GPS 的地面监控部分由 1 个主控站、5 个监控站、3 个注入站以及通信与辅助系统组成。其中主控站负责收集监测数据、编发导航电文、监控系统状态；监控站负责对卫星进行跟踪观测，记录距离、时间、气象数据，并将数据传送到主控站；注入站在卫星飞越上空时向卫星注入导航电文和指令等。

用户部分即定位信号接收机。其主要功能是捕获到待测卫星，并跟踪这些卫星的运行。当接收机捕获到跟踪的卫星信号，就可测量出接收天线至卫星伪距离和距离的变化率，解调出卫星轨道参数等数据。根据这些数据，接收机中的微处理计算机就可以按定位解算方法进行定位计算，计算出用户所在地理位置的经纬度、高度、速度、时间等信息。接收机硬件和机内软件以及数据的后处理软件包构成完整的用户设备。例如，BDS 用户段包括北斗兼容其他卫星导航系统的芯片、模块、天线等基础产品，以及终端产品、应用系统与应用服务等。

3.1.3 北斗卫星导航系统

1. 发展动因

我国为什么要发展 BDS？原因有很多，主要的原因有以下三点。

（1）卫星导航对国防安全意义重大

美国是世界上第一个建立完整卫星导航体系的国家，因此大多数国家的卫星导航终端都使用美国的 GPS 卫星。当用于军事目的时，自然也是使用 GPS 导航。而如果使用外国的导航系统，很显然就是把部队的所有机密交给了外国，对国防安全造成重大威胁。2003 年，美国发动伊拉克战争，一方面关闭伊拉克 GPS 信号，导致伊拉克导弹失效；另一方面，美国利用 GPS 导航，发射高精度武器，精确制导炸弹，准确命中伊拉克重要军事目标。

卫星导航服务关系到国防安全。导弹发射、飞机航行、军舰航行、潜艇航行、敌方目标定位等，一刻也离不开卫星导航。这是国家战略核心利益所在，必须时刻掌握在国家自己手里。北斗系统成功运行后，澳大利亚航天工程研究中心主任安德鲁·登普斯特指出："中国军队现在拥有了一套可以独立于美国 GPS 的系统。"

（2）卫星导航对经济建设贡献巨大

卫星导航是国家经济建设的重要基础，也有巨大的潜在经济利益。交通运输、基础测绘、工程勘测、资源调查、地震监测、气象探测和海洋勘测等领域的发展都需要卫星导航技术的支持。北斗导航未建成之前，在很多时候只能受制于人。1993 年 7 月至 9 月期间，美国军方怀疑我国货轮"银河号"装载有可以制造化学武器的硫二甘醇和亚硫酰氯，准备运往伊朗的阿巴斯港。美国强行要求登船检查，一度关闭 GPS 导航，导致"银河号"在大海上找不到方向。即便如此，每年还需要支付高额的服务费，仅我国移动、联通、电信每年要缴纳给美国的 GPS 服务费达千亿美元。北斗导航系统投入使用后，在我国实现信息化社会转型中发挥重要作用，成为经济发展的助推器。2011—2019 年期间我国卫星导航与位置服务产业总产值总体呈逐年增长态势，2019 年我国卫星导航与位置服务产业总产值为 3450 亿元。

拓展阅读 3-10：银河号事件

（3）卫星导航事业推进整体科技水平

独立发展卫星导航系统，这是我国前所未有的技术领域，肯定会遇到无数的技术障碍和各种困难。解决了这些技术难题，我国的太空科技技术水平也将会得到大大提高。事实证明确实如此，我国北斗导航系统全面组网成功后，信号覆盖

拓展阅读 3-11：北斗导航高精度原子钟

全球每一个角落，整体技术水平仅次于美国 GPS 系统，稳居世界第二，极大提高了我国的国际地位。在部分技术领域（如导航原子钟）甚至已经超越美国的 GPS，达到世界先进水平。

　　北斗导航系统全面组网也给其他行业的技术发展提供了强大助力。支持北斗三号新信号的 28nm 工艺射频基带一体化 SoC 芯片，已在物联网和消费电子领域得到广泛应用；最新的 22nm 工艺双频定位芯片已具备市场化应用条件；全频一体化高精度芯片正在研发；全球首颗全面支持北斗三号民用导航信号体制的高精度基带芯片"天琴二代"在北京正式发布，北斗芯片性能将再上一个台阶，性能指标与国际同类产品相当。截至 2021 年年底，北斗兼容型芯片模块销量超过亿级规模，并输出到 100 余个国家和地区，北斗应用广泛进入大众消费、共享经济和民生领域。在北斗系统的支持下，未来的人工智能和无人驾驶等领域，将形成中国完整的自主知识产权体系。

拓展阅读 3-12：国产芯片提升北斗抗干扰能力

2. 发展目标及建设原则

　　BDS 的发展目标是：建设世界一流的卫星导航系统，满足国家安全与经济社会发展需求，为全球用户提供连续、稳定、可靠的服务；发展北斗产业，服务经济社会发展和民生改善；深化国际合作，共享卫星导航发展成果，提高全球卫星导航系统的综合应用效益。

　　我国坚持"自主、开放、兼容、渐进"原则建设发展 BDS。所谓自主，是坚持自主建设、发展和运行 BDS，具备向全球用户独立提供卫星导航服务的能力；所谓开放，是免费提供公开的卫星导航服务，鼓励开展全方位、多层次、高水平的国际合作与交流；所谓兼容，是提倡与其他卫星导航系统开展兼容与互操作，鼓励国际合作与交流，致力于为用户提供更好的服务；所谓渐进，是分步骤推进 BDS 建设发展，持续提升 BDS 服务性能，不断推动卫星导航产业全面、协调和可持续发展。

　　我国卫星导航定位基准服务系统已启用，能免费向社会公众提供开放的实时亚米级导航定位服务。北斗系统在高精度算法和高精度板卡制造方面取得突破，运用实时动态差分（Real-time Kinematic，RTK）技术能够将精度提升至厘米级，高精度定位技术未来发展空间广阔。

3. 服务类型及关键指标

　　北斗三号系统提供多种服务，具体包括面向全球范围提供定位导航授时（Radio Navigation Satellite Service，RNSS）、全球短报文通信（Global Short Message Communication，GSMC）和国际搜救（Search And Rescue，SAR）服务；在我国及周边地区，提供星基增强（Satellite-Based Augmentation System，SBAS）、地基增强（Ground Augmentation System，GAS）、精密单点定位（Precise Point Positioning，PPP）和区域短报文通信（Regional Short Message Communication，RSMC）服务。下面对其中的部分服务进行简要介绍。

（1）定位导航授时服务（RNSS）

　　北斗系统可以向全球范围地球表面及其向空中扩展 1000km 高度的近地区域的用户提供 RNSS 服务。RNSS 服务通过北斗系统空间星座中卫星的 B1C、B2a、B2b 和 B1I、B3I 信号提供，用户通过该服务可确定自己的位置、速度和时间。主要性能指标包括空间信号精度、连续性和可用性，定位、测速、授时精度和服务可用性等。目前，RNSS 服务由北斗二号和北斗三号星座联合提供，部分性能指标参数如表 3-2 和表 3-3 所示。

表 3-2　定位、测速、授时精度指标

服务模式	定位精度指标（95%）				测速精度指标（95%）		授时精度指标（95%）	
单频、双频	全球平均水平方向	≤9m	最差位置水平方向	≤15m	全球平均	≤0.2m/s	全球平均	≤20ns
	全球平均垂直方向	≤10m	最差位置垂直方向	≤15m				

表 3-3 定位服务可用性指标

服务模式	定位服务可用性指标		约束条件
单频、双频	全球平均	≥99%	截止高度角 5°； 95%置信度，水平定位精度优于 15m； 95%置信度，高程定位精度优于 22m； 规定用户条件下的定位解算； 任意 7 天全球所有点平均值
单频、双频	全球最差	≥90%	截止高度角 5°； 95%置信度，水平定位精度优于 15m； 95%置信度，高程定位精度优于 22m； 规定用户条件下的定位解算； 任意 7 天全球最差位置统计值

（2）精密单点定位服务（PPP）

北斗系统可以向中国及周边地区地球表面及其向空中扩展 1000km 高度的近地区域的用户提供 PPP 服务。PPP 服务通过北斗三号标称空间星座中的 3 颗 GEO 卫星的 PPP-B2b 信号提供，用户可通过本服务实现高精度定位，主要性能指标包括定位精度和收敛时间等，如表 3-4 所示。

拓展阅读 3-13：
GEO 卫星

表 3-4 PPP 服务性能指标

星座	性能特征	性能指标	约束条件
BDS	水平定位精度（95%）	≤0.3m	改正对象：PPP-B2b 信息用于改正 BDS B1C 信号 CNAV1 导航电文和 GPS L1C/A 信号的 LNAV 导航电文。 改正对象要求：北斗系统 RNSS 服务性能满足本规范的要求；GPS 服务性能满足《GPS 标准定位服务性能标准（5.0 版）》的要求。 截止高度角 10°； 使用双频定位解算； 统计时间为 7 天，服务区内所有点取平均值
BDS	垂直定位精度（95%）	≤0.6m	
BDS	收敛时间	≤30min	
BDS+GPS	水平定位精度（95%）	≤0.2m	
BDS+GPS	垂直定位精度（95%）	≤0.4m	
BDS+GPS	收敛时间	≤20min	

（3）区域短报文通信服务（RSMC）

北斗系统可以向中国及周边地区地球表面及其向空中扩展 1000km 高度的近地区域的用户提供 RSMC 服务。RSMC 服务通过北斗三号标称空间星座中 3 颗 GEO 卫星的 L 频段和 S 频段信号提供。用户完成申请注册后，可获取点播、组播、通播等模式的短消息通信服务。主要性能指标包括服务成功率、服务时延、服务频度和单次报文最大长度等，如表 3-5 所示。

表 3-5 RSMC 服务性能指标

性能特征	性能指标	约束条件
服务成功率	≥95%	用户具备发射 L 频段信号的能力； 室外空旷地带相对于 GEO 卫星无遮挡，截止高度角 10°； S2C 信号用户最小接收功率为-157.6dBW； 用户实际服务频度、单次报文最大长度根据注册参数约束； 服务时延为出站链路非拥堵条件下指标； 若用户相对卫星径向速度大于 1000km/h，需进行自适应多普勒补偿
服务时延	平均优于 2s	
服务频度	平均 1 次/30s	
单次报文最大长度	≤14000bit	

（4）国际搜救服务（SAR）

北斗系统可以向全球范围地球表面及其向空中扩展 50km 高度的近地区域内，信标运动速度小于 1 马赫①的所有用户提供 SAR 服务。北斗系统通过符合全

拓展阅读 3-14：
短报文服务
介绍

---

① 1 马赫即一倍音速（声速），1 马赫=340.3m/s。

球卫星搜救系统（COSPAS-SARSAT）标准的 406MHz 信号和北斗系统的 B2b 信号，提供具有反向链路的 SAR 服务。北斗系统与其他中轨卫星搜救系统共同组成全球中轨卫星搜救系统，为全球用户提供遇险报警服务，并通过反向链路提供遇险报警确认服务。主要性能指标包括定位精度、检测概率、可用性，以及反向链路时延和成功率等，如表 3-6 所示。

表 3-6　SAR 服务性能指标

性能特征	性能指标	约束条件
定位精度	≤5km	与其他中轨搜救系统联合使用；
检测概率	≥99%	用户终端符合 C/S T.001 标准或 C/S T.018 标准；
可用性	≥99%	MEOLUT 符合 C/S T.019 "COSPAS-SARSAT MEOLUT 性能规范和设计指南"标准；统计时段不少于 3 个月
反向链路时延	≤2min	用户终端符合 C/S T.001 标准或 C/S T.018 标准，并支持北斗反向链路
反向链路成功率	≥95%	

（5）地基增强服务（GAS）

北斗系统可以向中国及周边地区移动通信覆盖的区域提供 GAS 服务。北斗系统通过移动通信向用户提供 GAS 服务，用户可通过本服务实现实时米级、分米级、厘米级和事后毫米级的高精度定位，主要性能指标包括定位精度和收敛时间等。如表 3-7 所示。

表 3-7　GAS 服务性能指标

服务类型	服务等级	性能特征	性能指标	约束条件
单频伪距增强服务	实时米级	水平定位精度（95%）	≤1.2m	支持的系统：BDS 改正对象：BDS B1I 单频信号的伪距/载波相位测量值、BDS B1I+B3I 双频信号的载波相位测量值； 观测条件：有效可用的卫星颗数≥6，PDOP≤2，截止高度角 10°
		垂直定位精度（95%）	≤2.5m	
单频载波相位增强服务		水平定位精度（95%）	≤0.8m	
		垂直定位精度（95%）	≤1.6m	
		收敛时间	≤15min	
双频载波相位增强服务	实时分米级	水平定位精度（95%）	≤0.3m	
		垂直定位精度（95%）	≤0.6m	
		收敛时间	≤30min	
双频或多频载波相位增强服务（网络 RTK）	实时厘米级	水平定位精度（RMS）	≤4cm	用户需注册获得服务； 支持的系统：BDS/GPS/GLONASS 改正对象：BDS B1I、B3I，GPS L1、L2、L5，GLONASS L1、L2 信号的载波相位测量值； 观测条件：有效可用的卫星颗数≥6，PDOP≤2，截止高度角 10°
		垂直定位精度（RMS）	≤8cm	
		收敛时间	≤45s	
后处理毫米级相对基线测量	事后毫米级	水平定位精度（RMS）	4mm	
		垂直定位精度（RMS）	8mm	

3.2　地理信息系统

拓展阅读 3-15：北斗应用新成果导航精度可达厘米级

地理信息系统（Geographic Information System 或 Geo—Information System，GIS），有时又称为"地学信息系统"。它是一种特定的十分重要的空间信息系统。它是在计算机软、硬件系统支持下，对整个或部分地球表层（包括大气层）

空间中的有关地理分布数据进行采集、储存、管理、运算、分析、显示和描述的技术系统。智慧物流系统中，主要是利用其强大的地理数据处理功能来完善物流分析和决策技术。完整的 GIS 物流分析软件集成车辆路线模型、设施定位模型、网络物流模型、分配集合模型和空间查询模型等。

3.2.1 GIS 概述

1. GIS 的基本概念

（1）地理数据与地理信息

地理数据是各种地理特征和现象间关系的符号化表示，是指表征地理环境中要素的数量、质量、分布特征及其规律的数字、文字、图像等的总和。地理数据主要包括空间位置数据、属性特征数据及时域特征数据三个部分。空间位置数据描述地理对象所在的位置，这种位置既包括地理要素的绝对位置（如大地经纬度坐标），也包括地理要素间的相对位置关系（如空间上的相邻、包含等）。属性数据有时又称非空间数据，是描述特定地理要素特征的定性或定量指标，如公路的等级、宽度、起点、终点等。时域特征数据是记录地理数据采集或地理现象发生的时刻或时段。空间位置、属性及时域特征构成了地理空间分析的三大基本要素。

地理信息是地理数据中包含的意义，是关于地球表面特定位置的信息，是有关地理实体的性质、特征和运动状态的表征和一切有用的知识。作为一种特殊的信息，地理信息除具备一般信息的客观性、实用性、传输性和共享性等基本特征外，还具有区域性、多维性和动态性等特点。

地理信息属于空间信息，是通过数据进行标识的，这是地理信息系统区别其他类型信息最显著的标志，是地理信息的定位特征。区域性是指按照特定的经纬网或公里网建立地理坐标来实现空间位置的识别，还可以按照指定的区域进行信息的综合或分析。

多维性是指在二维空间的基础上，实现多个专题的地理三维结构，即在一个坐标位置上具有多个专题和属性信息。例如，在一个地面点上，可取得高程、污染、交通等多种信息。

动态性主要是指地理信息的动态变化特征，即时序特征。可以按照时间尺度将地理信息划分为超短期的（如台风、地震）、短期的（如江河洪水、秋季低温）、中期的（如土地利用、作物估产）、长期的（如城市化、水土流失）、超长期的（如地壳变动、气候变化）等。从而使地理信息常以时间尺度划分成不同时间段信息，这就要求及时采集和更新地理信息，并根据多时相区域性指定特定的区域得到的数据和信息来寻找时间分布规律，进而对未来做出预测和预报。

（2）地理信息系统

由于不同的部门和不同的应用目的，GIS 的定义也有所不同。当前对 GIS 的定义一般有四种观点，即面向数据处理过程的定义、面向工具箱的定义、面向专题应用的定义和面向数据库的定义。Goodchild 把 GIS 定义为"采集、存储、管理、分析和显示有关地理现象信息的综合技术系统"。Burrough 认为"GIS 是属于从现实世界中采集、存储、提取、转换和显示空间数据的一组有力的工具"，俄罗斯学者也把 GIS 定义为"一种解决各种复杂的地理相关问题，以及具有内部联系的工具集合"。面向数据库的定义则是在工具箱定义的基础上，更加强调分析工具和数据库间的连接，认为 GIS 是空间分析方法和数据管理系统的结合。面向专题应用的定义是在面向过程定义的基础上，强调 GIS 所处理的数据类型，如土地利用 GIS、交通 GIS 等。《物流术语（2021）》中，结合物流应用的实际和需求，将 GIS 定义为：在计算机技术支持下，对整个或部分地球表层（包括大气层）空间中的有关地理分布数据进行采集、储存、管理、运算、分析、显示和描述的系统。

GIS 按存储数据的范围大小，可划分为全球的、区域的和局部的三种类型。按表达的空间维数，分为二维和三维两种类型。按是否直接存储时间尺度，分为静态 GIS 和动态 GIS（也称为时态 GIS）。按事件处理内容和方式，分为事务处理或管理 GIS 和决策支持 GIS。按包含的内容又可分为专题地理信息系统、区域地理信息系统和地理信息系统工具。其中，专题地理信息系统是以某一专业、任务或现象为主要内容的 GIS，为特定的对象服务，如森林动态监测信息系统、农作物估产信息系统、水土流失信息系统和土地管理信息系统等。区域地理信息系统主要以区域综合研究和全面信息服务为目标。区域可以是行政区，如国家级、省级、市级和县级等区域信息系统；也可以是自然区域，如黄土高原区、黄淮海平原区和黄河流域等区域信息系统；还可以是经济区域，如京津唐区和沪宁杭区等区域信息系统。地理信息系统工具是一组包括 GIS 基本功能的软件包，提供图形图像数字化、存储管理、查询检索、分析运算和多种输出等功能。GIS 工具软件主要用于建立专题或区域性实用 GIS 的支撑软件，也可用作教学软件，如 ARC/INFO，MapGIS 和 Citystar 等均属此类。

（3）GIS 与其他 IS 的区别

GIS 是信息系统（Information System，IS）中的一种具体类型。信息系统按是否包含空间信息划分为非空间信息系统（如物流信息系统）和空间信息系统（Spatial Information System，SIS）两类。空间信息系统按是否管理地理信息划分为地理信息系统和非地理信息系统（如 CAD 系统），如图 3-4 所示。

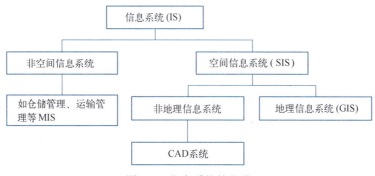

图 3-4　信息系统的分类

GIS 与其他类型的 IS 之间既有联系，也存在着明显的区别。与一般管理信息系统（MIS）相比，GIS 是对空间数据和属性数据的共同管理、分析和应用，而一般的 MIS 侧重于非图形数据（属性数据）的优化存储与查询，不能对空间数据进行查询、检索、分析，没有拓扑关系，其图形显示功能也很有限。与 CAD 等非地理信息系统相比，两者都有空间坐标系统，都能将目标和参考系联系起来，都能描述图形数据的拓扑关系，都能处理属性和空间数据。但 CAD 研究的对象为规则几何图形及组合等人造对象，而 GIS 处理的数据大多来自现实世界，比人造对象更复杂，数据量更大，数据采集的方式更多样化；CAD 的图形功能特别是三维图形功能强，属性库功能相对较弱，而 GIS 的属性库结构复杂，功能强大；CAD 中的拓扑关系较为简单，而 GIS 强调对空间数据的分析，图形属性交互使用频繁；CAD 一般采用几何坐标系，而 GIS 采用地理坐标系。

2．GIS 的发展历程

GIS 起源于 20 世纪 60 年代的北美（加拿大和美国）。到 80 年代末，随着计算机技术的飞速发展，以及地理信息的处理、分析手段日趋先进，GIS 技术也日臻成熟。目前，GIS 已成功应用于资源、环境、土地、交通、教育、军事、灾害研究、自动制图等各个领域。纵观其发展历程，大致可归纳为开拓、巩固、突破、社会化和新发展等五个阶段。

(1) 开拓阶段（20 世纪 60 年代）

此阶段，人们重点对 GIS 思想和技术方法进行了探索和研究，主要关注什么是 GIS 以及 GIS 能干什么的问题。这一阶段的主要特点是：①提出了地理信息系统（GIS）这一专业术语。1963 年，加拿大测量学家 R. F. Tomlinson 首先提出地理信息系统这一术语，并建成世界上第一个地理信息系统（加拿大 GIS）。②与 GIS 相关的组织和研究机构相继成立。如 1966 年成立的美国城市与区域系统协会（URISA），1968 年成立的城市信息系统跨机构委员会（IAAC）和国际地理联合会（IGU）的地理数据遥感和处理小组委员会，以及 1969 年成立的美国州信息系统全国协会（NASIS）等。这些组织和机构相继组织了一系列 GIS 国际讨论会，对传播 GIS 知识和发展 GIS 技术起到了指导作用。③GIS 软件开发初见端倪。如美国哈佛大学研究开发的 Symap，马里兰大学的 MANS 等。

(2) 巩固阶段（20 世纪 70 年代）

进入 20 世纪 70 年代，可以说 GIS 进入了真正的发展阶段，主要表现在以下几个方面：①一些发达国家先后建立了许多不同专题、不同规模、不同类型的各具特色的地理信息系统。如美国森林调查局开发的全国林业资源信息显示系统，日本国土地理院建立的数字国土信息系统，法国建立的 GITAN 系统和地球物理信息系统等。②探讨以遥感数据为基础的地理信息系统逐渐受到重视。如美国 NASA 的地球资源实验室研制的 ELAS 地理信息系统等。③许多团体、机构和一些商业公司开展了广泛的 GIS 研制工作，推动了 GIS 软件的发展，GIS 逐渐步入商业轨道。④专业化人才不断增加，许多大学开始提供地理信息系统专业人才培训。

(3) 突破阶段（20 世纪 80 年代）

20 世纪 80 年代是 GIS 普及和推广应用的阶段，是 GIS 发展的重要时期。①在 70 年代技术开发的基础上，GIS 技术全面推向应用。②国际合作日益加强，开始探讨建立国际性的 GIS，并与卫星遥感技术相结合，研究全球性的问题，如全球沙漠化、厄尔尼诺现象和酸雨、核扩散等。③GIS 研究开始从发达国家逐渐推向发展中国家，如中国于 1985 年成立了资源与环境信息系统国家重点实验室。④GIS 技术开始进入多学科领域，如古人类学、景观生态规划、森林管理以及计算机科学等。⑤随着计算机价格的大幅度下降，功能较强的微型计算机系统的普及和图形输入、输出和存储设备的快速发展，大大推动了 GIS 的微机化进程，为 GIS 的推广和普及起到了决定性的作用。GIS 软件的研制和开发取得了巨大成绩，仅 1989 年市场上有报价的软件就达 70 多款，并出现了一些著名软件，如美国环境系统研究所（EII）公司开发的 ARC / INFO。

(4) 社会化阶段（20 世纪 90 年代）

进入 20 世纪 90 年代，随着信息高速公路的开通，地理信息产业的建立，数字化信息产品在全世界迅速普及，GIS 逐步深入到各行各业乃至千家万户，成为人们生产、生活、学习和工作中不可缺少的工具和助手。具体而言，一方面，GIS 已成为许多政府部门和机构必备的工作系统，并在一定程度上影响着他们的运行方式、设置与工作计划等；另一方面，社会对 GIS 的认识普遍提高，用户数量大幅度增加，从而导致 GIS 应用的扩大与深化。国家乃至全球性的 GIS 已成为公众普遍关注的问题，例如，美国政府制订的"信息高速公路"计划、美国前副总统戈尔提出的"数字地球"战略、我国的"21 世纪议程"和"三金工程"等都不同程度地包含着 GIS 的问题。

（5）新发展阶段（21世纪10年代）

此阶段注重于新一代 GIS 的研究与开发，主要包括网络化多级客户-服务器体系、标准化开放式机制、对象组件式架构、中间件与智能体技术、提供按需所求的 GIS 软件网络注册使用申请与应用服务能力等。

3. GIS 的组成

GIS 功能的实现需要一定的环境支持，包括计算机硬件系统、软件系统、应用模型、地理空间数据和管理与应用人员。其核心是计算机软、硬件系统，空间数据反映了 GIS 的地理内容，应用模型提供了解决问题的工具和方法，而管理人员和用户则决定系统的工作方式和信息表示方式。

（1）硬件系统

硬件系统主要由输入设备、处理设备、输出设备和存储设备四个部分组成，如图 3-5 所示。其中，输入设备又分为专用设备和常规设备两类。专用设备包括 GPS/BD 接收设备、全站仪、解析和数字摄影测量仪器、全数字摄影测量工作站、遥感与遥感图像处理系统等；常规设备主要指数字化仪、扫描仪和键盘、鼠标等。处理设备主要指服务和工作站等。存储设备主要包括磁带机、光盘机、活动硬盘、硬盘阵列等。输出设备主要指绘图仪、打印机以及计算机、平板计算机等各种终端设备。

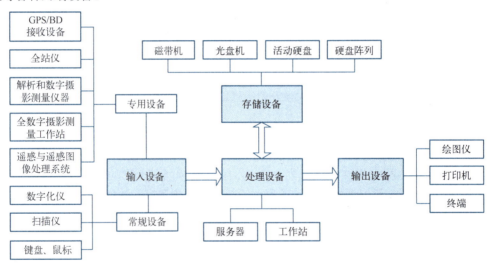

图 3-5 GIS 硬件体系构成图

（2）软件系统

软件系统是指 GIS 系统运行所必需的各种程序，通常包括 GIS 系统软件、基础软件和 GIS 软件三类，如图 3-6 所示。系统软件包括操作系统、系统库和标准软件等，为 GIS 系统运行提供支撑环境。基础软件提供空间数据的输入、存储、转换、输出及其用户接口等功能等；GIS 软件包括 GIS 基本功能软件、GIS 应用软件和用户界面，其中，GIS 应用软件是根据专题分析模型编制的特定应用任务的程序，是地理信息系统功能的扩充和延伸。

（3）应用模型

GIS 应用模型是根据具体的应用目标和问题，借助 GIS 自身的技术优势，使观念世界中形成的概念模型，具体化为信息世界中可操作的机理和过程。GIS 应用模型根据其处理过程复杂程度可以划分为单过程模型和多过程模型两类，如图 3-7 所示。

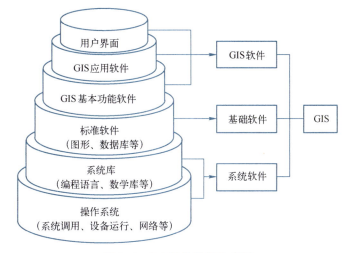

图 3-6　GIS 软件体系构成图

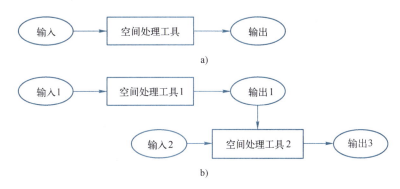

图 3-7　GIS 应用模型的类别

a）单过程模型　b）多过程模型

（4）地理空间数据

地理空间数据是指以地球表面空间位置为参照的自然、社会和人文景观数据，可以是图形、图像、文字、表格和数字等，由系统的建立者通过数字化仪、扫描仪、键盘、磁带机或其他通信系统输入 GIS，是系统程序作用的对象，是 GIS 所表达的现实世界经过模型抽象的实质性内容。地理空间数据一般包括三个方面的内容，即空间位置坐标数据、地理实体的空间拓扑关系以及相应于空间位置的属性数据等。通常，它们以一定的逻辑结构存放在空间数据库中。空间数据来源比较复杂，随着研究对象的不同、范围的不同、类型的不同，可采用不同的空间数据结构和编码方法，其目的就是为了更好地管理和分析空间数据。

（5）管理与应用人员

人员同样是 GIS 中的重要构成因素。地理信息系统从其设计、建立、运行到维护的整个生命周期，处处都离不开人的作用。仅有系统软硬件和数据还构不成完整的地理信息系统，需要人进行系统组织、管理、维护和数据更新、系统扩充完善、应用程序开发，并灵活采用地理分析模型提取多种信息，为研究和决策服务。其中包括具有地理信息系统知识和专业知识的高级应用人才；具有计算机知识和专业知识的软件应用人才以及具有较强实际操作能力的硬软件维护人才。

4．GIS 的基本功能

GIS 的基本功能包括数据采集、数据编辑与处理、数据存储与管理、空间查询与空间分析以及数据输出等功能,其实现过程如图 3-8 所示。

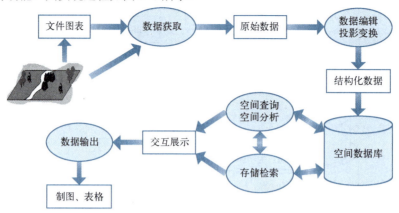

图 3-8　GIS 的基本功能实现过程

(1) 数据采集功能

数据是 GIS 的血液,贯穿于 GIS 的各个过程。数据采集是 GIS 的第一步,即通过各种数据采集设备如数字化仪、全站仪、调查等来获取现实世界的描述数据,并输入 GIS 系统。GIS 应该尽可能提供与各种数据采集设备的通信接口。

(2) 数据编辑与处理功能

通过数据采集获取的数据称为原始数据,原始数据不可避免地含有误差。为保证数据在内容、逻辑、数值上的一致性和完整性,需要对数据进行编辑、格式转换、拼接等一系列的处理工作。也就是说,GIS 系统应该提供强大的、交互式的编辑功能,包括图形编辑、数据变换、数据重构、拓扑建立、数据压缩、图形数据与属性数据的关联等。

(3) 数据存储与管理功能

计算机的数据必须按照一定的结构进行组织和管理,才能高效地再现真实环境并进行各种分析。由于空间数据本身的特点,一般信息系统中的数据结构和数据库管理系统并不适合管理空间数据,GIS 必须发展自己特有的数据存储、组织和管理的功能。GIS 中的空间数据组织方式主要有矢量结构和栅格结构两种,如图 3-9 所示。

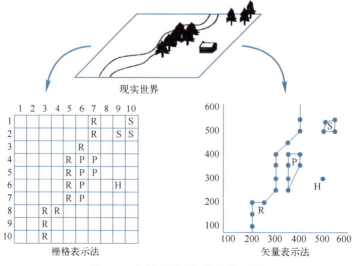

图 3-9　矢量结构和栅格结构比较

（4）空间查询与空间分析功能

一个功能强大的软件，应该设计一些空间查询语言，满足常见的空间查询的要求。空间分析是比空间查询更深层次的应用，内容更加广泛，包括地形分析、土地适应性分析、网络分析、叠置分析、缓冲区分析、决策分析等。

（5）数据输出功能

GIS 脱胎于计算机制图，因而 GIS 的一个主要功能就是计算机地图制图，包括地图符号的设计、配置与符号化、地图注记、图幅整饰、统计图表制作、图例与布局等项内容。此外对属性数据也要设计报表输出，并且这些输出结果需要输出到显示器、打印机、绘图仪或数据文件。GIS 软件亦应具有驱动这些设备的能力。

3.2.2 GIS 空间分析技术

空间分析是 GIS 的主要特征，是指以地理事物的空间位置和形态为基础，以地学原理为依托，以空间数据运算为特征，提取与产生新的空间信息的技术和过程。空间分析可以划分为简单的空间分析、复杂的空间分析和面向应用的分析三种类型。其中简单的空间分析包括空间查询和空间量算；复杂的空间分析包括缓冲区分析、叠加分析、网络分析、空间统计分析和空间插值等；面向应用的分析包括数字高程模型（数字地形模型）、空间建模与空间决策支持系统等。结合智慧物流系统的应用实际和应用需求，本书主要对空间量算、空间查询、叠加分析、缓冲区分析和网络分析五种技术进行介绍。

1. 空间量算

空间量算是指对空间信息的自动化量算，是地理信息系统所具有的重要功能，也是进行其他空间分析的定量化基础，具体包括质（重）心量算、长度量算、面积量算、等高线地形图中的体积量算等。

质（重）心量算是在几何中心基础上的加权计算，是描述地理目标空间分布最有用的单一量算量。质心的量算，可以跟踪某些地理分布的变化，例如，人口的变迁、土地类型的变化，也可以简化某些复杂目标，在某些情况下，可以方便地导出某些预测模型。

长度量算基于直线段两点之间的距离公式，常用欧式距离表示。由长度量算可以计算出由若干点构成的折线与多边形的周长。面积量算可以自动计算出某一特定封闭图形的面积，封闭图形可以是规则的平面图形（如长方形、正方形、圆形等），也可以是不规则的平面图形（如心形、随机折线构成的不规则多边形等）。在有等高线的地形图上，还可以结合高程量算出指定对象（如仓库）的体积。

2. 空间查询

空间查询根据查询对象的不同，可以划分为图形查询、属性查询、图形属性互查和地址匹配等几种方式。图形查询是根据图形的空间位置来查询有关属性信息；或者实体之间的空间关系查询，实体的属性信息查询等。属性查询是根据一定的属性条件来查询满足条件的空间实体的位置，是基于实体的属性信息进展查询，与一般的数据库查询一样，只不过最后查询的结果需要再与图形关联起来。图形属性互查是将空间关系和属性结合起来进展查询，并将最后结果以图形和属性两种方式显示出来。地址匹配是根据一个地理名字（如物流园区名称）来定位相关实体并获得其属性信息。其基础是地理编码，即将一个地理名字与一个或若干空间实体关联起来，或者与实体的某个属性关联起来，或者与某个地理坐标关联起来。

3. 叠加分析

叠加分析又叫叠置（overlay）分析，就是把同一地区的两幅或两幅以上的图层重叠在一起进行图形运算和属性运算（关系运算），产生新的空间图形和属性的过程。其目的是寻找和确定同时具有几种地理属性的地理要素的分布，或是按照确定的地理指标，对叠加后产生的具有不同属性级的多边形进行分类或分级。例如，了解某区域的森林覆盖面积（行政区与植被图层的叠加）、一个县的公路里程、一个地区的河流密度、降雨与温度的关系等。

叠加分析是空间信息系统中最常用的提取隐含信息的手段之一，这种分析涉及逻辑并、逻辑交、逻辑差等运算。叠加分析不仅包含空间关系的比较，还包含属性关系的比较，可以分为视觉信息的叠加、点与多边形的叠加、线与多边形的叠加、多边形叠加和栅格图层叠加五类，如图 3-10 所示。视觉信息的叠加即将多个图层内容放在一起进行显示；点与多边形的叠加实质上是计算多边形对点的包含关系，用于统计或属性赋值；线与多边形的叠加主要是比较线上坐标与多边形坐标的关系，判断线是否落在多边形内；多边形叠加是最常用的叠加分析；栅格图层叠加是利用某种计算模型对不同栅格图层中一样位置像元的值进行计算，得到新的栅格图层。

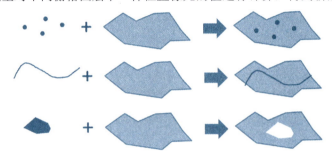

图 3-10　矢量图形叠加方式示例

4. 缓冲区分析

缓冲区是空间实体的一种影响范围或服务范围。缓冲区分析是研究根据数据库的点、线、面实体，自动建立其周围一定宽度范围内的缓冲区多边形实体，从而实现空间数据在水平方向得以扩展的信息分析方法。

缓冲区分析的基本过程分为两步，一是建立缓冲区图层，二是进行叠加分析。在数据处理和空间分析的某些过程中需要使用 Buffer 功能来实现。前者如从单线河生成双线河或从街道中心线生成双线街道等；后者如根据污染源求敏感区范围等。Buffer 可以以多边形、线、点或节点为输入数据生成缓冲区，这个缓冲区必定为多边形，如图 3-11 所示。

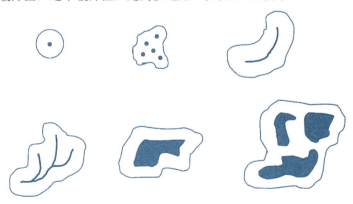

图 3-11　地物缓冲区示意图

5. 网络分析

网络分析是指通过研究网络的状态以及模拟和分析资源在网络上的流动和分配情况，实现对网络结构及其资源的优化问题，主要包括网络跟踪、路径分析、地址匹配、资源分配和定位配置分析等。

（1）网络跟踪（Trace）

研究网络中资源和信息的流向就是网络跟踪的过程。例如，在点污染研究中，可以跟踪污染物从污染源开场，沿河流向下游扩散的过程。在电网应用中，可以根据不同开关的开、关状态，确定电力的流向。

网络跟踪中涉及的一个重要概念是"连通性"（Connectivity），这定义了网络中弧段与弧段的连接方式，也决定了资源与信息在网络中流动时的走向。

（2）路径分析（PathFinding）

在网络分析过程中，路径系统起着相当重要的作用。事实上很多网络分析的结果都是以路径系统的形式表示的。路径分析是用于模拟两个或两个以上地点之间资源流动的路径寻找过程。当选择了起点、终点和路径必须通过的若干中间点后，就可以通过路径分析功能按照指定的条件寻找最优路径。

在远距离送货、物资派发、急救服务和邮递等服务中，经常需要在一次行程中同时访问多个站点（收货方、邮件主人、物资储备站等），如何寻找到一个最短和最经济的路径，保证访问到所有站点，同时最快最省地完成一次行程，这是很多机构经常遇到的问题。在这类分析中，道路网络的不同弧段有不同的影响物流通过的因素，路径选择分析必须充分考虑到这些因素，在保证遍历需要访问的站点的同时，为用户寻找出一条最佳（距离、时间或费用等）的运行路径。

（3）资源分配（Allocation）

资源分配是反映现实世界网络中资源供需关系的模型。"供"（Supply）代表一定数量的资源或货物，它们位于中心节点。"需"（Demand）指对资源的利用。资源分配就是在空间中的一个或多个点之间分配资源的过程，可以保证资源的有效利用和合理分配，确定最近中心，实现最佳服务。

为了实现供需关系，在网络中必然存在资源的运输和流动。资源要么由供方送到需方，要么由需方到供方索取。例如，电商仓库与消费者之间的关系就构成了一种网络供需分配关系。电商仓库是资源提供方，它负责向区域消费者提供商品。消费者是资源的需方，他们需要电商仓库提供的商品。作为需方的消费者分布在中心城市及其周边地区，他们产生了对作为供方的电商仓库的资源—商品的需求。这种情况下，"资源"的流向是由电商仓库流向消费者手中。

（4）定位配置分析（Location-allocation）

定位配置分析，也称为选址和分区，是决定一个或多个服务设施最优位置的过程，它的定位力求保证服务设施可以以最经济有效的方式为它所服务的人群提供服务。在此分析中，既有定位过程，也有资源分配过程。

定位配置分析的实质是线性规划问题，可划分为 p-中心问题、中心服务范围的确定、中心资源的分配范围等。p-中心问题是指在 m 个候选点中，选择 p 个供应点，为 n 个需求点服务，并使得从服务中心到需求点之间的距离（或时间、费用）最小。中心服务范围是指一个服务设施在给定的时间或距离内，能够到达的区域。资源分配就是将空间网络的边或者节点，按照中心的供应量及网络边和节点的需求量，分配给一个中心，用来模拟空间网络上资源的供需关系。

3.2.3 GIS 的发展方向与主流产品

近年来，随着互联网、大数据、云计算、人工智能、虚拟现实等技术的发展及其在 GIS 中的应用，GIS 在发展方向上呈现出多元化，在产品类型上逐渐形成了体系化。

1. GIS 的发展方向

网络化、开放化、组件化、虚实结合化、多媒体化、多维化、动态化和移动化是当前 GIS 发展的主要方向。

（1）网络 GIS（Web GIS）

Web GIS 是指在 Internet 信息发布、数据共享和交流协作的基础上实现 GIS 的在线查询、业务处理等操作。网络浏览器的使用从视觉上给提供和使用地理数据的人们带来了极大的方便，网络技术具有巨大的潜力。但对于如何在 GIS 领域得到有效的使用并充分发挥它的潜力依旧是需要探索的问题。

（2）开放式 GIS（Open GIS）

开放式 GIS 是指在计算机和通信环境下，根据行业标准和接口建立起来的地理信息系统。它能够使数据在应用系统内流动，还能在系统间流动。它使不同的地理信息系统软件之间具有良好的互操作性，以及在异构分布数据库中实现信息共享的途径。在开放性方面，GIS 技术还有很长的路要走。

（3）组件式 GIS（Com GIS）

Com GIS 技术的出现使得以往封闭、复杂、难以维护的软件开发模式得到改变。Com GIS 的基本思想是将各个功能模块做成控件，利用软件开发工具以搭积木的形式集成起来，构建地理信息系统平台和应用系统。GIS 软件属于大型软件，开发一套功能齐全的 GIS 软件是一项十分复杂的工程。组件式为用户提供了更为便利的二次开发手段，基于标准化的 GIS 平台，各组件间自由灵活地重组，还有可视化的界面和方便的标准接口，无须专门的 GIS 开发语言就能完成应用系统的开发。

（4）虚拟 GIS（VGIS）

虚拟 GIS 其实就是 GIS 与虚拟现实技术的结合。VR 技术是一种有效模拟人在自然环境中视、听、动等行为的高级人机交互技术。由于技术受限，目前还未能开发出适用于遥感和 GIS 用户需要的真三维可视化的数据分析软件包。GIS 与虚拟环境技术的结合促使 GIS 更加完美。通过虚拟现实的可视化技术，GIS 用户在计算机上就能观察到真三维的客观世界。开发虚拟 GIS 已经成为 GIS 发展的一大趋势。

（5）多媒体 GIS（MGIS）

多媒体地理信息系统将文字、图形、图像、色彩、动画、声音等技术相结合，拓宽了 GIS 的应用领域。多媒体技术在 GIS 领域的深层次应用，使得出现具有良好集成能力的 MGIS 成为技术发展的必然趋势。

（6）三维 GIS（3D GIS）

在 3D GIS 中，研究对象是根据空间 X、Y、Z 轴进行定义，描述的是真 3D 的对象。真正的 3D GIS 必须支持真三维的矢量和栅格数据模型和以此为基础的三维空间数据。三维基础上的数据量巨大，难以建立起一个有效的、易于编程实现的三维模型，因此还需要理论研究和技术的发展支持。

（7）时态 GIS（TGIS）

时态 GIS 的组织中心是时空数据库，时间和空间不可分割地联系起来，在环境监测、地震救援、天气预报等应用领域中，空间对象是随时间而变化的，这种变化规律在求解过程中有着极其重要的作用。研究 GIS 的时态问题已经成为当今 GIS 领域的一个重要方向。

（8）无线通信与 GIS

利用手机进行无线上网、无线资料传输已经成为生活的一部分。将 GIS 与无线通信相结合，借助无线通信等技术手段，使 GIS 更加深入地应用到生活中，这将是一个非常广阔的市场。

2. GIS 主流软件产品

GIS 软件在各行各业的应用越来越广泛，不断推进着 GIS 软件的发展。具有代表性的主要有美国的 ArcGIS、MapInfo 和 Skyline，以及我国具有自主知识产权的 SuperMap（北京超图）、MapGIS（中地）和 GeoStar（武大吉奥）等。

（1）ArcGIS

ArcGIS 是美国 ESRI 公司在全面整合了 GIS 与数据库、软件工程、人工智能、网络技术及其他多方面的计算机主流技术之后，推出的代表 GIS 最高技术水平的全系列 GIS 产品。ArcGIS 作为一个可伸缩的平台，无论是在桌面、在服务器、在野外还是通过 Web，为个人用户也为群体用户提供 GIS 的功能。

ArcGIS 系列软件包括 ArcGIS Online、ArcGIS Pro、ArcGIS Enterprise、ArcGIS Developer、ArcGIS Platform 等。ArcGIS Online 是软件即服务（Software as a Service，SaaS）型软件，可以在任何具有 Internet 连接的设备上运行，用于创建和共享交互式 Web 地图。ArcGIS Pro 是一款功能丰富的单桌面 GIS 应用程序，支持 2D、3D 和 4D 模式下的数据可视化、高级分析和权威数据维护，支持通过 Web GIS 在一系列 ArcGIS 产品（例如 ArcGIS Online 和 ArcGIS Enterprise）之间共享数据，同时允许用户跨平台工作。ArcGIS Enterprise 是面向企业用户的 GIS 应用平台，可以在本地或云端部署，能够满足所有的地理空间需求，包括制作地图、分析地理空间数据并共享结果以解决问题等。ArcGIS Developer 提供整套的开发人员工具和位置服务来构建满足业务需求的制图和分析解决方案，使用 ArcGIS API 可以为 Web、桌面和移动设备创建可靠的基于位置的 Web 和本地应用程序。ArcGIS Platform 面向需要进行位置创新的软件开发人员、企业和组织，以平台即服务（Platform as a Service，PaaS）的形式提供服务，通过其提供的定位服务、数据和地图工具，能够将定位功能集成到应用程序和业务系统。

（2）MapInfo

MapInfo 是美国 MapInfo 公司的桌面地理信息系统软件，是一种数据可视化、信息地图化的桌面解决方案。它依据地图及其应用的概念，采用办公自动化的操作，集成多种数据库数据，融合计算机地图方法，使用地理数据库技术，加入了地理信息系统分析功能，形成了极具实用价值的、可以为各行各业所用的大众化小型软件系统。MapInfo 的含义是"Mapping + Information"，即"地图对象+属性数据"。

拓展阅读 3-16：MapInfo Pro 简介

MapInfo 公司提供的基于定位服务的智能套件中包括 MapInfo Professional、MapXtream 和 Spectrum 等工具。MapInfo Pro（v2019）是位置分析的"一体化"解决方案，具有强大的全新查询功能、布局中清晰的矢量图形以及通过 MapInfo Marketplace 扩展的全球窗口。MapXtream（v 7.3）是一款开发工具，适合创建并向组织部署以地图为中心和支持地图的应用程序；使用基于地图和位置的决策和分析支持系统，企业可以做出更好的战略决策，确定到哪里开辟市场和销售，如何管理和保护实物资产，以及如何更有效地运送产品。Spectrum 是位置智能和地理信息系统的 Web 服务平台，支持 Web 制图，基础数据的查询、分析和存储，空间数据管理，路线规划和行驶时间等。

拓展阅读 3-17：MapXtream 简介

（3）Skyline

Skyline 是美国 Skyline 公司研发的一套优秀的三维数字地球平台软件。凭借其国际领先的三维数字化显示技术，它可以利用海量的遥感航测影像数据、数字高程数据以及其他二、三维数据搭建出一个对真实世界进行模拟的三维场景。目前版本名称为 SkylineGlobe（2022 年）。

拓展阅读 3-18：Spectrum 简介

SkylineGlobe 提供了集应用程序、生产工具和服务于一体的三维地理信息云服务平台，能够创建和发布逼真的交互式三维场景，进行全自动三维建模。SkylineGlobe 软件提供了标准的三维桌面端和基于网络的应用程序，企业用户可使用 SkylineGlobe 创建、编辑、导航、查询和分析真实的三维场景，并可以快速有效地将三维场景分发给其用户。

SkylineGlobe 通过 TerraBuilder、TerraExplorer 和 SkylineGlobe Server 三个系列产品，简便而有序地实现了数据生产、三维可视化和网络发布功能。

TerraExplorer 客户端系列产品，用来查看由 TerraBuilder 创建的三维地形数据集场景 mpt 或 tbp，在三维场景中加载三维模型、BIM/CAD 模型、激光点云模型和 3D 模型，创建二、三维对象、标注、动态路径，接入 GIS 矢量数据和业务数据，支持浏览、分析等操作。TerraExplorer 的简单易用和灵活性使它能够定制成为多种行业的应用软件。

TerraBuilder 能够创建如同真实照片般的地理精准的三维地球模型。通过叠加航片、卫星影像、数字高程模型以及各种矢量地理数据，迅速方便地创建海量三维地形数据集，并提供给 TerraExplorer 客户端进行数据层和其他内容的叠加。PhotoMesh 可以实现全自动地利用一组标准的摄影二维相片构建高分辨率的、带有纹理贴图的 3D 网格模型。CityBuilder 将城市三维模型与模型单体化图层、传统手工模型和 BIM 数据合并成流方式优化的、高质量纹理贴图的具有空间地理信息的 3D 网格模型（3DML），并能够对倾斜模型进行单体化和属性叠加，如图 3-12 所示。

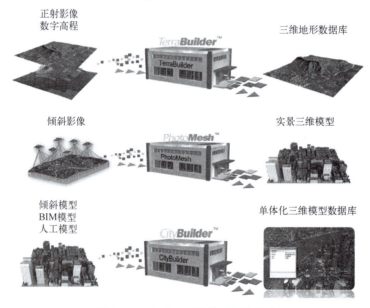

图 3-12 Skyline 三维模型创建方式

SkylineGlobe Server 7 是一个私有云解决方案，可以部署到云平台中，提供整合网络服务来发布、存储、管理和流方式传输 3D 空间数据，包括三维地形模型、三维城市模型、矢量图层和栅格图层。用户能够从 TerraExplorer 客户端直接连接 SkylineGlobe Server，将多源数据工程快速发布并分享给多种类型的客户端，真正实现了"一键发布，N 端共享"。

Skyline 产品目前在中国市场已经深入到智慧城市、应急安保、智慧水利、智慧能源、智慧交通、国土资源等 20 几个行业，拥有超过 1000 家合作伙伴，用户遍及全国各个地区，得到用户的广泛认可。

（4）SuperMap

SuperMap 即超图，是由北京超图公司开发的新一代 GIS 软件系统，是一套全组件开放式

GIS 软件平台。可以直接用于应用系统开发，也可以作为专业应用平台开发的基础软件。其最新版本为 SuperMap GIS 11i（2022），进一步创新 GIS 基础软件五大技术体系（BitDC），即大数据 GIS、人工智能 GIS、新一代三维 GIS、分布式 GIS 和跨平台 GIS 技术体系，如图 3-13 所示。

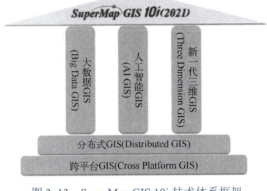

图 3-13　SuperMap GIS 10i 技术体系框架

拓展阅读 3-19：大数据 GIS 技术体系介绍

大数据 GIS 包括空间大数据存储管理、空间大数据分析、流数据处理与空间大数据可视化等技术，致力于提供全面支持大数据的 GIS 基础软件与服务，让更多用户能够轻松挖掘空间大数据"金矿"。其技术体系框架如图 3-14 所示。

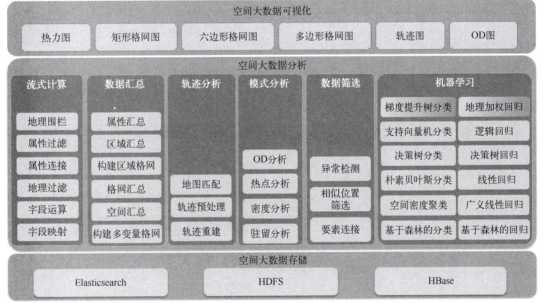

图 3-14　SuperMap GIS 10i 大数据 GIS 技术体系框架

人工智能 GIS（AI GIS）是人工智能与 GIS 相互融合的技术统称，包括融合 AI 的空间分析算法（GeoAI）与相关的流程工具；基于 AI 技术增强 GIS 软件的功能和交互端用户体验，提高 GIS 软件的智能化；基于 GIS 对 AI 算法输出结果的管理、分析与可视化。其技术体系框架如图 3-15 所示。

拓展阅读 3-20：人工智能 GIS 技术体系介绍

101

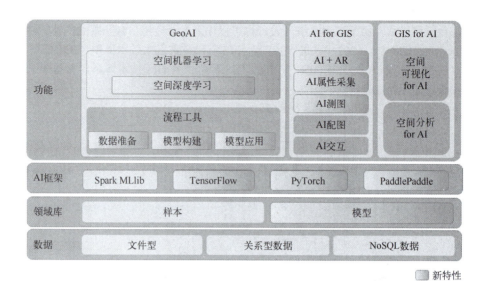

图 3-15　SuperMap GIS 10i 人工智能 GIS 技术体系框架

新一代三维 GIS 技术以二、三维一体化 GIS 技术为基础框架，进一步拓展全空间数据模型及其分析计算能力；更全面地融合实景三维模型、BIM、激光点云、三维场、地质体等多源异构数据，制定开放的《空间三维模型数据格式》（S3M）标准、《空间三维模型数据服务接口》标准，推动空间三维数据的开放、共享；基于分布式地理处理工具实现手工建模数据、BIM、实景三维模型、激光点云、地形等三维数据的高效全流程管理；集成 WebGL、虚拟现实（VR）、增强现实（AR）、混合现实（MR）、游戏引擎、3D 打印等 IT 新技术，推动构建室外室内一体化、宏观微观一体化、空天/地表/地下一体化的数字孪生空间，赋能全空间的新一代三维 GIS 应用。其技术体系框架如图 3-16 所示。

拓展阅读 3-21：新一代三维 GIS 技术体系介绍

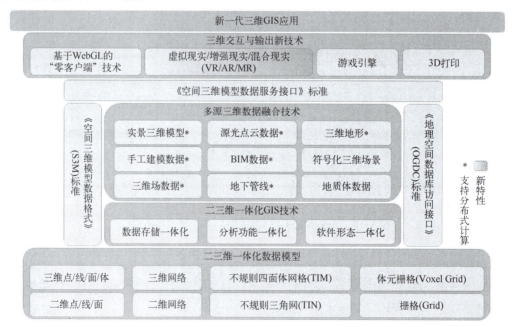

图 3-16　SuperMap GIS 10i 新一代三维 GIS 技术体系框架

分布式 GIS 技术体系包括分布式空间数据引擎技术、空间区块链技术、分布式空间分析与处理技术、云原生 GIS 技术和边缘 GIS 技术，支撑海量经典空间数据和空间大数据的存储、管理、分析、处理、可视化与发布，实现 GIS 在高可用、高并发、高弹性、高性能、大容量、高可信等方面的重大突破，构建云边端一体化 GIS 的分布式协同新模式。其技术体系框架如图 3-17 所示。

拓展阅读 3-22：分布式 GIS 技术体系介绍

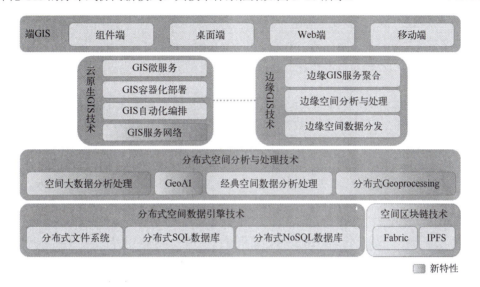

图 3-17 SuperMap GIS 10i 分布式 GIS 技术体系框架

跨平台 GIS 基于标准 C++技术重构 GIS 内核，支持 x86、ARM（如鲲鹏、飞腾）、MIPS（如龙芯）、SW-64（如申威）、OpenPower 等多种架构的 CPU，并能够在 Linux 系列、Windows 系列、Android 及 iOS 等多种操作系统上高性能运行。

（5）MapGIS

MapGIS 是中地数码集团的产品名称，是中国具有完全自主知识版权的、全球唯一的搭建式 GIS 数据中心集成开发平台，实现遥感处理与 GIS 完全融合，支持空中、地上、地表、地下全空间一体化 GIS 开发平台。

拓展阅读 3-23：跨平台 GIS 技术体系介绍

MapGIS 10.5 Pro 基于统一的跨平台内核，无缝延续 MapGIS 10.5，承载 MapGIS 10.5 Pro 九州全国产化 GIS 平台和 MapGIS 10.5 Pro 全空间智能 GIS 平台两大自主可控产品，实现全国产化体系架构和 X86 系统架构的"双轮驱动"。全面提升全国产化技术、全空间技术、地理大数据技术和智能 GIS 技术，并引入敏捷开发思想，为用户提供持续、稳健、高效的技术支撑，为各行业应用赋能。其具体的产品和服务包括云产品、云存储、云运维管理、云应用和端产品等。

- MapGIS 10.5 Pro 云产品。云 GIS 产品统称为 MapGIS 大数据与云平台，提供不同层面的空间大数据存储、计算、运维及应用的一体化能力，提高数据获取、处理及分析响应的效率。
- 云存储。MapGIS SDE 空间数据引擎与 MapGIS DataStore 分布式存储引擎无缝融合，实现各种类型、各种规模的全空间数据安全稳定、方便易用的存储管理。
- 云 GIS 服务器。传统 GIS 服务器产品 MapGIS IGServer、大数据 GIS 服务器产品 MapGIS IGServer-X、智能 GIS 服务器产品 MapGIS IGServer-S 构成云之根基，为上层应用提供高性能的 GIS 服务、大数据计算服务以及智能 GIS 服务。

- 云运维管理。依托 GIS 云引擎构建云运维管理产品 MapGIS Cloud Manager，从数据、服务和应用三个维度深度满足高性能集群并发调度、大数据分析展示和应用集成部署需求，辅助一站式自动化运维管理。
- 云应用。面向跨行业用户对地理信息服务资源的应用需求，推出云门户（MapGIS Cloud Portal）、全空间一张图（MapGIS Pan-Spatial Map）和云工作空间（MapGIS Cloud WorkSpace）三个应用级产品，满足多维展示及应用分析需求。
- MapGIS 10.5 Pro 端产品。依托云平台强健的功能支撑，结合各应用领域多年积累，沉淀出 PC 端、Web 端、移动端、组件端多个通用工具产品及系列开发 SDK，全面满足用户即拿即用和个性化的扩展开发需求。

（6）GeoStar（武大吉奥）

武大吉奥以地理信息基础平台（GeoGlobe）、地理智能服务平台（GeoSmarter）、云管理平台（GeoStack）为核心，构建时空大数据治理与生态应用的平台产品模式，深度挖掘空间数据和各类业务数据的综合价值，服务自然资源、智慧城市和信息创新等多个领域的智慧化应用。

GeoGlobe 是武大吉奥推出的完全自主可控的大型 GIS 服务平台，兼具云端化、智能化、移动化、个性化、简捷化、国产化六大特征，提供简单易懂的使用方式，灵活便捷的开发方式，实现随时随地对空间信息的获取和共享。平台提供海量二、三维数据存储与管理，支持多种不同规模数据库；支持地理信息数据的创建、编辑、制图和分析；全面支持多种国产化操作系统、中间件、数据库等；提供统计专题图数据管理、发布解决方案；提供地上/地下，室内/室外地理信息资源的二、三维一体化展示和应用；支持 iOS、Android 移动智能终端在线、离线地理信息展示和应用。其体系架构如图 3-18 所示。

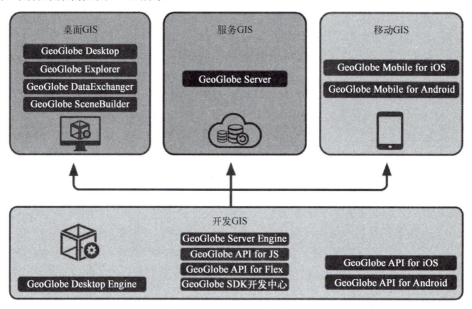

图 3-18　GeoGlobe 体系架构

GeoSmarter 是一套应对大数据时代下政府和企业信息化变革而规划的平台化解决方案。产品以大数据为核心，构建政府或企业级智慧服务中心，打造政府或企业的智慧服务引擎，为政府和企业的重大决策、信息公开和互联互通提供技术保障。产品广泛应用于智慧城市的各个方面，为政府、企业的主管领导提供辅助决策与监管的信息化支持，为社会大众提供数据共享的平台，为智慧城市建设和运行提供强有力的支撑。其体系架构如图 3-19 所示。

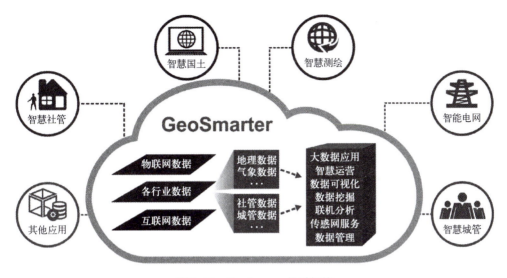

图 3-19 GeoSmarter 体系架构

GeoStack 是针对政府机构、企事业单位、智慧城市运营商等客户的实际需要而量身定制的 GIS 云服务平台；是一个不受基础云平台环境限制，也不受虚拟化平台限制的新一代地理信息智能云平台。进一步来说，GeoStack 是在基础设施云之上的应用云平台，为 GeoGlobe、GeoSmarter 等产品以及其他多个行业应用产品提供完整的云环境，如图 3-20 所示。

行业应用(SaaS)	在云中提供各种行业应用服务
GeoGlobe平台 GeoSmarter平台	在云中提供大数据GIS平台级别能力
GeoStack (PaaS)	提供应用与产品云化投递管理与智能资源调度以及应用级负载均衡和调度
基础设施云平台(IaaS)	提供基础云资源、虚拟化和IT管理

图 3-20 GeoStack 服务栈

3.3 室内定位技术

GNSS 与 GIS 的结合可以很好地解决智慧物流系统中的户外定位问题，但智慧物流中有很多场景处于室内，例如，仓库、配送中心等，需要室内定位与导航技术作为辅助，解决卫星信号到达地面时较弱、不能穿透建筑物的问题，最终定位物体当前所处的位置并进行导航。其所涉及的技术主要包括无线通信的基站定位、惯性导航定位、地磁定位、基于图片（视频）的计算机视觉定位等。

3.3.1 室内定位技术概述

室内定位是指在室内环境中实现位置定位，集成无线通信、基站定位、惯导定位、动作捕捉等多种技术，形成一套室内位置定位体系，从而实现人员、物体等在室内空间中的位置监控。

1．室内定位技术的起源与发展

室内定位技术研究最早可追溯到 1996 年美国联邦通信委员会制定的 E-911 定位标准，之后室内定位技术得到快速发展。

20 世纪 90 年代，剑桥 AT&T 研究室提出了 Active Badge 系统——典型的基于红外线的室内定位系统。但红外线的视距传输特性使得系统要求物体必须和红外阅读器成一条直线，且定位精度不高。1998 年，微软公司提出了室内定位技术解决方案，利用了无线射频信号的强度值（RSSI）来进行测距定位。

随着物联网技术的飞速发展和硬件技术的成熟，室内定位技术的发展得到了关注。2002 年，加利福尼亚大学的学者提出了 Calamari 定位系统，将到达时间与 RSSI 两种定位技术进行了融合。2004 年，香港科技大学研发了基于 RFID 技术的 LANDMARC 定位系统，通过在区域内放置活性参考标签，利用射频阅读器采样标签信息完成无线环境下的数据采集，进一步估算目标点位置。2006 年，北京航空航天大学利用差值模型对 RSS 进行定位前预处理，提出 Weyes 定位系统，大大地提高了定位精度。2011 年北京邮电大学提出室内外无缝衔接的 TC-OFDM 定位系统，水平定位精度达到 3m 以内，垂直定位精度可在 1m 以内。2013 年，苹果公司推出了 iBeacon 技术，这项技术以蓝牙 4.0 为基础，获取用户准确位置信息。美国加州科学院和旧金山的 Westfield 购物中心先后开启了基于 iBeacon 的室内定位功能。

我国很多企业也开发了基于 iBeacon 的室内定位产品，包括四月兄弟的"April Beacon"、智石科技的"Bright Beacon"和 Ebeoo 的 Beacon CS 公共服务平台。推动 iBeacon 技术爆发性增长的是 2015 年，受益于几大互联网巨头公司的推动，腾讯公司利用 iBeacon 近场感知功能推出微信摇一摇，并在这基础上，开发了一系列互动、室内导航、餐饮行业搭配服务行业等场景化的营销方式。高德公司提出将为大型商场用户提供商场室内地图绘制、室内定位技术和室内路线导航等服务。阿里巴巴公司的逛街应用软件"喵街"利用了蓝牙 iBeacon 技术，提供用户在商场里的室内导航以及停车场的智能停车等服务。2016 年 3 月，百度开发者中心提出了百度地图的室内定位技术，并将自身领先的室内定位技术应用在大型商场，结合蓝牙、地磁和 WiFi 三种定位技术进行混合定位，百度地图的室内地图目前已应用在北京地区的部分商场。

2．室内定位技术的特点

与 GNSS 等室外定位技术相比，室内定位技术具有以下特点。

（1）精度要求高

室内环境复杂多变，房间、物品之间的距离更近，参与定位的设备更多，人们对定位精度的要求也远高于室外，尤其是部分涉及高速移动设备定位的行业，对精度的要求可能是厘米级，同时对定位时延要求也非常苛刻。

（2）施工部署难

形成室外定位网络需要发射卫星，对接的管理部门线条清晰，但室内定位网络需要在每个楼宇单独部署站点，需要大量的物业协调沟通工作。而且室内相比室外，空间私密性更强，人们对隐私保护的要求也更高，这也增加了布网的工作量。

（3）定位平台不统一

室外定位已形成统一的定位平台，例如，国外的谷歌地图，国内的高德、百度地图。而室内定位由于刚刚起步，标准还未成熟统一，室内定位平台还不成规模。

3．室内定位技术的分类

按定位原理的不同，主流的室内定位技术可分为基于射频信号的室内定位技术、基于传感器的室内定位技术、多传感器融合定位技术和地磁定位技术四大类，如图 3-21 所示。

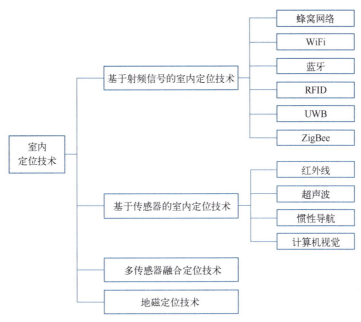

图 3-21　室内定位技术分类架构体系

（1）基于射频信号的室内定位技术

基于射频信号的室内定位技术主要有蜂窝网络、WiFi、蓝牙、ZigBee、RFID 和 UWB 等。这些定位技术都需要部署无线基站，或利用现有基站，例如，通信网络的蜂窝定位技术，定位精度不高。在需要实现高精度的情况下，实施起来成本比较高，目前没有得到普遍的推广应用。

（2）基于传感器的室内定位技术

基于传感器的室内定位技术主要有红外线定位技术、超声波定位技术、惯性导航技术和计算机视觉定位技术等。

红外线室内定位技术的定位原理是，红外线 IR 标识发射调制的红外射线，由安装在室内的光学传感器接收并进行定位。虽然红外线具有相对较高的室内定位精度，但是由于光线不能穿过障碍物，使红外射线仅能视距传播。直线视距和传输距离较短这两大主要缺点使其室内定位的效果很差。当标识放在口袋里或者有墙壁或其他遮挡时就不能正常工作，需要在每个房间、走廊安装接收天线，造价较高。因此，红外线只适合短距离传播，而且容易被荧光灯或者房间内的灯光干扰，在精确定位上有局限性。

超声波室内定位系统由一个测距器和多个应答器构成，测距器一般安置在移动终端上。测距器发射特定频率的无线电信号，应答器接收到无线电信号后向测距器发射超声波信号，测距器对各应答器完成测距。超声波定位整体定位精度较高，结构简单，但超声波受多径效应和非视距传输影响很大，同时需要大量的底层硬件设施，成本太高。

惯性定位技术无须任何额外的基础设施或网络，以无线方式实时输出人员的行走距离与方向信息，可以实现在各种复杂环境中人员的准确定位，可以用于应急救援。但是惯性导航的信号随着时间误差会不断积累，在人行进过程中，手机中的惯导元件比较差的精度和姿态随意性，会导致积分快速发散，精度完全不可用，所以这个方法往往不会单独使用，而是和其他技术一起进行融合。

计算机视觉定位技术中，当前的热门技术是即时定位与地图构建（SLAM）。SLAM 技术可以实现很高的定位精度，但是由于其技术复杂程度高和成本高，目前不能用于手持的智能设备。

另外一种基于计算机视觉的定位方法，主要是在环境中放置定位标记（一般是二维码），同时记录定位标记的位置，用摄像机拍摄定位标记的图像，获得摄像机的位置。这种方法在工业环境中已经得到了应用。但是在民用环境，特别是商业环境中，由于这种定位标记对环境美观的影响，无法得到广泛的应用。

（3）多传感器融合定位技术

在实际定位应用中，单一传感器定位难以满足定位在精度、时延等方面的需求，需要进行多传感器的融合定位。

多传感器融合（Multi-sensor Fusion，MSF）是利用计算机技术，将来自多传感器或多源的信息和数据以一定的准则进行自动分析和综合，以完成所需的决策和估计而进行的信息处理过程。

MSF 基本原理就像人脑综合处理信息的过程一样，将各种传感器进行多层次、多空间的信息互补和优化组合处理，最终产生对观测环境的一致性解释。在这个过程中要充分利用多源数据进行合理支配与使用，而信息融合的最终目标则是基于各传感器获得的分离观测信息，通过对信息多级别、多方面组合导出更多有用信息。这不仅利用了多个传感器协同操作的优势，而且也综合处理了其他信息源的数据来提高整个传感器系统的智能化。

多传感器融合系统所实现的功能要远超这些独立系统能够实现的功能总和。使用不同的传感器种类可以在某一种传感器全都出现故障的环境条件下，额外提供一定冗余度。

（4）地磁定位技术

地磁定位的理论依据是每一个具体位置的磁场信息都不一样。由于室内环境复杂多变，通常不同位置的地磁场强度也不一样。使用这种技术进行导航比较麻烦，首先用户需要上传建筑平面图，然后还需要拿着智能设备绕室内一圈，记录下各个位置的地磁信号特征，在行走道路上对磁场变化轨迹进行匹配。

3.3.2 室内定位技术原理

室内位置解算分为终端侧解算和网络侧解算两种。其中，终端侧解算是指不经过网络传输，终端可直接解析其自身位置，室外以 GNSS 为代表，室内需定位信标发送其坐标位置信息。目前，室内定位技术多以网络侧解算为主。无线定位信息测量主要包括功率测量、时间测量和角度测量三种类型。

1. 基于功率测量的定位原理

基于功率测量的室内定位技术包括三角定位和指纹定位两种方式。

（1）三角定位

通过接收信号强度（Received Signal Strength，RSS）计算得到终端到多个定位节点的距离，并以已知节点位置为圆心、终端距离节点的距离为半径形成圆形，多个圆的交点就是终端位置，如图 3-22 所示。

基于场强进行距离估计时，当终端距离定位基站较近时，信号强度对应的距离分辨率较好，精度较高；当终端距离定位基站较远时，信号强度对应在的距离分辨率差，精度较低。通常，当定位精度要求在 2～3m 时，定位节点部署间距要求在 6～8m。

此种定位方式要求定位基站与定位终端间可直视，无墙体等阻挡，才可达到较高的定位精度。

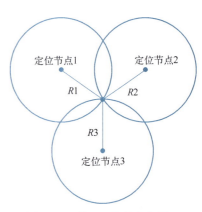

图 3-22　基于距离的定位原理

（2）指纹定位

"位置指纹"是把实际环境中的位置和某种"指纹"联系起来，一个位置对应一个独特的指纹。这个指纹可以是单维或多维的，例如，待定位设备在接收或者发送信息时，指纹可以是这个信息或信号的一个特征或多个特征（最常见的是信号强度）。

位置指纹定位可划分为离线与在线两个阶段。离线阶段即指纹库采集阶段，首先进行定位区域的网络划分，然后采集不同网格的信号特征值，将采集到的信息建立定位指纹库，特征值可为场强等信息。在线阶段即指纹定位阶段，测量信号特征值，将测量的信号特征值与指纹库中的预存信息进行指纹匹配，根据匹配算法得出终端坐标位置。指纹定位流程如图3-23所示。

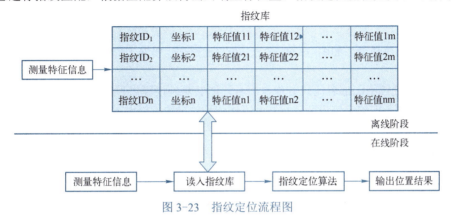

图 3-23　指纹定位流程图

指纹定位技术的主要缺点在于指纹数据库采集工作量大，且在后期维护过程中，随着环境发生变化，需要重新采集维护指纹数据库。

2．基于时间测量的定位原理

基于时间测量的室内定位技术包括基于到达时间（Time of Arrival，TOA）和基于到达时间差（Time Difference of Arrival，TDOA）两种方式。

（1）TOA

TOA 定位方法的实现原理依赖于无线电理论的成熟，在二维空间中布置 N 个信号基站，当待定位终端处于信号基站的通信范围内时，通过移动终端向三个已知坐标的基站发射无线信号，测量终端接收基站信号的时间，通过发射接收时间差计算出移动终端距离三个已知基站的距离，进而求出移动终端所在位置。

TOA 定位方法的关键是终端到信号基站之间的距离，而距离是由信号发射时刻和终端接收时刻的时间差计算而得，因此要求信号基站和终端之间的时钟严格同步，但是实际环境中，由于室内环境空间相对狭小，信号的传播受到障碍物的干扰，带来相应的传播时间延迟，也会带来时延的叠加，从而导致时间难以精确测定，因此算法在系统实现时对硬件的要求较高，系统复杂性较大，成本投入高。

（2）TDOA

TDOA 定位方法是利用信号到达的时间差进行定位的方法。首先测得各个监测站发射的信号到达终端设备的时间差，采用广义互相关模型，即对待定位终端接收到的两组监测站的信号进行互相关计算，得到两者的时间差值。接收多组数据后进行整理，可得到关于待定位终端的双曲线方程组，而这个方程组的解就是待定位终端的位置。

该方法相对于 TOA 方法有了很大的改进，不需要设备之间有严格的时钟同步，降低了硬件成本；计算的是信号到达的时间差，这有效地抵消了多径效应带来的误差，提高了定位精度；接收信号装置的天线采用的是普通的检测天线,而不是复杂的测向天线,这不仅在一定程度上消除了天线间互耦的影响,同时也使系统结构变得较为简单。但是因为基于到达时间差算法的定位系统所需要的监测站组成中包括接收机、天线和时间同步模块,而这些模块如果集成在智能终端中,需要花费的成本将大幅度提升。

3. 基于角度测量的定位原理

基于角度测量的室内定位技术包括基于到达角度(Angle of Arrival,AOA)和基于出发角(Angle of Departure,AOD)两种方式。

(1)AOA

AOA 定位方法通常也被称为基于信号的到达方向角定位方法。该方法需要多个基站设备进行信号检测,并且这些基站设备都应该具有能够感知方向的天线阵列,这样才能够计算出目标节点所发射信号的到达角度,如图 3-24 所示。最终通过一组带有方向射线的交点来确定目标节点的位置。

该方法计算量较小,部署比较方便,而且还能够额外地提供目标节点的方向信息。但是该算法如果想要达到一定的定位精度,对基站天线阵列的灵敏度提出了较高的要求,这无疑增加了硬件成本,使系统更加难以控制。与此同时,在室内环境中,由于周边环境的复杂多变,信号在传播过程中很容易受到这些复杂因素的影响,从而会对信号的到达角度产生很大的干扰。因此在室内环境下该法并不是最佳的选择。

(2)AOD

AOD 与 AOA 相反,接收器是单天线,发射器是多根天线,并发射特殊的数据包,接收器根据产生的相位差、天线距离,计算出相对的方向和距离,如图 3-25 所示。

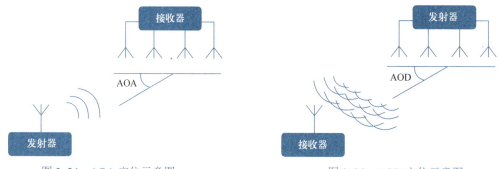

图 3-24　AOA 定位示意图　　　　　　　图 3-25　AOD 定位示意图

3.3.3　常用室内定位技术

结合室内定位技术发展实际和智慧物流系统应用需求,本部分主要对蜂窝网络无线定位技术、蓝牙定位技术、WiFi 定位技术、UWB 定位技术和 vSLAM 定位技术等进行介绍。

1. 蜂窝网络无线定位技术

蜂窝网络无线定位技术是在全球移动通信系统(Global System for Mobile Communication,GSM)、封包无线数据业务(General Packet Radio Service,GPRS)、码分多址(Code Division Multiple Access,CDMA)等移动通信系统的基础上,对移动终端和基站之间的特征参数进行检测和计算,最终确定移动终端位置的一种无线定位技术。其既可以用于室内定位,也可以用于室外定位。目前主要应用的有 4G 基站定位技术和 5G 基站定位技术。

(1)4G 基站定位技术

4G 室内基站的定位实现是系统基于信号传播模型的距离估算方法,根据 RSSI 在无线信道下的损耗模型，估算出移动终端到各个定位基站的位置，再用三角定位法计算出被定位终端的位置。但实际环境复杂，信号传播规律通常存在偏差，可以根据经验模型和指纹算法等进行纠正，计算出被测量设备的大概位置。

4G 室内基站的定位方案充分利用了有源数字设备（pRRU）的优势，通过一定的信号归属判定原则区分用户设备（User Equipment，UE）所接入的不同远端单元，同时再与上行信号强度的定位机制相结合，实现定位精度的提升。

但是由于 pRRU 的覆盖范围与部署密度存在较大关系，采用 UE 归属的远端单元进行辅助定位时，pRRU 的部署密度可能会对定位精度产生较大的影响。经过测试分析，这种室内定位的精度一般可以达到 1/3~1/4 的 pRRU 站间距，pRRU 部署间距为 30m 时，定位精度仅为 5~7m。

（2）5G 基站定位技术

5G 基站定位在 4G 基站定位技术的基础上，结合 5G 网络大带宽和多波束的特性，进一步支持了 Multi-RTT、UL-AoA（Uplink Angle of Arrival，上行到达角）和 DL-AoD（Downlink Angle of Departure，下行离开角）等多种定位技术。3GPP 定义了室内定位场景下，5G 定位需满足的定位精度和端到端定位时延需求，水平维和垂直维定位精度均小于 3m（区域内 80%用户），端到端时延小于 1s。

拓展阅读 3-24：
5G 的 ToC 和 ToB 的区别

从上下行定位技术的角度出发，基于下行的定位技术可以提供更大的带宽，定位性能较好，然而其需要终端基于 Rel-16 标准升级后才能支持，且需要终端支持高精度的下行定位参考信号测量与上报，会导致产业链全面支持的时间延后；基于上行的定位技术仅需要终端支持发送上行探测信号即可实现定位，但其受限于上行功率和带宽，定位性能相比于基于下行的定位技术略差。从定位测量角度出发，相比于基于定时测量的技术，利用波束和角度信息进行定位的技术方案，对基站硬件设备能力的要求比较高（大规模天线阵列等），且要求终端可以同时收到 3 个以上基站的精确波束，该条件在目前实现的难度较大、概率较低。因此，在定位网络部署初期，考虑到终端的实现能力，可以优先考虑引入 UTDOA（UpLink Time Difference of Arrival，上行到达时间差）等上行定时测量技术，随着终端实现和网络部署的向前推进，再随之引入能够提供更高定位精度的定位技术。

由于 5G 定位技术依赖于蜂窝网络，仅服务于单一运营商用户，5G 基站定位无法为跨运营商用户提供 ToC 服务。此外，5G 基站定位的发展，尚需解决产品化的问题，能够尽早推出端到端的 5G 定位产品是 5G 定位发展的关键。

2．蓝牙定位技术

（1）蓝牙 4.2 定位技术

蓝牙 4.2 采用网络测量定位和终端测量定位两种方式进行定位。网络测量定位模式下，定位终端发送蓝牙信号，由蓝牙网关进行信号测量，回传至服务器进行定位，性能参数如表 3-8 所示。终端测量定位模式下，定位信标发送蓝牙信号，由定位终端进行信号测量，回传至服务器进行定位，性能参数如表 3-9 所示。

表 3-8　网络测量定位模式的性能参数表

指标项	典型参数
蓝牙信号监测距离	50~100m
蓝牙网关功耗	高功耗，需外接电源
定位终端功耗	45μA 量级
定位精度	2m 精度（定位信标间距 6m 时） 3m 精度（定位信标间距 8m 时） 5m 精度（定位信标间距 12m 时）

表 3-9 终端测量定位模式的性能参数表

指标项	典型参数
蓝牙信号监测距离	30～70m
蓝牙网关功耗	高功耗，需外接电源
定位终端功耗	1.5mA 量级
定位精度	2m 精度（定位信标间距 6m 时） 3m 精度（定位信标间距 8m 时） 5m 精度（定位信标间距 12m 时）

在终端测量定位方案中，蓝牙信标一般采用电池供电，1~2 年需要更换电池，大幅度增加了网络后期维护成本。网络测量定位方案中，蓝牙网关需要通过 PoE（Power Over Ethernet，以太网供电），大幅增加了网络建设成本和施工复杂度。

蓝牙定位技术规模应用时的精度多在 3m 以上。市场中有部分场景需求为 1m 精度，该场景用蓝牙定位精度略显不足。用 UWB 等高精度定位，成本又过高，难以实施。随着蓝牙 AOA 技术的逐渐成熟，该问题将有望解决。

（2）蓝牙 5.1 定位技术

蓝牙 5.1 相比蓝牙 4.2，最大的变化就是定位精度提升到厘米级别，且引入了寻向功能。目前高精度的室内定位需求很多，例如，通过导航软件找到酒店门口，但是最后的 100m 其实也很关键，蓝牙寻向功能就可以解决这个问题，从酒店门口可以直接导航到客房。

蓝牙 5.1 基于 AOA 或 AOD 技术将定位精度提升到厘米级，它的基本原理就是利用无线电的相位差换算出位置信息。AOA 测量技术通过测试发射器和接收器直接的到达方向，然后通过三角定位获得发射器与目的物的方位和距离的技术。AOD 测量也是利用信号相位差技术，它的工作原理是发射器在以阵列排布的有源天线之间切换时，发送特殊的数据封包，而接收器通过单一天线接收信号，然后从接收到的信号中获取 IQ 样本，在了解发射器内的天线排布后，通过数据计算得出信号的相对方向和距离。该技术定位精度最小可达到 10cm。

由于蓝牙 5.1 技术是基于角度测量，基站功率消耗大，无法使用电池供电，需要 PoE，且蓝牙 5.1 基站布放密度为 10m 量级，因此每个基站都需要解决直流供电问题，为安装造成了困难。

3．WiFi 定位技术

WiFi 定位技术一般采用 Cell-ID 定位或指纹定位。Cell-ID 定位是最先实现规模化的技术，一般采用"邻近法"判断，即终端距离哪台 AP 最近或者连着哪台 AP 释放出来的网络，则认为定位终端就在该 AP 附近，简单实用，但精度低。指纹定位技术是指将实际环境中的位置和接收到的无线信号的"指纹"特征联系起来，一个位置对应一个独特的指纹。

WiFi 定位的终端一般为智能设备，如智能手机、笔记本等。WiFi 由于其功耗高，并不适合制作成 WiFi Tag 实现资产定位等应用。利用现场已有的 WiFi 设备，部署成本低，但是为了提高定位精度，有时需要提高 WiFi 设备的部署数量和密度。

4．UWB 定位技术

基于 UWB 技术的无线定位系统一般由定位标签、定位基站及解算软件构成。通过在特定区域布设合理数量的定位基站，并不间断地采集人员、车辆、资产、工具上定位标签回传的各个要素的时空坐标数据，实现室内空间实时精确定位、监控、引导、预警等功能。

UWB 主要采用 TOA/TOF、TDOA、AOA 三种定位方法。三种定位方法各具优劣，其性能比较如表 3-10 所示。

表 3-10　三种定位方法性能比较

定位方法	定位特征	终端功耗	设备复杂度	传输距离	并发容量	环境适应性	是否需要同步	定位延迟	定位精度
TOF	双向，主动	高	中	25m	中	强	否	低	高
TDOA	上行/下行，主动/被动	低	中	25m	高	弱	是	低	中
AOA	上行，主动	低	高	25m	高	弱	否	低	中

UWB 定位技术兴起较晚，产业链仍不成熟，虽然最近几年涌入了大量企业，但是制约行业发展的问题也越发凸显。一是成本较高，严重制约 UWB 的推广应用。UWB 定位系统需要额外部署专用的信号测量设备，且遇到墙体遮挡需重新部署网络，会产生较高的成本。而蓝牙 5.1、蓝牙 4.2 及 WiFi 等其他无线定位系统成本相对较低，在定位精度要求不高的场景下，挤占了 UWB 技术的市场份额。二是缺乏统一的行业发展规范，影响行业发展进程。目前在全球范围内，并没有针对 UWB 制定系统性规范，一方面导致了行业内鱼龙混杂，产品质量参差不齐、重复生产、恶性竞争的现象多发；另一方面使得行业内企业"各自为政、自说自话"，各个 UWB 厂商设备无法互联互通，影响了全行业的整体发展。

从 2019 年开始，UWB 用于定位的特性帮助其进入了主流消费电子领域。UWB 定位的一大优势是其精确度高。与蓝牙或 WiFi 等基于射频信号强度进行定位的方法相比，UWB 使用的是和一些汽车雷达类似的飞行时间（Time of Flight，TOF），即发送端发射一个信号，接收端在收到这个信号之后经过协议定义的延迟后再发回给发送端，这样发送端只要比较发送和接收信号的时间差并乘以光速就能获得发送端与接收端之间的距离。根据多个发送端与接收端的距离，就可以通过几何关系计算出接收端的位置，从而实现定位。相对于基于其他无线协议定位的高误差（米级别），UWB 定位可以实现分米甚至厘米级别定位精度。

5. vSLAM 定位技术

SLAM（同步定位与地图构建）是指运动物体根据传感器的信息，一边计算自身位置，一边构建环境地图的过程，解决机器人等在未知环境下运动时的定位与地图构建问题。目前，SLAM 主要应用于机器人、无人机、无人驾驶、AR、VR 等领域。根据传感器种类和安装方式的不同，SLAM 主要分为激光 SLAM 和 vSLAM 两大类。

vSLAM 基本原理是基于投影几何的成像模型。通过在不同角度对外部环境的光学观测，在不同视角下，其公共对应部分可以分析出不同观测视角的相对位置、角度、距离等。传统意义上的视觉定位是基于外界光源的光学观测，所以也属于被动定位。

vSLAM 的定位方式有两种：一种是基于深度摄像机的 vSLAM，跟激光 SLAM 类似，通过收集到的点云数据，能直接计算障碍物距离；另一种是基于单目、鱼眼相机的 vSLAM 方案，不能直接获得环境中的点云，而是利用多帧图像来估计自身的位置变化，再通过累计位姿变化来计算距离物体的距离，并进行定位与地图构建。

SLAM 技术是机器人定位导航演进的发展趋势，这个观点已成为产业共识，但关于 SLAM 定位导航技术的路径选择（即选择激光 SLAM 还是视觉 SLAM）业界始终存在一定分歧。虽然 vSLAM 技术相对激光导航拥有较大硬件成本优势，但是对算法的开发能力却有非常高的要求。同时，市面上也难有一套完整方案可以满足所有场景的需求，这也造成市面上有能力开发出成熟产品的公司非常少。

常见室内定位技术关键指标如表 3-11 所示。

表 3-11 常见室内定位技术关键指标

	5G	4G	蓝牙 4.2	蓝牙 5.1	WiFi	UWB	vSLAM
定位精度	分米级	米级	米级	分米级	米级	分米级甚至厘米级	分米级
定位时延	十毫秒级	百毫秒级	百毫秒级	百毫秒级	百毫秒级	百毫秒级	毫秒级
并发容量（上行）	百级	百级	百级	百级	百级	百级	-
同步性能	纳秒级	-	-	-	-	纳秒级	-
单站距离（半径）	20m	20m	7m	2*站高度（站高<20m）	20m	10m	-
基站功耗	十瓦级	十瓦级	瓦级	瓦级	十瓦级	瓦级	-
终端功耗	瓦级	瓦级	毫瓦级	毫瓦级	瓦级	百毫瓦级	瓦级
基站成本	千元级	千元级	百元级	百元级	百元级	千元级	-
终端成本	千元级	百元级	十元级	十元级	十元级	百元级	千元级

3.3.4 室内定位网络平台

在实际应用中，室内定位技术一般与室内通信网络融合以获取更佳的定位效果和更好的经济效益，一般以室内定位网络平台的方式呈现。

1. 室内定位网与室内通信网融合方式

室内定位网与室内通信网融合方式可分划为设备级融合、管道级融合和边缘级融合三种方式，如图 3-26 所示。设备级融合实现定位设备的供电、管理控制、信号传输、数据处理全部与通信网络设备紧耦合。管道级融合实现定位设备的供电与信号传输借助室内通信网络，而定位基站的管控与数据处理则不依赖于通信网络。边缘级融合复用移动蜂窝网络资源与边缘计算处理器。

拓展阅读 3-25：高精度位置感知助力行业智能升级

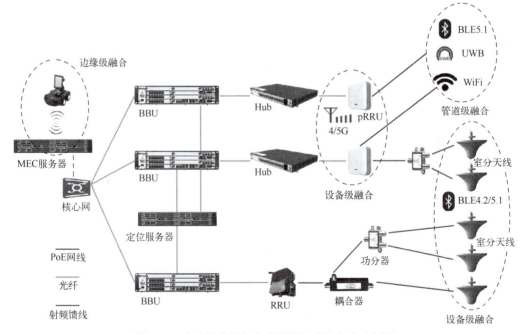

图 3-26 室内定位网与室内通信网融合方式示意图

（1）4/5G 定位技术

4/5G 室内定位技术使用设备级融合方式。4/5G 室内定位技术与室内通信网络通过室内皮基站设备相融合，皮基站设备既承担了发送 4/5G 信号的功能，同时也承担了定位功能，4/5G 定位技术与通信网络具备天然的融合优势。

（2）蓝牙 4.2 定位技术

蓝牙 4.2 定位技术使用设备级融合方式。在供电方面，蓝牙定位信标与无源室分天线实现一体化集成，蓝牙信标发射的定位参考信号耦合到室分天线振子内并发射出去。蓝牙网关接入到室内通信网络中，一方面通过功分器/耦合器为室分天线内部集成的蓝牙信标供电，另一方面时刻监控蓝牙信标的工作状态。在管理控制方面，蓝牙信标通过不断发送携带自身 MAC 地址的广播信息给终端实现精准定位服务，为了避免该广播信息被盗用，蓝牙网关会定期修改室分天线内部蓝牙信标的 MAC 地址，同时服务器下发信息实现对蓝牙信标、蓝牙网关的管理控制。在信号传输方面，蓝牙信号数据通过 BBU、核心网将数据回传至服务器。在数据处理方面，实现蓝牙室分天线管理及配置、定位坐标计算以及定位输出能力，实现蓝牙室内定位应用。

（3）蓝牙 5.1/UWB/WiFi 定位技术

蓝牙 5.1/UWB/WiFi 定位技术使用管道级融合方式。在供电方面，通过皮基站的 PoE 接口对蓝牙 5.1/UWB/WiFi 设备进行直流供电和参数配置。在信号传输方面，依托于通信网络的数据传输优势，蓝牙 5.1/UWB/WiFi 采集的数据通过 BBU（Building Baseband Unite，室内基带处理单元）、核心网传输至其业务平台进行处理。

这种融合方式一方面帮助运营商有效地拓展了室内数据采集范畴，另一方面也解决了蓝牙 5.1/UWB/WiFi 设备在设备供电、信号传输及物业施工方面的痛点，将蓝牙 5.1/UWB/WiFi 设备与通信皮基站一同入场施工安装，节省了设备的施工成本。

（4）vSLAM 定位技术

vSLAM 是移动机器人诸多导航应用中复用移动蜂窝网络资源与边缘计算处理资源的一种方法，但是由于其运算复杂，单台移动机器人本身难以很好支持，因此使得该导航方式商用缓慢。为解决移动机器人的网络可靠性问题，可将移动机器人的高级导航算法上升到边缘服务器，通过强大的边缘服务器进行 vSLAM 位置解算，而移动机器人本体只需要进行惯性导航和避障即可，这样不但大幅降低了移动机器人应用成本，也提升了移动机器人的场景理解力和应用可靠性，使得移动机器人可提供更为完善和智能的服务。vSLAM 定位不涉及室内定位网络，仅仅是通过移动通信网络传输定位数据。

2. 室内定位网络平台系统架构

室内定位网络平台可以作为独立的网络系统部署到生产环境中，同时 5G 时代的到来，室内分布系统方案中可以融合室内定位网络系统，在为用户提供 5G 室内无线覆盖的同时，也可以为用户提供高精度的室内定位网络系统。同时，室内定位业务平台（第三方）基于各种通信技术实现面向室内定位业务的平台应用，为用户提供高精度的室内定位应用。室内定位网络平台系统架构如图 3-27 所示。

（1）5G/4G 定位技术接入方案

该方案利用 5G/4G 无源室分天线在网络端测算移动终端发送信号，并进行位置计算。其定位过程是由多个通信基站同时检测移动终端发射的信号，将各接收信号携带的与移动终端位置有关的特征信息送到信息处理中心，计算出移动终端的位置。

（2）蓝牙 4.2 定位技术接入方案

蓝牙 4.2 信标集成在移动室分天线中，蓝牙广播信号通过天线阵子辐射出去，终端收到蓝牙信号后根据定位算法解算自身位置。蓝牙参数上传及数据传输通过蓝牙网关、皮基站、BBU 上传至定位能力平台及设备管理平台。

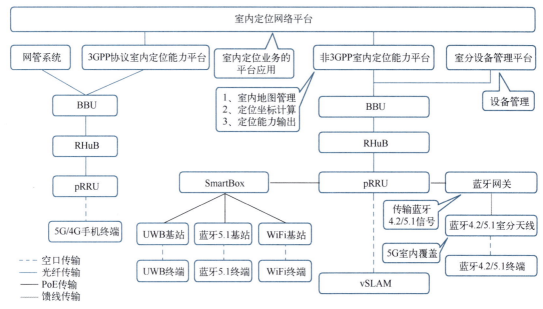

图 3-27 室内定位网络平台系统架构示意图

（3）蓝牙 5.1/UWB/WiFi 接入方案

室内环境是人类活动的主要场景，也是信息交换最频繁的场景，未来势必有更多的传感器等端感知设施应用在室内环境，蜂窝网、无线局域网、蓝牙、UWB、WiFi 等多种通信制式共存。因此，融合室分方案通过 Smart Box 作为未来室内覆盖解决方案中的重要环节，解决室内非 3GPP 协议通信设备的信息交互问题，Smart Box 将信息回传至运营商成熟的移动通信网络，数字信号通过核心网交换到各自的网络平台进行信息处理。Smart Box 支持接入诸如蓝牙 5.1、UWB 基站、WiFi 等多种通信设备头端，且具有可扩展性。

（4）vSLAM 接入方案

vSLAM 视觉导航通过摄像机对周围环境进行图像采集，利用 5G/4G 蜂窝网络将信息回传至运营商的移动通信网络，上传至计算平台完成自身位置确定和路径识别，并做出导航决策。

3. 室内定位能力平台功能

室内定位能力平台主要实现定位坐标计算、室内地图管理以及定位能力输出，实现与设备管理平台和室内定位业务平台接口相关的功能要求。

定位坐标计算功能用于计算用户的定位坐标，主要计算方法支持三角定位、指纹定位、TOA、UTDOA、OTDOA（Observed Time Difference of Arrival，观察到达时间差）、AOA 和 AOD 等算法。

室内地图管理功能具备对所管理区域的设备安装设计图的管理功能，能够上传和下载该区域的设备安装设计图。

室内定位能力平台给室内定位业务平台输出定位能力。该接口用于当室内定位能力平台完成定位计算后，将定位计算结果的坐标输出给室内定位业务平台，以便室内定位业务平台完成后续的各种业务逻辑。该部分接口功能主要有：室内定位能力平台可以向室内定位业务平台输出设备所在楼栋信息、楼层信息；在上行定位中，室内定位能力平台能力给定位业务平台输出定位计算结果坐标数据；在下行定位中，室内定位能力平台能够接收室内定位业务平台传递过来的定位请求,然后进行定位坐标计算,定位完成后将定位结果返回给定位业务平台。

4. 设备管理平台功能

设备管理平台主要实现对设备的管理、状态监控和故障分析等功能,实现与室内定位能力平台的通信。对设备的管理是设备管理平台的一个重要功能,也是定位坐标计算的数据源,所以室内定位能力平台需要具备对设备基站的管理功能,需要标注管理每个设备的标识、安装坐标点、安装楼栋、安装楼层、发射功率等各个参数,并与室内定位能力平台实现参数及状态交互。同时,设备管理平台可实现对定位设备的状态监控,当设备出现故障时,在管理平台可实时报警,并且设备管理平台可根据上报信息,分析具体故障环节。

拓展阅读 3-26:国产新型室内外无线定位系统

3.4 物流定位与导航技术在物流中的应用

智慧物流环境下,位置信息对于物流管理至关重要,也是对物流系统中各对象进行跟踪的重要基础。GNSS、GIS 以及室内定位技术的发展及应用,对于提高智慧物流系统的位置感知和空间分析能力发挥着重要作用,同时也衍生出许多新的管理和操作模式。

3.4.1 BDS 在物流运输中的应用

运输是现代物流中的重要环节。实时跟踪货物的运输过程,合理调度使用车辆、仓库、人员等各种资源,为客户提供实时的信息查询等,是智慧物流对运输系统的基本要求。利用北斗定位导航服务,结合互联网通信技术,能够实现车辆安全驾驶管理与调度,有效降低道路事故发生,提升道路运输管理水平及车辆调度能力。

基于北斗系统的车辆监管系统通过在车辆上安装北斗车载终端,获取车辆实时位置信息、运行状态等关键行车数据,通过互联网通信技术实时回传至车辆监管系统,如图 3-28 所示。车辆监管系统一般需要满足以下应用需求。

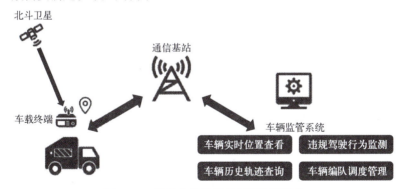

图 3-28 基于北斗系统的车辆监管系统

1. 统一管理

一个账号可统一管理所有物流运输车辆,在 GPS 定位系统电子地图上可以查看到所有车辆的分布情况,了解到所有车辆在各区域分布的具体位置以及行驶状况。这样管理人员可查看哪些车辆可供使用,方便合理地调度。

2. 历史轨迹回放

管理人员可查询任意车辆的历史运行轨迹,可以看出车辆在行驶过程中的状态、路线。根据车辆的行驶轨迹,物流公司和客户都可以对货物的运输过程有相应的了解,并将此作为考评依据。

3. 实时定位

通过定位查询，管理人员可看出任意车辆的实时位置、行驶方向和行驶速度。既能了解车辆的运输状况，也能进行合理调度。

4. 电子围栏

可根据车辆行驶的范围或路线，在电子地图上设置一个围栏区域，当物流运输车辆驶入或者驶出此区域时就会向系统发送围栏报警信息。

5. 超速报警

管理人员可以设置一个速度值，当车辆的行驶速度超过设定值时，会立即发送超速报警信息。这样管理人员可及时提醒司机注意安全行驶。

拓展阅读 3-27：全国道路货运车辆公共监管与服务平台

3.4.2 GIS 在物流领域的应用

GIS 在物流领域的应用，主要就是利用其强大的地理数据处理能力来完善物流分析技术。国外一些公司已开发出利用 GIS 进行物流分析的工具软件，完整的 GIS 物流分析软件集成了车辆路线模型、设施定位模型、网络物流模型、分配集合模型和空间查询模型等。

拓展阅读 3-28：北斗道路运输车辆管理应用

1. 车辆路线模型

车辆路线模型用于解决在一个起点、多个终点的货物运输问题中，如何降低操作费用并保证服务质量，包括决定使用多少车辆、每个车辆经过什么路线的问题。物流分析中，在一对多收发货点之间存在多种可供选择的运输路线的情况下，应该以物料运输的安全性、及时和低费用为目标，综合考虑，权衡利弊，选择合理的运输方式并确定费用最低的运输路线。例如，一家公司只有 1 个仓库，而零售店却有 30 个，并分布在不同的地方，每天用卡车把货物由仓库运到零售店，每辆卡车的载重量或者货物尺寸是固定的，同时每个零售店所需的货物重量或体积也是固定的。因此，需要多少车辆以及各个车辆要经过的路线是一个最简单的车辆路线模型。

拓展阅读 3-29："中国位置"物流领域建可视平台

实际工作中，车辆路线问题还应考虑很多影响因素，问题也变得复杂。例如，仓库的数量不止一个，而仓库和零售店之间不是一一对应的；部分零售店对货物送达时间有一定的限制，如某零售店上午 8 点开始营业，要求货物在早晨 5~7 点运到；仓库的发货时间有事实上的限制，如当地交通规则要求卡车上午 7 点之前不能上路，而司机要求每天下午 6 点之前完成一天的工作等。

2. 设施定位模型

设施定位模型用来确定仓库、医院、零售店、配送中心等设施的最佳位置，其目的同样是为了提高服务质量、降低操作费用，以及使利润最大化等。在物流系统中，仓库和运输线路共同组成了物流网络，仓库处在网络的节点上，运输路线就是连接各个节点的线路，从这个意义上看，节点决定着运输线路。具体地说，在一个具有若干资源点及若干需求点的经济区域内，物流资源要通过某一个仓库的汇集中转和分发才能供应各个需求点。因此，根据供求的实际需要并结合经济效益等原则，在既定区域内设立多个仓库、每个仓库的地理位置在什么地方、每个仓库应有多大规模、这些仓库间的物流关系如何等问题，就显得十分重要。而这些问题运用设施定位模型均能很容易地得到解决。

3. 网络物流模型

网络物流模型用于解决寻求最有效的分配货物路径问题，也就物流网点布局问题。例如，需要把货物从 N 个仓库运输到 M 个零售店，每个零售店有固定的需求量，这就需要确定哪个仓库供应哪个零售店，从而使运输的费用最低。或者是在考虑线路上的车流密度的前提下，怎样把空的货车以最快的方式调到货物所在的位置。

4．分配集合模型

分配集合模型可以根据各个要素的相似点把同一层上的所有或部分要素分成几组，用于解决确定服务范围、销售市场范围等问题。例如，某公司要设立 N 个分销点，要求这些分销点覆盖整个地区，且每个分销点的顾客数目大致相当。在某既定经济区域内，可以是一个国家，也可是一个地区或城市，考虑各个仓储网点的规模及地理位置等因素，合理划分配送中心的服务范围，确定其供应半径，实现宏观供需平衡。这就是分配集合模型要解决的问题。

5．空间查询模型

可以查询以某一商业网点为圆心的某半径内配送点的数目，以此判断哪一个配送点距离最近，为安排配送做好准备。

3.4.3 室内定位技术在智慧物流园区中的应用

室内定位技术的发展推动智慧物流园区的建设和创新，提高人员劳动生产率，实现园区价值最大化，顺应智慧城市发展方向，推动新型战略产业发展。室内定位带给智慧园区的效益非常明显。如图 3-29 所示，访客管理可以提高园区安全管理水平；物资管理可以提高仓储、物流、物资管理效率；人员管理可以提高工作人员的效率。

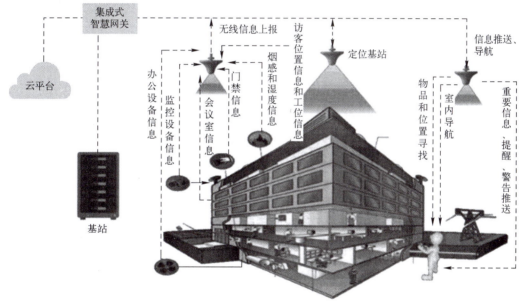

图 3-29 室内定位技术应用于智慧物流园区的示意图

1．仓储货物实时动态有序管理

通过室内定位技术对仓储物流众多数量及品种的物资进行实时动态有序管理，实现物资的入库、出库、移动、盘点、查找等流程的智能化管理，并加快物资流转速度，最大程度避免入库验收时间长、在库盘点乱且数量不准、出库拣货时间长且经常拣错货，以及货物损坏、丢失或过期等索赔问题。基于对每个货物的精准定位，结合 CV（计算机视觉），可以快速定位到破损或者滑落滑道的异常货品，并对滑道口堵塞、运输不通畅等作业进行预警。同时对上架作业的布局合理性与拣货的最佳路径的结合做最优化库房上架管理，并且货物流转到分拣中心时，可以有效防止货物被分拣到错误的网点或者分拣中心。

2. 车辆设备智能调度与安全管理

针对存储量大、流转量大、占地面积较大的物流仓库、港口码头等，通过室内定位技术实现对叉车/拖车的统筹管理，通过实现智能调配及合理路径规划防止走错位等情况，以此提高叉车/拖车利用效率；通过设置安全距离及电子围栏，最大程度防止人车碰撞事故发生。定内精准定位使得仓库内叉车、地牛、笼车的管理更加简单，可操作性更高。实际应用方面，例如，对叉车作业时托盘货物的装卸、码垛、短距离运输，以及车辆的反向寻找、路径规划导航等，以及基于蓝牙 AoA 实时位置精准追踪可以作用于人车安全、车车安全，减少仓内事故。

3. 物流作业人员高效管理

基于对人员的实时定位数据，进行人员考勤、工时统计、到岗/离岗等工作状态的管理等。室内精准定位技术，可以作用于提升仓库工作人员的实时调度、作业区域管理、安全通道聚集预警的准确率。例如，库内常见的复核、拣货操作，可以根据人员和包裹的位置提前做好拣选路径优化，实现货物拣选的成本最优化。同时，不断记录人员的轨迹信息，对货物拣选行为做数据分析，通过无监督学习，持续优化拣货路径推荐结果。同时，通过人员热力的呈现，也能辅助仓储内管理人员更加合理地进行人力布局以及做考勤等业务管理。

4. 载具管理与自动化

对承载货物的可移动货架、托盘、料箱等载具进行定位，通过对载具的有效管理，间接实现对其承载货物的有序化管理。另外，面对 AGV 等自动化设备应用越来越广泛的今天，可通过定位技术实现 AGV 与载具的高效协作，实现自动化取货等功能，进一步释放自动化设备的价值。

5. 在物流机器人中的应用

综合采用激光雷达、惯性测量单元、里程计等多种传感器，感知环境中障碍物位置与自身运动状态信息，结合基于多传感融合的目标追踪或位置估计算法对机器人进行定位，并规划到达目标点的最优路径。采用的导航方式主要有磁导航、激光导航、RFID 导航、惯性导航、视觉导航、GPS/BDS 导航等。

各类对象应用需求指标如表 3-12 所示。

表 3-12 智慧物流园区需求指标

关键功能描述	资产管理、设备查找	人员管理、定位导航	无人车、AGV 管理
定位精度	1m 以内（货物需求三维）	1m 以内	<5mm
定位时延	100ms（传送货物）	100ms 以内	2ms
	分钟级别（静态货物）		
定位模式	被动	主动（导航）/被动（其他）	被动
定位成本	低，物流是成本敏感行业	暂未明确	暂未明确
并发能力	10/m²	10/m²	10/m²
其他设备要求	无	无	无

本章小结

本章主要结合智慧物流的应用需求，介绍了全球卫星导航定位系统、地理信息系统和无线通信的基站定位、惯性导航定位、地磁定位、基于图片（视频）的计算机视觉定位等室内定位技术。

全球卫星导航定位系统是一个国家的重要时空基础设施。我国的 BDS 是继美国 GPS 和俄罗斯 GLONASS 之后，第三个成熟的全球卫星导航系统，在定位、测速、授时精度等方面均已达到世界先进水平，对于提高物流运输过程的监管能力具有重要的支撑作用，已经在世界多个国家和地区得到应用。

地理信息系统是一种十分重要的空间信息系统，能够提供空间量算、空间分析、缓冲区分析、叠加分析和网络分析等功能。近年来，随着互联网、大数据、云计算、人工智能、虚拟现实等技术的发展及其在 GIS 中的应用，GIS 向着网络化、开放化、组件化、虚实结合化、多媒体化、多维化、动态化和移动化等方向发展。具有代表性的 GIS 软件主要有美国的 ArcGIS、MapInfo 和 Skyline，以及我国具有自主知识产权的 SuperMap、MapGIS 和 GeoStar 等。GIS 在物流领域的应用，主要就是利用其强大的地理数据处理能力来完善物流分析技术，包括车辆路线模型、设施定位模型、网络物流模型、分配集合模型和空间查询模型等。

室内定位技术主要用于弥补卫星导航系统无法穿透建筑物的缺陷，其技术原理包括功率测量、时间测量和角度测量三种类型。智慧物流系统中，常用的室内定位技术主要有蜂窝网络无线定位技术、蓝牙定位技术、WiFi 定位技术、UWB 定位技术和 vSLAM 定位技术等。其中，以 UWB 和 vSLAM 的应用最为广泛，前者主要用于室内物品的精确定位，而后者主要用于物流机器人的室内导航。

练习与思考

一、思考题

1. 什么是全球卫星导航系统？有何特点？
2. 北斗卫星导航系统的服务类型有哪些？
3. 什么是地理信息系统？其包括哪些组成部分？
4. GIS 常用的空间分析技术有哪些？
5. 主流的 GIS 软件有哪些？各有何特点？
6. 常用的室内定位技术有哪些？各有何特点？

二、论述题

1. 简述 GIS 的发展方向与应用需求。
2. 简述 GNSS 的定位原理。
3. 简述室内定位技术原理。
4. 简述 BDS 在物流运输中的应用需求。
5. 简述室内定位网络平台的系统架构和主要功能。
6. 简述室内定位技术在智慧物流园区中的应用需求。

三、案例分析

无人配送的"室内困境"

"我希望，在 20 年后，人类不用做任何工作，一切劳作都由机器人完成。"年少的时候，谁没有过这样的愿望呢？现如今，在 5G 技术、高精地图、智慧交通等技术的推动下，无人化早已不是年少时的愿望，反而成为现实。无人零售、无人配送……都是无人化时代的产物，但相较来说，无人配送对我们日常生活的影响更为明显。

当前，菜鸟已经研发出了菜鸟小 G 等三款末端配送机器人；专注于"互联网+物流"的京东 X 事业部，无人车项目于 2016 年下半年投入研发；同年，美团成立 W 项目组，启动对特定场景下无人配送的研究，2017 年，项目组提升为事业部；百度无人车也已与永辉、大润发、叮当快药等建立无人配送合作；新石器也已经为联邦快递中国市场提供无人配送技术支持。

在实际使用场景上，当前无人小车的主要问题是存在"体验降级"的风险。为消费者升级体验往往是产品经理们的天职，但让消费者"体验降级"，夸张点地讲，似乎是一件站在全人类对立面的事情。

试想一下这样一个场景，寒冷冬夜里你点了一份外卖，外卖小哥可以保证你不踏出家门一步就能吃上热腾腾的饭菜，但无人配送终端却做不到精确的点对点，你需要跑下楼去小车里自取，这样的外卖可谓是"莫得灵魂"。这就是当前无人配送所面临的"室内困境"。

问题：

1. 当前末端配送，除了菜鸟驿站和蜂巢等"取件式"服务之外，还有"交接式"服务。对于这两种模式，你更倾向于哪一种？请说明原因。

2. 针对"交接式"服务的"室内困境"，你认为应该如何破解？需要应用到哪些技术？请说明原因。

第4章 状态感知与执行技术

学习目标
- 了解传感器的组成及分类。
- 熟悉新型传感器及常用传感器。
- 了解语音识别的基本原理和主要方法。
- 熟悉语音识别系统的类别和应用场景。
- 了解机器视觉技术的优势及应用范围。
- 熟悉机器视觉系统的构成和关键技术。
- 了解工业机器人的优势和结构。
- 掌握物流机器人的分类、主要类型和典型产品。
- 初步形成物流状态感知和执行技术的应用思维。

导入案例

快仓百台机器人助力医药流通

快仓为高济医疗肇庆仓提供 236 台 AGV 打造物流中心。236 台 AGV 同时运行,部署时间仅为一个半月,医药流通行业单仓规模最大的 AGV 项目,全国六大仓共计部署近 800 台 AGV。这就是快仓智能在医疗流通行业的战绩与效率,也是快仓与高济医疗多年来持续合作的证明与成果。

据悉,快仓为高济医疗肇庆仓提供了 236 台柔性搬运 AGV,这应该是目前医疗流通行业单仓最大规模的 AGV 应用,其中部署拣货站 40 多个,补货站 20 多个。整个肇庆仓分为 5 层楼,面积共 50000m^2,其中拣选面积 15000m^2。一楼分为三个部分,一部分是高位货架,负责整托储存;还包括收货区和发货暂存区;其余四层楼是以 AGV 完成折零拣选,人工负责整箱出库和整箱存储的工作模式运行。

医药流通行业,目前拼的是场景上的落地速度,未来拼的是场景深度和成本,随着产品的进一步成熟,越来越多的医药流通场景将被激活。

状态感知是指依靠传感器及其相关技术使计算机设备能够"感知"物流系统运作的状态,既包括物流系统中作业人员、流通物品、物流设施和物流设备等实体自身的状态,也包括其周边的环境状态,如温度、湿度等。状态感知系统是物流系统的眼、耳、口、鼻等感知器官,是智慧物流的重要基础,所涉及的技术主要包括传感器技术、语音识别技术和机器视觉技术等。

执行即使用包括输送分拣、自动仓储、物料搬运、运输配送、物流机器人、自动装卸等物流技术与装备,完成仓储、运输、配送、包装、装卸搬运以及流通加工等物流作业。执行系统是物流的手与脚,初期是物流自动化,目前正向柔性自动化进化,最终是实现物流虚实完全融合、互操作、互映射、一体化运作以及智慧觉醒。本章中,主要对物流机器人进行介绍。

4.1 传感器技术

传感器是指能感受规定的被测量,并按照一定的规律转换成可用输出信号的器件或装置。我国国家标准(GB/T 7665—2005)对传感器的定义是:"能感受被测量并按照一定的规律转换成可用输出信号的器件或装置。"传感器作为信息获取的重要手段,与通信技术和计算机技术共同构成信息技术的三大支柱。

4.1.1 传感器技术概述

1. 传感器技术的发展历程

传感技术大体可分三代,第一代是结构型传感器。它利用结构参量变化来感受和转化信号。例如,电阻应变式传感器,它是利用金属材料发生弹性形变时电阻的变化来转化电信号的。

第二代传感器是 20 世纪 70 年代开始发展起来的固体传感器,这种传感器由半导体、电介质、磁性材料等固体元件构成,是利用材料的某些特性制成的。例如,利用热电效应、霍尔效应、光敏效应,分别制成热电偶传感器、霍尔传感器、光敏传感器等。

20 世纪 70 年代后期,随着集成技术、分子合成技术、微电子技术及计算机技术的发展,出现了集成传感器。集成传感器包括传感器本身的集成化和传感器与后续电路的集成化两种类型。例如,电荷耦合器件(Charge Coupled Device,CCD)、集成温度传感器 AD590、集成霍尔传感器 UGN3501 等。这类传感器具有成本低、可靠性高、性能好、接口灵活等特点。集成传感器发展非常迅速,现已占传感器市场的 2/3 左右,它正向着低价格、多功能和系列化方向发展。

第三代传感器是 20 世纪 80 年代发展起来的智能传感器。所谓智能传感器是指其对外界信息具有一定检测、自诊断、数据处理以及自适应能力,是微型计算机技术与检测技术相结合的产物。80 年代智能化测量主要以微处理器为核心,把传感器信号调节电路、微计算机、存储器及接口集成到一块芯片上,使传感器具有一定的人工智能。90 年代智能化测量技术有了进一步的提高,在传感器一级水平实现智能化,使其具有自诊断功能、记忆功能、多参量测量功能以及联网通信功能等。

2. 传感器的组成

传感器的作用主要是感受和响应规定的被测量,并按一定规律将其转换成有用输出,特别是完成非电学量到电学量的转换。传感器的组成,并无严格的规定。一般说来,可以把传感器看作由敏感元件(有时又称为预变换器)和变换元件(有时又称为变换器)两部分组成,如图 4-1 所示。

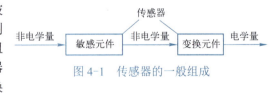

图 4-1 传感器的一般组成

在具体实现非电量到电量的变换时,并非所有的非电量都能利用现有的技术手段直接变换为电量,而必须进行预变换,即先将待测的非电量变为易于转换成电量的另一种非电量。这种能完成预变换的器件称为敏感元件。

变换器是将感受到的非电量变换为电量的器件。例如,可以将位移量直接变换为电容、电阻及电感的电容变换器、电阻及电感变换器;能直接把温度变换为电势的热电偶变换器。显然,变换器是传感器不可缺少的重要组成部分。

在实际情况中,由于有一些敏感元件直接就可以输出变换后的电信号,而一些传感器又不包括敏感元件在内,故常常无法将敏感元件与变换器严格加以区别。

传感器可以做得很简单,也可以做得很复杂;可以是无源的网络,也可以是有源的系统;可以是带反馈的闭环系统，也可以是不带反馈的开环系统；一般情况下只具有变换的功能，但也可能包含变换后信号的处理及传输电路甚至包括微处理器。因此，传感器的组成随不同情况而异。

3. 传感器的分类

由于被测参量种类繁多，其工作原理和使用条件又各不相同，因此传感器的种类和规格十分繁杂，分类方法也很多。

按输入量即测量对象的不同分类，传感器可分为温度传感器、压力传感器、称重传感器等。

按工作（检测）原理分类，传感器可分为电阻式、电容式、电感式、压电式、电磁式、磁阻式、光电式、压阻式、热电式、核辐射式、半导体式传感器等。

按照传感器的结构参数在信号变换过程中是否发生变化可分为物性型传感器和结构型传感器两类。物性型传感器在实现信号变换的过程中，结构参数基本不变，而是利用某些物质材料（敏感元件）本身的物理或化学性质的变化来实现信号变换，其一般没有可动结构部分，易小型化，故也被称作固态传感器，它是以半导体、电介质、铁电体等作为敏感材料的固态器件。结构型传感器依靠传感器机械结构的几何形状或尺寸（即结构参数）的变化而将外界被测参数转换成相应的电阻、电感、电容等物理量的变化，实现信号变换，从而检测出被测信号，如电容式、电感式、应变片式、电位差计式等。

根据敏感元件与被测对象之间的能量关系（或按是否需外加能源）可划分为能量转换型和能量控制型两类。能量转换型，又称为有源式、自源式和发电式，其在进行信号转换时不需要另外提供能量，直接由被测对象输入能量，把输入信号能量变换为另一种形式的能量输出使其工作，如压电式、压磁式、电磁式、电动式、热电偶、光电池、霍尔元件、磁致伸缩式、电致伸缩式、静电式等传感器。能量控制型，又称为无源式、他源式、参量式，其在进行信号转换时，需要先供给能量即从外部供给辅助能源使传感器工作，并且由被测量来控制外部供给能量的变化等。对于无源传感器，被测非电量只是对传感器中的能量起控制或调制作用，需要通过测量电路将它变为电压或电流量，然后进行转换、放大，以推动指示或记录仪表，如电阻式、电容式、电感式、差动变压器式、涡流式、热敏电阻、光电管、光敏电阻、湿敏电阻、磁敏电阻等。

按输出信号的性质可划分为模拟式传感器和数字式传感器两类。模拟式传感器将被测非电量转换成连续变化的电压或电流，如要求配合数字显示器或数字计算机，需要配备模／数（A/D）转换装置。数字式传感器能直接将非电量转换为数字量，可以直接用于数字显示和计算，可直接配合计算机，具有抗干扰能力强，适宜远距离传输等优点。

按照传感器与被测对象的关联方式（是否接触）可分为接触式和非接触式两类。接触式，如电位差计式、应变式、电容式、电感式等，其优点是传感器与被测对象视为一体，传感器的标定无须在使用现场进行，缺点是传感器与被测对象接触会对被测对象的状态或特性不可避免地产生或多或少的影响。非接触式则没有这种影响，可以消除传感器介入而使被测量受到的影响，提高测量的准确性，同时，可使传感器的使用寿命增加。但是非接触式传感器的输出会受到被测对象与传感器之间介质或环境的影响。因此传感器标定必须在使用现场进行。

按传感器构成可以划分为基本型、组合型和应用型三类。基本型传感器是一种最基本的单个变换装置。组合型传感器是由不同单个变换装置组合而成的传感器。应用型传感器是基本型传感器或组合型传感器与其他机构组合而成的传感器。例如，热电偶是基本型传感器，其与将红外线辐射转为热量的热吸收体组合成红外线辐射传感器，即一种组合传感器；把这种组合传感器应用于红外线扫描设备中，就是一种应用型传感器。

按传感器的作用形式来分类，可划分为主动型和被动型传感器两类。主动型传感器又有作用型和反作用型，此种传感器对被测对象能发出一定探测信号，能检测探测信号在被测对象中所产生的变化，或者由探测信号在被测对象中产生某种效应而形成信号。检测探测信号变化方式的称为作用型，检测产生响应而形成信号方式的称为反作用型。被动型传感器只是接收被测对象本身产生的信号，如红外辐射温度计、红外摄像装置等。

另外，按检测功能可分为检测温度、压力、温度、流量计、流速、加速度、磁场、光通量等的传感器；按传感器工作的物理基础可分为机械式、电气式、光学式、液体式等；按转换现象的范围可分为化学传感器、电磁学传感器、力学传感器和光学传感器；按材料可分为金属、陶瓷、有机高分子材料、半导体传感器等；按应用领域分为工业、民用、科研、医疗、农用、军用等传感器；按功能用途分为检测用、监视用、检查用、诊断用、控制用、分析用等传感器。

4.1.2 新型传感器与常用传感器

1. 新型传感器

新型传感器是相对传统传感器而言的。传统传感器结构比较简单，功能也比较单一。随着相关技术的不断发展和制作工艺的不断进步，传感器也在不断进化和发展。当前使用的传感器主要为智能传感器、模糊传感器、微传感器和网络传感器。

（1）智能传感器

智能传感器是带有微处理器并兼有信息检测和信息处理功能的传感器，它能充分利用微处理器进行数据分析和处理，并能对内部工作过程进行调节和控制，使采集的数据最佳。与传统的传感器相比，智能传感器将传感器检测信息的功能与微处理器（CPU）的信息处理功能有机地结合在一起，从而具有了一定的人工智能，它弥补了传统传感器性能的不足，使传感器技术发生了巨大的变革，将传感器的发展提高到更高的层次。

智能传感器就是一个最小的微机系统，其中作为控制核心的微处理器通常采用单片机，其基本结构框图如图 4-2 所示。

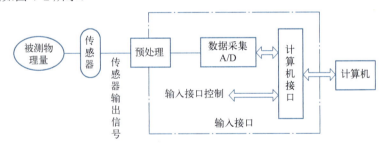

图 4-2　智能传感器基本结构框图

与传统传感器相比，智能传感器的功能更加丰富和强大，具有自补偿、自校准、自诊断、自动数据处理、组态功能、双向通信和数字输出、信息存储与记忆以及分析、判断、自适应、自学习的功能。智能传感器具有精度高、高可靠性与高稳定性、高信噪比与高分辨率、自适应性强、性能价格比高等特点。由此可见，智能化设计是传感器传统设计中的一次革命，是世界传感器的发展趋势。

（2）模糊传感器

模糊传感器是在传统数据检测的基础上，经过模糊推理和知识合成，以模拟人类自然语言符号描述的形式输出测量结果的一类智能传感器。模糊传感器的核心部分就是模拟人类自然语言符号的产生及其处理。模糊传感器的"智能"之处在于可以模拟人类感知的全过程，核心在于知识性，知识的最大特点在于其模糊性。与传统传感器的区别是具有学习及可训练性。

模糊传感器由硬件和软件两部分构成，其一般结构如图 4-3 所示。模糊传感器是以数值测量为基础，并能产生和处理与其相关的测量符号信息的装置，即模糊传感器是在经典传感器数值测量的基础上经过模糊推理与知识集成，以自然语言符号的描述形式输出的传感器。将被测量值范围划分为若干个区间,利用模糊集理论判断被测量值的区间,并用区间中值或相应符号进行表示,这一过程称为模糊化。对多参数进行综合评价测试时,需要将多个被测量值的相应符号进行组合模糊判断,最终得出测量结果。信息的符号表示与符号信息系统是研究模糊传感器的核心与基石。

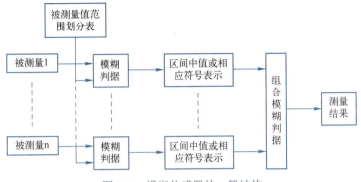

图 4-3　模糊传感器的一般结构

与传统传感器不同,模糊传感器具有学习功能(监督学习、无监督学习算法)、推理联想功能(通过推理机构和知识库来实现)、感知功能(不仅输出数值量,还可输出语言符号量)以及通信功能等。

(3)微传感器

微传感器依赖于微机电系统(Micro-Electro-Mechanical System,MEMS),即由微传感器、微执行器、信号处理和控制电路、通信接口和电源等部件组成的一体化的微型器件系统。其目标是把信息的获取、处理和执行集成在一起,组成具有多功能的微型系统,集成于大尺寸系统中,从而大幅度地提高系统的自动化、智能化和可靠性水平。MEMS 系统的突出特点是其微型化,涉及电子、机械、材料、制造、控制、物理、化学、生物等多学科技术,其中大量应用的各种材料的特性和加工制作方法在微米或纳米尺度下具有特殊性。其典型特征是微型化零件;结构零件大多为二维的扁平零件;以半导体材料为主,越来越多使用塑料材料;机械和电子部分集成为相应独立的子系统。MEMS 芯片测控系统结构如图 4-4 所示。

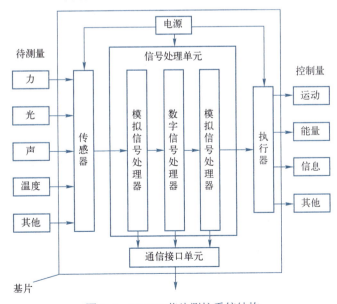

图 4-4　MEMS 芯片测控系统结构

与传统传感器相比，微传感器的特点是空间占有率低；灵敏度高，响应速度快；便于集成化和多功能化；可靠性提高；消耗电力小，节省资源和能量；价格低廉。

（4）网络传感器

网络传感器是指传感器在现场级实现网络协议，使现场测控数据就近登录网络，在网络覆盖范围内实时发布和共享；能与网络连接或通过网络使其与微处理器、计算机或仪器系统连接的传感器；其一般结构如图 4-5 所示。

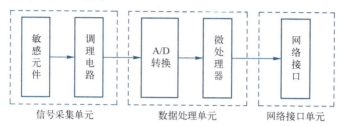

图 4-5 网络传感器的一般结构

根据所使用通信技术的不同，网络传感器划分为基于现场总线的网络传感器和基于以太网络的网络传感器两类。基于现场总线的网络传感器，连接智能现场设备和自动化系统的数字式、双向传输、多分支机构的通信网；支持全数字通信，可靠性高；其目标是实现信息处理的现场化。基于以太网络的网络传感器，开放性好，通信速度快，价格低；其通过网络介质可直接接入 Internet。

网络传感器在分布式测控和嵌入式网络中具有良好的应用前景。分布式测控中，将网络传感器布置在测控现场，处于控制网络中的最低级，其采集到的信息传输到控制网络中的分布式智能节点，由它处理，然后传感器数据发送到网络中。网络中其他节点利用信息做出适当的决策，如操作执行器、执行算法。嵌入式网络中，如果能够将嵌入式系统连接到 Internet 上，可方便、廉价地将信息传送到任何需要的地方。嵌入式网络不需要专用的通信线路，速度快，协议公开，适用于任何一种 Web 浏览器，信息反映形式多样。

2. 常用传感器

传感器的类型很多，品种繁杂。在智慧物流系统中，经常使用的传感器主要有以下几种。

（1）温湿度传感器

由于温度与湿度无论是从物理量本身，还是在实际生活中都有着密切的关系，所以产生了温湿度一体的传感器。温湿度传感器是指能将温度量和湿度量转换成容易被测量处理的电信号的设备或装置。市场上的温湿度传感器一般是测量温度量和相对湿度量。

温度传感器按检测方法可以划分为接触与非接触式两种。接触式温度传感器的检测部分与被测对象有良好的接触，又称温度计。温度计通过传导或对流达到热平衡，从而使温度计的示值能直接表示被测对象的温度，一般测量精度较高。在一定的测温范围内，温度计也可测量物体内部的温度分布。但对于运动体、小目标或热容量很小的对象则会产生较大的测量误差，常用的温度计有双金属温度计、玻璃液体温度计、压力式温度计、电阻温度计、热敏电阻和温差电偶等，广泛应用于工业、农业、商业等部门。非接触式温度传感器，它的敏感元件与被测对象互不接触，又称非接触式测温仪表。这种仪表可用来测量运动物体、小目标和热容量小或温度变化迅速（瞬变）对象的表面温度，也可用于测量温度场的温度分布。

湿度传感器的湿敏元件分为电阻式和电容式两种。湿敏电阻的特点是在基片上覆盖一层用感湿材料制成的膜，当空气中的水蒸气吸附在感湿膜上时，元件的电阻率和电阻值都发生变化，利用这一特性即可测量湿度。湿敏电容一般是用高分子薄膜电容制成的，常用的高分子材料有聚苯乙烯、聚酰亚胺、酪酸醋酸纤维等。当环境湿度发生改变时，湿敏电容的介电常数发生变化，使其电容量也发生变化，其电容变化量与相对湿度成正比。

未来的温湿度传感器在消费电子及物联网等领域拥有广阔前景。体积小、功耗小、成本低、集成度高的IC半导体温湿度传感器的产品，将得到更大的推广应用。

（2）光电传感器

光电传感器是利用光线检测物体的传感器的统称，是由传感器的发射部分发射光信号并经被检测物体的反射、阻隔和吸收，再被接收部分检测并转换为相应电信号来实现控制的装置。常用的包括光敏电阻、光电开关、光电耦合器。

光敏电阻是采用半导体材料制作，利用内光电效应工作的光电元件。在光线的作用下其阻值往往变小，这种现象称为光导效应，因此，光敏电阻又称光导管。在光敏电阻两端的金属电极之间加上电压，其中便有电流通过，受到适当波长的光线照射时，电流就会随光强的增加而变大，从而实现光电转换。光敏电阻没有极性，纯粹是一个电阻器件，使用时既可加直流电压，也可以加交流电压。

光电开关（光电传感器）是光电接近开关的简称，它是利用被检测物对光束的遮挡或反射，由同步回路选通电路，从而检测物体有无。物体不限于金属，所有能反射光线的物体均可被检测。当有被检测物体经过时，物体将光电开关发射器发射的足够量的光线反射到接收器，于是光电开关就产生了开关信号。

光电耦合器是以光为媒介传输电信号的一种电-光-电转换器件。它由发光源和受光器两部分组成。把发光源和受光器组装在同一密闭的壳体内，彼此间用透明绝缘体隔离。发光源的引脚为输入端，受光器的引脚为输出端，常见的发光源为发光二极管，受光器为光电二极管、光电晶体管等。

（3）热释电传感器

存在于自然界的物体，如人体、火焰、冰块等都会发射红外线，但波长各不相同。人体温度为36～37℃，所发射的红外线波长为9～10μm，属远红外区；400～700℃的发热体，所发射的红外线波长为3～5μm，属中红外区。热释电红外传感器不受白天黑夜的影响，可昼夜不停地监测，广泛用于防盗报警和物品检测。

用于人体感应的称为热释电人体红外传感器。其特点是只在由于外界的辐射而引起它本身的温度变化时，才给出一个相应的电信号，当温度的变化趋于稳定后就再没有信号输出，所以说热释电信号与它本身的温度的变化率成正比，或者说热释电红外传感器只对运动的人体敏感，应用于当今探测人体移动报警电路中。红外线热释电传感器对人体的敏感程度还和人的运动方向关系很大。红外线热释电传感器对于径向移动反应最不敏感，而对于横切方向（即与半径垂直的方向）移动则最为敏感。在现场选择合适的安装位置是避免红外探头误报、求得最佳检测灵敏度极为重要的一环。

另外一种经常使用的热释电传感器是测量光幕。测量光幕是一种特殊的红外传感器，主要是用来检测物体的尺寸、大小、外观是否符合规定要求等。它通过红外线遮挡的数据，配合控制器和软件，实现检测和测量的功能。符合工业标准的测量光幕精度可达1.25mm，响应速度最快可达到1ms。

（4）超声波传感器

超声波传感器是利用超声波在超声场中的物理特性和各种效应而研制的装置，按其工作原理可分为压电式、磁致伸缩式、电磁式等，而以压电式最为常用。超声波传感器可划分为超声波物位传感器和超声波流量传感器两种类型。

超声波物位传感器是利用超声波在两种介质的分界面上的反射特性制成的。如果从发射超声脉冲开始，到接收换能器接收到反射波为止的这个时间间隔为已知，就可以求出分界面的位置，利用这种方法可以对物位进行测量。根据发射和接收换能器的功能，传感器又可分为单换能器和双换能器。单换能器的传感器发射和接收超声波均使用一个换能器，而双换能器的传感器发射和接收各由一个换能器进行。

超声波流量传感器的测定原理是多样的，如传播速度变化法、波速移动法、多普勒效应法、流动听声法等。但目前应用较广的主要是超声波传输时间差法。超声波在流体中传输时，在静止流体和流动流体中的传输速度是不同的，利用这一特点可以求出流体的速度，再根据管道流体的截面积，便可知道流体的流量。超声波流量传感器具有不阻碍流体流动的特点，可测量的流体种类很多，无论是非导电的流体、高黏度的流体，还是浆状流体，只要能传输超声波的流体都可以进行测量。超声波流量计可用来对自来水、工业用水、农业用水等进行测量，还可用于下水道、农业灌溉、河流等流速的测量。

（5）烟雾传感器

烟雾传感器又称烟雾报警器或烟感报警器，能够探测火灾时产生的烟雾。内部采用了光电感烟器件，可广泛应用于商场、宾馆、仓库、机房、住宅等场所进行火灾安全检测。烟雾传感器可划分为离子式烟雾传感器、光电式烟雾传感器和气敏式烟雾传感器三类。

离子式烟雾传感器是一种技术先进、工作稳定可靠的传感器，被广泛运用到各消防报警系统中，性能远优于气敏电阻类的火灾报警器。

光电式烟雾传感器内有一个光学迷宫，安装有红外对管，无烟时红外接收管收不到红外发射管发出的红外光，当烟尘进入光学迷宫时，通过折射、反射，接收管接收到红外光，智能报警电路判断是否超过阈值，如果超过则发出警报。

离子式烟雾报警器对微小的烟雾粒子的感应要灵敏一些，对各种烟能均衡响应；而前向式光电烟雾报警器对稍大的烟雾粒子的感应较灵敏，对灰烟、黑烟响应差些。当发生熊熊大火时，空气中烟雾的微小粒子较多，而闷烧的时候，空气中稍大的烟雾粒子会多一些。如果火灾发生后，产生了含有大量微小粒子的烟雾，离子烟雾报警器会比光电烟雾报警器先报警，此类场所建议安装离子烟雾报警器较好。闷烧火灾发生后，产生了大量的稍大的烟雾粒子，光电烟雾报警器会比离子烟雾报警器先报警，这类场所建议安装光电烟雾报警器。

气敏式烟雾传感器是一种检测特定气体的传感器。它将气体种类及其与浓度有关的信息转换成电信号，根据这些电信号的强弱就可以获得与待测气体在环境中的存在情况有关的信息，从而可以进行检测、监控、报警；还可以通过接口电路与计算机组成自动检测、控制和报警系统。它主要包括半导体气敏传感器、接触燃烧式气敏传感器和电化学气敏传感器等，其中用得最多的是半导体气敏传感器。它的应用主要有一氧化碳气体的检测、瓦斯气体的检测、煤气的检测、氟利昂（R11、R12）的检测、呼气中乙醇的检测、人体口腔口臭的检测等等。

4.1.3 传感器在物流中的应用

传感器在物流领域的应用主要有两个方向。一个是以智能传感器或微传感器的形式嵌入到物流自动化设备中；另一个是以无线传感器的方式组成 WSN，用于物流的监控。本部分主要介绍传感器在物流自动化设备中的应用，而对于无线传感器将在第 5 章中结合 WSN 进行介绍。

1. 传感器在堆垛机中的应用

堆垛机应用在立体仓库中，主要用途是在立体仓库的巷道间来回穿梭运行，将位于巷道口的货物存入货格或将货格中的货物取出运送到巷道口。堆垛机中使用的传感器主要有光电传感器、电感式接近开关、激光测距仪、区域扫描仪、限位开关、测量光幕、安全光幕和 RFID 等。

光电传感器的功能是堆垛上货监视，货架占用情况监测，货凸出监视；电感式接近开关的功能是保障堆垛机安全；激光测距仪的功能是堆垛机水平方向距离测量及堆垛距离测量；区域扫描仪的功能是巷道货物掉落监测、堆垛托盘损坏检测；限位开关的功能是移动终端位置检测，如果驶过终端位置，立即使驱动装置停止；测量光幕的功能与光电传感器一致，也是堆垛上货监视，货架占用情况监测，货凸出监视；安全光幕的功能是防止堆垛机工作时，工作人员误入，保护人员安全；RFID 的功能是堆垛机自寻轨道，空间定位和货物抓取识别。

2. 传感器在 AGV 中的应用

AGV 应用在智能搬运系统中，主要用途是沿规定的路径行驶，实现各种物料搬运。AGV 中使用传感器主要包括光电传感器、电感式接近开关、激光测距仪、区域扫描仪、限位开关、测量光幕、安全光幕和 RFID 等。

光电传感器用于监测货物有无及货物稳定性、车的方位等；电感式接近开关用于监测有无物体遮挡小车及小车是否偏离轨迹；激光测距仪用于保障车与车之间的安全距离，对叉车及负载进行定位；区域扫描仪在小车达到危险区或有障碍物体阻挡时，及时使小车减速或者立即停止；限位开关保证 AGV 装货、卸货的安全性；测量光幕用于测量货物的尺寸；安全光幕用于保障工作人员的安全；RFID 的作用一是识别 AGV 位置，在各种关键节点对 AGV 实现控制，二是实现 AGV 小车托盘对货物抓取的识别。

3. 传感器在输送机中的应用

输送机应用在智能搬运系统中，是在一定线路上连续输送物流的搬运机械。输送机的应用大大降低了人工成本，同时提高了工作效率。其所用传感器主要有光电传感器、电感式接近开关、激光测距仪、区域扫描仪、限位开关、测量光幕、安全光幕和 RFID 等。

光电传感器用于检测输送线上物品颜色、有无、倾斜等；电感式接近开关用于传送带上物料检测；激光测距仪用于保障货物安全距离以及传送带上货物高度测量；区域扫描仪用于保障工作人员安全；限位开关用于物料检测，防止传送带上物流堵塞；测量光幕用于货物检测；安全光幕在自动化输送机台中保护操作人员的安全；RFID 用于在传送带上阅读输送产品的电子标签。

4. 传感器在分拣机中的应用

分拣机应用在自动分拣系统中，主要用来自动分拣货物，可节省人力。分拣机中所使用的传感器主要有光电传感器、电感式接近开关、激光测距仪、区域扫描仪、限位开关、测量光幕、安全光幕和 RFID 等。

光电传感器用于检测传送带上或集装箱内物料是否凸出；电感式接近开关用于传送带上物料监测；激光测距仪用于保障货物安全距离以及传送带上货物高度测量；区域扫描仪用于危险点的保护，防止人员进入危险区造成不必要的停机等；限位开关用于传送带物料检测，保障物品正确放置；测量光幕用于测量货物长、宽等；安全光幕用于保护工作人员的安全；RFID 用于对线上的货物芯片识别，实现准确分拣。

4.2 语音识别技术

随着智慧物流的不断发展，各种终端设备的智能化和集成化程度越来越高，传统的信息检索菜单操作方式已经越来越无法满足要求。迫切需要一种更加便捷的信息检索和命令操作方式来替代传统的按键操作。语音识别技术是解决这一问题的重要技术手段。

4.2.1 语音识别技术概述

语音识别技术，也被称为自动语音识别（ASR），属于人工智能方向的一个重要分支。其目标是将人类的语音中的词汇内容转换为计算机可读的输入符号，如按键、二进制编码或者字符序列。语音识别技术正逐步成为计算机信息处理技术中的关键技术，语音技术的应用已经成为一个具有竞争性的新兴高技术产业。

1. 语音识别技术的发展历史

语音识别技术研究的开端，是 Davis 等人研究的 Audry 系统（20 世纪 50 年代），是当时第一个可以获取几个英文字母的系统。到了 20 世纪 60 年代，伴随计算机技术的发展，语音识别技术也得以进步，动态规划和线性预测分析技术解决了语音识别中最为重要的问题——语音信号产生的模型问题；70 年代，语音识别技术有了重大突破，动态时间规整技术（DTW）基本成熟，使语音变得可以等长，另外，矢量量化（VQ）和隐马尔科夫模型理论（HMM）也不断完善，为之后语音识别的发展做了铺垫；80 年代对语音识别的研究更为深入，各种语音识别算法被提出，其中的突出成就包括 HMM 模型人工神经网络（ANN）；进入 90 年代后，语音识别技术开始应用于全球市场，许多著名科技互联网公司，如 IBM，Apple 等，都为语音识别技术的开发和研究投入巨资，语音识别技术实用化进程大大加速，并出现了许多实用产品；到了 21 世纪，语音识别技术研究重点转变为即兴口语和自然对话以及多种语种的同声翻译。

国内关于语音识别技术的研究与探索从 20 世纪 80 年代开始，取得了许多成果并且发展飞速。例如，清华大学研发的语音识别技术以 1183 个单音节作为识别基元，并对其音节进行分解，最后进行识别，使三字词和四字词的准确率高达 98%；中科院采用连续密度的 HMM，整个系统的识别率达到 89.5%，声调和词语的识别率分别是 99.5%和 95%。目前，我国的语音识别技术已经和国际上的超级大国实力相当，其综合错误率可控制在 10%以内。

2. 语音识别的基本原理

不同的语音识别系统，虽然具体实现细节有所不同，但所采用的基本技术相似，一个典型的语音识别系统的实现过程如图 4-6 所示，包括特征提取、模式匹配、模型库三个基本单元。

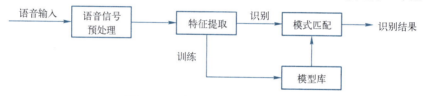

图 4-6　语音识别系统的实现过程

未知语音经过话筒变换成电信号后加在识别系统的输入端，首先经过预处理，再根据人的语音特点建立语音模型，对输入的语音信号进行分析，并抽取所需的特征，在此基础上建立语音识别所需的模板。而计算机在识别过程中要根据语音识别的模型，将计算机中存放的语音模板与输入的语音信号的特征进行比较，根据一定的搜索和匹配策略，找出一系列最优的、与输入语音匹配的模板。然后根据此模板的定义，通过查表就可以给出计算机的识别结果。显然，这种最优的结果与特征的选择、语音模型的好坏、模板是否准确都有直接的关系。

拓展阅读 4-1：语音识别技术的原理

3. 语音识别的主要方法

一般来说，语音识别的方法有三种，即基于声道模型和语音知识的方法、模板匹配的方法以及利用人工神经网络（ANN）的方法。

（1）基于声道模型和语音知识的方法

该方法起步较早，在语音识别技术提出的开始，就有了这方面的研究，但由于其模型及语音知识过于复杂，现阶段没有达到实用的阶段。

通常认为常用语言中有有限个不同的语音基元，而且可以通过其语音信号的频域或时域特性来区分。该方法分为两步实现：第一步，分段和标号，把语音信号按时间分成离散的段，每段对应一个或几个语音基元的声学特性，然后根据相应声学特性对每个分段给出相近的语音标号；第二步，得到词序列，即根据第一步所得语音标号序列得到一个语音基元网格，从词典得到有效的词序列，也可结合句子的文法和语义同时进行。

（2）模板匹配的方法

模板匹配的方法发展比较成熟，目前已达到了实用阶段。常用的技术有三种，分别是动态时间规整（Dynamic Time Warping，DTW）、隐马尔可夫（HMM）理论、矢量量化（Vector Quantization，VQ）技术。

DTW 是在非特定人语音识别中一种简单有效的方法。该算法基于动态规划的思想，解决了发音长短不一的模板匹配问题，是语音识别技术中出现较早、较常用的一种算法。在应用 DTW 算法进行语音识别时，就是将已经预处理和分帧过的语音测试信号和参考语音模板进行比较以获取它们之间的相似度，按照某种距离测度得出两模板间的相似程度并选择最佳路径。

HMM 模型是语音信号处理中的一种统计模型，是由 Markov 链演变来的，所以它是基于参数模型的统计识别方法。其模式库是通过反复训练形成的，而不是预先储存好的模式样本。HMM 模型是较理想的语音识别模型。

VQ 是一种重要的信号压缩方法，与 HMM 相比，矢量量化主要适用于小词汇量、孤立词的语音识别。其过程是将若干个语音信号波形或特征参数的标量数据组成一个矢量，在多维空间进行整体量化。把矢量空间分成若干个小区域，每个小区域寻找一个代表矢量，量化时落入小区域的矢量就用这个代表矢量代替。

（3）利用人工神经网络的方法

利用人工神经网络（Artifical Neural Network，ANN）的方法是 20 世纪 80 年代末期提出的一种新的语音识别方法。ANN 本质上是一个自适应非线性动力学系统，模拟了人类神经活动的原理，具有自适应性、并行性、鲁棒性、容错性和学习特性；其强大的分类能力和输入/输出映射能力在语音识别中很有吸引力；其缺点是训练和识别时间太长。

由于 ANN 不能很好地描述语音信号的时间动态特性，所以常把 ANN 与传统识别方法结合，分别利用各自优点来进行语音识别。

4.2.2 语音识别系统

语音识别系统是一种模式识别系统，其有两个发展方向。一个发展方向是大词汇量连续语音识别系统，主要应用于计算机的听写机，以及与电话网或者互联网相结合的语音信息查询服务系统，这些系统都是在计算机平台上实现的。另一个发展方向是小型化、便携式语音产品的应用，如手机上的语音拨号、汽车设备的语音控制、智能玩具、家电遥控等，这些应用系统大多使用专门的硬件系统实现，特别是近几年来迅速发展的语音信号处理专用芯片（ASIC）和语音识别片上系统（SoC）的出现，为其广泛应用创造了极为有利的条件。

1. 语音识别系统的分类

语音识别系统可以根据对输入语音的限制加以分类。

（1）根据说话者与识别系统的相关性分类

根据说话者与识别系统的相关性分类，可以将识别系统分为 3 类：①特定人语音识别系统。仅考虑对专人的语音进行识别。②非特定人语音系统。识别的语音与人无关，通常要用大量不同人的语音数据库对识别系统进行学习。③多人的识别系统。通常能识别一组人的语音，或者成为特定组语音识别系统，该系统仅要求对要识别的那组人的语音进行训练。

（2）根据说话的方式分类

根据说话的方式分类，也可以将识别系统分为三类：①孤立词语音识别系统。孤立词识别系统要求输入每个词后要停顿。②连接词语音识别系统。连接词输入系统要求对每个词都清楚发音，一些连音现象开始出现。③连续语音识别系统。连续语音输入是自然流利的连续语音输入，大量连音和变音会出现。

（3）根据识别系统的词汇量大小分类

根据识别系统的词汇量大小分类，也可以将识别系统分为三类：①小词汇量语音识别系统。通常包括几十个词的语音识别系统。②中等词汇量的语音识别系统。通常包括几百个词到上千个词的识别系统。③大词汇量语音识别系统。通常包括几千到几万个词的语音识别系统。随着计算机与数字信号处理器运算能力以及识别系统精度的提高，识别系统根据词汇量大小进行分类也不断变化。目前是中等词汇量的识别系统，将来可能就是小词汇量的语音识别系统。这些不同的限制也确定了语音识别系统的困难度。

2. 语音识别系统的应用场景

语音识别系统的应用场景主要包括以下几个方面。

1）语音输入。智能语音输入，可摆脱生僻字和拼音障碍，由实时语音识别实现，为用户节省输入时间、提升输入体验。

2）语音搜索。语音识别技术可用于语音搜索中，将搜索的内容直接以语音的方式输入，应用于手机搜索、网页搜索、车载搜索等多种搜索场景，很好地解放了人们的双手，让搜索变得更加高效。

3）语音指令。语音识别技术可用于语音指令中，不需要手动操作，可通过语音直接对设备或者软件发布命令，控制其进行操作，适用于视频网站、智能硬件等各大搜索场景。

4）社交聊天。语音识别技术可用于社交聊天中，直接用语音输入的方式转写成文字，让输入变得更快捷。或者在收到语音消息却不方便或者无法播放时，可直接将语音转换成文字进行查看，很好地满足了多样化的聊天场景，为用户提供了方便。

5）游戏娱乐。语音识别技术可用于游戏娱乐中，在游戏时，双手可能无法打字，语音输入可以将语音转换成文字，让用户在进行游戏娱乐的同时，也可直观地看到聊天内容，很好地满足了用户的多元化聊天需求。

6）字幕生成。语音识别技术可用于字幕生成中，可将直播和录播视频中的语音转换为文字，可以轻松便捷地生成字幕。

7）会议纪要。语音识别技术可用于撰写会议纪要，将会议、庭审、采访等场景的音频信息转换为文字，通过实时语音识别及时实现，有效降低人工记录的成本，提升效率。

3. 典型语音识别系统

目前具有代表性的语音识别系统产品主要有：苹果智能语音助手 Siri，IBM ViaVoice，微软的 Speech SDK，百度语音搜索，科大讯飞语音听写工具。

4.2.3 语音识别技术在物流中的应用

语音识别技术在物流领域的应用才刚刚起步，目前典型的应用是基于语音的智能分拣和智能客服。

1. 语音辅助拣选

语音识别技术与拣选的结合产生了语音拣选技术，目前已经在部分大型仓储中心应用。

语音拣选可以简单地分为三个步骤，如图 4-7 所示。第一步，操作员听到语音指示，指令给了作业人员一个巷道号和货位号，系统要求他说出货位校验号；第二步，操作员会把这个货位校验号读给系统听，当得到确认后，系统会告诉他所需选取的商品和数量；第三步，操作员从货位上拿下商品，然后进入下一个作业环节。

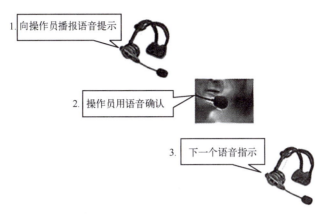

图 4-7　语音拣选简单作业流程

语音拣选相较于清单和 RF 作业有着更高的效率。语音拣选技术能完美体现出高效拣货的优势，以"解放双手、解放双眼"的轻松工作方式，使操作人员抛开了纸、笔、标签、扫描器、显示器等的羁绊，连续地、高效地、专心地操作，作业效率大幅提升。据专业中心测试，相对于 RF（Radio Frequency，RF）拣选，语音拣选的效率平均提高了 28%，对比清单式拣选更是是提示了将近一倍的效率。

在语音拣选技术使用的初期，由于语音识别技术不完善，时常会导致准确率不高等问题。为了保障准确率，语音识别技术中采用了"校验码"机制，所谓校验码是指贴在各拣货位的数字标识码，当操作员读出的数字与其听到的后台系统中的校验码相符合时，系统将指示操作员在该货位拣取相应数量的货物，否则系统将告知操作员"位置错误"。由此可见，只有听到正确的校验数字后，系统才会向操作员提供拣货数量，这样就避免了误操作。同时，为了提高拣选效率，语音拣选系统可以具有路径优化算法，最小化拣选人员的走动时间和距离。系统还可以自动提交缺货信息，当执行拣选作业出现货物短缺情况时，系统可自动生成补货清单并提交至 WMS 系统后再进行二次拣选。

在成本方面，语音拣选技术也拥有一定的优势。语音拣选技术对人员的培训时间更短，主要是训练其准确听、说需要用到的关键词汇，操作员戴上耳机和移动终端就可以开始工作了。仓库中基层工作人员流动性大，而语音拣选技术更能有效地发挥其作用，降低企业的培训管理成本。

此外，从以人为本的角度来看，语音拣选技术降低了工作劳动强度，增加了工作的趣味性，降低了工作难度，增加了工作的安全度，提升了员工的满意度。

2. 智能客服

客户关系管理（Customer Relationship Management，CRM）是物流管理中的重要内容。语音识别技术的应用将会进一步提高 CRM 的智能化水平。语音识别技术的应用促进物流服务由传统的人工服务向智能客服发展，通过语音识别与声纹识别的相关技术，不仅可以对客户说话的内容进行语音语义分析，挖掘客户潜在需求，进行用户画像，提供个性化的客户服务与产品的精准营销，还可以对对话内容的合规性进行稽核与审查，进一步提升服务满意度。两者之间的效率对比如图 4-8 所示。

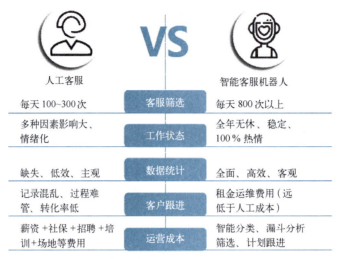

图 4-8 智能客服机器人与人工客服对比

物流领域的智能客服特指以智能语音和自然语言处理（Natural Language Processing，NLP）技术为代表的客服机器人。从服务类型上可以分为以语音导航、业务识别、智能派单、座席辅助为主的语音智能客服和以文字查询、业务识别为主的文字智能客服，两者分别服务于电话呼入和客户端、小程序等终端入口。2019 年物流领域智能客服业务规模约为 1.1 亿元，其中语音与文字智能客服份额比约为 6:4，按供给侧发展规律预计，2025 年整体业务规模约为 7.7 亿元，年复合增长率为 39.1%。因云呼叫中心逐渐替代传统呼叫中心业务，市场中供智能客服发展的基础环境逐渐完善，智能客服市场发展平稳向上，服务内容从面向消费者的前台形式向面向管理的中后台形式拓展，未来市场有望基于语音人机交互形式的拓展而打开新的想象空间。

智能客服主要的发展方向仍是以语音交互为依托的人机协作模式，按照服务内容可以分为五个发展阶段（见图 4-9），目前物流领域市场整体处于 2.0 阶段。在快递快运和即时物流等领域，"三通一达"、顺丰、美团和饿了么为主的头部公司均已上线了语音和文字智能客服，其服务半径辐射 80%以上终端消费者。智能客服通过人机协同的方式，降低了人工客服的培训成本，提高了单位执行效率，甚至在文字客服流程性问题解答方面，能够实现部分取代人工的效果。目前 AI 技术的应用能节省整体客服运营中 10%的成本，一些技术领先的企业则可以将这一数字提升至 30%~40%。以圆通速递为例，高峰期每日电话呼入量超 200 万个，需要 5000 人工座席处理，在配备智能语音客服机器人后，高峰期 90%以上电话呼入可通过语音机器人处理，日均服务量超 30 万，每秒可处理并发呼入量超 1 万次，在控制成本的前提下，极大程度上释放了人工效率。

3. 语音智能控制

语音智能控制目前主要应用在智能家居中。相对于传统的控制、交互形式，在智能家居领域使用语音交互对于用户会更加便捷。亚马逊、谷歌、百度、小米、阿里巴巴等企业都先后发布了自己的智能音箱产品。目前，智能音箱作为所有智能家居交互的入口，扮演着一个非常重要的角色，且不用附加在一些重服务家电上。除了常规的日程设置、音乐播放、天气等信息查询，智能音箱还可以控制灯光、空调、电视、窗帘、门窗、安防与监控等。未来的家居场景，是全屋产品的智能化，届时语音与其他技术会更加深度地融合。

随着智慧物流发展的不断深入，仓库、配送中心、分拣中心等物流作业场景中也将会不断产生智能控制的需求。语音智能控制能够进一步解放现场作业人员的双手，提供更人性化的作业环境。

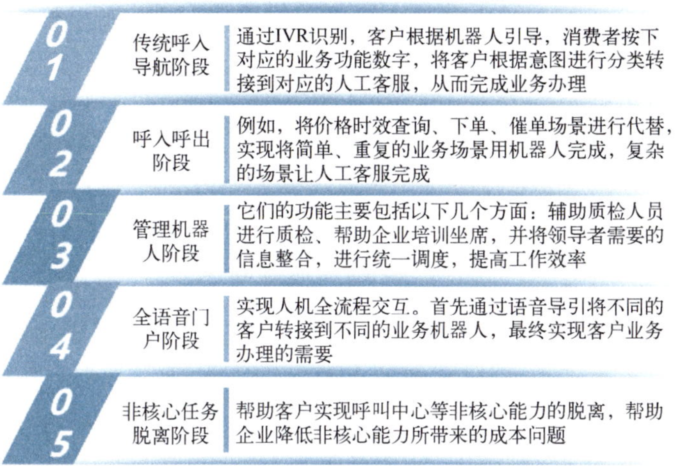

01	传统呼入导航阶段	通过IVR识别，客户根据机器人引导，消费者按下对应的业务功能数字，将客户根据意图进行分类转接到对应的人工客服，从而完成业务办理
02	呼入呼出阶段	例如，将价格时效查询、下单、催单场景进行代替，实现将简单、重复的业务场景用机器人完成，复杂的场景让人工客服完成
03	管理机器人阶段	它们的功能主要包括以下几个方面：辅助质检人员进行质检、帮助企业培训坐席，并将领导者需要的信息整合，进行统一调度，提高工作效率
04	全语音门户阶段	实现人机全流程交互。首先通过语音导引将不同的客户转接到不同的业务机器人，最终实现客户业务办理的需要
05	非核心任务脱离阶段	帮助客户实现呼叫中心等非核心能力的脱离，帮助企业降低非核心能力所带来的成本问题

图 4-9　智能客服发展阶段

4.3　机器视觉技术

机器视觉主要用计算机来模拟人的视觉功能，从客观事物的图像中提取信息，进行处理并加以理解，最终用于实际检测、测量和控制。机器视觉的引入，代替传统的人工检测方法，能够促进现代物流自动化的发展，提高物流系统的生产效率。

4.3.1　机器视觉技术概述

机器视觉是通过光学的装置和非接触的传感器自动地接收和处理一个真实物体的图像，以获得所需信息或用于控制机器人运动的装置。机器视觉技术是一门涉及人工智能、神经生物学、心理学、计算机科学、图像处理、模式识别等诸多领域的交叉学科。

1. 机器视觉技术的发展历程

机器视觉技术的发展历史经历了模式识别、积木世界、起步发展和蓬勃发展等几个阶段。

模式识别。起源于 20 世纪 50 年代的机器视觉，早期研究主要是从统计模式识别开始，工作主要集中在二维图像分析与识别上，如光学字符识别、工件表面图片分析、显微图片和航空图片分析与解释。

积木世界。20 世界 60 年代的研究前沿是以理解三维场景为目的的三维机器视觉。1965 年，Roberts 从数字图像中提取出诸如立方体、楔形体、棱柱体等多面体的三维结构，并对物体形状及物体的空间关系进行描述。他的研究工作开创了以理解三维场景为目的的三维机器视觉的研究。

起步发展。1977 年，David Marr 教授在麻省理工学院的人工智能实验室领导一个以博士生为主体的研究小组，提出了不同于"积木世界"分析方法的计算视觉理论，该理论在 80 年代成为机器视觉领域中的一个十分重要的理论框架。

蓬勃发展。20 世纪 80 年代到 20 世纪 90 年代中期，机器视觉获得蓬勃的发展，新概念、新方法、新理论不断涌现。

在我国，视觉技术的应用开始于 20 世纪 90 年代，但在各行业的应用几乎一片空白。到 21 世纪，视觉技术开始在自动化行业成熟应用，如华中科技大学在印刷在线检测设备与浮法玻璃缺陷在线检测设备研发的成功，打破了欧美在该行业的垄断地位。国内视觉技术已经日益成熟，真正高端的应用也正在逐步发展。

2．机器视觉的优势

与传统的人工作业相比，机器视觉具有明显的优势。

1）精度高。机器视觉能够在工业生产领域替代人工检测，其非接触与高精密度的优势是人工无法比拟的。作为一种精确的测量仪器，设计优秀的视觉系统能够对一千个或更多部件进行空间测量。因为这种测量不需要接触，所以对脆弱部件没有磨损和危险。

2）连续性。在流水线重复且机械化的检测过程中，人工检测容易出现疲劳而导致检测效率降低，而机器视觉不知疲倦，无须休息，能够大幅提高检测效率，甚至能够达到人工 10 倍以上。

3）降低成本。机器视觉属于一次性投入，可以减少工业生产中人工及管理成本的长期投入。同时检测速度更快，单位产品检测成本更低。

随着计算机处理器价格的急剧下降，机器视觉系统成本效率进一步提高。例如，在某些国家，一个价值 10000 美元的视觉系统可以轻松取代三个人工探测者，而每个探测者每年需要 20000 美元的工资。另外，视觉系统的操作和维持费用非常低。

4）提升品质。机器视觉对比人工，检测精度更高，同时也能够避免人工的情绪化而导致的误差，提升检测的准确性，进一步提高产品品质。

5）提高数字化程度。机器视觉能够自动备份所有检测数据，而且能够直接复制或以网络连接方式复制，便于生产过程统计和分析。

3．机器视觉技术的应用范围

目前，机器视觉技术的应用主要包括以下几个方面。

1）图像识别。图像识别是利用机器视觉对图像进行处理、分析和理解，以识别各种不同模式的目标和对象。图像识别在机器视觉工业领域中最典型的应用就是识别二维码。将大量的数据信息存储在小小的二维码中，通过条码对产品进行跟踪管理，大大提高了现代化生产的效率，例如，食品行业自动识别保质期等。

2）图像检测。几乎所有产品都需要图像检测，而人工检测准确性低，检测速度慢，影响生产效率。机器视觉在图像检测方面应用广泛。在汽车工业中，常用于检测有缺陷的液晶显示器；装配错误的仪表板开关；马达线的连接质量及焊接缺陷等。此外还广泛应用于印刷、食品、医药等领域。

3）视觉定位。视觉定位要求机器视觉系统能够快速准确地找到被测零件并确认其位置。在半导体封装领域，设备需要根据机器视觉取得的芯片位置信息调整拾取头，准确拾取芯片并进行绑定；而在金属涂覆时，由机器视觉测量喷嘴与被涂覆钢材间的间隙，通过控制喷嘴与被涂表面间的间隙来保持气体压力始终如一，以减少涂层质量的波动。

4）物体测量。机器视觉工业应用最大的特点就是其非接触测量技术，同样具有高精度和高速度的性能。常见的测量应用包括齿轮、接插件、汽车零部件、IC 元件引脚、麻花钻检测等。

5）物体分拣。物体分拣应用是建立在识别、检测之后的一个环节，通过机器视觉系统将图像进行处理，实现分拣。在机器视觉工业应用中常用于食品分拣、零件表面瑕疵自动分拣、轴承钢球漏装、说明书或标签缺失等。

4.3.2 机器视觉系统

机器视觉系统是指通过机器视觉产品（即图像摄取装置，分 CMOS 和 CCD 两种）把图像抓取到，然后将该图像传送至处理单元，通过数字化处理，根据像素分布和亮度、颜色等信息，来进行尺寸、形状、颜色等的判别，进而根据判别的结果来控制现场的设备动作。

典型的工业机器视觉系统一般包括光源、光学成像系统、图像捕捉系统、图像采集与数字化、智能图像处理与决策、控制执行模块等，如图 4-10 所示。

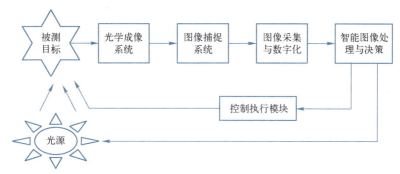

图 4-10　典型工业机器视觉系统

典型的工业机器视觉系统的工作流程是：选择适当光源，以恰当角度照射被检测物，CCD 照相机获取到的目标信息通过计算机转换成图像信号，传送给专用的图像处理系统，根据图像像素分布和亮度、颜色等信息，通过 A/D 转换将模拟信号转变成数字信号，图像处理系统对这些信号进行运算，抽取目标的特征，如面积、数量、位置、长度，再运用模式识别技术对特征进行分类整理，实现自动识别与控制。

4.3.3　机器视觉技术在物流中的应用

机器视觉技术在物流领域有着较为广泛的应用。目前主要的应用场景有仓储作业现场管理、物流作业流程管理和基于机器视觉技术的导航（vSLAM，本书 3.3 节）三种。这里主要介绍前两种。

1. 仓储作业现场管理

仓储是物流的重要环节，仓储作业现场管理是机器视觉技术的主要应用场景之一。其实现途径是以高清摄像头为硬件载体，通过计算机视觉技术监测并识别仓储现场中人员、货物、车辆的行为与状态。根据作业环境，可以将机器视觉技术在仓储现场管理中的具体应用分为仓内现场管理与场院现场管理。

（1）仓内现场管理

计算机视觉技术在仓内现场管理的应用场景，一是针对仓内工作人员的行为进行实时监测，识别并记录暴力分拣、违规搬运等容易对货物、包裹造成破坏及损伤的行为，采集行为实施人员的相关信息；二是监测仓内流转的货物、包裹的外观情况，识别并判断包裹的破损情况，对存在明显破损的包裹进行预警上报。在仓内现场管理中引入计算机视觉技术，能够起到监督与规范员工行为、降低货物破损与丢失概率、减少理赔成本等作用。例如，顺丰在仓内应用计算机视觉技术后初见成效，近两年理赔成本占营业成本的比重逐年下降。

（2）场院现场管理

场院现场管理中的主要管理对象是各类运输车辆。人工智能技术在场院现场管理系统中的作用即监测、分析车辆从进入物流园区或中转场院到离开的全过程，核心应用是车牌识别及车辆装载率识别，如图 4-11 所示。车牌识别在日常生活中已相当普及，但由于运输车辆的车体较大、车牌位置不定且经常出现脏污遮挡，因此场院管理场景对车牌定位、字符分割和光学字符识别算法的要求更高；装载率识别是通过装卸口或装卸月台设置的摄像头获取车厢现有货物空间及剩余空间，计算分析过程装载率与即刻装载率。在场院现场管理中引入计算机视觉技术，能够持续采集场院内车辆信息，为管理系统提供车辆装载率、车辆调度、运力监测和场地人员能效等基础数据，优化运力成本。

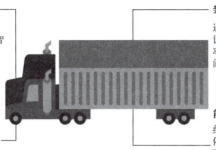

图 4-11　机器视觉技术在场院现场管理系统中的应用

2. 物流作业流程管理

机器视觉在物流作业环境中的应用主要包括条码识别、物品检测和物品分拣等。

（1）在条码识别环节的应用

条码广泛应用于物流作业过程。传统的条码识别器，依赖于人工较多，受限于旧有识别技术和本身运动速度等因素，工作效率和识别率都不高。当前可使用的机器视觉技术，是通过高速摄像头直接采集物流产品条码图像，然后通过计算机数据库进行图像预处理、比对，将条码信息读取并校验。且能直接将物品图像一起采集备案，确保各个环节信息一致。

拓展阅读 4-2：菜鸟驿站上线取件神器"高拍仪"

（2）在物品检测环节的应用

在物品检测环节中，机器视觉功不可没。在传送带运行过程中，高清精密摄像头每时每刻都在对物品相关信息进行分析处理，监测到不合格的物品时立刻向机器人本体传递信号，这时机器人就下达指令将废料剔除。同时，在快递物流物品检测过程中，由于经常出现人工操作误差较大的情况，这也在一定程度上降低了检测结果的准确性。利用机械视觉技术可以快速检测出物品存在的安全及其他问题，使最终的检测结果更加精准，进而对产品质量进行有效掌控。例如，将运往不同地区的快递进行分拣，车间工人们难免会有疲劳工作的时候，这就导致分拣精确度降低，而从目前应用机器视觉之后的经验来看，机器视觉系统可以实现在一分钟内完成上百件物品的检测，并且误差精准度可以精确到 0.01mm。

拓展阅读 4-3：AI 视觉助力工业场景降本增效

（3）在物品分拣环节的应用

机器视觉分拣系统，一般包括机器视觉的载体部分（工业机器人本体）、高清相机（工业用相机）、传输带 PLC 或其他传输单元、控制及监测计算机、照明光源等。不同类型的物品被放至传送带上并处于高清相机的拍照范围以内，高清相机通过连续快速采集图像，传送至计算机进行图像处理，得出物品位置坐标并进行物品识别。然后，将信息传送至机器手臂，从而实现对抓取部分的控制以完成分拣工作。

拓展阅读 4-4："慧眼神瞳"平台

4.4 物流机器人技术

物流机器人属于工业机器人的范畴。近年来,机器人产业发展已经成为智能制造中一个重要的方向。为了扶持机器人产业发展,国家陆续出台多项政策。其中,物流机器人从中受益很大,发展迅速。

4.4.1 工业机器人概述

工业机器人是广泛用于工业领域的多关节机械手或多自由度的机器装置,具有一定的自动性,可依靠自身的动力能源和控制能力实现各种工业加工制造功能。工业机器人已被广泛应用于物流领域,用于取代人工完成物流的相关作业,属于智慧物流系统的前端执行机构。

1. 工业机器人的发展

20世纪50年代末,工业机器人开始投入使用。约瑟夫·恩格尔贝格(Joseph F. Englberger)利用伺服系统的相关灵感,与乔治·德沃尔(George Devol)共同开发了一台工业机器人——"尤尼梅特"(Unimate),在通用汽车的生产车间里开始使用。最初的工业机器人构造相对比较简单,所完成的功能也是捡拾汽车零件并放置到传送带上,对其他的作业环境并没有交互的能力,就是按照预定的基本程序精确地完成同一重复动作。"尤尼梅特"的应用虽然是简单的重复操作,但展示了工业机械化的美好前景,也为工业机器人的蓬勃发展拉开了序幕。自此,在工业生产领域,很多繁重、重复的流程性作业可以由工业机器人来代替人类完成。

20世纪60年代,工业机器人发展迎来黎明期,机器人的简单功能得到了进一步的发展。机器人传感器的应用提高了机器人的可操作性,包括恩斯特采用的触觉传感器;托莫维奇和博尼在世界上最早的"灵巧手"上用到了压力传感器;麦卡锡对机器人进行改进,加入视觉传感系统,并帮助麻省理工学院推出了世界上第一个带有视觉传感器并能识别和定位积木的机器人系统。此外,利用声呐系统、光电管等技术,工业机器人可以通过环境识别来校正自己的准确位置。

自20世纪60年代中期开始,美国麻省理工学院、斯坦福大学、英国爱丁堡大学等陆续成立了机器人实验室。美国兴起研究第二代带传感器的、"有感觉"的机器人,并向人工智能进发。

20世纪70年代,随着计算机和人工智能技术的发展,机器人进入了实用化时代。日立公司推出的具有触觉、压力传感器,7轴交流电动机驱动的机器人。美国Milacron公司推出的世界第一台小型计算机控制的机器人,由电液伺服驱动,可跟踪移动物体,用于装配和多功能作业。适用于装配作业的机器人还有像日本山梨大学发明的SCARA平面关节型机器人等。

20世纪70年代末,由美国Unimation公司推出的PUMA系列机器人,为多关节、多CPU二级计算机控制,全电动,有专用VAL语言和视觉、力觉传感器,这标志着工业机器人技术已经完全成熟。PUMA至今仍然工作在工厂第一线。

20世纪80年代,机器人进入了普及期,随着制造业的发展,工业机器人在发达国家走向普及,并向高速、高精度、轻量化、成套系列化和智能化发展,以满足多品种、少批量的需要。

到了20世纪90年代,随着计算机技术、智能技术的进步和发展,第二代具有一定感觉功能的机器人已经实用化并开始推广,具有视觉、触觉、高灵巧手指、能行走的第三代智能机器人相继出现并开始走向应用。

2020年,中国机器人产业营业收入首次突破1000亿元。"十三五"期间,工业机器人产量从7.2万套增长到21.2万套,年均增长31%。从技术和产品上看,精密减速器、高性能伺服驱动系统、智能控制器、智能一体化关节等关键技术和部件加快突破,创新成果不断涌现,整机性能大幅提升、功能愈加丰富,产品质量日益优化。行业应用也在深入拓展。例如,工业机器人已在汽车、电子、冶金、轻工、石化、医药等行业中广泛应用。

2022 年，嘉腾机器人推出国内首台差速 20 吨 AGV 驱动单元，该驱动单元采用差速重载动力模组以及控制策略，增强了产品实用性和耐用性。据悉，重载 AGV 可用于航天、高压容器、大型基建工程、模块化建筑工程等行业。

2. 工业机器人的优势

相比于传统的工业设备，工业机器人有众多的优势，例如，机器人具有易用性、智能化水平高、生产效率及安全性高、易于管理且经济效益显著等特点，使得它们可以在高危环境下进行作业。

（1）机器人的易用性

在我国，工业机器人广泛应用于制造业，不仅仅应用于汽车制造业，大到航天飞机、军用装备、高铁的生产和开发，小到圆珠笔的生产都有广泛的应用，并且已经从较为成熟的行业延伸到食品、医疗、物流等领域。由于机器人技术发展迅速，与传统工业设备相比，不仅产品的价格差距越来越小，而且产品的个性化程度高，因此在一些劳动强度大的环节，可以让工业机器人替代传统的物流设备，这样就可以在很大程度上提高经济效率。

（2）智能化水平高

随着计算机控制技术的不断进步，工业机器人将逐渐能够明白人类的语言，同时工业机器人可以完成分拣、打包、拆码垛和粘贴标签等复杂的操作，这样可以进一步将工人从繁重机械的作业中解放出来。例如，智能包装机器人可以完成被包装对象的体积测定、包装材料选择、黏贴发票、自动打包、黏贴运单等一系列操作；先进的拆码垛机器人能够按货品自动生成个性化垛型，能够自动适配每种货品。

（3）生产效率及安全性高

人工作业会因为疲劳而导致生产效率下降，甚至出现安全事故。机器人则不同，不会因为工作时长的积累而疲劳，可以维持相对稳定且高效的输出。同时，还可以避免因不熟悉工作流程、工作疏忽等而导致安全生产隐患。必要时，还可以根据单位时间内作业量的大小，自动调节作业的频率。例如，新型的分拣机器人每小时可拣选 3600 次；基于智能机器人的出入库作业系统每小时可出入库 1000 箱物品，其作业效率远远超出了人工作业的水平。

（4）易于管理，经济效益显著

工业机器人投入生产后，物流企业可以很清晰地知道自己每天的产能，从而根据自己所能达到的产能接收订单和组织生产，而不会盲目预估产能。同时，工业机器人可以 24 小时循环工作，能够避免员工长期高强度工作后产生的疲劳、生病带来的请假等误工的情况，从而做到产能的最大化，并且无须给予加班费。另外，与人员管理相比，对机器人的管理要简单得多。工业机器人投产后，只需要少数的操作和维护人员就可以维持整个生产系统的运行，其经济效益也更加显著。

3. 工业机器人的结构

一般来说，工业机器人由三大部分六个子系统组成，如图 4-12 所示。三大部分是机械部分、传感部分和控制部分。六个子系统可分为机械结构系统、驱动系统、感知系统、机器人-环境交互系统、人机交互系统和控制系统。

（1）机械结构系统

从机械结构来看，工业机器人总体上分为串联机器人和

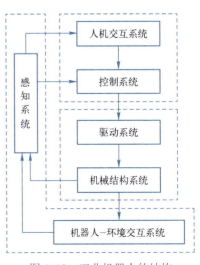

图 4-12 工业机器人的结构

并联机器人。串联机器人的特点是一个轴的运动会改变另一个轴的坐标原点，而并联机器人一个轴运动不会改变另一个轴的坐标原点。早期的工业机器人都是采用串联机构。并联机构定义为动平台和定平台，通过至少两个独立的运动链相连接，机构具有两个或两个以上自由度，且以并联方式驱动的一种闭环机构。并联机构有两个构成部分，分别是手腕和手臂。手臂活动区域对活动空间有很大的影响，而手腕是工具和主体的连接部分。与串联机器人相比较，并联机器人具有刚度大、结构稳定、承载能力大、微动精度高、运动负荷小的优点。在位置求解上，串联机器人的正解容易，但反解十分困难；而并联机器人则相反，其正解困难，反解却非常容易。

（2）驱动系统

驱动系统是向机械结构系统提供动力的装置。根据动力源不同，驱动系统的传动方式分为液压式、气压式、电气式和机械式四种。早期的工业机器人采用液压驱动。由于液压系统存在泄漏、噪声和低速不稳定等问题，并且功率单元笨重和昂贵，目前只有大型重载机器人、并联加工机器人和一些特殊应用场合使用液压驱动的工业机器人。气压驱动具有速度快、系统结构简单、维修方便、价格低等优点。但是气压装置的工作压强低，不易精确定位，一般仅用于工业机器人末端执行器的驱动。气动手抓、旋转气缸和气动吸盘作为末端执行器可用于中、小负荷的工件抓取和装配。电力驱动是目前使用最多的一种驱动方式，其特点是电源取用方便，响应快，驱动力大，信号检测、传递、处理方便，并可以采用多种灵活的控制方式，驱动电机一般采用步进电机或伺服电机，目前也有采用直接驱动电机，但是造价较高，控制也较为复杂，和电机相配的减速器一般采用谐波减速器、摆线针轮减速器或者行星齿轮减速器。由于并联机器人中有大量的直线驱动需求，直线电机在并联机器人领域已经得到了广泛应用。

（3）感知系统

机器人感知系统把机器人各种内部状态信息和环境信息从信号转变为机器人自身或者机器人之间能够理解和应用的数据和信息，除了需要感知与自身工作状态相关的机械量，如位移、速度和力等，视觉感知技术是工业机器人感知的一个重要方面。视觉伺服系统将视觉信息作为反馈信号，用于控制调整机器人的位置和姿态。机器视觉系统还在质量检测、识别工件、食品分拣、包装的各个方面得到了广泛应用。感知系统由内部传感器模块和外部传感器模块组成，智能传感器的使用提高了机器人的机动性、适应性和智能化水平。

（4）机器人-环境交互系统

机器人-环境交互系统是实现机器人与外部环境中的设备相互联系和协调的系统。机器人与外部设备集成为一个功能单元，如堆码垛单元、包装单元、分拣单元等。当然也可以是多台机器人集成为一个执行复杂任务的功能单元。

（5）人机交互系统

人机交互系统是人与机器人进行联系和参与机器人控制的装置。例如，计算机的标准终端、指令控制台、信息显示板、危险信号报警器等。

（6）控制系统

控制系统的任务是根据机器人的作业指令以及从传感器反馈回来的信号，支配机器人的执行机构去完成规定的运动和功能。如果机器人不具备信息反馈特征，则为开环控制系统；如果具备信息反馈特征，则为闭环控制系统。根据控制原理可分为程序控制系统、适应性控制系统和人工智能控制系统。根据控制运动的形式可分为点位控制和连续轨迹控制。

4.4.2 物流机器人及应用

物流机器人是指应用于物流各作业场景，用于取代人工作业的各种工业机器人。广义上来讲，物流机器人包括仓库物流机器人、无人驾驶物流车等多种形式；狭义上来讲，物流机器人主要指在仓库内执行装卸、搬运、分拣、包装以及拆码垛等功能的机器人。本书中主要指狭义的物流机器人。

1. 物流机器人的分类

物流机器人按不同的分类标准，有不同的分类方式。

按应用领域来看，物流机器人分为两类，一类用于工业制造，另一类用于商业物流。在工业制造领域，汽车、电子、金属加工等行业依然是物流机器人的主要应用行业；在商业物流领域，电商、快递行业对具有分拣功能的物流机器人的需求最为迫切。

按其所具有的功能来看，物流机器人可划分为装卸搬运机器人、分拣机器人、拆码垛机器人、智能包装机器人等。各种类型的机器人分布在智慧仓储的各个作业环节中，协同运作以完成仓储作业的部分或全部任务。

按其所具有的智能化程度，物流机器人可划分为程序控制机器人、自适应机器人和智能机器人等。程序控制机器人可以按照预先设定的程序执行动作，一般不能灵活地适应外界环境的变化，多用于执行重复性的工作。自适应机器人能够通过传感器等设备感知外部环境，并能够根据环境变化自动修正自己的行为，从而拥有了一定的智能；但其还不能完全自主行动，需要操作员协调才能完成工作。智能机器人是智能化程度最高的机器人，具有自我学习和决策的能力，是当前物流机器人中研究的热点，也是下一步物流机器人发展的重点。

另外，物流机器人工作组（2018 年 12 月 26 日成立，隶属于全国自动化系统与集成标准化技术委员会机器人与机器人装备分技术委员会）从国家标准制定的角度，将物流机器划分为快递/邮件系统用机器人、工厂物流用机器人（包括自动导引车）、货物搬运用机器人、户外物流用机器人和其他机器人等。

2. 物流机器人的主要类型

智慧仓储是物流机器人应用的主要场景，涉及的机器人主要包括 AGV、AMR、RGV 和搬运机械臂四种类型。

（1）自动导引搬运车（AGV）

AGV 是指装备有电磁或光学等自动导引装置，能够沿规定的导引路径行驶，具有安全保护以及各种移载功能的搬运小车。AGV 集声、光、电、计算机技术于一体，应用了自控理论和机器人技术，具备目标识别、避让障碍物和各种移载功能，同时具有自我安全保护的应急能力。

拓展阅读 4-5：
AGV 介绍

AGV 一般可按三种方式来分类，即导引方式、驱动方式和移载方式。按导引方式，主要包括电磁导引、磁带导引，激光导引，二维码导引、视觉导引、光学导引、惯性导引等类型；按驱动方式分主要包括单驱动、差速驱动、双驱动、多轮驱动等类型；按移载方式（执行机构）主要包括叉车式、潜伏顶升式、翻盘式、牵引式、背负式、推挽式、龙门式等类型。

（2）自主移动机器人（AMR）

AMR（Autonomous Mobile Robot），是集环境感知、动态决策规划、行为控制与执行等多功能于一体的综合系统。如图 4-13 所示，与 AGV 相比，AMR 不需要依靠磁条或者二维码等进行定位导航，具备环境感知、自主决策和控制能力，可根据现场情况动态规划路径，自主避障，是目前技术最先进的移动机器人。

AMR 因其多功能性和易于集成到现有基础设施的特点，迅速成为制造、仓库和物流行业的重要组成部分。

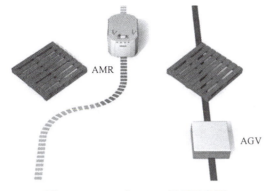

拓展阅读 4-6：AMR 介绍　　拓展阅读 4-7：AGV 与 AMR 的区别

图 4-13　AGV 与 AMR 运行示意图

（3）穿梭车（RGV）

穿梭车又称为轨道式导引车（Rail Guided Vehicle，RGV），具有速度快、可靠性高、成本低等特点。RGV 在物流系统中有着广泛的应用，主要用于物品搬运、出库、入库等。

RGV 是伴随着物流自动化系统和自动化仓库而产生的设备。它既可作为立体仓库的周边设备，也可作为独立系统。RGV 可以十分方便地与其他物流系统实现自动连接，如出入库站台、各种缓冲站、输送机、升降机和机器人等，按照计划进行物料的输送。RGV 无须人员操作，运行速度快，显著降低了仓库管理人员的工作量，提高了劳动生产率，同时它的应用可使物流系统变得非常简捷。

拓展阅读 4-8：海格里斯四向穿梭小车运行全过程

（4）搬运机械臂

搬运机械臂，也可称为搬运机械手、搬运机器人，是用于物流搬运领域的工业机器人。其具有和人类手臂相似的构造，或者与人类手臂有许多相似的能力，可以由人类给定一些指令，按给定程序、轨迹和要求实现自动抓取、搬运和操作。近年来，3D 视觉和深度学习技术的应用进一步提高了搬运机械臂的性能。

抓取点侦测（Grasp Detection）是机械手臂的关键技术。传统方法需要先给定被抓取物的 3D 模型，将这个模型比对到 3D 传感器所拍摄到的点云当中，接着使用模型上的默认位置抓取。这种方式在稀疏的点云上会有很大的问题，特别是在多个物体堆叠的情况之下，遮蔽或是只看到部分物件，模型比对会有相当大的挑战。随着计算机视觉技术的突破，抓取点侦测被转化为类似物体侦测的工作，在输入的 RGB-D（2.5D）或是点云 3D 数据中，先产生相当多的候选抓取点（Grasp Proposal），接着利用深度学习网络选取适合的抓取点，无须事先给定 3D 模型。

搬运机器臂已经广泛应用于电子、食品、饮料、烟酒等行业的纸箱包装产品和热收缩膜产品码垛、堆垛作业，特别是在高温、高压、多粉尘、易燃、易爆、放射性等恶劣环境中，以及笨重、单调、频繁的操作中代替人作业，能够使人从繁重工作中解放出来，提升工作效率。

3．典型物流机器人产品

近年来，我国物流机器人产业发展迅速，物流机器人的功能更加完善，品种更加丰富，系列更加齐全。从场景驱动的角度，代表型企业有京东物流、菜鸟、苏宁物流、海康物流机器人等；从技术驱动的角度，代表型企业有极智嘉、灵动科技、快仓、海柔创新、隆博科技、马路创新等。下面对其中部分企业和产品进行介绍。

（1）极智嘉全品类物流机器人

极智嘉 Geek+是全球 AMR 引领者，提供全品类物流机器人产品与解决方案，业内首创"机器人即服务"（Robot as a Service，RaaS），致力于成为全球领先的人工智能和机器人公司，打造智慧物流的基础设施和服务网络，帮助客户与合作伙伴实现数字化和智慧化的敏捷供应链。

在西门子开关智慧工厂项目中,极智嘉提供了创新的智能仓组合方案(见图 4-14)。使用的机器人包括货到人拣选机器人 P800、货箱到人拣选机器人 C200S、四向穿梭车和智能搬运机器人 M1000,以及 AI 算法和智能系统。该方案解决了库内 20 多万个仓库存储单元(SKU)原材料的收货、分区存储、齐套发运、产线领料等流程问题,实现行业突破。

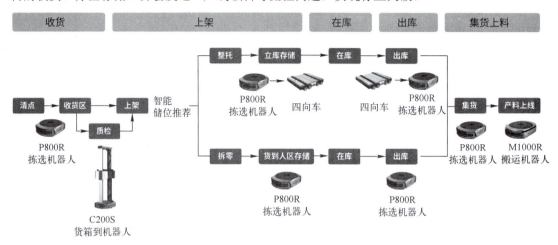

图 4-14 智能仓组合方案

(2)灵动科技仓库全流程 AMR 产品

灵动科技是全球领先的 AMR 企业,为制造业和仓储业提供机器人搬运和拣选解决方案。灵动科技 AMR 凭借柔性、视觉、跨场景、全流程的强大优势,持续帮助企业降本增效。

灵动科技的主要产品包含 Flex 系列、Max 系列 AMR 机器人及 f(x)智能调度系统。其产品载重从 50kg~1.2t,可应用于各类仓储物流和制造业车间内物流。如图 4-15 所示,其提供了从入库上货到拣选到出库的仓库全流程作业,从原材料仓到产线间到产成品运输的制造业物流全流程作业,以及对接立库、流利式货架等各类解决方案。

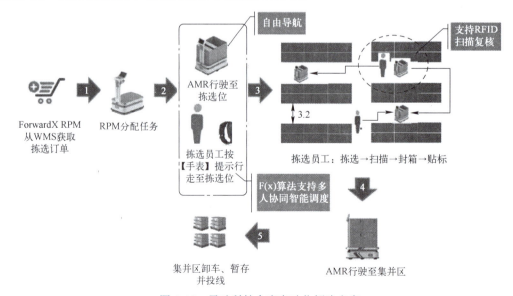

图 4-15 灵动科技仓库自动化解决方案

（3）快仓 QuickPick 智能机器人解决方案

快仓智能科技成立于 2014 年，致力于打造下一代智能机器人及机器人集群操作系统，是全球第二大的智能仓储机器人系统解决方案提供商，是人工智能+智能机器人领域的头雁企业，拥有目前国内规模最大的千台级机器人智能仓。

快仓全球首创的 QuickPick 智能机器人解决方案（见图 4-16），通过高效率、高存储、高稳定性的智能料箱机器人与小巧轻盈、高效灵活、高性价比的智能载具搬运机器人相互结合，实现了"密集存储+货到人拣选"的更优使用组合，有效解决了"超高出入库流量"要求下"拆零拣选及海量 SKU 退货"人工作业效率的痛点。

图 4-16　快仓 QuickPick 智能机器人解决方案

（4）海康物流机器人

杭州海康机器人是面向全球的移动机器人、机器视觉产品提供商。公司依托近千人专家级的研发团队，布局移动机器人、机器视觉等业务领域，通过对软硬件产品及平台的研发创新，致力于持续推动智能化，引领智能制造进程。

海康机器人单件分离系统（见图 4-17）以 RGB-D 智能立体相机为核心，依托自主研发的 3D 处理技术以及深度学习技术，对包裹进行实时精准定位，再通过同样自主研发的智能控制系统、控制模组带完成包裹的分离，实现包裹单个通过且相互之间保持固定间隔。适用于前端卸车后 DWS/读码设备前和末端矩阵分拣后读码设备前。

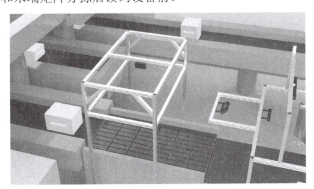

图 4-17　海康机器人单件分离系统

（5）京东物流天地狼机器人

京东物流天地狼机器人是一款可以在货架内移动到任意储位的三维机器人。在平面以 AGV 模式行走，在轨道内以 RGV 模式高速穿行，沿着立柱轨道垂直运动。天地狼系统（见图 4-18）

通过机器人三维移动实现存储、拣选系统,机器人可高效移动到任意立体空间存储位,通过增减机器人数量实现不同流量场景的应用。

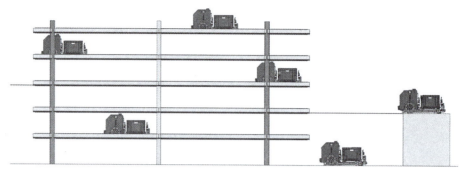

图 4-18　京东物流天地狼系统

天地狼系统方案具有高效率、高柔性、高密度和低成本的特点。天地狼机器人将所有动力集成于车体,其水平行驶速度为 2.7m/s,爬升速度为 0.7m/s。由天地狼机器人所构成的系统能够实现 20m 高度的立体存储,同时能够根据应用场景流量的变化,适当增减小车数量。

本章小结

本章主要介绍了传感器技术、语音识别技术、机器视觉技术和物流机器人技术。

传感器是智慧物流系统中信息采集的重要手段。常用的传感器主要有温湿度传感器、光电传感器、热释电传感器、超声波传感器和烟雾传感器等,向着智能传感器、模糊传感器、微传感器和网络传感器的方向发展。在智慧物流应用中,传感器能够以模块嵌入堆垛机、AGV、输送机、分拣机等物流自动化设备;还能够组合成无线传感器网,在冷链物流、医药品物流、贵重物品物流和危险品运输过程中采集物品及运输状态信息。

语音识别和机器视觉都是人工智能的重要分支。语音识别的目标是实现语音信息的自动录入,其应用划分为大词汇量连续语音识别系统和小型化、便携式语音产品两个方向。常见的语音识别系统主要有 Siri、ViaVoice、Speech SDK、百度语音搜索和科大讯飞语音听写工具等,在智能拣选和智能客服中有着广泛的应用。机器视觉主要用于图像识别、图像检测、视觉定位、物品测量和物品分拣等。机器视觉系统可以帮助物流机器人完成更加复杂、烦琐的工作,从而替代人工,实现在物流领域的成功应用。

物流机器人属于工业机器人的范畴,一般由机械结构系统、驱动系统、感知系统、机器人-环境交互系统、人机交互系统和控制系统六个子系统构成。目前应用较广的物流机器人主要有 AGV、AMR、RGV 和搬运机械臂四种类型。

练习与思考

一、思考题

1. 什么是传感器?物流系统中常用的传感器有哪些?
2. 传感器的发展方向是什么?
3. 什么是语音识别技术?其应用范围是什么?
4. 什么是机器视觉技术?其具有哪些特点?

5．工业机器人包括哪些子系统？
6．物流机器人的主要类型有哪些？

二、论述题

1．简述传感器在物流自动化装备中的应用。
2．简述机器视觉技术在物流自动化系统中的应用。
3．简述 AGV 和 AMR 之间的区别。

三、案例分析

物流机器人在高端大件产品智能仓作业现场

在大件物流领域，由于商品体积大、重量大、包装规格多样，现有的自动化设备难以满足其运输要求，一直以来都是自动化运作的盲区。而走进日日顺物流杭州智能仓，与传统的众人热火朝天忙于取货搬运的场景不同，在这里见不到几个进出的工人，反而是一辆辆来来往往的 AGV 小车在有条不紊地运输货物。

日日顺物流负责人表示，目前仓内所有的商品从入库、存取、出库全过程都是在算法指引下完成，通过 AGV 实现货物仓内自动运输，通过计算库位系数、库位健康度来实现指导并垛作业和提升仓库利用率，与传统的仓库相比，杭州智能仓空间使用效率提升 3 倍。

杭州智能仓将 RF/WMS/IWMS/TPS/RCS/WCS 六大智能系统整合，实现了仓内全流程可视，人、单、货、库的智能交互。通过仓库入口的巨大的显示屏幕，可以实时监控库内 AGV 的任务状态、位置、轨迹、异常等状况，还能够清晰梳理库区的出库客户单数、出库订单进度、入库单量趋势、出库单量趋势等，智能指导商品入库的合理存放，提高仓储运输的合理性和工作效率。

问题：

1．试分析大件物流的特点。
2．请思考如何应用物流机器人提高大件商品仓储作业效率。

第 5 章 近距离无线通信技术

学习目标
- 了解近距离无线通信的基本理论。
- 熟悉常用的近距离无线通信技术。
- 掌握近距离无线通信技术在物流中的应用思路与方法。

导入案例

NFC315 防伪仓储系统能为品牌商做什么？

把每一件商品赋予一个易于查询的唯一身份码是许多中高端品牌的迫切需求。这样一方面可以方便品牌顾客查询商品真伪，防止买到假冒品牌商品的同时为消费者带来更多增值服务；另一方面又可以实现企业内部商品生产、仓储、出入库的管理统计功能。天津傲飞物联科技新推出的 NFC315 防伪仓储系统可以同时满足以上两方面需求。

在品牌防伪溯源方面，系统采用业界最新的 NFC315 动态码芯片验证技术，消费者查询时手机无须预先安装 APP，靠近商品即可查看商品信息。每次查询动态码变化一次，复制无效。

在内部仓储管理方面，由于每件商品都赋予了唯一编码，因此后台系统可以实现实时查看生产进度状态、库存统计和出入库管理追溯等功能，解决企业内部生产管理和防窜货问题。

近距离无线通信技术主要用于解决物流系统末端人员、物品、设备和设施等之间的有限距离或有限范围的无线通信问题。随着智慧物流的不断发展，物流系统的网络化程度不断提高，由中心向边缘蔓延，对近距离无线通信技术的依赖程度也越来越大，近距离无线通信技术在物流系统中的应用场景也日渐丰富。近距离无线通信技术已经成为智慧物流系统末端感知能力提升的重要基础。适应智慧物流系统需求多样化的特点，实际应用中经常是多种技术综合运用。

5.1 近距离无线通信概述

近距离无线通信是无线通信的重要组成部分。近距离无线通信拓展了无线通信的覆盖范围，终端接入设备的类型越来越多，数量也越来越大，对通信协议、组网方式和网络安全都提出了新的要求，促进近距离无线通信技术快速发展，其落地应用场景也不断丰富。

5.1.1 近距离无线通信的相关概念

1. 无线通信与移动通信

无线通信（Wireless Communication）是利用电磁波信号可以在空间传播的特性进行信息交换的一种通信方式。无线通信包括固定体之间的无线通信和移动通信两大部分。

移动通信（Mobile Communication）是指移动体之间的通信或移动体与固定体之间的通信。

移动通信就是在移动中实现的无线通信，人们常常把两者合称为无线与移动通信。与固定物体之间的通信相比，移动通信除具有移动性外，其电磁波传播条件复杂，噪声和干扰严重，系统和网络结构复杂，要求频带利用率高、设备性能好。

无线通信按其用途可以划分为陆地公众蜂窝移动通信系统、宽带无线接入系统、无线局域网、无线个域网、无绳电话、集群通信、卫星移动通信等，狭义的移动通信专指公众陆地移动通信系统（Public Land Mobile-communication Network，PLMN），即蜂窝式移动通信系统。按其使用频段可以划分为中长波通信（小于 1MHz）、短波通信（1～30MHz）、超短波通信（30MHz～1GHz）、微波通信（1GHz 到几十吉赫兹）、毫米波通信（几十吉赫兹）、红外光通信、红外光通信、大气激光通信等。

无线通信的应用范围很广，从复杂的系统（无线局域网和蜂窝电话）到简单的设备（如无线耳机、麦克风）都是无线通信技术的应用。红外设备如远程控制用的无线键盘和鼠标、无线高保真耳机也属于无线通信设备，但这些设备要求发送端在直线可见的范围内。

2. 无线网络

无线网络是无线设备之间以及无线设备与有线网络之间的一种网络结构。无线网络的发展可谓日新月异，新的标准和技术不断涌现。总的来说，由于覆盖范围、传输速度和用途的不同，可分为无线广域网（Wireless Wide Area Network，WWAN）、无线城域网（Wireless Metropolitan Area Network，WMAN）、无线局域网（Wireless Local Area Network，WLAN）和无线个域网（Wireless Personal Area Network，WPAN）。

WWAN 是指覆盖全国或全球范围内的无线网络，提供更大范围内的无线接入，与无线城域网和无线局域网相比，它更加强调的是快速移动性。WWAN 是采用无线网络把物理距离极为分散的局域网连接起来的通信方式。典型的无线广域网的例子就是 GSM 全球移动通信系统、卫星通信系统以及 4G 和 5G 等。

WMAN 是以无线方式构成的城域网并提供面向互联网的高速连接，它是在 WLAN 基础上产生的，由多个 WLAN 连接而成。WMAN 主要是通过移动电话和车载装置进行移动数据通信，可覆盖城市中的大部分地区。WMAN 是为满足日益增长的宽带无线接入的市场需求，用于解决"最后一公里"接入问题，代替电缆、数据用户线（xDSL）、光纤等。WMAN 能有效解决有线方式无法覆盖地区的宽带接入问题。

WLAN 是利用无线通信技术在一定的局部范围内建立的网络，是计算机网络与无线通信技术相结合的产物。WLAN 以无线多址信道作为传输媒介，提供传统有线局域网（Local Area Network，LAN）的功能，能够使用户真正实现随时、随地、随意的宽带网络接入。WLAN 一般用于区域间的无线通信，其覆盖范围较小，一般只有几十米，代表技术是 IEEE 802.11 系列。

个域网（PAN）是一种范围较小的计算机网络，主要用于计算机设备之间的通信，还包括电话和个人电子设备等。WPAN 是一种采用无线连接的个域网。WPAN 主要通过无线电或红外线代替传统有线电缆，实现个人信息终端的互联。WPAN 的无线传输距离一般在 10m 左右，被看作是最后几米的解决方案，典型的技术是 IEEE 802.15。

随着电子技术的发展，各种便携式个人通信设备和家用电器等消费类电子产品不断增加，设备与设备之间的信息交互需求也愈加强烈，从而促使以蓝牙、IEEE 802.11b（也称 WiFi）为代表的短距离无线通信技术应运而生。

3. 宽带无线接入技术

宽带无线接入网的主要目标是使无线终端在一定服务质量（Quality of Service，QoS）保证下具有高速数据和多媒体业务传输的能力（数据率一般超过 2Mbit/s），同时具有速度受限的移动通信能力。除了商业利益的驱动以外，宽带无线接入网的发展有着三个方面的技术基础。首先，随着研究开发的不断深入，宽带的有线骨干网技术尤其是 ATM（Asynchronous Transfer Mode，异步传送模式）技术趋于成熟，有关标准也日臻完善，逐步走向商用，这为无线终端开发宽带高速业务提供了参考和依据。其次，移动通信以及个人通信近年来得到了飞速发展，它在无线网结构、移动性支持、多址方式、无线传输等方面为宽带无线接入网的研究奠定了基础。最后，小型、可靠、高性能的 PC 和工作站的出现为多媒体通信的实现提供了可能的通信终端。

国际电子电气工程师协会（Institute of Electrical and Electronics Engineers，IEEE）成立了 WLAN 标准委员会，并于 1997 年制定出第一个 WLAN 标准——802.11。1999 年，IEEE 成立了 802.16 工作组，开始研究建立一个全球统一的宽带无线接入城域网技术规范。IEEE 802.11、IEEE 802.15、IEEE 802.20、IEEE 802.22 等宽带无线接入标准集，覆盖了 WWAN、WMAN、WLAN 和 WPAN 等领域，如图 5-1 所示。

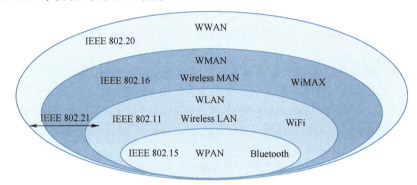

图 5-1　IEEE 802 的标准体系

4．近距离无线通信

近距离无线通信技术，又称近间隔无线通信技术，其范围很广。在普通意义上，只需要通信收发双方经过无线电波传输信息，并且传输间隔限制在较短的范围内，就可以称为近（短）间隔无线通信。

一般来讲，近距离无线通信的主要特点为通信距离短，覆盖距离一般在几厘米至几百米。另外，无线发射器的发射功率较低，一般小于 100μW。工作频率多为免付费、免申请的全球通用的工业、科学、医学（Industrial，Scientific and Medical，ISM）频段。使用全向天线和电路板天线，很多是由电池供电的无线发射器和无线接收器。

近年来，计算机等相关技术快速进步，高性能、高集成度的 CMOS（Complementary Metal Oxide Semiconductor，互补金属氧化物半导体）和 GaAs（砷化镓）半导体技术和超大规模集成电路技术快速发展，低功耗、低成本消费类电子产品对数据通信需求强烈，促使近距离无线通信技术得到了快速发展。WLAN、蓝牙技术、ZigBee 技术及移动自组织网络技术、无线网格网络技术取得了巨大进展。各种无线网络技术的相互融合也进入了研究者的视野，未来包括蜂窝移动通信网络、卫星网络、公共交换电话网络（Public Switched Telephone Network，PSTN）、WLAN/WPAN（蓝牙技术及 ZigBee 技术），均将融合集成到因特网的骨干网中。

上述近距离无线通信技术主要应用在办公室、校园图书馆、机场、商场、家庭等室内场所。其在提高人们生活和工作质量的同时，也对现有的蜂窝移动通信技术和卫星移动通信技术等长距离无线通信技术提供了有益的补充。

与其他无线通信技术相比，近距离无线通信具有低成本、低功耗和对等通信等特点。由于传播距离近，遇到障碍物的概率也小，因而近距离无线通信的发射功率普遍都很低，通常在 1mW 量级。近距离无线通信网络中，终端之间对等通信，无须网络设备进行中转。

5.1.2 近距离无线通信技术标准及分类

1. 近距离无线通信技术标准

无线通信技术标准主要有 WiFi、WAPI、蓝牙（Bluetooth）、UWB、Zigbee、RFID、近场通信（NFC）、红外数据传输（IrDA）等，如表 5-1 所示。其中，使用较广泛的主要有 Bluetooth、WiFi 和 IrDA；有发展潜力的主要有 ZigBee、UWB 和 NFC 等。

表 5-1 无线通信技术标准一览表

WWAN	WMAN	WLAN	WPAN	无线基站（信源）
电磁信号覆盖半径由近及远 ←				
蜂窝通信技术 3G/4G/5G GPRS EDGE LTE …	WiMax Wibro 802.16	WiFi WAPI 802.11	Bluetooth UWB ZigBee …	RFID NFC IrDA
中、长距离无线通信，卫星通信和长波、短波能实现超长距离无线通信		短距离无线通信，NFC 则被视为非接触超短距离无线通信		塔顶放大器 放大器

常用近距离无线通信技术的性能对比如表 5-2 所示。实际应用中，选择何种技术标准，主要是基于其应用的立足点。一般不外乎四种情况，或基于传输速度、距离、耗电量的特殊要求；或着眼于功能的扩充性；或符合某些单一应用的特别要求；或建立竞争技术的差异化等。目前，还没有哪一种技术可以完美到足以满足所有的需求。

表 5-2 常用近距离无线通信技术的性能对比

	WiFi	IrDA	ZigBee	Bluetooth	UWB	NFC	RFID
通信模式		点对点	网状	单点对多点		点对点	
通信距离	0～100m	0～1m	10～75m	0～10m	0～10m	0～20cm	0～50m
传输速度	54Mbit/s	1Mbit/s	10～250Kbit/s	1Mbit/s	53.3～480Mbit/s	424Kbit/s	
安全性	低	低	中	高	高	极高	高
频段	2.4GHz		2.4GHz 868MHz 欧洲 915MHz 美国	2.4GHz	3.1～10.6GHz	13.56MHz	多频段
国际标准	IEEE 802.11b IEEE 802.11g	无	802.15.4	IEEE 802.15.1x	无	ECMA340 ECMA352	
成本	高	低	极低	低	高	低	低

2. 近距离无线通信技术的分类

一般来讲，近距离无线通信技术按数据速率可分为高速近距离无线通信和低速近距离无线通信两类。

高速近距离无线通信的最高数据速率高于 100Mbit/s，通信距离小于 10m，典型技术有高速 UWB，主要应用于连接下一代便携式消费电器和通信设备。它支持各种高速率的多媒体应用、高质量声像传播、多兆字节音乐和图像文档传送等。

低速近距离无线通信的最低数据速率低于 1Mbit/s，通信距离小于 100m，典型技术有无线局域网（WiFi）、ZigBee、低速 UWB 和 Bluetooth 等，主要应用于自动化控制、安全监视、环境监测、实时跟踪以及互动式玩具等。

5.2 常用近距离无线通信技术

在近距离无线通信技术中，常用的主要有 IrDA、Bluetooth、ZigBee、WiFi、UWB 和 NFC 等。结合它们在智慧物流系统中的具体应用情况，本部分主要介绍 Bluetooth、ZigBee、UWB 和 NFC 四种技术。WiFi 将在第 6 章中结合无线局域网进行介绍。

5.2.1 Bluetooth 技术

Bluetooth 是一种无线数据与语音通信的开放性全球规范，为固定设备或移动设备之间的通信环境建立通用的短距离无线接口。由于其芯片体积小、功率低，其应用已不局限于计算机外设，几乎可以被集成到任何数字设备之中，特别是对数据传输速率要求不高的移动设备和便携设备。

1. Bluetooth 的发展历程

2021 年 7 月 13 日，蓝牙技术联盟（Bluetooth SIG）正式发布蓝牙 5.3。从早期的 1.0 版本到 5.3 版本，蓝牙技术性能不断提高，功能不断完善。蓝牙技术发展历程如图 5-2 所示。

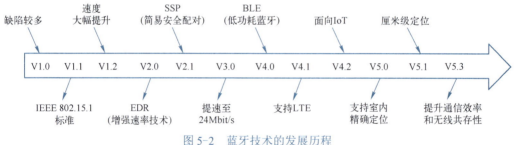

图 5-2 蓝牙技术的发展历程

（1）蓝牙 1.0

1999 年 7 月蓝牙 SIG 正式公布蓝牙 1.0 规范，将蓝牙的发展推进到实用化阶段。由于与多家厂商的产品互不兼容，在协议层面不能做到匿名，会造成一定的数据泄露，蓝牙 1.0 版本并未得到广泛应用。

2001 年，蓝牙 1.1 发布，并被正式列为 IEEE 802.15.1 标准。该协议定义了物理层和媒体访问控制的范围，传输速率为 0.7Mbit/s。这一阶段的蓝牙发展仍然处于探索阶段，容易受到频率之间的干扰。

2003 年，蓝牙 1.2 发布，增加了设备硬件地址屏蔽功能，能够有效防止数据泄露。同时，还增加了自适应性跳频（Adaptive Frequency Hopping，AFH）技术、延伸同步连接导向信道技术（Extended Synchronous Connection-Oriented links，eSCO）和快速连接功能。AFH 减少了蓝牙产品与其他无线通信装置之间的干扰；eSCO 用于提供 QoS 的音频传输，进一步满足语音与音频产品的需求；快速连接功能可以缩短重新搜索与再连接的时间。

（2）蓝牙 2.0

2004 年，蓝牙 2.0 发布，是 1.2 的改良版本。蓝牙 2.0 支持多种蓝牙设备同时运行，传输速率达到 3Mbit/s；支持双工模式，可以同时进行语音通信和传输文档/图片；采用了 EDR（Enhanced Data Rate，增强速率）技术，降低了功耗。

2007 年，蓝牙 2.1 发布。新增嗅探性次额定功能模式（Sniff Subrating，SSR），可将设备间相互确认的信号发送时间间隔延长到 0.5s 左右，大幅度降低了蓝牙芯片的工作负载。新增简易安全配对（Secure Simple Paring，SSP）功能，改善了蓝牙设备的配对体验，提升了使用和安全强度。支持 NFC，配对密码可通过 NFC 进行传输，无须手动输入。

（3）蓝牙 3.0

2009 年，蓝牙 3.0 发布。新增了可选技术，使蓝牙可以调用 802.11 WiFi，用于实现高速数据传输，传输率最高达 24Mbit/s，是蓝牙 2.0 的 8 倍，轻松实现录像机至高清电视、PC 至 PMP、UMPC 至打印机之间的资料传输。

蓝牙 3.0 的核心是备用 MAC/PHY（Alternate MAC/PHY，AMP），这是一种全新的交替射频技术，允许蓝牙协议栈针对任一任务动态地选择正确射频。功耗方面，蓝牙 3.0 引入了 EPC（Enhanced Power Control，增强电源控制）技术，再辅以 802.11，实际空闲功耗明显降低。此外，新的规范还加入 UCD（Unicast Connectionless Data，单向广播无连接数据）技术。

（4）蓝牙 4.0

蓝牙 4.0 于 2010 年发布，是第一个蓝牙综合协议规范，提出了低功耗蓝牙（Bluetooth Low Energy，BLE）、传统蓝牙和高速蓝牙三种模式。高速蓝牙主攻数据交换和传输；传统蓝牙以信息沟通、设备连接为重点；BLE 以不需占用太多带宽的设备连接为主，功耗较老版本降低了 90%。

蓝牙 4.0 提升了传输距离和响应速度。低功耗模式条件下，传输距离最远可达 100m 以上，响应时间最短可达 3ms。同时，采用了 AES-CCM（Advanced Encryption Standard-Counterwith Cipher blockchaining Message）128 加密算法进行数据包加密和认证，让数据传输更安全。

2013 年 12 月 6 日，蓝牙 4.1 发布。蓝牙 4.1 的传输速度和传输范围变化很小，但在软件方面有着明显的改进。蓝牙 4.1 支持与 LTE（Long Term Evolution，长期演进）无缝协作，允许自定义设备的重新连接间隔，支持"云同步"以及"扩展设备"与"中心设备"之间的角色互换。此次更新的目的是为了让 Bluetooth Smart 技术最终成为 IoT 发展的核心动力。

2014 年 12 月，蓝牙 4.2 颁布，改善了数据传输速度和隐私保护程度。将发送数据包长度扩展，提升了数据传输速度，较蓝牙 4.0 提升了约 2.5 倍；新增 LE（Low Energy，低功耗）安全配对，增加隐私保护程度。

（5）蓝牙 5.0

蓝牙 5.0 于 2016 年问世，在低功耗模式下具有更快更远的传输能力。与蓝牙 4.2 相比，蓝牙 5.0 的传输速率是其 2 倍（1～2Mbit/s），传输距离是其 4 倍（理论可达 300m），广播数据传输量是其 8 倍（从 37B 拓展到 257B），最大发射功率是其 2 倍（10～20dbm）。同时，蓝牙 5.0 支持室内定位导航功能，结合 WiFi 可以实现精度小于 1m 的室内定位；蓝牙 5.0 版本还针对 IoT 进行底层优化，力求以更低的功耗和更高的性能为智能家居服务。

拓展阅读 5-1：蓝牙 5.3 对真无线耳机有什么意义？

2019 年，蓝牙 5.1 问世。其在蓝牙 5.0 的基础上，增加了侧向功能和厘米级定位服务，大幅度提高了定位精度，使室内定位更精准。

2020 年，蓝牙 5.2 问世，提供增强版 ATT（Attribute Protocol）协议、LE 功耗控制和信号同步，连接更快，更稳定，抗干扰性更好。传输速率为 42Mbit/s，理论传输距离为 300m。

2021 年 7 月 13 日，蓝牙 5.3 发布。其通过改善 BLE 中的周期性广播、连接更新以及频道分级，进一步提升了 BLE 的通信效率和蓝牙设备的无线共存性。与蓝牙 5.2 相比，蓝牙 5.3 的传输速度和传输距离没有什么变化，但功耗有所降低，延迟更低，抗干扰性更强，同时还增强了经典蓝牙 BR/EDR（基础速率和增强速率）的安全性。

2. Bluetooth 的技术特点

蓝牙技术具有如下特点。

（1）蓝牙模块体积很小、便于集成

蓝牙模块的体积很小，例如，LG Innotek 生产的低功耗蓝牙模块（见图 5-3），尺寸仅有 6mm×4mm。正是因为其体积小，蓝牙模块能够很好地集成到个人移动设备，包括平板、手机、手环、耳机等。

（2）低功耗

蓝牙设备在通信连接状态下，有激活、呼吸、保持和休眠四种工作模式。激活模式是正常的工作状态，另外三种模式是为了节能所规定的低功耗模式。经典蓝牙技术的功耗参考值

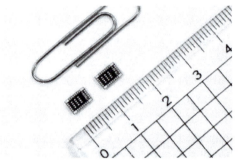

图 5-3 低功耗蓝牙模块

为 1W，BLE 技术根据使用情况的不同，其功耗值为 0.01～0.5W。

（3）全球范围适用

蓝牙工作在 2.4GHz 的 ISM 频段。全球大多数国家 ISM 频段的范围是 2.4～2.4835GHz，使用该频段无需向各国的无线电资源管理部门申请许可证。

（4）同时可传输语音和数据

蓝牙采用电路交换和分组交换技术，支持异步数据信道、三路语音信道以及异步数据与同步语音同时传输的信道。每个语音信道数据速率为 64Kbit/s，语音信号编码采用脉冲编码调制（PCM）或连续可变斜率增量调制（CVSD）方法。当采用非对称信道传输数据时，速率最高为 721Kbit/s，反向为 57.6Kbit/s；当采用对称信道传输数据时，速率最高为 342.6Kbit/s。

（5）具有很好的抗干扰能力

工作在 ISM 频段的无线电设备有很多种，如家用微波炉、无线局域网和 HomeRF 等产品，为了很好地抵抗来自这些设备的干扰，蓝牙采用了跳频方式来扩展频谱，将 2.402～2.48GHz 频段分成 79 个频点，相邻频点间隔 1MHz。蓝牙设备在某个频点发送数据之后，再跳到另一个频点发送，而频点的排列顺序则是伪随机的，每秒钟频率改变 1600 次，每个频率持续 625μs。

（6）可以建立临时性的对等连接

根据蓝牙设备在网络中的角色，可分为主设备与从设备。主设备是组网连接主动发起连接请求的蓝牙设备，几个蓝牙设备连接成一个微微网时，其中只有一个主设备，其余的均为从设备，如图 5-4 所示。微微网是蓝牙最基本的一种网络形式，最简单的微微网是一个主设备和一个从设备组成的点对点的通信连接。多个微微网又可互联成特殊分散网（Scatternet），形成灵活的多重微微网的拓扑结构，从而实现各类设备之间的快速通信，如图 5-5 所示。通过时分复用技术，一个蓝牙设备可以同时与几个不同的微微网保持同步，具体来说，就是该设备按照一定的时间顺序参与不同的微微网，即某一时刻参与某一微微网，而下一时刻参与另一个微微网。

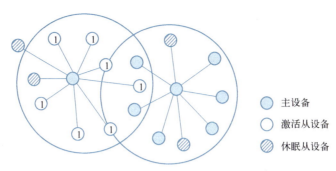

图 5-4　多个设备组成的微微网

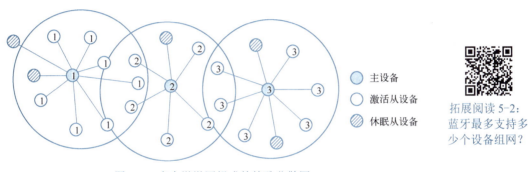

图 5-5　多个微微网组成的特殊分散网

拓展阅读 5-2：蓝牙最多支持多少个设备组网？

（7）成本低

随着市场需求的扩大，各个供应商纷纷推出自己的蓝牙芯片和模块，蓝牙产品价格飞速下降。

（8）开放的接口标准

SIG 为了推广蓝牙技术的使用，将蓝牙的技术标准全部公开。全世界范围内的任何单位和个人都可以进行蓝牙产品的开发，只要最终通过 SIG 的蓝牙产品兼容性测试，就可以推向市场。

3. Bluetooth 的应用范围

Bluetooth 目前主要应用在以下方面。

（1）音频传输

Bluetooth 让耳机、扬声器等设备免去了连接线的烦扰，为音频领域带来了彻底的变革，并永远改变了使用音频媒体的方式。随着无线耳机和音箱需求的不断上升，蓝牙音频传输设备的年出货量将高于所有其他的蓝牙解决方案领域，成为最大的蓝牙技术解决方案领域。

基于蓝牙音频传输的无线耳机产品将朝着定制化的方向发展，以满足运动健身、游戏、娱乐、专业用途和医疗辅助等特定用例，以及包括普通听众、旅行者和专业人士等不同消费群体的需求。

（2）数据传输

BLE 的点对点拓扑针对极低功耗的数据传输进行了优化，使其成为互联设备产品的理想选择。蓝牙应用于可穿戴设备、健身追踪器和智能手表，可监测步数、锻炼、活动和睡眠。从血压监测仪到便携式超声波和 X 光成像系统，蓝牙可帮助人们跟踪并改善整体健康状况，使医疗专业人士能够更轻松地提供优质的护理服务。

（3）位置服务

BLE 的广播拓扑尤其适用于实现室内定位和基于位置的服务。基于蓝牙 Beacon 的室内导航解决方案已迅速成为一种能够应对 GPS 无法解决的室内覆盖的标准方法。智慧城市如今已开始探索利用 Beacon 来提高市民的生活质量并提升游客体验，其解决方案正在办公楼、机场、会展中心以及城市街道中得到部署，帮助楼宇业主和城市规划者更好地了解空间的使用方式。

（4）设备层网络

蓝牙 mesh 的推出加速了设备网络解决方案的发展。"照明控制系统"与"无线传感器网络"是推动设备网络应用增长的两大用例，并迅速成为许多控制系统的首选无线通信平台。BLE 的 mesh 拓扑针对大型设备网络的创建进行了优化，"蓝牙 WSN"能够监测光照、温度、湿度和占用情况，帮助提高员工生产力，降低楼宇运营成本，更好地满足生产设备对环境条件和维护的要求。

5.2.2 ZigBee 技术

ZigBee 是 IEEE 802.15.4 协议的代名词，是一种新兴的近距离、低复杂度、低功耗、低数据速率、低成本的无线网络技术。ZigBee 技术主要针对以电池为电源的应用，适合自动控制和远程控制领域，可以嵌入各种设备。

拓展阅读 5-3：
ZigBee 名称的
由来

1. ZigBee 的起源与发展

对工业、家庭自动化控制和工业遥测遥控领域而言，蓝牙技术显得太复杂，而且功耗大，传输距离近，组网规模太小。工业自动化对无线数据通信的需求却越来越强烈，而且，对于工业现场，这种无线数据传输必须是高可靠的，并能抵抗工业现场的各种电磁干扰。因此，经过人们的长期努力，ZigBee 协议在 2003 年正式问世。

ZigBee 的前身是"Homerflite"技术。

2000 年 12 月，ZigBee 工作小组成立，起草了 IEEE 802.154 标准。2001 年 8 月，ZigBee 联盟成立。

2002 年下半年，英国 Vensys 公司、日本三菱电气公司、美国摩托罗拉公司以及荷兰飞利浦半导体公司共同宣布加盟"ZigBee 联盟"，以研发"ZigBee"下一代无线通信标准。这个事件成为该项技术发展过程中的里程碑。

2004 年 12 月，ZigBee 1.0 标准（又称为 ZigBee 2004）定稿，这使得 ZigBee 有了自己的发展基本标准。

2005 年 9 月，ZigBee 1.0 标准公布并提供下载。在这一年里，华为技术有限公司和 IBM 公司加入了 ZigBee 联盟。但是基于该版本的应用很少，与后面的版本也不兼容。

2006 年 12 月，标准进行了修订，推出了 ZigBee 1.1（又称为 ZigBee 2006）。该协议虽然命名为 ZigBee 1.1，但是与 ZigBee 1.0 版是不兼容的。

2007 年 10 月，标准再次修订，即 ZigBee 2007/PRO。该版本能够兼容之前的 ZigBee 2006，并且加入了 ZigBee PRO 部分。此时，ZigBee 联盟更加专注于家庭自动化、楼宇自动化和先进抄表基础建设三个方面。

2009 年，ZigBee RF4CE 推出，其简化了协议，适应一对一和一对多网络，主要面向家电的控制。

2013 年 3 月，ZigBee 联盟发布 ZigBee IP 规范。ZigBee IP 是第一个针对基于 IPv6 的全无线网状网络解决方案的开放标准，能够为低功耗、低成本设备提供无缝网际网络连接，并可在单一控制网络中连接几十种不同的设备。

2017 年推出了 ZigBee PRO 2017。

ZigBee 技术的应用前景光明。ZigBee 将在工业控制、工业无线定位、家庭网络、汽车自动化、楼宇自动化、消费电子、医用设备控制等多个领域具有广泛的应用前景。特别是家庭自动化和工业控制，将成为今后 ZigBee 芯片的主要应用领域。

拓展阅读 5-4：ZigBee 联盟介绍

2. ZigBee 的设备类型和网络结构

ZigBee 可以构建一个由多达数万个无线节点组成的无线传感器网络（WSN）。每个节点类似移动网络的一个基站，在整个网络范围内，实现相互间通信。

（1）ZigBee 的设备类型

ZigBee 网络中有三种拓扑结构，即 ZigBee 协调器（ZigBee Coordinator，ZC）、ZigBee 路由器（ZigBee Router，ZR）和 ZigBee 终端设备（ZigBee End Device，ZED），如图 5-6 所示。

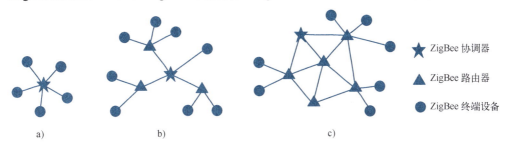

图 5-6　ZigBee 网络的三种拓扑结构
a）星形结构　b）树状结构　c）网状结构

协调器是功能最强的设备，构成网络树的根，可以连接到其他网络。每个网络中只有一个 ZC，因为它是最初启动网络的设备。ZC 存储有关网络的信息，包括充当安全密钥的信任中心和存储库。

路由器负责中继来自其他节点的数据包，从而实现终端设备之间的数据通信。

终端设备只包含与父节点（协调器或路由器）通信的功能，不能为其他设备中继数据。这种关系允许节点在相当长的时间内处于休眠状态，从而延长电池寿命。ZED 需要最少的内存，因此，它的制造成本比 ZR 或 ZC 要低。

（2）ZigBee 的网络结构

ZigBee 支持三种无线网络拓扑结构，分别是星形（Star）、树状（Cluster Tree）和网状（Mesh）结构，如图 5-6 所示。

星形拓扑中（见图 5-6a）没有路由器，协调器负责在网络中路由数据包，启动和维护网络上的设备；终端设备只能通过协调器进行通信。其缺点是容易出现单点故障，协调器失效将导致整个网络崩溃，星形中心会成为网络带宽的瓶颈。

在树状拓扑中（见图 5-6b），协调器负责建立网络，并设置某些关键的网络参数。路由器可以是协调器的子节点，也可以是其他路由器的子节点，负责使用分层路由策略通过网络传递数据和控制消息。终端设备是协调器或路由器的子设备，其仅通过路由器或协调器与另一终端设备通信。树状拓扑的缺点是如果父节点关闭，则子节点将无法访问。

网状拓扑（见图 5-6c），也称为自我修复拓扑，支持完整的点对点通信。网状拓扑中有一个协调器、多个用于扩展网络的路由器和可选的终端设备。协调器负责建立网络并设置某些关键网络参数。在此拓扑中，路由器可以作为终端设备使用，但不能发出信标。由于网状拓扑具有自我修复功能，所以协调器的故障不会导致单点故障。与其他两种拓扑结构相比，网状拓扑最不容易发生链路故障。其缺点是复杂且难以设置，尤其是节点上的开销比较大。

3. ZigBee 的技术特点

ZigBee 技术具有功耗低、数据传输可靠、网络容量大、兼容性好和安全性高等特点。

（1）低功耗

在低耗电待机模式下，2 节 5 号干电池可支持 1 个节点工作 6~24 个月。对于某些工作时间和总时间（工作时间+休眠时间）之比小于 1%的情况，电池的寿命甚至可以超过 10 年。这是 ZigBee 的突出优势，相比较，蓝牙仅能工作数周、WiFi 仅可工作数小时。

（2）低成本

ZigBee 通过大幅简化协议（不到蓝牙的 1/10），降低了对通信控制器的要求。以 8051 的 8 位微控制器测算，全功能的主节点只需要 32KB 代码，子功能节点少至 4KB 代码。而且，ZigBee 没有协议专利费，每块芯片的价格大约为 2 美元，远期目标是几美分。

（3）低速率

ZigBee 工作在 20~250Kbit/s 的速率，分别提供 250Kbit/s（2.4GHz）、40Kbit/s（915MHz）和 20Kbit/s（868MHz）的原始数据吞吐率，能够满足不同低速率数据传输应用的需求。

（4）近距离

ZigBee 相邻节点间传输距离一般为 10~100m。在增大发射功率后，可增加到 1~3km。通过增加路由和节点间通信的接力，传输距离可以更远。

（5）短时延

ZigBee 的响应速度较快，一般从睡眠转入工作状态只需 15ms，节点连接进入网络只需 30ms，进一步节省了电能。相比较，蓝牙需要 3~10s、WiFi 需要 3s。

（6）高容量

ZigBee 可采用星状、树状和网状三种结构，由主节点来管理子节点。一个主节点最多可管理 254 个子节点。同时，主节点还可由上一层网络节点管理，最多可组成包含 65000 个节点的大网。

（7）高安全

ZigBee 提供了三级安全模式，即无线安全设定、访问控制清单（Access Control List，ACL）和对称密码。使用 ACL 可以防止非法获取数据；采用高级加密标准（AES 128）的对称密码，可以灵活确定其安全属性。

（8）工作频段灵活

ZigBee 使用频段为 2.4GHz、868MHz（欧洲）和 915MHz（美国），均为免执照（免费）的频段。

4. ZigBee 技术的应用领域

ZigBee 技术的应用范围非常广泛。其典型应用领域有数字家庭领域、工业领域、智能交通和餐饮行业等。

（1）数字家庭领域

ZigBee 可以应用于家庭的照明、温度、安全和控制等。ZigBee 模块可安装在电视、灯泡、遥控器、儿童玩具、游戏机、门禁系统、空调系统和其他家电产品中。通过 ZigBee 终端设备可以收集各种家庭信息，传送到中央控制设备；或是通过遥控达到远程控制的目的，提供家居生活自动化、网络化与智能化。ZigBee 可以将手机通过无线的方式与家中或办公室内的个人计算机、家用设备或电动开关连接起来，能够使手机用户在短距离内操纵电动开关和控制其他电子设备。

ZigBee 也可以用于家庭保安。家中的门和窗上安装 ZigBee 设备后，当有人闯入时，ZigBee 可以控制开启室内摄像装置；这些数据通过 Internet 或 WLAN 网络反馈给房主，从而实现报警。家电产品如空调、热水器等安装 ZigBee 模块后，用户可以通过 ZigBee 无线网络来控制这些产品。

（2）工业领域

在工业领域，可以通过 ZigBee 网络自动收集各种信息，并将信息反馈到系统进行数据处理与分析，最终实现自动化控制。例如，火警的感测和报警，照明系统的感测与控制，生产线的流程控制等。另外一个典型的例子是无线抄表系统，终端设备采集数据并传输给集抄管理中心，从而无须手动记录电表、天然气表及水表的数据，可以为公用事业企业节省大量开支。

（3）智能交通

如果沿着街道、高速公路及其他地方分布式部署大量 ZigBee 终端设备，可以进一步提高交通的智能化程度，不再担心会迷路。安装在汽车里的终端设备可以随时报告用户当前方位并指示下一步的路线。与 GPS/BDS 相比，基于 ZigBee 的分布式系统能够提供更精确、更具体的信息；即使在卫星信号覆盖不到的楼内或隧道内，系统仍能正常运行。使用这种系统，也可以跟踪公共交通情况，使用户可以适时地赶上下一班车，而不至于在寒风中或烈日下在车站等上数十分钟。另外，基于 ZigBee 技术的系统还可以开发出许多其他功能，例如，在不同街道根据交通流量动态调节红绿灯，追踪超速的汽车或被盗的汽车等。

（4）餐饮行业

ZigBee 在餐饮行业的典型应用是无线点餐。通过在餐厅、吧台、厨房、收银台、处理中心部署的 ZigBee 节点设备构成的无线通信网络，能够实现信息处理的自动化。服务员通过手持点餐终端处理顾客的点单，订单可以通过 ZigBee 网络自动上传到厨房和收银台。

5.2.3 UWB 技术

超宽带（UWB）技术是另一个新发展起来的无线通信技术。UWB 不采用正弦载波，而是利用纳秒级的非正弦波窄脉冲传输数据，因此其所占的频谱范围很宽。尽管使用无线通信，但其数据传输速率可以达到几百兆 bit/s 以上。UWB 非常适用于对速率要求非常高（大于 100Mbit/s）的 LAN 或 PAN。

1. UWB 的发展历程

UWB 源于 20 世纪 60 年代兴起的军用脉冲通信技术，又称为无线电脉冲（Impulse Radio）技术。

1972 年，一种高灵敏的短脉冲接收设备研制成功，加速了 UWB 技术的研究和发展。直到 1998 年，美国国防部才正式启用超宽带（UWB）这一术语，该技术采用上升沿和下降沿都很陡的基带脉冲直接通信。

2002 年，UWB 技术首次获得了美国联邦通信委员会（Federal Communications Commission，FCC）的批准而用于民用通信，发布全球第一个民用 UWB 设备使用频谱规范，使 UWB 技术的研发骤然加速。

2003 年，UWB 美国和欧洲标准发布，这是 UWB 发展的第一个里程碑。

2005 年 3 月，WiMedia 和 Ecma 提交 WiMedia UWB 平台规范，FCC 批准 MBOA-UWB、DS-UWB 的高速产品测试。下半年，英国和日本政府监管部门批准 UWB 方案，支持 UWB 发展。

2006 年，国际电信联盟（International Telecommunication Union，ITU）在确定了各国频谱分配原则后，第一次核准 UWB 全球性监管标准建议。

2007 年 3 月，ISO 正式通过了 WiMedia 联盟提交的 MB-OFDM 标准。WiMedia 联盟最终在标准上胜出，正式成为 UWB 技术的第一个国际标准。同年 8 月，IEEE 802.15.4a 发布，增强了支持 UWB 的 PHY（Physical Layer，物理层）。UWB PHY 分配的频率分为三个范围：1GHz 以下、3～5GHz 以及 6～10GHz。

2010 年，工业 UWB 市场蓬勃发展。

2015 年，大型科技公司开始采用 UWB 技术。

2016 年，汽车生产领域认识到 UWB 的价值。基于 UWB 高精度定位的特点，逐渐应用于汽车防撞系统。

2018 年，IEEE 802.15.4z 开始制定。新的标准中，定义了 LRP（Low Rate Pulse repetition）、HRP（High Rate Pulse repetition）两种 UWB 模式，其中 LRP 是新追加的，而 HRP 则是继承了 IEEE 802.15.4a 中的模式，但是也追加了更多的新特性。

2019 年和 2020 年对于 UWB 技术非常重要。一方面，UWB 技术终于正式进入了主流消费电子产品（iPhone 11 和三星 Note 20 Ultra）；另一方面，2020 年下半年，IEEE 更新了 UWB 的相关标准（802.15.4z），从而为 UWB 进一步进入主流应用铺平了道路。更新标准中，对于 UWB 定位的安全性做了改进，从而可以从理论上进一步防止基于 UWB 的定位被黑客入侵和篡改。UWB 的安全性将在汽车钥匙远程解锁等应用中得到体现。

UWB 在消费电子领域的演进历程如图 5-7 所示。

图 5-7　UWB 在消费电子领域的演进历程

2. UWB 的技术特点

UWB 技术解决了困扰传统无线通信技术多年的有关传播方面的重大难题，具有对信道衰落不敏感、发射信号功率谱密度低、截获率低、系统复杂度低、能提供厘米级的定位精度等优点。

（1）系统结构的实现比较简单

当前的无线通信技术所使用的通信载波是连续的电波，载波的频率和功率在一定范围内变化，利用载波的状态变化来传输信息。而 UWB 技术则不使用载波，它通过发送纳秒级非正弦波窄脉冲来传输数据信号。UWB 系统中的发射器直接用脉冲小型激励天线，不需要传统收发器所需要的上变频，从而不需要功率放大器与混频器。UWB 系统允许采用价格低廉的宽带发射器。同时在接收端，UWB 系统的接收机也有别于传统的接收机，不需要中频处理。因此，UWB 系统结构的实现比较简单。

（2）高速的数据传输

民用商品中，一般要求 UWB 信号的传输范围为 10m 以内。根据经过修改的信道容量公式，民用商品数据传输速率可达 500Mbit/s，UWB 技术是实现 WPAN 和 WLAN 的一种理想调制技术。UWB 技术以非常宽的频率带宽来换取高速的数据传输，并且不单独占用已经拥挤不堪的频率资源，而是共享其他无线技术使用的频带。在军事应用中，UWB 技术可以利用巨大的扩频增益来实现远距离、低截获率、低检测率、高安全性和高速的数据传输。

（3）功耗低

UWB 系统使用间歇的脉冲来发送数据。脉冲持续时间很短，一般为 0.20～1.5ns，有很低的占空比。系统耗电很低，在高速通信时系统的耗电量仅为几百微瓦至几十毫瓦。民用 UWB 设备的功率一般是传统移动电话所需功率的 1/100 左右，是蓝牙设备所需功率的 1/20 左右。军用的 UWB 电台耗电也很低。因此，UWB 设备在电池寿命和电磁辐射上，与传统无线通信设备相比，有着很大的优势。

（4）安全性高

作为通信系统的物理层技术，UWB 技术具有天然的安全性能。由于 UWB 一般把信号能量弥散在极宽的频带范围内，对于一般通信系统来说，UWB 信号相当于白噪声信号。并且在大多数情况下，UWB 信号的功率谱密度低于自然的电子噪声的功率谱密度，从电子噪声中将脉冲信号检测出来是一件非常困难的事。采用编码对脉冲参数进行伪随机化后，脉冲的检测将更加困难。

（5）多径分辨能力强

由于常规无线通信的射频信号大多为连续信号或其持续时间远大于多径传播时间，多径传播效应限制了通信质量和数据传输速率。但超宽带无线电发射的是持续时间极短且占空比极小的单周期脉冲，多径信号在时间上是可分离的。假如多径脉冲要在时间上发生交叠，其多径传输路径长度应小于脉冲宽度与传播速度的乘积。由于脉冲多径信号在时间上不重叠，很容易分离出多径分量以充分利用发射信号的能量。大量的实验表明，对常规无线电信号多径衰落深达 10～30dB 的多径环境，对超宽带无线电信号的衰落最多不到 5dB。

（6）定位精确

冲激脉冲具有很高的定位精度。采用 UWB 技术，很容易将定位与通信合一，而常规无线电难以做到这一点。UWB 技术具有极强的穿透能力，可在室内和地下进行精确定位，而卫星定位系统只能工作在定位卫星的可视范围之内。与卫星定位提供绝对地理位置不同，超宽带无线电定位器可以给出相对位置，其定位精度可达厘米级。此外，超宽带无线电定位器更便宜。

（7）工程简单、造价便宜

在工程实现上，UWB 技术比其他无线技术要简单得多，可全数字化实现。它只需要以一种数学方式产生脉冲，并对脉冲进行调制。而实现上述过程所需的电路都可以被集成到一个芯片上，设备的成本很低。

3．UWB 技术的应用场景

UWB 技术的应用场景大体可以分为以下几种情况。

（1）短距离点到点通信

短距离点到点通信面向各种移动设备之间的高速信息传输，例如，PDA、MP3、可视电话、5G 手机等设备之间的短距离点到点通信，包括多媒体文件传输、游戏互动等。

（2）设备间无线连接

设备间无线连接主要实现桌面 PC、笔记本计算机、移动设备与各种外设之间的无线连接。

（3）数据传输

高速 UWB 的数据传输速率可以达到数百兆 bit/s，可用于构建短距离高速 WPAN、家庭无线多媒体网络以及替代高速率短程有线连接，实现数字电视、家庭影院、DVD 机、投影机、数码相机、机顶盒等家用电子设备之间的可视文件和数据流的传输。其典型的通信距离是 10m。

（4）系统管理

结合 UWB 的高精度定位能力，用于企业仓储管理和智能交通等各类物联网系统中，为精准的存货追踪管理、汽车防撞系统、测速、收费系统提供解决方案。

拓展阅读 5-5：基于 UWB 的车用雷达

（5）高指向性应用

UWB 和雷达信号的相似性启发了使用 UWB 做高指向性应用。众所周知，雷达通过天线阵列可以实现高指向性扫描，因此 UWB 配合类似的天线设计，也可以实现高指向性的信号传输，这一点在苹果 iPhone 11 和小米的"一指连"中都得到了充分应用。例如，小米的"一指连"使用了天线阵列，从而实现高指向性 UWB 信号收发，最终实现了手机可以把视频投影到它所指向的电视上的效果。

拓展阅读 5-6：
小米的一指连

（6）其他应用

窄脉冲具有很强的穿透各种障碍物的能力，例如，墙壁和地板。UWB 技术还能实现隔墙成像，因此具有比红外通信更为广泛的应用，如在军事、勘探、安全等领域。

5.2.4 NFC 技术

NFC 是一种近距离非接触式的识别和互联技术，由 RFID 技术演变而来。NFC 能够近距离进行识别和数据传输，工作于 13.56MHz，最大传输速度只有 424Kbit/s，有效传数据率距离只有 10cm 左右。NFC 支持双向连接和识别，使设备之间访问更具安全性和保密性。

1．NFC 的通信模式

NFC 技术提供主动和被动两种通信模式。

（1）主动模式

主动模式下，NFC 设备要向其他设备发送数据时，发起设备和目标设备都需要产生自己的射频场，可以快速获取连接设置。发起设备指最先发起初始命令的设备，目标设备指应答一方，两者采用的是半双工通信技术，防止数据冲突。

（2）被动模式

被动模式下，发起设备提供整个通信的射频场，选择合适的传输速度。目标设备不必产生 RF 场，只需使用负载调制（Load Modulation）技术，以相同的速度将数据传回发起设备。移动设备通过采用被动模式进行通信，能够大幅降低功耗，并延长电池寿命。

2．NFC 的技术特点

与其他同类技术相比，NFC 技术具有如下特点。

（1）安全性较二维码高

和成本较低的二维码相比，NFC 是双向的，最终解密后的密钥有加密算法，又是存储在手机加密芯片里的，所以其安全系数高。

（2）方便快捷

NFC 支付不需要联网，也不用打开 APP 再调出，直接在终端前轻轻一挥就可以。例如，小区门禁、公交刷手机等触碰一下就可以，效率非常高。

（3）具有物理属性

NFC 允许两个设备之间进行数据传输，如传文件等。

（4）成本高

NFC 一直被叫作"沉睡的巨人"，最重要的一个原因就是交互。只有一个 NFC 设备还不行，必须相互支持（硬件标准和协议），才能进行识别。

3．NFC 的业务模式

NFC 的业务模式包括卡模拟模式、读卡器模式和点对点模式三种。

（1）卡模拟模式（Card Emulation Mode）

NFC 手机可以模拟成为一张非接触卡，读写器通过读取 NFC 手机采集数据，然后将数据传送到应用系统进行处理,由于卡片通过非接触读卡器的 RF 场来供电,即便是模拟设备(如手机)没电也可以工作,可应用于移动支付、公交乘车、门禁管制等。

(2)读卡器模式(Reader/Writer Mode)

NFC 手机可以通过触碰 NFC 标签(Tag),从中读取非接触标签中的内容,作为非接触式读写器,采集数据并发送到对应的应用进行处理。读卡器模式可应用于海报、酒类防伪读取等。

(3)点对点模式(P2P Mode)

两个 NFC 设备可以近距离进行数据交换。NFC 的传输距离较短,但传输创建速度较快,能够实现点对点数据传输。点对点模式可应用于快速建立手机数据传输、蓝牙连接等。

5.3 近距离无线通信技术的应用

随着智慧物流的不断发展,近距离无线通信技术在物流系统中的应用不断深入。Bluetooth、WSN、UWB 和 NFC 等技术能够提高智慧物流系统末端的信息感知和交互能力,并进一步促进物流运营与管理模式的创新与发展。

5.3.1 Bluetooth 在物流中的应用

Bluetooth 因其低功耗、抗干扰、对等连接、成本低等特点,在物流领域也逐渐被重视,用于物流设备之间近距离的数据传输和精准定位。

1. 车载蓝牙系统

车载蓝牙系统中的蓝牙技术是从手机的蓝牙技术延续下来的,拥有相同的发射系统。目前,车载蓝牙系统在家用汽车领域已经得到广泛应用,其相关技术也可以很快迁移到物流运输车辆上。车载蓝牙系统能够(或可能)提供的功能非常丰富。这里主要结合物流运输的需求,介绍汽车免提通信、蓝牙后视镜、蓝牙自诊断技术、蓝牙防盗系统、汽车方向盘控制系统、车轮力传输系统、车辆运行工况记录系统、物品运输状态记录系统八个方面的功能。

(1)汽车免提通信

如今许多汽车上都装有车载电话,主要是运用了蓝牙的无线通信功能。车载电话可自动识别使用者的手机卡,对其中的具体信息做出详细的分类,如用户的通信录、电话的归属、手机自身的号码,同时可以自动连接车载网络。这些功能使得用户的手机与车载电话通信以无线通信的方式连接起来。当用户在驾驶过程中需要接听或者拨打电话时可以直接使用车载电话通信,这样对于驾驶的安全性也有着重大的意义。

(2)蓝牙后视镜

汽车的蓝牙后视镜是一种类似于新型车载手机的显示器。它将汽车的后视镜与手机通过无线蓝牙功能连接在一起,这使得其成为一种前沿的车载通信设备。此时,后视镜就可以显示接听电话时的来电号码,并自动生成免提功能。后视镜有一个内置电池,通过汽车为其供电。这种应用增加了使用者驾驶过程中的便捷性,无须通过手机屏幕就可以直接看到来电的手机号码。

(3)蓝牙自诊断技术

由于长期驾驶会使得汽车出现一定的故障,而部分隐蔽的故障无法及时通过肉眼发现,将会给使用者带来极大的安全隐患。车载蓝牙自诊断技术能够通过无线蓝牙的传输发送到用户的手机中,让驾驶者直观地了解到汽车的性能和可能出现故障的原因。通过一种新型的数据表达,自动为汽车进行初步的评估,保证行车驾驶的安全系数。同时,蓝牙自诊断技术的检测数据还可以通过用户的手机发送给专业的汽车维修公司,由专门的维修技术人员来进行全方面评估,杜绝可能存在的安全隐患，使得一些驾驶新手也能够放心地开车出行。

（4）蓝牙防盗系统

如何在停车时既能有效防盗，又能增加使用防盗系统的便捷性成为当下汽车领域的焦点。现今使用的蓝牙防盗系统主要是将手机与车载的蓝牙进行无线连接，然后使用专门的软件来对车门进行上锁和解锁。而发动机的防盗主要是由车载蓝牙来实现对发动机启动电路的通断控制。当车载蓝牙能够连接到之前匹配的手机蓝牙时，发动机才可以正常的发动。而一旦手机蓝牙超出车载蓝牙的连接范围，汽车的发动机则会处于无法启动的状态。针对车门和发动机的防盗，采用了两种蓝牙防盗系统，而这两种系统可以使用两种不同的认证密码，增加使用的安全系数。

（5）汽车方向盘控制系统

随着科技的不断高速发展，汽车方向盘也朝着智能化的方向发展，越来越多的汽车也通过蓝牙的数据传输功能来实现对汽车方向盘面板相关操作的控制。这种汽车方向盘控制系统的成本相对较低，同时稳定性好、安全系数高。

（6）车轮力传输系统

车轮力传输系统要求高精度的标准，而蓝牙无线技术能够在数据传输中提高车轮力传感器采集数据的精度。汽车在行驶过程中的受力是多方向、多维度的，如何很好地采集这些受力，对车辆的性能评估有着重要的意义。这样可以让专业的评测人员了解到车辆在动态行驶过程中的各方面性能系数。

（7）车辆运行工况记录系统

车辆运行工况是车辆整个行驶是否安全的有力数据。蓝牙技术通过汽车装置中的采集设备，有效获取准确的数据。其中数据收发芯片具有安装携带简便、传输数据准确性高等多种优点，蓝牙技术无线采集的数据更方便集中处理和控制。

（8）物品运输状态记录系统

物品运输状态记录系统用于收集物品运输过程中的状态信息并记录，可用于作为事后责任区分的重要证据。状态信息包括储藏环境信息（冷链物流）、行驶状态数据（倾角、振动、碰撞等）和驾驶行为数据（急加速、急刹车、疲劳驾驶等）。

2．基于蓝牙技术的仓储 LBS 应用

仓储 LBS（Location Based Services，基于位置的服务）中主要是应用蓝牙技术（蓝牙 5.0）的无线通信和室内精准定位能力。

（1）LBS 系统的硬件模块

LBS 系统的硬件组成模块包括定位与综合感知终端、定位基站、网络连接与交换设备、配额与引擎服务器以及业务平台支撑集群五个模块。不同模块硬件设备分别承担数据获取与指令传达、数据透传与预处理、数据传输与转发、数据计算与呈现以及资源优化与远程支持等方面的任务。

1）定位与综合感知终端。

定位与综合感知终端涉及多种形态的终端设备，包括定位信标、定位工牌、资产标签、穿戴设备、手机移动终端和专用移动终端等。定位信标只具备简单的定位功能。定位工牌是针对工作场景下员工的定位标签，除了最基本的定位、模式转换和告警接收功能，定位工牌写入并可读取员工相关信息，对仓储空间的业务操作人员位置管理和调度提供基础数据支撑。资产标签除了定位标签的定位、模式转换和告警接收三个基本功能，主要涉及物资仓储环境监测方面的功能。穿戴设备在物流仓储环境中包括不同的形态，头盔、靴子、手套和手环等都内置了基础定位模块的基本功能。手机移动终端则是将仓储物流场景中的工作人员手机作为定位终端，除非是专门的定制机型，一般情况只具备基础信标的定位功能。专用移动终端是针对仓储物流空间 LBS 的定制开发的终端设备，除了基本的定位三项功能，还可以增加复杂信息的下发显示与现场信息的录入上传。

2）定位基站。

定位基站作为整个定位系统中信号处理与数据透传的核心中转节点，固定在物流仓储空间中的确定已知位置。定位基站位置测量精确性将很大程度上影响最终定位结果的准确性。

3）网络连接与交换设备。

在整个 LBS 网络系统中，定位与综合感知终端和定位基站利用电磁波通信协议进行通信和数据交换；基站端与服务端或平台支撑集群的通信是通过有线网络或无线通信进行的，通过有线网络时需要经由交换机对数据进行转发；服务端与平台支撑集群也是通过有线网络通信，通过链路中交换机与路由器进行数据包的转发和转换。

4）配额与引擎服务器。

配额与引擎服务器为 LBS 提供基本的硬件支撑，存储所有 LBS 服务所需的信息并响应用户的定位服务请求。LBS 服务所需的信息分布式存储于多个服务器中，每个服务器只负责管理某一区域的信息。配额服务器接收用户定位请求，并根据位置信息和用户的选择向引擎服务器转发定位请求，然后从引擎服务器接收定位回复，从而向用户提供定位服务。

5）业务平台支撑集群。

业务平台支撑集群并非必需的组成部分，主要针对大容量支撑与复杂功能处理的二次集成应用，部分项目还需要远端灾备功能。平台支撑集群的组成包括计算资源、存储资源与内外网络资源。各项资源的数量需求参考应用场景终端支持体量、延迟时间要求，以及应用复杂程度等方面，再综合要求和考虑经济型、冗余度与安全性等指标，然后进行硬件配置与软件设计。

（2）LBS 系统架构

LBS 系统的基本架构包括感知层、网络层、引擎层（支撑层）与应用层，如图 5-8 所示（由右至左）。

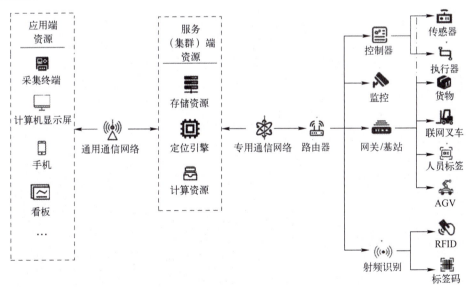

图 5-8　LBS 系统架构

感知层涵盖基本的感知物联终端，包括由控制器连接的传感器和执行器；定位基站（也可充当网关作用）连接定位信标固定端——货物、联网叉车、人员与 AGV；射频识别终端连接 RFID 标签或货物二维码。

网络层主要有网络中间设备（路由器、交换机）和网络线缆。服务端资源包括上端集成计算服务器、基础定位引擎服务器、存储服务器以及服务器间的连接线缆资源。部分物流仓储项目需具备远端控制与灾备资源。

应用端涵盖多种不同的显示硬件形态，包括具备显示效果的采集终端、投屏看板、中控大屏、桌面端计算机、手机等。其中的服务应用包括了多种形态，可针对更为丰富复杂的服务应用进行二次集成开发，可支撑潜在上层用户对围栏报警、轨迹查询和热点分布等应用功能的位置数据支持。

（3）LBS系统的作业流程

LBS系统可基于专线网络、内部网络或外部互联网环境，系统包括BLE通信管理、入库管理、仓位管理、库存管理（包括在库物品监控、查询和盘点）、出库管理、合同管理、报表管理、费用管理和系统管理等模块，如图5-9所示。其作业流程可划分为验收入库、在库存放、拣货和验收出库四个环节。

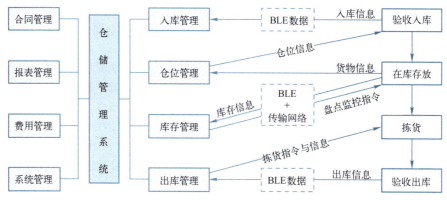

图5-9 LBS系统的作业流程

验收入库环节，入库信息通过BLE发送到仓储管理系统；在库存放环节通过BLE结合传输网络的方式进行库存信息和盘点监控指令的传输；在验收出库环节，具体出库商品信息通过BLE无线传输给系统。整个作业过程中，可通过系统提供的LBS服务，实时了解货物、叉车、人员与AGV的位置，从而实现人员和设备调度的优化。

（4）特定场景管理

仓储行业总体可区分为制造业仓储、第三方物流、电商自建仓储。不同物流仓储体系的LBS应用对象、场景环境、约束目标均存在一定差异，因此在功能细节、系统架构和运维支持等方面需要进行相应的差异化设计与安排。

针对厂内物流，覆盖区域均部署定位基站，物料框绑定墨水屏定位标签，人员佩戴相应的工牌标签；通过精准定位，工人把物料框直接推到库位上，自动完成入库、出库、移库，不再需要扫码流程；通过墨水屏标签显示物料号、类别、工艺、数量和生产单号等信息。

针对转运物流，在转运厂内部署定位基站，在PDA上黏贴安装定位标签。货物在垛口卸车时，在PDA扫描货物条码的同时进行定位（WMS系统从定位系统里面获取PDA位置，即为该货物的位置）。货物运送到指定库位时，再次用PDA扫描货物条码，完成货物上架入库，并记录该货物最终位置。找货/出货时，只需要输入货物条码，即可知道该货物的真实存放位置。

电商行业具有库存周转快、进出库效率要求高、品类丰富（SKU量大）、商品规格差异大、出库订单SKU数少的特点，需要在货物标签端对货物品类信息建立多层次的字段结构。在场内物流与转运物流的功能基础上，LBS 服务可建立针对电商物流仓储品类进出库组合规律的数据分析子系统，针对进出库的货品频次、体量与组合规律，不断调整和变化货物仓储的位置、字段层次规律与在库体量。

针对吊运工具，需要将其位置纳入坐标管理，将采集的（x，y，z）位置数据上传至平台。基于吊装端与货物的匹配，实现对货物管理的三维可视化，提高入库、出库、移库的效率，减少人力投入，提高智能化管理水平。

拓展阅读 5-7：
"5G+蓝牙AOA"智慧仓储仓储解决方案

针对人车安全，需要给车辆安装车载定位标签及声光报警器，人员佩戴相应标签。人车距离小于设定的预警区域安全值，报警器发出闪烁提示。通过人工设定，系统也可启用免报功能。

5.3.2 WSN 在物流中的应用

无线传感器网络（WSN）是由若干无线传感器节点所组合成的网络。无线传感器是传感技术和网络通信技术的融合，通过将无线网络节点附加采集各种物理量的传感器而成为兼有感知能力和通信能力的智能节点，是物联网的核心支撑技术之一。WSN 的体系结构如图 5-10 所示，节点任意散落在被监测区域内，节点以自组织形式构成网络，通过多跳中继方式将监测数据传到 Sink 节点，最终借助长距离或临时建立的 Sink 链路将整个区域内的数据传送到远程中心以进行集中处理。WSN 在物流中的典型应用主要为仓储环境监控和运输状态监控。

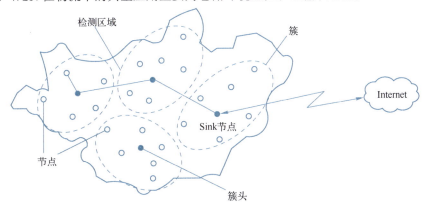

图 5-10　WSN 的体系结构

1. 仓储环境监控

WSN 可用于仓库环境监测，满足温度、湿度、空气成分等环境参数的分布式监控的需求，实现仓储环境监控智能化。从实际业务需求的角度，主要实现以下四个方面的功能。

（1）信息全面感知

信息全面感知主要是通过前端的无线传感器节点实现的。分散部署在仓库内部各个区域的各类传感器可以实时采集仓储环境中的温度、湿度、光照、火焰、烟雾、特殊气体浓度、人员活动状态等信息。

无线传感器摆脱了线缆的束缚，部署更加灵活，基本不需要原有基础设施的支持，因而也非常适合于老旧仓库的升级改造。同时，系统还具有很强的可扩展性，可根据实际应用需求的变化，适时地新增或移除传感器节点。例如，某个传统的仓库经改造后用于药品存放，则只要根据药品仓储管理的需要，新增对应的传感器即可。

（2）数据实时传输

传感器采集的数据需要传递给仓储环境监控系统，才能进一步做出正确的决策。仓储环境数据的传递主要依靠 WSN 和仓库内部局域网实现。如果采取云平台的方式，还需要 Internet 的支持。

如图 5-10 所示，前面传输器节点采集数据后，先是在 WSN 域内逐跳传递给 Sink 节点，再经由 Sink 节点转发至仓库内部局域网或 Internet，最终到达仓储环境监控系统数据库。

（3）状态实时监控

状态实时监控是基于信息全面感知和数据实时传输的一种具体应用。仓储环境监控系统可以根据不同区域物品的储存要求，对各项指标有侧重性地监控，确保物品所处环境状态良好。状态信息可以通过 PC 端、大屏或移动端等多种方式展现给用户。

（4）意外情况智能处理

意外情况智能处理是仓储环境监控的最终目标。环境监控过程中，通过预设模型和阈值，可对温湿度超标、非法入侵、火灾火情等进行自动报警并主动采取对应的处理措施。例如，当温湿度超出规定的范围时，可以自动（或手动）开启相应的空气调节设施；当检测到未授权人员进行某个区域内，可以向管理人员发出报警。

2. 运输状态监控

随着经济的持续发展，对物流行业也不断提出更高的要求，其中货物的在途运输是监管的薄弱环节。在当前的货物运输、交接、监控过程中，通过人为控制运输网络信息和运输作业，不仅效率低，而且成本高，只能对在途货物的位置信息进行简单记录，不能对货物的状态参数进行存储和分析，更无法满足企业对货物追踪溯源的需求。无线传感器的应用能够实现对货物状态的追踪及环境变化的监控。目前，主要集中于某些特殊的商品，如冷链生鲜食品、医药品、贵重物品、危化品等。

（1）冷链生鲜食品物流监控

随着互联网电子商务的不断发展，生鲜食品的网购成为热门。然而生鲜食品的物流运输问题始终是困扰商户与消费者的最大问题。如何保存和快速运输生鲜食品，以最大限度保证生鲜食品的品质对物流提出了更高的要求。基于无线传感器技术的生鲜食品运输监控平台，能够实时采集生鲜食品在仓储及运输过程中的信息，如温湿度参数、食品状态、CPRS 定位信息。当监控到运输柜中的温度超过阈值时还可以发出警报，提醒管理人员及时处理，从而保证食品高质量的交付。

（2）医药品物流监控

医药品在仓储及运输过程中很容易受各种因素的影响而产生质变问题。其次，医药品本身具有特殊性，如冷链药品、麻醉药品、激素药品、精神药品，每种药品都有各自的储存环境。因此，对药企来说，搭建完备的药品质量监测体系，对药品的仓储、配送、装卸、运输等各个环节精确掌握是至关重要的。

基于无线传感器的智能监控终端，可助力药企随时随地获取药品运输路径的环境变化和运输状态；在车辆上配备先进的传感器设备对药品放置空间的温度、湿度、震动、光照等进行监测并记录，能够保证运输平稳度和运输时间，进而使药品安全、完整、按时地达到收货方。

除此之外，通过将卫星导航系统安装到物流企业的药品配送运输车上，可在冷链物流中进行车辆调度、跟踪控制，进而确保药品质量。

（3）贵重物品物流监控

贵重物品是指单件货物价格比较昂贵的货物，如珠宝首饰、出土文物、手工艺品、家用电器等。贵重物品的运输对物流监测体系提出了更高的要求，一方面要保证物品的完好无损，另一方面要具备防盗追踪功能。

结合 RFID 技术、卫星定位技术和无线传感器技术，能有效地对贵重物品的运输环节进行实时采集和跟踪，例如，当贵重物品仓储或运输过程中遭遇位移、震动、水浸、开箱或运输线路偏移、超时延误等情况时，系统能够实时监测并触发警报，管理人员就会第一时间获取物品运输过程中的相关信息。通过可视化分析，极大地提高了贵重物品运输过程中的透明性和安全性，同时也为贵重物品签收后异常破损情况而引起的申诉理赔提供依据。

（4）危化品运输物流监控

随着工业化的发展，危化品在物流业的比重越来越重，危化品在运输中被盗事故和泄漏事故不断发生，政府及社会各界也积极投身于危化品事故的预防治理，对危化品物流监控系统的需求也不断上升。

利用传感器技术实时采集危化品周围环境参数，深度监控危化品仓储运输过程中的运行状态及运行轨迹。当平台监测到危化品周围环境的相应参数达到临界阈值时，系统随即按照预先设定的预警方案做出报警响应，管理人员能够迅速调控驾驶员采取相应的决策方案，从而有效降低运输过程中的损耗。

拓展阅读 5-8：G7 平台的传感器应用

5.3.3 UWB 在物流中的应用

UWB 在物流中主要使用的是其精确定位的功能，其主要应用场景为仓储管理。借助于 UWB 的精准定位可以进一步提高仓储管理过程中的感知、协调和控制能力，从而实现仓储管理的现代化与智能化。实际应用中，一般需要融合 RFID 读写系统、UWB 定位系统和 MES 物流系统，目标是让资产会说话，做到融合物流。

1. 物资管理系统

现在大部分厂商都使用过或者尝试使用 RFID 读写系统。RFID 只能实现一个区域定位的效果，处于被动管理的过程。随着现代化工厂的升级趋势，需要完美地将 UWB 精确定位系统与 RFID 系统无缝结合，实现无缝升级的场景，使物资管理从被动变为主动，全面提升工厂的产能和效率。同时，接入厂内基础 MES 系统，实现三系统完美融合，以低成本、少人力方式彻底实现融合物流智能工厂，实现物料位置的实时定位。

当物料进入仓储时，将定位标签安装到物料上，通过标签与基站进行通信，实时跟踪位置；当需要在后台查看某一个物料的信息时，借助融合物流系统，可以在仓储模拟环境中显示物料走向，在确定的时间区间内清晰呈现物料移动轨迹，之后就可以根据平台显示位置精准查看，解决物料寻找困难的问题。

2. 作业场地管理

依靠 UWB 精准定位技术（厘米级）可以在融合物流系统上模拟仓储地图，并在地图上进行区域划分。以区域为单位可以适应仓储企业分类堆料、分类存储管理、分类调度等需求，灵活处理仓储实际业务。结合危险区域划分还可以报警提醒进入人员。结合区域内自动盘点，可以精确计算区域内物料数量。

3. 设备及人员安全管理

在仓储区域内，通过绑定电子标签，可实现对人员和车辆的实时精确定位。人员使用的电子标签可以是帽子、工牌或手环等。

当人员距离移动叉车较近或者靠近划分好的危险电子围栏区域时，人员佩戴的标签就会报警提示佩戴人，并将记录上传至后台系统，将危险防患于未然。叉车安装电子标签后就能精确计算它与目标的距离，可以帮助叉车避免碰撞物料或碰撞人员；在危险区域作业过程中，当叉车过于靠近物料、人员、危险区域时，叉车标签就会提示驾驶员，让驾驶员及时做出反应，从而避免危险发生。

5.3.4 NFC 技术在物流中的应用

物流行业中的仓储、拣选、配送等场景都可以应用 NFC 技术，主要的应用包括人员身份认证、物品追溯和防伪验证以及隐私保护等。

1. 人员身份认证

人员身份认证的方式有很多，但 NFC 有其特有的优势。NFC 在传输范围上也许比不上蓝牙、红外等通信手段，但是其安全性非常高，特别是在 SE 安全元件的帮助下，NFC 卡模拟功能成为身份识别的重要手段。

拓展阅读 5-9：
门禁系统应用

拓展阅读 5-10：
虚拟汽车钥匙

NFC 芯片中可以记录用户信息，用于用户的身份识别与认证。与 RFID 标签和 IC 卡等方式不同，支持 NFC 功能的设备（如智能手机）可以模拟成 NFC 标签，并且一台设备可以模拟多个标签，所以其灵活性和便捷性更高。因此，基于 NFC 的人员身份认证已经开始在门禁管理、考勤管理、访客管理和巡更管理等场景中使用。

2. 物品追溯和防伪验证

基于 NFC 技术的物品标签能够记录流转过程，提高物流过程的可追溯性，包括商品本身的防伪验证、过程的防伪验证（食品、医药以及需要认证的行业）、特种检验和资质证书验证等。

NFC 标签和二维码同样是标签技术，但是其利用了射频标识的特性，增加了状态、时间、地点等多种信息，而不仅仅是标记。NFC 标签记录的是动态信息，信息记载会跟伴随物体和商品状态的变化而更新。同时，NFC 标签可以设置级别和权限的差别，不同操作人员可看到的和可写入的信息不同。另外，NFC 标签能够和手机交互，利用云计算引入外部关联信息（包括图文）。所以，NFC 标签追踪的不仅仅是物，还包括过程和状态，使物流进化为工作流，从而实现过程控制，而且简化了书面工作，避免差错。其具体过程如图 5-11 所示。

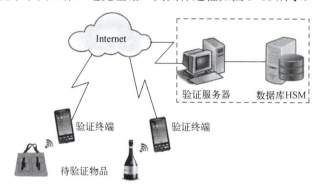

图 5-11 物品追溯和防伪验证过程示例

3. 隐私保护

随着社会经济和电子商务的发展，快递行业的发展态势良好，但也出现了大量的问题。其中，快递单的随意摆放和隐私泄露成为让网购客户日益关注的话题，快递业隐私保护问题也成为大家日益关注的焦点。但是目前快递行业对这些问题并不是特别重视，而个人隐私的保护和快递公司员工的素质以及产品配发流程都有很大的关系。传统的快递派发已无法满足人们对隐私保护的特殊要求，因此，加强快递行业隐私的保护和监管，结合新媒体时代的特点开发全新的客户信息保护模式刻不容缓。基于 NFC 的非接触式智能卡能够较好地解决这一问题。

拓展阅读 5-11：
NFC 在商超和服装零售中的应用

物流中用户的信息可以存储在智能卡中，通过设备识别功能授权合法用户进行某些操作（读取或写入），可以安全地存储用户信息。快递员在收发快递时，使用特制的读写器才可以读取用户的信息，然后直接通过网络数据平台向用户发送短信。这种方式既提高了快递工作效率，又可以保护用户的隐私。

相对于传统的物流业用户数据存储媒介，智能卡具有很大的优势。在数据储存上，与传统的条码标签相比容量更大，而且数据可随时更新，可以读写与擦除。在读写速度上，与条码相比，无须垂直对准扫描，读写速度更快，可多目标识别，可运动识别，提高货物运输效率。在使用方面，加密贴体积小、容易封装。在安全方面，加密贴本质为专用芯片，序列号唯一，很难复制。同时加密贴在耐用性和反复利用上都具有较大优势，适合用于保护用户隐私。

拓展阅读 5-12：
基于 NFC 的物流隐私信息保护

本章小结

本章主要介绍了 Bluetooth、ZigBee、UWB 和 NFC 等近距离无线通信技术，它们是智慧物流系统末端设备无缝接入的基础和支撑。低成本、低功耗和对等通信，是近距离无线通信技术的重要特征和优势。

基于近距离无线通信技术的设备一般在末端以无线传感器网络（一般基于 ZigBee）或移动 Ad hoc 网络形成无线自组织网络，采集和传输物流作业场景中各种信息。Bluetooth 用于构建车载蓝牙系统，并为传统仓库管理系统提供 LBS 服务。WSN 被广泛应用于仓储环境与运输状态监测、危险品物流管理、冷链物流等场景中，提高对物流场景的感知能力。UWB 在仓储管理中的应用主要使用的是其精确定位功能，能够进行物资管理、场地管理以及设备和人员的安全管理。NFC 一般用于物流系统中的人员身份识别、物品追溯与防伪验证以及物流业的隐私保护等。

练习与思考

一、思考题

1. 什么是近距离无线通信技术？具有哪些特点？
2. 常用近距离无线通信技术有哪些？
3. 蓝牙技术有哪些特点？
4. ZigBee 技术有哪些特点？
5. UWB 技术有哪些特点？
6. NFC 技术有哪些特点？

二、论述题

1. 简述 Bluetooth 技术在物流中的应用。
2. 简述 WSN 技术在物流中的应用。
3. 简述 UWB 技术在物流中的应用。
4. 简述 NFC 技术在物流中的应用。

三、案例分析

快递面单成信息泄露重灾区

在快递实名制全面普及后，一张小小的快递面单上，姓名、电话、地址等个人信息一应俱全，快递面单成为个人信息泄露的重灾区。

2022 年 6 月 28 日，浙江余姚警方通报打掉一条新型侵犯公民个人信息的黑灰产业链。该团伙利用木马软件盗取始发云仓快递面单信息 500 余万条并卖给诈骗团伙，半年获利 3000 余万元。

据犯罪嫌疑人交代，快递单面依据新鲜度、类别标价，价格最高的是单品类的实时面单，多为当天生成、还未签收的，常见单品有母婴、化妆品、服装等。平均起来，一张快递面单以 1~2 元价格卖出。经过层层加价，快递面单最终以 5.5~7 元卖到境外"料商"手中，成为网络诈骗等电信违法活动的"武器弹药"。

问题：

1．早在 2017 年，部分快递企业和平台就曾尝试推出隐私面单（将收件人手机号码中间 4 位以星号代替，或隐去具体地址）。试分析隐私面单的优势和不足。

2．请思考如何使用 NFC 技术解决由快递面单导致的隐私泄露问题，并给出初步的技术方案。

第6章 局域互联技术

学习目标

- 理解现场总线技术的本质和特点。
- 熟悉主流的现场总线技术标准。
- 了解现场总线控制系统的构成与结构。
- 掌握以太网的分类及特点。
- 熟悉以太网的组网设备及常用方案。
- 熟悉常用的 WiFi 技术标准及其特点。
- 熟悉常用的 WiFi 组网设备及组网方式。
- 初步具备设计智慧物流多场景网络建设方案的能力。

导入案例

零漫游实现全覆盖

广西柳州医药股份有限公司是一家以医院销售为主、零售药店和第三终端并重发展的区域性医药流通企业。柳州医药现代物流配送中心总投资 3 亿元，总建筑面积 16.6 万 m^2，是柳州乃至全广西地区医药运输和配送的重要物流中心之一。

在新物流中心，如何利用无线网络提升物流环节的生产效能是物流园网络建设的核心问题。但仓库环境复杂，对无线网络部署提出了挑战。近 6000m^2 的仓库区域货架林立，堆满玻璃及液体货物后，扫描枪因无线信号遮挡无法正常工作，同时仓库内移动扫描需要无线信号不停切换漫游，影响效率；收发货区货品临时堆放会遮挡信号，通常有 30~50 人进行条码扫描且经常移动，存在设备信号干扰及漫游问题。

根据客户仓库场景需求，锐捷为客户推荐了仓储物流无线解决方案，将"1 分 48 零漫游技术"引入仓库货架高立的场景。通过智分基站和智分单元，将 48 个无线天线均匀分布在仓库区顶部，每根天线的实际覆盖半径为 7~8m。方案既可以确保在货架林立的场景下信号覆盖，又可以让终端在各个天线之间零漫游，数据连接不中断，很好地解决了仓库场景的问题。

针对收发货区的场景需求，锐捷推荐使用了仓储物流无线解决方案的"同频组网技术"。10 台 AP 进行同频组网，使用相同的 SSID、MAC 地址和信道，很好地解决了高密度布放情况下的信号干扰问题；而由于 10 台 AP "长得完全一样"，扫描枪认为是工作在同一个 AP 下，不会自主进行 AP 间的切换，实际切换过程由 AC 控制完成，这使得扫描枪感知不到 AP 的切换，实现了信号的零漫游。

仓库、货场、配送中心、物流园区、转运中心、港口码头、货运机场等物流作业场所是智慧物流系统中重要的节点，同时也是物流信息产生、汇聚和分发的节点。这些场所在物理空间上的覆盖面积从数千平方米至数平方千米，区域范围内的网络连通是确保信息及时收发和资源实时共享的重要基础，也是智慧物流环境下各种业务顺利实施的必要条件。本章将立足于这些区域的内部信息交互需求，分析和介绍其中的组网和通信问题，涉及的技术主要有现场总线技术和局域网技术。其中，局域网主要从实际应用角度出发，重点介绍以太网和 WiFi 两种技术。

6.1 现场总线技术

现场总线（Fieldbus）是控制（Control）技术、计算机（Computer）与通信（Communication）（即 3C 技术）发展汇聚的结果。它主要解决工业现场的智能化仪器仪表、控制器、执行机构等现场设备间的数字通信以及这些现场控制设备和高级控制系统之间的信息传递问题。由于现场总线具有简单、可靠、经济实用等一系列突出的优点，因而受到了许多标准团体和计算机厂商的高度重视。现场总线技术广泛应用于物流自动化领域中的底层数据通信网络。

6.1.1 现场总线技术概述

1. 现场总线技术的演变

20 世纪 70 年代以前，控制系统中多采用模拟量对传输及控制信号进行转换、传递。由于其精度差、受干扰信号影响大，因而整个控制系统的控制效果及系统稳定性都很差。

20 世纪 70 年代末，随着大规模集成电路的出现，微处理器技术得到很大发展。微处理器具有功能强、体积小、可靠性高的特点，通过适当的接口电路用于控制系统，控制效果得到提高。但是尽管如此，还是属于集中式控制系统。

20 世纪 80 年代初期，计算机和微处理器有了突破性的发展，产生了直接数字控制（Direct Digital Control，DDC）技术。随后在计算机网络技术的带动下，产生了各种以 DDC 技术为基础的集散控制系统（Distributed Control System，DCS）。

随着控制技术、计算机网络技术和通信技术的成熟和发展，数字化作为一种趋势正在从工业生产过程的决策层、管理层、监控层和控制层一直渗透到现场设备，从而形成了新型的网络集成式全分布控制系统——现场总线控制系统（Fieldbus Control System，FCS）。

20 世纪 90 年代，现场总线控制系统技术结合 Internet 和 Intranet 的迅猛发展，越来越显示出传统控制系统无可替代的优越性。

2. 现场总线技术的本质

现场总线技术是一种开放式、新型全分布控制系统，用于过程自动化、制造自动化、楼宇自动化等领域的现场智能设备间的互联通信。现场总线是"从控制室连接到现场设备的双向串行数字通信总线"。现场总线的"现场"更多的是指现场设备，而不是指物理位置。不同机构和不同的人可能对现场总线有着不同的定义，不过通常情况下，在以下六个方面达成了共识。

（1）通信网络

现场总线是一种通信网络，用于过程自动化和制造自动化的现场设备或现场仪表的互联互通。

（2）设备互联

现场总线依据实际需要，使用不同的传输介质把不同的现场设备或者现场仪表相互关联。

（3）互操作性

现场总线具有互操作性，用户可以根据自身的需求选择不同厂家或不同型号的产品构成所需的控制回路，从而可以自由地集成 FCS。

（4）分散功能块

FCS 废弃了 DCS 的输入/输出单元和控制站，把 DCS 控制站的功能块分散地分配给现场仪表，从而构成虚拟控制站，彻底实现了分散控制。

（5）通信线供电

通信线供电方式允许现场仪表直接从通信线上摄取能量。这种方式提供用于本质安全环境的低功耗现场仪表，与其配套的还有安全栅。

（6）开放式互联网

现场总线为开放式互联网络，既可以与同层网络互联，也可与不同层网络互联，还可以实现网络数据库的共享。

从以上内容可以看出，现场总线体现了分布、开放、互联、高可靠性的特点，而这些正是 DCS 的缺点。DCS 通常是一对一单独传送信号，其所采用的模拟信号精度低，易受干扰，位于操作室的操作员对模拟仪表往往难以调整参数和预测故障，处于"失控"状态。很多仪表厂商自定标准，互换性差，仪表的功能也较单一，难以满足当前的要求，而且几乎所有的控制功能都位于控制站中。FCS 则采取一对多双向传输信号，采用的数字信号精度高、可靠性强，设备也始终处于操作员的远程监控和可控状态，用户可以自由按需选择不同品牌种类的设备互联。智能仪表具有通信、控制和运算等丰富的功能，而且控制功能分散在各个智能仪表中。由此可以看出 FCS 相对于 DCS 的巨大进步。

3. 现场总线的技术特点

现场总线技术从根本上突破了传统的"点对点"式的模拟信号或"数字-模拟"信号控制的局限性，构成一种全分散、全数字化、智能、双向、互连、多变量、多节点的通信与控制系统。现场总线具有以下突出特点。

（1）开放性

FCS 采用公开的通信协议，遵守同一通信标准的不同厂商的设备之间可以互连，实现信息交换。用户可以灵活选用不同厂商的现场总线产品来组成实际的控制系统，达到最佳的系统集成。

（2）互操作性

互操作性是指不同厂商的控制设备不仅可以互相通信，而且可以统一组态，实现统一的控制策略，可以"即插即用"。因此，性能相同但生产厂商不同的设备可以互换。

（3）灵活的网络拓扑结构

现场总线控制系统可以根据复杂的现场情况组成不同的网络拓扑结构，如树形、星形、总线型和层次化网络结构等。

（4）系统结构的高度分散性

现场设备本身属于智能化设备，具有独立自动控制的基本功能，从而从根本上改变了 DCS 的集中与分散相结合的体系结构，形成了一种全新的分布式控制系统，实现了控制功能的彻底分散，提高了控制系统的可靠性，简化了控制系统的结构。现场总线与上一级网络断开后仍可维持底层设备的独立正常运行，其智能程度大大加强。

（5）现场设备的高度智能化

传统的 DCS 使用相对集中的控制站，由 CPU 单元和输入/输出单元等组成。现场总线控制系统则将 DCS 的控制站功能彻底分散到现场控制设备，仅靠现场总线设备就可以实现自动控制的基本功能，如数据采集与补偿、PID 运算和控制、设备自校验和自诊断等。系统的操作员可以在控制室实现远程监控，设定或调整现场设备的运行参数，还能借助现场设备的自诊断功能对故障进行定位和诊断。

（6）对环境的高度适应性

现场总线是专为工业现场设计的，可以使用双绞线、同轴电缆、光缆、电力线和无线等多种方式来传送数据，具有很强的抗干扰能力。常用的数据传输线是廉价的双绞线，并允许现场设备利用数据通信线进行供电，还能满足本质安全防爆要求。

拓展阅读 6-1：
本质安全

4. 主流现场总线技术

目前，国际上公认的现场总线可以归类为 IEC61158、IEC62026 和 ISO11898 三个标准族。IEC61158 是国际电工委员会（International Electrotechnical Commission，IEC）的现场总线标

准，用于工业控制系统；IEC62026 适用于低压开关设备、控制设备和控制器（如可编程控制器、个人计算机等）之间的接口；ISO11898 是国际标准化组织的现场总线标准，用于道路车辆数字信息交换。三个标准共包含 40 多种现场总线。需要注意的是没有任何一种现场总线能覆盖所有的应用面。下面简要介绍其中主要的几种总线。

（1）基金会现场总线（FF）

基金会现场总线（Foundation Fieldbus，FF）源于两大阵营。一个是以美国 Fisher-Rosemount 公司为首的，联合了横河、ABB、西门子、英维斯等 80 家公司制定的 ISP（Interoperable System Protocol）；另一个是以 Honeywell 公司为首的，联合欧洲等地 150 余家公司制定的 World FTP。两大阵营于 1994 年 9 月合并，成立现场总线基金会。该总线在过程自动化领域得到了广泛应用，具有良好的发展前景。

FF 采用 ISO 的 OSI（Open System Interconnection，开放系统互联）的简化模型（1、2、7 层），即物理层、数据链路层和应用层，另外增加了用户层。FF 分低速 H1 总线和高速 HSE 总线两种。H1 传输速率为 31.25Kbit/s，传输距离分别为 200m、400m、1200m 和 1900m 四种，可挂 2～32 个节点，物理传输介质可支持双绞线、同轴电缆和光纤，协议符合 IEC1158-2 标准，支持总线供电和本质安全防爆环境。高速 HSE 总线的传输速率可达 100Mbit/s 甚至更高，大量使用了以太网技术。

（2）过程控制总线（Profibus）

过程控制总线（Process Field Bus，Profibus）作为德国国家标准和欧洲标准的现场总线标准，是由西门子公司为主的十几家德国公司和研究所共同推出的。

Profibus 由 Profibus-DP、Profibus-FMS、Profibus-PA 系列组成。DP（Decentralized Periphery）用于分散化外设间的高速数据传输，适用于加工自动化领域。FMS（Fieldbus Message Specification）适用于纺织、楼宇自动化、可编程控制器、低压开关等。PA（Process Automation）是用于过程自动化的总线类型，服从 IEC1158-2 标准。

Profibus 支持主-从系统、纯主站系统、多主多从混合系统等几种传输方式。Profibus 的传输速率为 9.6Kbit/s～12Mbit/s；最大传输距离在 9.6Kbit/s 下为 1200m，在 12Mbit/s 下为 200m，可采用中继器延长至 10km；传输介质为双绞线或者光缆，最多可挂接 127 个站点，支持本质安全。

（3）局部操作网络（LonWorks）

局部操作网络（Local Operating Network，LonWorks）是美国埃施朗公司于 1992 年推出的总线标准，最初主要用于楼宇自动化，但很快发展到工业现场网。LonWorks 技术为设计和实现可互操作的控制网络提供了一套完整、开放、成品化的解决途径。LonWorks 技术的核心是神经元芯片（Neuron Chip）。

Neuron Chip 内部装有 3 个微处理器，其中，MAC 处理器完成介质访问控制；网络处理器完成 OSI 的 3～6 层网络协议；应用处理器完成用户现场控制应用。处理器之间通过公用存储器传递数据。在控制单元中需要具备采集和控制功能，为此，Neuron Chip 特设置 11 个 I/O 接口。这些 I/O 接口可根据不同需求来灵活配置与外围设备的接口，如 RS232、并口、定时/计数、间隔处理、位 I/O 等。

LonWorks 总线综合了现场总线的多种功能，同时具备了局域网的一些特点。因此，被广泛地应用于航空航天、农业控制、计算机外围设备、诊断监控、电子测量设备、测试设备、医疗卫生、军事/防卫、办公室设备系统、机器人、安全警卫、保密、运动/游艺、电话通信、运输设备等领域。LonWorks 的通用性表明它不是针对某一个特殊领域的总线，而是有可将不同领域的控制系统综合成一个以 LonWorks 为基础的更复杂系统的网络技术。

（4）控制器局域网（CAN）

控制器局域网（Controller Area Network，CAN）最早由德国 Bosch 公司推出，后被 ISO 制

定为国际标准，得到了 Intel、Motorola、NEC 等公司的支持。

CAN 最初是在汽车领域诞生的，用于搭建车内网络。在此之前，汽车生产商使用点对点布线系统连接车内电子设备。但随着车内电子设备的增多，这种布线系统需要的连线也越来越多，使系统变得既笨重又昂贵。于是，生产商开始使用车内网络来替代点对点布线系统，以降低布线的成本、复杂度，以及系统重量。在此背景下，CAN 作为一种构建智能设备网络的高集成度串行总线系统应运而生，成为车内网络的标准。由此，CAN 在汽车业界迅速普及。

CAN 虽然最初用于搭建车内电子网络，然而越来越多的行业认识到了 CAN 的可靠性和优势，将 CAN 总线应用在许多其他场合。例如，有轨电车、地铁、轻轨及长途列车等都应用了 CAN 网络。在这些车辆中，均可发现多种 CAN 构建的网络，如连接车门单元、刹车控制器、客流计数单元等。在航空领域亦可发现 CAN 的应用，如飞行状态传感器、导航系统以及座舱中的计算机。此外，在航天应用中也能看到 CAN 总线的身影，如飞行数据分析和飞行器引擎控制系统（燃料系统、泵、线性执行器等）。

（5）设备网（DeviceNet）

DeviceNet 是 20 世纪 90 年代中期发展起来的一种基于 CAN 技术的开放型、符合全球工业标准的低成本、高性能的通信网络。其最初由美国 Rockwell 公司开发应用。

DeviceNet 也是一种简单的网络解决方案，有着开放的网络标准。DeviceNet 的直接互联性不仅改善了设备间的通信，而且提供了相当重要的设备级阵地功能。DeviceNet 总线的组织机构是 ODVA（Open DeviceNet Vendor Association，开放式设备网络供应商协会）。

DeviceNet 的许多特性沿袭于 CAN。其传输率为 125～500Kbit/s，每个网络的最大节点数为 64 个；通信模式为生产者/消费者（Producer/Consumer）模式，采用多信道广播信息发送方式。位于 DeviceNet 网络上的设备可以自由连接或断开，不影响网上的其他设备，而且其设备的安装布线成本也较低。

（6）控制网（ControlNet）

ControlNet 最早是由 Rockwell 公司于 1995 年提出的。它是一种高速、高确定性和可重复性的网络，特别适合对时间有苛刻要求的复杂应用场合的信息传输。

ControlNet 将总线上传输的信息分为两类。一类是对时间有苛刻要求的控制信息和 I/O 数据，它拥有最高的优先权，从而保证不受其他信息的干扰，并具有确定性和可重复性；另一类是无时间苛刻要求的信息，如上下载程序、设备组态、诊断信息等。

ControlNet 采用 ISO/OSI 参考模型的物理层、数据链路层及应用层。它只支持一种通信速率，即 5Mbit/s；支持的传输介质为屏蔽双绞线、同轴电缆或光纤；支持本质安全。

常用现场总线技术的对比如表 6-1 所示。

表 6-1 常用现场总线技术对比表

	FF	Profibus	LonWorks	CAN	DeviceNet	ControlNet
开发公司	FF 基金会	SIEMENS 等	Echelon	Bosch	Rockwell	Rockwell
OSI 网络层次	1,2,7,(8)	1,2,7	1~7	1,2,7	1,2,7	1,2,7
通信介质	双绞线、同轴电缆、光纤	双绞线、光纤	双绞线、同轴电缆、光纤、微波、电力线	双绞线、同轴电缆、光纤	双绞线、同轴电缆、光纤	双绞线、同轴电缆、光纤
介质访问方式	令牌	令牌	可预测 P-坚持 CSMA	带非破坏性逐位仲裁的载波侦听多址访问	带非破坏性逐位仲裁的载波侦听多址访问	隐形令牌
最大通信速率（Kbit/s）	31.25(H1) 100000(HSE)	12000	1500	1000	500	5000

（续）

	FF	Profibus	LonWorks	CAN	DeviceNet	ControlNet
最大节点数	32	127	2~48	受驱动能力限制，理论上无限	64	99
优先级	有	有	有	有	有	有
本质安全	是	是	是	是	是	是
开发工具	有	有	有	有	有	无

6.1.2 现场总线控制系统

现场总线控制系统（FCS）是在 DCS 和 PLC 基础上发展起来的新技术。FCS 本质是信息化处理现场，核心是总线协议，基础是智能现场设备。

1. 现场总线控制系统的构成

FCS 由测量系统、控制系统和设备管理系统三个部分组成，其基本构成如图 6-1 所示。

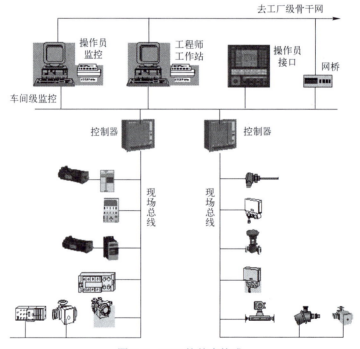

图 6-1　FCS 的基本构成

（1）测量系统

测量系统的特点为多变量、高性能的测量，其测量仪表具有多功能性。由于采用数字信号，测量仪表具有高分辨率、高准确性、抗干扰和抗畸变能力强等特点，不仅可以显示现场设备的状态信息，还可以对处理过程进行调整。

（2）控制系统

控制系统的软件是 FCS 的重要组成部分，有组态软件、维护软件、仿真软件、设备软件和监控软件等。首先选择开发组态软件、控制操作人机接口软件。通过组态软件，完成功能块之间的连接，选定功能块参数，进行网络组态。网络运行过程中，实时采集和处理系统数据；优化控制及逻辑控制报警、监视、显示和报表等。

（3）设备管理系统

设备管理系统可以提供设备自身及过程的诊断信息、管理信息、设备运行状态信息（包括智能仪表）、厂商提供的设备制造信息等。以 Fisher-Rosemount 公司推出的 AMS 管理系统为例，其安装在主计算机内，并由它完成管理功能。AMS 可以构成一个现场设备的综合管理系统信息库，并在此基础上实现设备的可靠性分析以及预测性维护，将被动的管理模式改变为可预测的管理维护模式。

2. 现场总线控制系统的网络结构

FCS 的网络拓扑结构有点对点方式、树形方式和带桥方式三种，如图 6-2 所示。

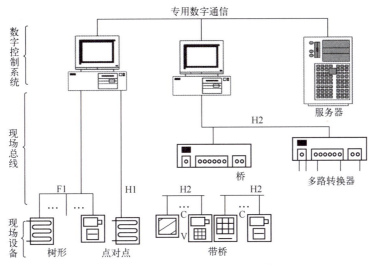

图 6-2 现场总线的几种连接方式

（1）点对点方式

点对点方式用于现场仪表比较分散或传输信息量大的场合。点对点方式中，每个现场仪表，包括智能变送器、支持维护的装置及手持通信器等，单独连接到低速（31.25Kbit/s）现场总线 H1 上。

（2）树形方式

树形方式中，现场仪表一般按地理区域进行集中，连接到一根"局部运行"的现场总线上，再引到控制室中去。

（3）带桥方式

带桥方式中，接到低速总线 H1 上的现场设备，通过"桥"和多路转换器合并后连接到高速总线 H2 上，再接入控制室。

3. 现场总线控制系统使用的注意事项

现场总线逐渐在工业现场推广，不少设备不但具有传统仪表的功能，还具备现场总线的功能。现场总线在使用中需要注意以下几个问题。

（1）通信距离

通信距离有两层含义。一是指两个节点之间不通过中继器能够通信的距离，一般来说，距离和通信速率成反比；二是指整个网络最远的两个节点之间的距离。

现场总线的通信距离一般都有一定的要求。往往在厂家的介绍材料中对通信距离的描述不够清楚。在实际使用中，必须考虑整个网络的范围，因为电磁波信号在电缆中传递是需要时间的。特别是在一些高速现场总线中，如果增大距离，就必须对一些通信参数进行修改。

（2）线缆选择

现场的环境决定现场总线的通信速度和通信介质。一般而言，现场总线采用电信号传递数据，在传输的过程中不可避免地受到周围电磁环境的影响。大多数现场总线采用屏蔽双绞线。必须注意的是，不同种类现场总线要求的屏蔽双绞线可能是不同的。现场总线的开发者一般规定一种特制的线缆，在正确使用这种线缆的条件下才能实现规定的速率和传输距离。在电磁条件极度恶劣的条件下，光缆是合适的选择，否则局部的干扰可能会影响整个现场总线网络的工作。

（3）隔离

一般来说，现场总线的电信号与设备内部是电气隔离的。现场总线电缆分布在车间的各个角落，一旦发生高电压串入，会造成整个网段所有设备的总线收发器损坏。如果不加以隔离，高电压信号会继续将设备内部其他电路损坏，导致严重的后果。

（4）屏蔽

现场总线采用的屏蔽电缆的外层必须在一点良好接地。如果高频干扰严重，可以采用多点电容接地，但不允许多点直接接地，否则会产生地回路电流。

（5）连接器

现场总线一般没有对连接器做严格的规定，但是如果处理不当，会影响整个系统通信。例如，现场总线一般采用总线型菊花链连接方式。在连接每一个设备时，必须注意如何在不影响现有通信的条件下，实现设备插入和摘除，这对连接器就有一定的要求。

（6）终端匹配

现场总线信号和所有电磁波信号一样具有反射现象，在总线每一个网段的两个终端，都应该采用电阻匹配。一个作用是可以吸收放射，另一个作用是在总线的两端实现正确的电平，保证通信。

6.1.3 现场总线技术在物流中的应用

在智慧物流系统中，现场总线技术在物流中心、生产物流系统、仓库、码头以及车辆、船舶等运输工具的控制系统中有着广泛的应用。将现场总线应用于控制这些对象，可以分散简化控制对象，提高系统可靠性。

1. 现场总线在现代物流中心中的应用

现代物流中心是智慧物流系统中的重要节点。与传统的物流中心不同，现代物流中心使用大量的物流设备取代人工作业。现场总线技术可以将独立的物流设备集成为统一的整体，发挥出系统的协同效应。

基于现场总线的物流中心作业系统可以采用主从式上下两级微机监控网络方案。网上节点可分主站和子站两大类，图6-3是基于Profibus的物流系统示例。系统中，由各子站控制各个货位仓库，通过传感器采集各个仓库的进货、出货、温度、湿度等信号，并发往监控室由PC进行显示，从而对各仓库及人员进行管理。该方案中，新建仓库时只需扩充子站即可，具有较强的可扩展性。

2. 现场总线在生产物流管理方面的应用

企业生产物流的管理是现代物流管理环节中的重要一环。现场总线技术具有高可靠性和强大的诊断功能，非常适合于企业生产物流的控制和信息传输。通过现场总线技术的应用，可以构建专门用于智能制造现场的对流量、物料、质量、设备进行测量和监控的柔性自动化控制系统。系统不仅可以使物流通畅及时，实现仓库库存最小化，而且可以使管理者及时了解整个企业的生产和物流情况，从而为企业管理层决策提供依据。

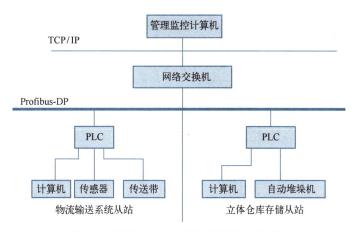

图 6-3 基于 Profibus 的物流系统网络结构

图 6-4 是基于现场总线技术的汽车生产物流控制系统结构。系统可以使物料供应及时、高效，同时节省线边占用空间，减少线边库存，并自动统计缺料次数的时间与频次、原因，可有效防止不必要的延误、等待时间甚至由于物料短缺产生停线的问题。

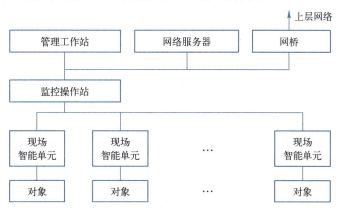

图 6-4 基于现场总线技术的汽车生产物流控制系统结构

整个系统由监控管理部分、主控部分、呼叫部分和应答部分组成。监控管理部分采用工业控制计算机，负责整个系统的监控管理、人机交流、数据通信和数据保存。主控部分提供了一个基于嵌入式技术的硬件平台，集成了总线控制板、程序控制器和 Ethernet 标准接口，实现了设备层的数据采集，控制层的逻辑控制，直到与管理层的信息交换的三位一体的体系结构。呼叫部分通过现场总线 I/O 模块采集检测现场工位呼叫情况，再通过现场总线送到主控部分处理，处理信息再送到应答部分，通过串口 RS232 通信模块送到 LED 显示屏显示所需要的工位材料。

3．现场总线在码头或车站检查系统的应用

码头和车站是货物运输的集散地，集装箱检测效率直接影响其作业效率。现场总线技术的应用可以构建一体化、智能化的检查系统，能够对集装箱进行快速检测，从而提高码头或车站的工作效率。

图 6-5 所示为一个基于 Profibus 的检查系统，由下至上划分为现场设备层、设备控制层和管理监控层。现场设备层由各种传感器和执行机构组成，主要包括光电传感器、行程开关等现场信号输入设备和变频器、电机、数据采集器等设备。这些输入/输出设备作为 S7-200 PLC 的 I/O 点接入现场总线。设备控制层是由分布在各个工作现场的 S7-200 PLC 和安装在主控台的 S7-315

PLC 构成。它们分别利用各自 DP 端口通过一根屏蔽双绞线相连，构成 Profibus 现场总线网络。管理监控层作为控制系统的人机交互接口，通过安装有组态软件的中央监控计算机实现对集装箱检查系统的状态监控、参数设定和报警显示、记录等，并提供完整的数据统计和各种分析图表。

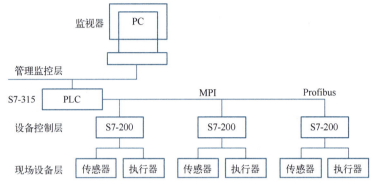

图 6-5　基于 Profibus 的检查系统结构图

4．现场总线在无人配送车中的应用

近年来，无人配送行业迅速发展，CAN 在无人配送车中发挥着重要的作用。图 6-6 是致远电子（ZLG，广州致远电子有限公司）设计的一种 CAN 接口的扩展方案。

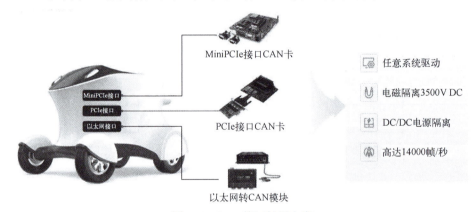

图 6-6　CAN 接口扩展方案

目前无人配送车部分执行部件与行走电机均采用 CAN 现场总线通信，而高端 AI 的 IC 和工控机都缺乏 CAN 接口的设计。可以利用 AI 工控机上面多余的接口来扩展多路的 CAN 接口，从而实现小车各 RCU 单元的通信。图 6-6 中 MiniPCIe 接口 CAN 卡、PCIe 接口 CAN 卡、以太网转 CAN 模块等系列产品是 ZLG 基于不同形式的接口开发的高性能 CAN 接口卡，配合 AI 工控机可实现多达 8 路电磁隔离 3500V DC 的 CAN 接口扩展。另外，这些 CAN 卡支持任意系统的驱动，可在 Windows、Linux 等系统下实现二次开发，接收报文能力高达 14000 帧 / 秒，属于工业级产品设计。

6.2　以太网技术

以太网（Ethernet）是一种计算机局域网组网技术。局域网经过了多年的发展，尤其是快速以太网（100Mbit/s）和吉比特以太网（1Gbit/s）、10 吉比特以太网（10Gbit/s）进入市场后，以太网已经在局域市场中占据了绝对优势。现在，以太网几乎成为局域网的同义词，因此本节中主要讨论以太网技术。

6.2.1 以太网概述

以太网由若干个网络节点和将其连接到网络上的设备以及传输站点间信息的各种传输介质组成。以太网技术指的是由 Xerox 公司创建并由 Xerox、Intel 和 DEC 公司联合开发的基带局域网规范。

1. 以太网及其分类

以太网是现实世界中最普遍的一种计算机网络。以太网有两类：第一类是标准以太网，第二类是交换以太网，使用了一种称为交换机的设备连接不同的计算机。以太网是以太网的原始形式，运行速度为 3～10Mbit/s；而交换式以太网正是广泛应用的以太网，可运行在 100Mbit/s、1Gbit/s、10Gbit/s 和 100Gbit/s 的速率，分别以快速以太网、千兆以太网、万兆以太网和百吉比特以太网的形式呈现。它们都符合 IEEE 802.3 系列标准。

（1）标准以太网

开始以太网只有 10Mbit/s 的吞吐量，使用的是 CSMA/CD 的访问控制方法。这种早期的 10Mbit/s 以太网称为标准以太网。标准以太网的传输介质是双绞线和同轴电缆。

（2）快速以太网

快速以太网（Fast Ethernet），也就是人们常说的百兆以太网，基于扩充的 IEEE 802.3 标准，能提供 100Mbit/s 的传输速度。它在保持帧格式、MAC（介质存取控制）机制和 MTU（最大传送单元）质量的前提下，其速率比 10Base-T 以太网增加了 10 倍。两者之间的相似性使得 10Base-T 以太网现有的应用程序和网络管理工具能够在快速以太网上使用。

（3）千兆以太网

千兆以太网是一种新型高速局域网，也称为吉比特以太网，可以提供 1Gbit/s 的通信带宽。其采用和传统 10M、100M 以太网同样的 CSMA/CD 协议、帧格式和帧长，因此可以实现在原有低速以太网基础上平滑、连续的网络升级。千兆位以太网只用于 P2P，传输介质以光纤为主，最大传输距离可达 80km，可用于 MAN（城域网）的建设。

（4）万兆以太网

万兆以太网也称为 10 吉比特以太网，是一种采用全双工与光纤的技术。万兆以太网技术基本承袭了以太网、快速以太网及千兆以太网技术，因此在用户普及率、使用方便性、网络互操作性及简易性上皆占有极大的引进优势。万兆标准意味着以太网将具有更高的带宽（10Gbit/s）和更远的传输距离（最长传输距离可达 40km）。

（5）100Gbit/s 以太网

推动以太网接口速率升级到 100Gbit/s 的根本需求是带宽增加，其中最主要的因素就是视频等带宽密集应用，另外以太网的电信化应用也导致汇聚带宽需求增速加强。40G/100G 以太网标准在 2010 年制定完成。随着网络技术的发展，100G 以太网的应用规模将会不断扩大。

拓展阅读 6-2：
25G、50G、100G
三种以太网介绍

2. 工业以太网及其优势

工业以太网结合工业生产安全性和稳定性方面的需求，增加了相应的控制应用功能，提出了符合特定工业应用场所需求的相应解决方案。工业以太网在实际应用中，能够满足工业生产高效性、稳定性、实时性、经济性、智能性、扩展性等多方面的需求，可以真正延伸到现场设备的控制层面，实现生产过程的全方位控制和管理。

（1）具有广泛的应用范围

工业以太网来源于以太网。以太网技术本身作为重要的基础性计算机网络技术，能够兼容多种不同的编程语言。例如，常见的 Java、C++等编程语言都支持以太网方面的应用开发。

（2）具有良好的应用经济性

相对于现场总线，以太网的网卡在成本方面具有十分显著的优势。当前，工业以太网技术已经十分成熟。在具体的技术开发方面，有很多现有的资源和设计案例可供参考，这也进一步降低了系统的开发和推广成本，同时也让后续培训工作的开展变得更加高效。可以说，经济性强、成本低廉、应用效率高、过渡短、方案成熟，是工业以太网的显著特征。

（3）具有较高的通信速率

相对于现场总线，工业以太网的通信速率较高，1Gbit/s 的技术已经十分成熟。当前，工业现场的数据吞吐量不断增长，工业以太网能够更好地满足当前的带宽需求。同时，工业控制网络对数据传输的实时性要求很高，工业以太网在网络负载方面有着显著的优势，这也让整个通信过程的实时性需求得到了更好的满足。另外，良好的通信速率标准，可以进一步降低网络负荷，减少网络传输延时，从而最大限度降低碰撞的概率，保障工业生产的安全性与可靠性。

（4）具有良好的共享能力

工业以太网可以方便地接入互联网。因此，任何一台接入到互联网中的计算机都可以实现对工业控制现场相关数据的浏览和调用。这对于远程管控应用来说具有良好的优势，同时这也超越了以往现场总线管理模式的便利性，是实现现代化工业生产管理的重要基础。

（5）具有良好的发展空间

工业以太网的应用，使工业网络控制系统具有更加广阔的发展空间。在后续技术改造和升级过程中，工业以太网技术能够为其提供一个良好的基础平台，这种扩展性方面的优势相比于现场总线技术来说是十分明显的。与此同时，在当前人工智能等相关技术发展的环境下，网络通信质量和效率本身的标准更高，工业以太网能够较好地支持新的通信协议的应用。

拓展阅读 6-3：EPA（Ethernet for Plant Automation）实时以太网

6.2.2 以太网组网

1. 以太网的拓扑结构

以太网的标准拓扑结构为总线型拓扑。但快速以太网为了减少冲突，使用交换机进行网络连接和组织。如此一来，以太网的拓扑结构就成了星形。但在逻辑上，以太网仍然是使用总线型拓扑和 CSMA/CD 的总线技术。

（1）总线型

总线型结构中，各工作节点（包括服务器与工作站）均连在一条总线上，传输介质通常采用同轴电缆，如图 6-7 所示。总线型结构的优点是所需的电缆较少，价格便宜。但管理成本高，不易隔离故障点，采用共享的访问机制，易造成网络拥塞。

早期以太网多使用总线型的拓扑结构，通常在小规模的网络中不需要专用的网络设备。但是，由于它的固有缺陷，已经逐渐被以集线器和交换机为核心的星形网络所代替。

（2）星形结构

星形结构中，网络由各节点以中央节点为中心相连接，各节点与中央节点以点对点方式连接，传输介质可采用电缆或光缆，如图 6-8 所示。星形结构中，任何两节点之间的数据通信都要通过中央节点，一般为集线器或交换机，集中执行通信控制策略。与总线型相比，其优点是结构简单，管理方便，可扩充性强，组网容易。但需要专用的网络设备作为网络的核心节点，需要更多的网线，对核心设备的可靠性要求高。

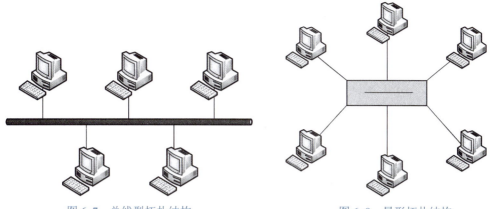

图 6-7　总线型拓扑结构　　　　　　　图 6-8　星形拓扑结构

（3）树形结构

星形拓扑可以通过级联的方式很方便地扩展到更大的规模。图 6-9 所示为由星形拓扑结构所扩充形成的树形结构。其特点是一个星形拓扑的末端节点又是其他星形拓扑的中央节点。

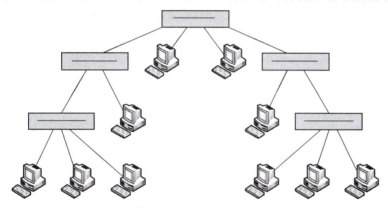

图 6-9　树形拓扑结构

2．以太网的组网设备

以太网的组网设备主要包括网卡、中继器（Repeater）、集线器（Hub）、网桥（Ethernet Bridge）、交换机（Switcher）和路由器（Router）等。现在常用的主要是网卡、交换机和路由器。

（1）网卡

网卡是网络接口卡的简称，缩写为 NIC（Network Interface Card），又称为网络适配器（Network Adapter）。网卡是连接联网设备（计算机等）和网络传输介质的网络接口设备，它的基本功能是实现通信信号与数据的收/发，以及为数据收/发而做的相关工作，如数据格式的转换与通信规程控制等。从工作原理分析，网卡工作在 OSI/RM 的物理层和数据链路层上。

根据网络技术的不同，网卡的分类也有所不同，主要有 ATM 网卡、令牌环网卡和以太网网卡等。从实际应用情况来看，绝大多数局域网都采用以太网卡。按网卡所支持带宽的不同可分为 10M 网卡、100M 网卡、10/100M 自适应网卡、1000M 网卡几种。根据网卡总线类型的不同，主要分为 ISA 网卡、EISA 网卡和 PCI 网卡三大类，其中 ISA 网卡和 PCI 网卡较常使用。ISA 总线网卡的带宽一般为 10M，PCI 总线网卡的带宽从 10M 到 1000M 都有。

（2）交换机

网络交换机是结合了集线器和网桥的优点而发明的具有革命性意义的网络设备，它不仅大幅度提高了网络的性能，同时组网的便捷性也很好。

从外表看，交换机和集线器几乎没有差别，它们都能提供多个等同的网络端口，每个端口可以单独连接一个网络设备，最常见的端口是 RJ-45 端口。从工作原理看，交换机和网桥有较大的相似性，可以认为交换机是一个更多端口的复杂透明网桥，每个端口都可以桥接一个不同的物理网段/网络。但是网络交换机和集线器、网桥之间存在比较明显的差异，在保留后两者优势的基础上带来了更好的网络性能，使集线器和网桥逐渐退出网络领域。

交换机和集线器外部特征相似，但内部构成和工作原理完全不同。集线器内部仅相当于一条总线，对外提供多个网络端口，所有的端口共享网络带宽，各端口采用竞争的方式获得数据发送权。交换机内部是复杂的交换矩阵电路，所有的外部端口连接在交换电路上实现有针对性/选择性的端口之间的数据包交换，每个网络端口独享网络带宽，因此交换机的网络数据传输能力远大于集线器。

（3）路由器

路由器是实现 OSI/RM 网络层互连的设备。从互连的角度看，利用路由器可以实现不同形态网络（LAN 和 LAN、LAN 和 WAN、WAN 和 WAN）的连通，但其实现的功能和目标是一致的。

路由器和集线器、交换机等设备一样，提供多个网络端口，但不同的是路由器的多个网络端口可能是不一致的，即每个网络端口采用的物理层/数据链路层技术不一样，由此可以用来互连不同技术形态的物理网络，但每个端口上升到网络层时必须采用相同的协议。

路由器的一个作用是连通不同的网络，另一个作用是选择信息传送的线路。选择通畅快捷的近路，能大大提高通信速度，减轻网络系统通信负荷，节约网络系统资源，从而让网络系统发挥更大的效益。它的处理速度是网络通信的主要瓶颈之一，它的可靠性则直接影响着网络互连的质量。

3．以太网的组网方式

根据不同的网络规模，以太网的组网方式主要有以下几种。

（1）两台计算机直连

如果仅仅是两台计算机之间互连，可以使用双绞线跳线将两台计算机的网卡连接在一起，如图 6-10 所示。

在使用网卡将两台计算机直连时，计算机跳线要用交叉线，并且两台计算机的网卡最好选用相同的品牌和相同的传输速率，以避免可能的连接故障。

（2）交换机的星形直接连接

交换机的最基本功能和应用就是集中连接网络设备，所有的网络设备（如服务器、工作站、PC、笔记本计算机、路由器、防火墙、网络打印机等），只要交换机的端口支持相应设备的端口类型都可以直接连接在交换机的端口，共同构成星形网络。基本网络结构如图 6-11 所示。在星形连接中，交换机的各端口连接设备都彼此平等，可以相互访问（除非做了限制）。

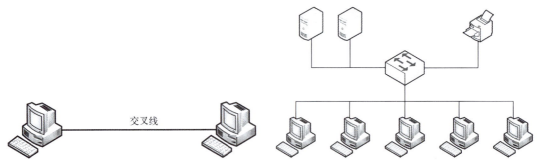

图 6-10　两台计算机直连示意图　　　　图 6-11　单一交换机的组网示意图

（3）交换机的级联与堆栈

图 6-11 所示的仅是一个最基本的星形以太网架构，实际的星形企业网络比图示要复杂许多。如果用户数比较多，如上百个，甚至上千个，就必须依靠交换机的级联或者堆栈来扩展连接。

交换机级联就是交换机与交换机之间通过交换端口进行扩展。这样一方面解决了单一交换机端口数不足的问题，另一方面也解决了离机房较远距离的客户端和网络设备的连接。为了不降低网络的连接性能，实际应用中一般最多部署三级交换机，如图 6-12 和图 6-13 所示。层级联所用端口可以是专门的 UpLink 端口（见图 6-12），也可以是普通的交换端口（见图 6-13）。有些交换机配有专门的级联（UpLink）端口，但有些却没有。如果有专门的级联端口，则最好利用，因为它的带宽通常比普通交换端口宽，可确保下级交换机的带宽；如果没有则只能通过普通交换端口级联。采用级联端口进行的级联，需采用普通直通线；而采用普通端口进行的级联电缆为交叉电缆，就像两台主机对连一样。

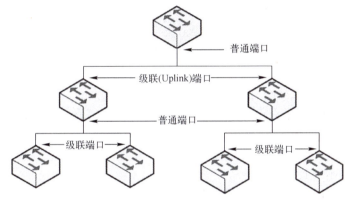

图 6-12 通过级联端口进行级联

交换机的堆栈需要具有堆栈模块的交换机才可以实现。交换机的堆栈不是通过交换端口进行的，而是通过专门的背板堆栈模块，采用专门的堆栈电缆进行连接。而且要注意的是，因为交换机堆栈通常是放在同一位置，连接电缆也较短，所以交换机堆栈的目的主要是用于扩充交换端口，而不是用于延长距离的。图 6-14 为堆栈连接环形示意图。

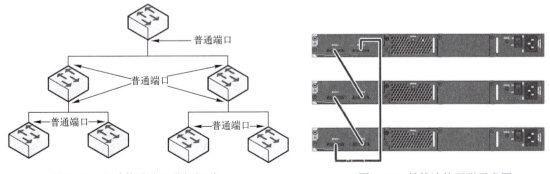

图 6-13 通过普通端口进行级联　　　　图 6-14 堆栈连接环形示意图

（4）千兆以太网的组网

千兆以太网的关键设备是千兆以太网交换机。在千兆以太网组网中，网络带宽分配是其重点，需要根据具体网络的规定与布局，选择合适的两级或三级网络结构。图 6-15 为千兆以太网

189

组网示意图。

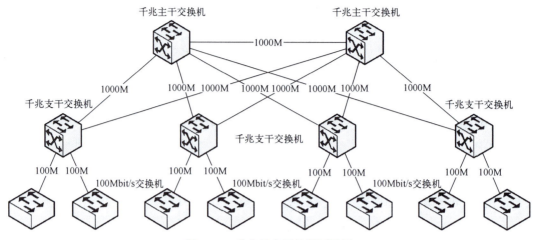

图 6-15 千兆以太网的组网示例

在设计千兆以太网时，一般需要注意以下几个问题：①一般在网络主干部分需要使用性能很好的千兆以太网交换机，解决应用中主干网络带宽的瓶颈问题。②在网络支干部分考虑使用性能较低的千兆以太网支干交换机，以满足实际应用对网络带宽的需要。③在楼层或部门一级，根据实际需要选择 100Mbit/s 的以太网交换机。④用户端一般连接到 100Mbit/s 的以太网交换机，而对于服务器、工作站等设备根据实际情况选择连接到 100Mbit/s 以太网交换机或千兆以太网交换机。

（5）万兆以太网的组网

在企业网中采用万兆以太网可以更好地连接企业网骨干路由器，这样大大简化了网络拓扑结构，提高了网络性能。同时，万兆以太网技术提供了更多的功能，能够大大提升 QoS。图 6-16 为万兆以太网针对数据中心出口的一个组网示例。接入交换机选择千兆交换机，使数据中心服务器以 1Gbit/s 的速率接入以太网；核心交换机选择万兆交换机，与边缘路由器之间保持 10Gbit/s 的连接速率。

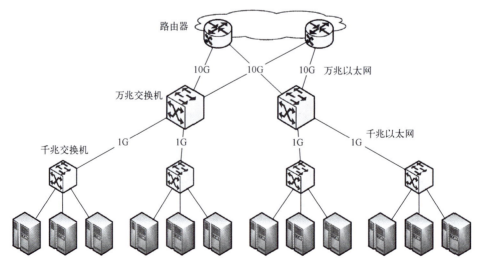

图 6-16 万兆以太网的组网示例

（6）基于路由器的大型局域网

现代企业的网络规模越来越大，经常会划分为若干个子网，甚至子网之间在物理位置上也相距甚远。针对这种情况，可以使用路由器构成企业内部的大型局域网。图 6-17 为基于路由器的大型局域网示例。

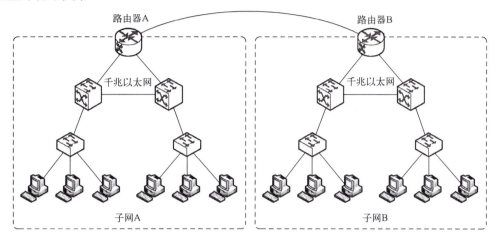

图 6-17 基于路由器的大型局域网示例

示例中模拟了一个企业网，该企业网有两个区域，相距甚远，路由器 A 连接子网 A，路由器 B 连接子网 B。子网是三层结构的网络，核心层和汇聚层采用了环形结构，提高了网络的可靠性。子网内部用户可根据需要划分为不同的虚拟局域网（Virtual Local Area Network，VLAN），用路由器实现 VLAN 间的路由。其优点是隔离了广播域，限制了广播帧的泛滥；地域范围可以任意扩展；能根据最佳路由转发分组；可以互联不同类型的网络。但转发速度低，成本较高，维护复杂。

拓展阅读 6-4：
虚拟局域网
介绍

6.2.3 以太网技术在物流中的应用

以太网是物流现代化的重要基础，在物流领域有着非常广泛的应用，主要有物流企业内部局域网、物流自动化控制网和物流数据中心通信网等。

1. 物流企业内部局域网

随着企业业务的发展，网络规模的扩展，以及应用信息交换量的增加，使得物流企业网络首先在核心发生通信瓶颈现象。改善物流园区局域网的网络数据交换性能，往往是扩充核心交换机的交换性能，增加边缘设备到核心的数据通信带宽，以减轻整个网络的瓶颈，使得应用软件的性能和效率得到提高。因此在设计物流园区局域网的原则上，首先应该考虑满足网络规模所要求的核心设备数据交换处理能力，以及边缘设备到核心的链路带宽。千兆位以太网的发展充分满足了企业信息交互的需求。

千兆以太网的应用主要包括：①交换机到交换机的连接或园区网之间的主干连接，例如，在两个库区之间的链路中，如果将网络机之间的 10/100M 链路用 1000M 链路代替，可以显著地提高网络的整体性能。②具有高带宽需求的服务器集群或某些高性能工作站与网络主干之间的连接；通过网络服务器中配置的千兆以太网卡，可以建立与交换机之间的 1000M 连接，极大地提高了服务器的传输带宽。③企业网络或园区网络的主干。千兆以太网交换机同时支持 100Mbit/s 交换机、路由器、集线器和服务器等设备。同时，以千兆以太网交换机为核心的主干网络能支撑更多的网段，每个网段有更多的节点和更高的带宽。④多机系统主机之间的互联。

图 6-18 为物流企业内部局域网构建的一个示例。

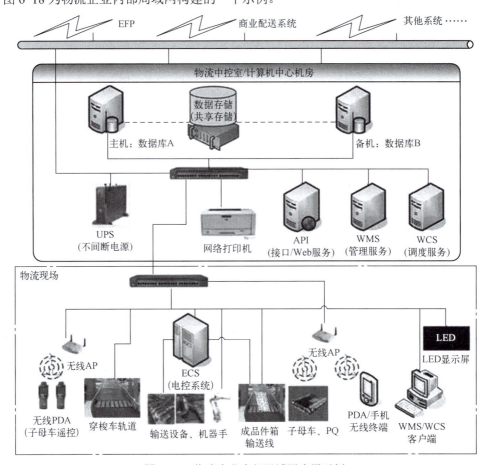

图 6-18　物流企业内部局域网应用示例

2．物流自动化控制网

由于信息技术的飞速发展，通信已经成为实时控制领域的关键，建立一个统一、开放的通信标准的需求已经迫在眉睫，但是已有的现场总线并不能满足这一需求。虽然同一种现场总线是具有互换性和互操作性的，但是不同现场总线之间的兼容性是较差的，通信是比较困难的，中间还需要网关来实现两种协议的转换。这样会造成成本较高、设备复杂，非常不便。工业以太网能够较好地解决这些问题。所以，物流自动化系统中逐渐采用工业以太网技术完成工业控制任务。图 6-19 为基于 PROFInet 的工业以太网应用示例。

PROFInet 是新一代基于工业以太网技术的自动化总线标准。PROFInet 为自动化通信领域提供了一个完整的网络解决方案，囊括了诸如实时以太网、运动控制、分布式自动化、故障安全以及网络安全等当前自动化领域的热点话题。并且，作为跨供应商的技术，可以完全兼容工业以太网和现有的现场总线（如 Profibus）技术，保护现有投资。PROFInet 支持运动控制、网络化安全及无线连接，把整个工厂从自动化设备到企业联成网络。

3．物流数据中心的通信网

物流数据中心是智慧物流系统中重要的数字化基础设施之一。目前，物流企业的数据中心，每天需要处理大量数据，可能要到 PB 以上级别，日运行作业数超过几万。另外可视化效果要准确、美观,对计算速度和网络带宽都提出了更高的要求。图 6-20 为物流数据中心组网的一个示例,其骨干网络可以采用 100G 以太网技术。

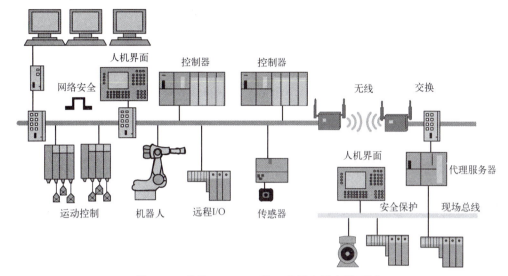

图 6-19 基于 PROFInet 的工业以太网应用示例

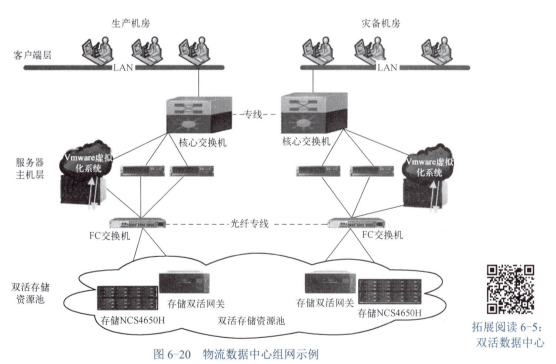

图 6-20 物流数据中心组网示例

拓展阅读 6-5:
双活数据中心

6.3 无线局域网技术

智慧物流情境下,移动终端的数量越来越多,如笔记本、智能手机、PDA、移动数据采集终端等。无线局域网能够构成一个开放、灵活的无线网络环境,充分满足移动终端接入的需要,进一步提高网络的泛在连接能力。

6.3.1 无线局域网概述

1. 无线局域网的概念

无线局域网（WLAN）是指应用无线通信技术将计算机设备互联起来，构成可以互相通信和实现资源共享的网络体系。无线局域网的特点是不再使用通信电缆将计算机与网络连接起来，而是通过无线的方式连接，从而使网络的构建和终端的移动更加灵活。

与 WLAN 经常容易混淆的一个概念是 WiFi。WiFi（Wireless Fidelity，无线高保真）是 IEEE 定义的一个无线网络通信的工业标准（IEEE 802.11），与蓝牙技术一样，同属在办公室和家庭中使用的短距离无线通信技术。WiFi 在一般性的术语当中，仅指符合 IEEE 802.11b 标准的网络产品和无线局域网系统，现在这个术语扩展为包括所有 IEEE 802.11 的产品和系统。WiFi 基于计算机网络和无线通信技术，是利用无线接入手段的新型局域网解决方案。

WiFi 最具潜力的应用主要是在家居办公 SOHO（Small Office，Home Office）、家庭无线网络以及不便安装电缆的建筑物或场所。凭借这些优点，WiFi 已成为目前最为流行的笔记本计算机无线上网技术。就目前的情况来看，WiFi 已被公认为 WLAN 的代名词，是当前应用最为广泛的 WLAN 标准。但要注意的是，这两者之间有着根本的差异。WiFi 在 WLAN 的范畴是指"无线相容性认证"，实质上是一种商业认证，是一种无线局域网产品的认证标准，而 WLAN 标准则是无线局域网的技术标准，两者都保持着同步更新的状态。WiFi 包含于 WLAN 中，属于采用无线局域网协议的一项新技术；同时两者的覆盖范围也不同，WiFi 的覆盖范围可达到 90m 左右（WiFi6 在室外开放环境可达 300~400m），无线局域网最大可达到 5km。

2. 无线局域网的标准

WLAN 的标准主要有美国 IEEE 的 802.11 系列、欧洲 ETSI（欧洲电信标准化协会）高性能局域网 HiperLAN 系列、日本 ARIB（日本电波产业会）MMAC（移动多媒体接入通信）标准等。从 2003 年开始，我国也制定和发布了相应的 WLAN 国家标准。

（1）IEEE 802.11 系列

IEEE 802.11 标准是 1997 年 IEEE 最初制定的一个 WLAN 标准，工作在 2.4GHz 开放频段，支持 1Mbit/s 和 2Mbit/s 的数据传输速率，定义了物理层和 MAC 层规范，允许无线局域网及无线设备制造商建立互操作网络设备。基于 IEEE 802.11 系列的 WLAN 标准已超过 20 个，其中 802.11a、802.11b 和 802.11g 最具代表性。

（2）HiperLAN 系列

HiperLAN（High Performance Radio LAN）是一种在欧洲应用的无线局域网通信标准的一个子集。HiperLAN 标准提供了类似于 IEEE 802.11 无线局域网协议的性能和能力，后者在美国和其他国家被采用。

HiperLAN 有 HiperLAN/1 和 HiperLAN/2 两种规格，这两种标准均被 ETSI 采用。HiperLAN/1 采用 5G 射频频率，可以达到上行 20Mbit/s 的速率，采用 GMSK（调制前高斯滤波的最小频移键控）技术。HiperLAN/2 同样采用 5G 射频频率，上行速率可以达到 54Mbit/s，采用 OFDM（正交频分复用）技术。HiperLAN/2 网络协议栈具有灵活的体系结构，很容易适配并扩展不同的固定网络。

（3）MMAC 标准

MMAC 多媒体无线接入系统的目标是通过便携式可视电话从因特网获得信息。目前主要提供两类高速无线接入。第一类用于室内外宽带移动通信系统，用 3~60GHz 频段传输 30Mbit/s 的数据。第二类提供超高速 WLAN 室内接入,传输速率达到 600Mbit/s,采用 60GHz 频率,即毫米波;其缺点是不能提供大范围覆盖,也不能用于车辆业务环境,只能用于"热点地区"。

（4）WAPI 标准

WAPI（Wireless LAN Authentication and Privacy Infrastructure,无线局域网鉴别和保密基础结构）是我国首个在计算机宽带无线网络通信领域自主创新并拥有知识产权的安全接入技术标准,同时也是我国无线局域网安全强制性标准。

拓展阅读 6-6:
为何 WAPI 是国家强制执行标准?

WAPI 与 IEEE 802.11 传输协议是同一领域的技术,已由 ISO/IEC 授权的机构 IEEE Registration Authority（IEEE 注册权威机构）正式批准发布,分配了用于 WAPI 协议的以太类型字段。

与 WiFi 的单向加密认证不同,WAPI 双向均认证,从而保证传输的安全性。WAPI 安全系统采用公钥密码技术,鉴权服务器 AS 负责证书的颁发、验证与吊销等,无线客户端与无线接入点 AP（Access Point）上都安装有 AS 颁发的公钥证书,作为自己的数字身份凭证。当无线客户端登录至 AP 时,在访问网络之前必须通过 AS 对双方进行身份验证。根据验证的结果,持有合法证书的移动终端才能接入持有合法证书的 AP。

3. 无线局域网的特点

与有线局域网相比,无线局域网具有明显的优势。

（1）灵活性和移动性

在有线网络中,网络设备的安放位置受网络位置的限制,而无线局域网在无线信号覆盖区域内的任何一个位置都可以接入网络。无线局域网另一个最大的优点在于其移动性,连接到无线局域网的用户可以移动且能同时与网络保持连接。

（2）安装便捷

无线局域网可以免去或最大程度地减少网络布线的工作量,一般只要安装一个或多个接入点设备,就可建立覆盖整个区域的局域网络。

（3）易于进行网络规划和调整

对于有线网络来说,办公地点或网络拓扑的改变通常意味着重新建网。重新布线是一个昂贵、费时、浪费和琐碎的过程,无线局域网可以避免或减少以上情况的发生。

（4）故障定位容易

有线网络一旦出现物理故障,尤其是由于线路连接不良而造成的网络中断,往往很难查明,而且检修线路需要付出很大的代价。无线网络则很容易定位故障,只需更换故障设备即可恢复网络连接。

（5）易于扩展

无线局域网有多种配置方式,可以很快从只有几个用户的小型局域网扩展到上千用户的大型网络,并且能够提供节点间"漫游"等有线网络无法实现的特性。由于无线局域网有以上诸多优点,因此其发展十分迅速。无线局域网已经在企业、医院、商店、工厂和学校等场合得到了广泛的应用。

无线局域网在能够给网络用户带来便捷和实用的同时,也存在着一些缺陷。无线局域网的不足之处体现在以下几个方面。

（1）性能

无线局域网是依靠无线电波进行传输的,这些电波通过无线发射装置进行发射,而建筑物、车辆、树木和其他障碍物都可能阻碍电磁波的传输,所以会影响网络的性能。

（2）速率

无线信道的传输速率与有线信道相比要低得多。无线局域网的最大传输速率为 1Gbit/s,只适合于个人终端和小规模网络应用。

（3）安全性

本质上无线电波不要求建立物理的连接通道，无线信号是发散的。从理论上讲，很容易监听到无线电波广播范围内的任何信号，造成通信信息泄露。

6.3.2 WiFi 技术

WiFi 是 IEEE 定义的一个无线网络通信的工业标准（IEEE 802.11）。WiFi 基于计算机网络和无线通信技术，是利用无线接入手段的新型局域网解决方案。

1. WiFi 的发展历程

从 1997 年最早出现的 IEEE 802.11 标准开始，截至 2022 年，WiFi 已经发展到第 7 代，WiFi6 是当前无线宽带的主流。从第 1 代到第 7 代，WiFi 技术快速发展，无线传输速率不断突破。本部分将简要介绍 20 多年来 WiFi 的发展轨迹。

（1）第一代 WiFi（IEEE 802.11—1997）

最先提出的 WiFi 标准是 IEEE 802.11—1997，速度只能达到 1~2Mbit/s，可以被 Infrared（红外传输）、FHSS（调频扩频技术）、DSSS（直接序列扩频技术）替代。速率过低加上传输器和接收器价格相当昂贵，以至该标准并未得到推广。

（2）第二代 WiFi（IEEE 802.11a/b）

1999 年，IEEE 802.11a/b 标准面世。其中，IEEE 802.11a 采用 5GHz 频率，速度达到 54Mbit/s，但存在覆盖范围小、穿透性差的缺点；IEEE 802.11b 继承 DSSS 技术，工作在 2.4GHz，速率达到 11Mbit/s，但存在抗干扰性差的缺点。

虽然仍存在不足，但 IEEE 802.11a/b 无论是速率还是价格都比前一代 WiFi 标准有了很大的进步，移动性网络的优势也得到彰显。因此第二代 WiFi 很快就受到消费者青睐，尤其是 IEEE 802.11b。

（3）第三代 WiFi（IEEE 802.11g）

2003 年，IEEE 802.11g 标准面世，其工作在 2.4GHz 频段，能兼容 IEEE 802.11b，采用 OFDM（正交频分复用）技术，与 IEEE 802.11a 调制方式相同，便于双频产品的设计，速率能达到 54Mbit/s。同时，价格只略高于 IEEE 802.11b 标准产品，可为用户提供更高性能、更低价格的无线网络。在同样达到 54Mbit/s 的数据速率时，IEEE 802.11g 的设备能提供大约两倍于 IEEE 802.11a 设备的距离覆盖。因此 IEEE 802.11g 得到市场的快速接受。

（4）第四代 WiFi（IEEE 802.11n）

2007 年，IEEE 802.11n 标准推出。得益于将 MIMO（多入/多出）与 OFDM 技术相结合而应用的 MIMO-OFDM 技术，在传输速率方面，IEEE 802.11n 可以将传输速率提高到 300Mbit/s，甚至最高达 600Mbit/s。在覆盖范围方面，IEEE 802.11n 采用智能天线技术，通过多组独立天线组成的天线阵列，可以动态调整波束，保证让 WLAN 用户接收到稳定的信号，并可以减少其他信号的干扰。在兼容性方面，IEEE 802.11n 采用了一种软件无线电技术，它是一个完全可编程的硬件平台，使得不同系统的基站和终端都可以通过这一平台的不同软件实现互通和兼容，这意味着 IEEE 802.11n 不仅能向前后兼容，而且可以实现 WLAN 与无线广域网络的结合，比如 3G。

（5）第五代 WiFi（IEEE 802.11ac）

2013 年，WiFi 的第四个里程碑 IEEE 802.11ac 技术正式通过。IEEE 802.11ac 的关键词是 Multi-user MIMO，即通过波束的细化，路由器发送两个波束，分别对准笔记本和手机，从而达到同时传输的目的。

IEEE 802.11ac 是 IEEE 802.11n 的继承者。它采用并扩展了源自 IEEE 802.11n 的空中接口

（Air Interface），包括更宽的 RF 带宽（提升到 160MHz），更多的 MIMO 空间流（增加到 8），多用户的 MIMO，以及更高阶的调制（达到 256QAM）。

IEEE 802.11ac 标准实现高达 1.3Gbit/s 的传输速率，是 IEEE 802.11n 最高速率的 3 倍，满足高清视频播放需求；可同时容纳更多的接入设备，提升网络覆盖范围，有效减少网络盲区；功耗仅为之前产品的 1/6，带给用户更好的移动体验。

2018 年 10 月，WiFi 联盟正式宣布，将简化相应技术标准的名称，IEEE 802.11ac 更名为 WiFi5。

（6）第六代 WiFi（802.11ax）

WiFi6，原称 IEEE 802.11.ax，即第六代无线网络技术，发布于 2019 年 9 月 16 日。2021 年，几乎所有的主要路由器都支持 WiFi6。

WiFi6 在调制、编码、多用户并发等方面进行了技术改进和优化。WiFi6 覆盖了 2.4GHz、5GHz 两个频段，允许与多达 8 个设备通信，最高速率可达 9.6Gbit/s；WiFi6（无线路由器）设备若需要通过 WiFi 联盟认证，必须采用 WPA3 安全协议，安全性更高，可以更好地阻止强力攻击、暴力破解等；WiFi6 引入了定时唤醒机制（Target Wake Time，TWT）技术，允许设备与无线路由器之间主动规划通信时间，减少无线网络天线使用及信号搜索时间，能够一定程度上减少电量消耗，提升设备续航时间。

WiFi6 更贴合于现阶段多 WiFi 终端、多应用普及的场景。现阶段各类终端和应用繁多，如视频类应用、即时通信类应用等，因此无线场景中多并发、短报文的情况越来越多。早期的 WiFi 协议应对这种情景并无技术优势，而 WiFi6 针对这些场景做了大量的改进和优化，能大幅度提升用户的无线体验。

2022 年 1 月，WiFi 联盟宣布了 WiFi6 第 2 版标准（WiFi6 Release2）。这一版本改进了上行链路以及所有支持频段（2.4GHz、5GHz 和 6GHz）的电源管理，适用于家庭和工作场所的路由器和设备以及智能家居 IoT 设备。

（7）第七代 WiFi

第七代 WiFi，即 WiFi7。WiFi7 可以通过 320MHz 信道和 4K 正交调幅技术，在使用相同数量天线的前提下，速度将会比 WiFi6 快 2.4 倍，峰值速度完全可以提升到 IEEE 802.11be 定义的 30Gbit/s。WiFi7 还将支持 2.4GHz、5GHz、6GHz 多个 WiFi 频段，可以利用多链路操作技术聚合不同的多个信道，并且降低延时，满足不同的设备和场景的网速需求。同时，还可以给用户带来更多的强化，并通过多用户资源单元来降低或避免型号的干扰。

部分 IEEE 802.11 协议的比较如表 6-2 所示。

表 6-2 部分 IEEE 802.11 协议比较

标准号	IEEE 802.11b	IEEE 802.11a	IEEE 802.11g	IEEE 802.11n
标准发布时间	1999 年 9 月	1999 年 9 月	2003 年 6 月	2009 年 9 月
工作频率范围	2.4～2.4835GHz	5.150～5.350GHz 5.475～5.725GHz 5.725～5.850GHz	2.4～2.4835GHz	2.4～2.4835GHz 5.150～5.850GHz
非重叠信道数	3	24	3	15
物理速率（Mbit/s）	11	54	54	600
实际吞吐量（Mbit/s）	6	24	24	100 以上
频宽	20MHz	20MHz	20MHz	20MHz/40MHz
调制方式	CCK/DSSS	OFDM	CCK/DSSS/OFDM	MIMO-OFDM/DSSS/CCK
兼容性	IEEE 802.11b	IEEE 802.11a	IEEE 802.11b/g	IEEE 802.11a/b/g/n

2．WiFi 的技术特点

（1）无须布线

WiFi 最主要的优势在于不需要布线，因此非常适合移动办公用户的需要，具有广阔的市场前景。目前它已经从传统的医疗保健、库存控制和管理服务等特殊行业向更多行业拓展。

（2）健康安全

IEEE 802.11 规定的发射功率不可超过 100mW，实际发射功率为 60～70mW。手机的发射功率为 200mW～1W，手持式对讲机的发射功率高达 5W，而且无线网络的使用方式并非像手机一样直接接触人体，应该是绝对安全的。

（3）组网简单

一般架设无线网络的基本配备就是无线网卡及一台 AP。如此便能以无线的模式，配合既有的有线架构来分享网络资源，架设费用和复杂程序远远低于传统的有线网络。如果只是几台计算机的对等网，也可不用 AP，只需为每台计算机配备无线网卡。特别是对于宽带的使用，WiFi 更显优势，有线宽带网络（ADSL、小区局域网（LAN）等）到户后，连接到一个 AP，然后在计算机中安装一块无线网卡即可。

（4）覆盖范围有限

WiFi 的覆盖范围有限。在网络建设完备的情况下，IEEE 802.11b 标准的真实工作距离为 100m。当前主流的 WiFi6 在开放环境（如室外）传输距离为 300～400m；但在室内，其传输距离降低到 50～100 米。

拓展阅读 6-7：WiFi 为什么在室内传输距离会降低？

（5）移动性能不佳

WiFi 只适用于静止或步行等低速移动情况，不适用高速移动的对象，如行驶的汽车等。

3．WiFi6 的应用场景

（1）承载 4K/8K/VR 等大宽带视频

WiFi6 技术支持 2.4GHz 和 5GHz 频段共存。其中，5GHz 频段支持 160MHz 频宽，速率最高可达 9.6Gbit/s 的接入速率；而且 5GHz 频段相对干扰较少，更适合传输视频业务，同时通过 BSS 着色技术、MIMO 技术、动态 CCA 等技术降低干扰，降低丢包率，能带来更好的视频体验。

（2）承载网络游戏等低时延业务

网络游戏类业务属于强交互类业务，在宽带、时延等方面提出了更高的要求，对于 VR 游戏，最好的接入方式就是 WiFi 无线方式，WiFi6 的信道切片技术提供游戏的专属信道，降低时延，满足游戏类业务特别是云 VR 游戏业务对低时延传输质量的要求。

（3）智慧家庭智能互联

智能互联是智能家居、智能安防等业务场景的重要因素。当前家庭互联技术存在不同的局限性，WiFi6 技术将给智能家庭互联带来技术统一的机会，将高密度、大数量接入、低功耗优化集成在一起，同时又能与用户普遍使用的各种移动终端兼容，提供良好的互操作性。

（4）行业应用

WiFi6 作为新一代高速率、多用户、高效率的 WiFi 技术，在行业领域中有广泛的应用前景，如产业园区、写字楼、商场、医院、机场、工厂。

拓展阅读 6-8：WiFi 联盟

6.3.3　无线局域网组网

1．无线局域网的硬件设备

（1）无线网卡

无线网卡的作用和以太网网卡基本相同，其作为无线局域网的接口，能够实现无线局域网各客户机间的连接与通信。

按接口类型分，无线网卡主要分为 PCI、USB、PCMCIA 三种，如图 6-21 所示。PCI 接口无线网卡主要用于台式计算机，PCMCIA 接口的无线网卡主要用于笔记本计算机，USB 接口无线网卡可以用于台式计算机也可以用于笔记本计算机。其中，PCI 接口无线网卡可以和台式计算机的主板 PCI 插槽连接，安装相对麻烦；USB 接口无线网卡具有即插即用、安装方便、高速传输等特点，只要配备 USB 接口就可以安装使用；而 PCMCIA 接口无线网卡主要针对笔记本计算机设计，具有和 USB 相同的特点。在选购无线网卡时，应该根据实际情况来选择合适的无线网卡。

图 6-21 常用无线网卡实物图
a) PCI 无线网卡　b) USB 无线网卡　c) PCMCIA 无线网卡

（2）无线 AP

无线 AP 就是无线局域网的接入点、无线网关。AP 相当于连接有线网和无线网的桥梁，其主要作用是将各个无线网络客户端连接到一起，然后将无线网接入以太网。无线 AP 可分为单纯型 AP 和扩展型 AP 两种类型，如图 6-22 所示。

图 6-22 常用无线 AP 实物图
a) 单纯型 AP　b) 扩展型 AP

单纯型 AP，也称瘦 AP，不具有路由功能，相当于无线交换机，仅仅提供无线信号发射的功能。它的工作原理是将网络信号通过双绞线传送过来，经过无线 AP 的编译，将电信号转换成为无线电信号发送出来，形成无线网络的覆盖。根据不同的功率，网络覆盖距离也是不同的，一般无线 AP 的最大覆盖距离可达 400m。

扩展型 AP，也称胖 AP，就是常说的无线路由器。扩展型 AP 具有路由功能，主要应用于用户上网和无线覆盖。通过路由功能，可以实现家庭无线网络与 Internet 连接共享，也能实现 ADSL 和小区宽带的无线共享接入。通过无线路由器还可把无线和有线连接的终端都分配到一个子网，使得子网内的各种设备可以方便地交换数据。

（3）无线天线

当无线网络中各网络设备相距较远时，随着信号的减弱，传输速率会明显下降以致无法实现无线网络的正常通信，此时就要借助于无线天线对所接收或发送的信号进行增强。

选择天线时，需注意天线的接头与所接设备的接头是否匹配。一般 WiFi 用 SMA 和 TNC 的，主要用在路由器上。但是 2.4G 的无线监控设备上接头如果匹配的话，也能达到增强无线信号传输的效果。天线底座有磁性，可吸在金属物体表面，即插即用，无任何附加条件，不过天线的增益性与定向性也是要考虑的重点。

2．无线局域网的组网模式

将 WLAN 中的几种设备结合在一起使用，就可以组建出多层次、无线和有线并存的计算机网络。一般说来，无线局域网有两种组网模式，一种是无固定基站的 WLAN，另一种是有固定基站的 WLAN。

（1）无固定基站的 WLAN

无固定基站的 WLAN 是一种自组网络，主要适用于在安装无线网卡的计算机之间组成的对等状态的网络。这种组网模式不需要固定的设施，只需要在每台计算机中安装无线网卡就可以实现，因此非常适用于一些临时网络的组建。

无固定基站的 WLAN 也被称为无线对等网，是最简单的一种无线局域网结构，如图 6-23 所示。这种无固定基站的 WLAN 结构是一种无中心的拓扑结构，通过网络连接的各个设备之间的通信关系是平等的，但仅适用于较少数的计算机无线连接方式（通常是 5 台主机或设备之内）。

（2）有固定基站的 WLAN

有固定基站的 WLAN 类似于移动通信的机制，安装无线网卡的计算机通过基站（无线 AP 或者无线路由器）接入网络。这种网络的应用

图 6-23　无固定基站的 WLAN 示意图

比较广泛，通常用于有线局域网覆盖范围的延伸或者作为宽带无线互联网的接入方式。

当网络中的计算机用户到达一定数量时，或者是当需要建立一个稳定的无线网络平台的时候，一般会采用以 AP 为中心的组网模式。这种模式也是无线局域网最为普遍的一种组网模式。在这种模式中，需要有一个 AP 充当中心站，所有站点对网络的访问都受该中心的控制，如图 6-24 所示。

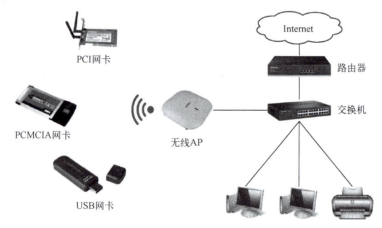

图 6-24　有固定基站的 WLAN 示意图

3．无线局域网的组网方式

基于 IEEE 802.11 标准的无线局域网允许在局域网络环境中使用不必授权的 ISM 频段中的 2.4GHz 或 5GHz 射频波段进行无线连接。它们被广泛应用，从家庭到企业再到 Internet 接入热点。

（1）简单的家庭 WLAN

家庭无线局域网是最通用和最常见的 WLAN，其拓扑如图 6-25 所示。无线路由器（扩展型 AP）是其核心设备，同时用作防火墙、路由器、交换机和无线接入点。无线路由器可以提供广泛的功能，包括保护家庭网络远离外界的入侵；允许共享一个 ISP（Internet Service Provider，网络业务提供商）的单一 IP 地址。无线路由器同时还可为少量计算机（4 台左右）提供有线以太网服务，并且也可以通过以太网交换机或集线器进行扩展。通常，其基本模块提供 2.4GHz 802.11b/g 操作的 WiFi，而更高端模块将提供双波段 WiFi 或高速 MIMO 性能。

（2）无线桥接

当有线连接以太网或者需要为有线连接建立第二条冗余连接以作备份时，无线桥接允许在建筑物之间进行无线连接，其连接距离可超过 10km。与有线桥接相比，无线桥接部署更方便，价格也更便宜，而且天线之间不需要具有直视性。图 6-26 为无线桥接的一个示例。示例中的无线网桥使用双 5GHz 频段通信，最高网速可达到 867Mbit/s，最远传输距离为 5km，可以充分满足两栋建筑之间的点对点无线通信需求。

图 6-25　家庭 WLAN 拓扑图　　　　图 6-26　5GHz 点对点无线桥接示例

（3）中型 WLAN

中型 WLAN 向所有需要无线覆盖的设备提供多个接入点，如图 6-27 所示。这种方式的优点是入口成本比较低，允许设备在接入点之间漫游，因为它们配置在相同的以太子网和 SSID（Service Set Identifier，服务集标识）中。但从管理的角度来看，每个接入点以及连接到它的接口都被分开管理。从安全的角度来看，每个接入点必须被配置为能够处理自己的接入控制和认证。

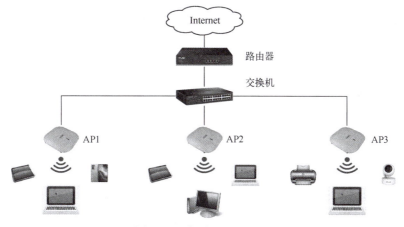

图 6-27　中型 WLAN 示例

（4）大型 WLAN

传统的无线局域网由于其局限，已经不能满足规模比较大的无线网络。而且非常依赖无线业务的高级用户对新一代的无线网络提出了新的特性要求。首先，无线网络具有能够进行统一管理的系统；其次，无线网络部署实施要简单；再次，无线网络的安全性能好；最后，无线网络要能够支持语音和多业务。基于这种需求，诞生了新一代的基于无线控制器（Wireless Access Point Controller，无线 AC 控制器）的解决方案。

无线 AC 控制器是一种网络设备，用来集中控制无线 AP，是一个无线网络的核心，负责管理无线网络中的所有无线 AP。管理的内容包括下发配置、修改相关配置参数、射频智能管理、接入安全控制等。图 6-28 所示为一个基于无线 AC 控制器的大型 WLAN 示意图，其与中型 WLAN 的区别在于用无线 AC 控制器替换了交换机。

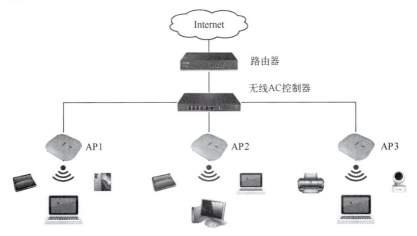

图 6-28　大型 WLAN 示例

如今的 WiFi 网络覆盖，多采用 AC+AP 的覆盖模式，无线网络中有一个 AC（无线控制器）和多个 AP（收发信号）。此模式应用于大中型企业中，有利于无线网络的集中管理，多个无线发射器能统一发射一个信号（SSID），并且支持无缝漫游和 AP 射频的智能管理。相比于传统的覆盖模式，AC+AP 模式有本质的提升，顺应了无线通信智能终端的发展趋势。

6.3.4　无线局域网技术在物流中的应用

无线局域网在物流中的应用目标是实现各种设备的无线接入，其应用场景主要包括作业现场、办公区域、建筑之间以及临时性的展会现场等。

1．作业现场物流设备的无缝接入

智慧物流环境下，物流作业现场有大量的物流自动化设备，而且部分物流设备具有一定的移动性（如搬运机器人、穿梭车等）。所以，适合的接入方案是通过无线局域网接入。图 6-29 为物流作业现场无线接入设备的示例。示例中，通过在作业现场部署 WiFi 基站，使穿梭车能够无线接入网络。

2．办公区域的无线联网

当企业内的员工使用无线局域网络产品（如手机、平板、笔记本等）时，无论他们在办公室的哪个角落，只要有无线局域网络产品，就能随意地发电子邮件、分享档案及上网络浏览。

3．建筑之间的无线连接

物流园区楼与楼之间通信一般情况下会选择使用有线方式构建局域网。但如果事先没有部署有线设施，也可以使用无线局域网设备在大楼之间建构网络的连接（见图 6-26），取代专线，简单又便宜。这种方式尤其适用于老旧仓库的信息化改造，能够在充分满足网络通信需求的基础上，减少建设成本，降低施工的难度。

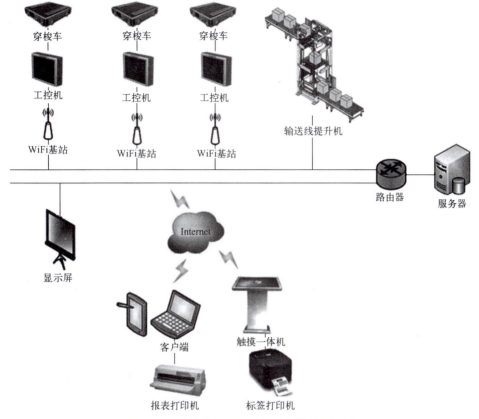

图 6-29　物流作业现场无线接入设备的示例

4. 展会现场

展会现场一般具有临时性，而且对网络需求极高。现场布线会让会场显得凌乱且工作量较大，因此若能使用无线网络，则是再好不过的选择。

展会如果在室内举办，则可以通过 AC+AP 的部署方式（见图 6-28），能够快速部署形成覆盖全展区的无线通信网络。展会如果在室外举办，而且物理位置跨度比较大，如大型的物流装备展等，则可以通过无线桥接的方式部署覆盖全域的无线网络（见图 6-26）。

本章小结

本章主要介绍了现场总线和局域网两种局域互联技术，用于构建智慧物流系统中局部区域的互联网络。

现场总线主要解决工业现场的智能化仪器仪表、控制器、执行机构等现场设备间的数字通信以及这些现场控制设备和高级控制系统之间的信息传递问题。其具有简单、可靠、经济实用等一系列突出的优点，是自动化领域中的底层数据通信网络。现场总线的标准多达 40 种，常用的主要有 FF、Profibus、LonWorks、CAN、DeviceNet 和 ControlNet 六种。在智慧物流系统中，主要应用于现代物流中心、生产物流管理、码头/车站检查系统以及无人化运输设备等场景。

局域网根据其接入方式可划分为有线局域网和无线局域网两种方式，其典型的技术分别是以太网和 WiFi。现在广泛使用的以太网是交换式以太网，可运行在 100Mbit/s、1000Mbit/s、10000Mbit/s 甚至更高速率，主要用于组建物流企业内部局域网、物流自动化系统以及物流数据中心骨干网等。WiFi 从第一代发展到第六代，无线传输速率不断突破，主要用于解决物流作业现场、办公区域、临时性展会现场等场景中的移动设备无线接入问题。

练习与思考

一、思考题

1. 什么是现场总线？具有哪些技术特点？
2. 什么是现场总线系统？是如何构成的？
3. 以太网主要包括哪些类型？
4. 以太网的拓扑结构和组网设备有哪些？
5. 无线局域网的组网设备主要有哪些？
6. 无线局域网的组网方式有哪些？
7. WiFi 技术有哪些特点？
8. WiFi6 的应用场景有哪些？

二、论述题

1. 简述主流的现场总线技术及其适用场景。
2. 简述现场总线技术在物流中的应用。
3. 简述以太网在物流中的应用。
4. 简述无线局域网与 WiFi 之间的关系以及 WiFi 标准的发展过程。

三、案例分析

港口堆场的中枢神经

太仓地处长江出海口南岸，通江达海，是"江海联运"的节点。为满足长江沿线和长三角地区日益增长的铁矿石进口需求，缓解长江沿线的运输压力，进一步完善进口铁矿石运输系统，2003 年 8 月，宁波港集团与武汉钢铁集团、中外运集团强强合作，合资成立了太仓武港码头有限公司，投资建设 20 万吨级、15 万吨级两个矿石卸船泊位和相关装船系统。该工程使用长江岸线 1095 米，总投资 18.36 亿元，建设 20 万吨级（兼靠 25 万吨级）和 15 万吨级矿石卸船泊位各 1 个、5000 吨级长江分节驳装船泊位 4 个和相应的设备及配套设施。设计年吞吐量 3000 万吨。太仓武港码头建成投用后，将与宁波港北仑矿石码头互相衔接配合，为长江中下游及京杭大运河沿线钢铁企业提供铁矿石中转服务。

问题：
1. 针对太仓武港码头的情况，你认为选择哪些种技术构建其内部通信网络比较适合？
2. 根据所选择的技术，提出初步的设计方案。

第 7 章　广域互联技术

学习目标
- 熟悉互联网的应用模式。
- 掌握"互联网+"高效物流的典型模式。
- 熟悉移动通信的基本概念及发展历程。
- 掌握 5G 通信的技术特点及 5G+物流的典型模式。
- 了解集群通信技术的概念及主要技术标准。
- 熟悉宽带集群 B-TrunC 的特征和系统架构。
- 掌握基于 B-TrunC 的港口宽带集群解决方案。

导入案例

腾俊国际陆港 5G 智慧园区

2022 年，云南腾俊国际物流有限公司在中国联通的帮助下，率先进行 5G 智慧园区合作建设和运营。双方共同打造完成了物流园区内 5G 专网及 5G+AGV 系统的建设。作业人员无须复杂的查询和判断，只需简单启动系统即可完成仓储物流的整个作业。智能仓充分利用 5G 大连接、高带宽、低时延的传输特性，完全采取无人化作业方式，轻松满足 90 台 AGV 仓储机器人有序运作和自动化分拣线路，可轻松应对昆明市区的城市配送服务业务。整个货物自动分拣、传输、存取、出入库一气呵成，运送全过程及时高效，环节步骤流畅。

项目建成投产后推进企业人力节省 70%，效率提升 30%。为仓储物流行业数字化转型打造出了一套可推广、可复制的样板。

智慧物流环境下，物流系统覆盖的范围经常跨城、跨省、跨区甚至跨国，城际、省际乃至全球性的信息交互是智慧物流系统正常运转的基础，所以需要互联网、移动通信、集群通信等技术的支持。互联网能够使物流系统在全球范围内进行信息的传输和交互，实现物流资源在更大范围内的共享和优化配置；移动通信能够充分满足智慧物流系统对移动性的需求，进一步提高物流系统信息交互在时间和空间上的连续性；集群通信系统作为一种专用的通信网络，能够为行业用户、专业用户和团体用户提供专用通信网络或共用通信网络，用于指挥与调度。

7.1 互联网技术

互联网是网络与网络之间所串连成的庞大网络。因特网（Internet）是当今世界上最大的互联网。互联网的发展与普及，为现代物流的发展注入了强劲的动力，推动传统物流不断向智慧物流发展。

7.1.1 互联网概述

1. 互联网的组成

互联网的拓扑结构非常复杂，并且在地理位置上覆盖了全球，从工作方式上看，可以划分为边缘和核心两大块。图 7-1 为互联网的边缘部分和核心部分。

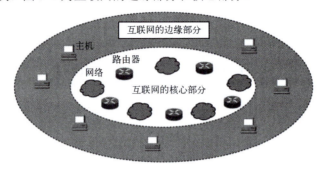

图 7-1 互联网的边缘部分和核心部分

（1）边缘部分

边缘部分由所有连接在互联网上的主机组成。这部分是用户直接使用的，用来进行通信和资源共享。

主机通常又被称为端系统（End System）或终端。端系统的拥有者可以是个人，也可以是单位（如学校、公司、政府等），当然也可以是某个 ISP。边缘部分利用核心部分所提供的服务，使众多主机之间能够相互通信并交换或共享数据信息。

（2）核心部分

网络核心部分可以说是互联网中最复杂的部分，因为网络中的核心部分要向网络边缘中的大量主机提供联通性，使边缘部分中的任何一台主机都能够与其他主机通信。

网络核心部分最重要的功能是路由和转发，起到这个作用的是路由器，路由器是实现分组交换的关键构件。

2. 互联网的应用模式

互联网的应用范围越来越广，应用模式也在不断创新，如表 7-1 所示。在一级应用模式，互联网应用模式可划分为电子政务应用模式、电子商务应用模式、网络信息获取应用模式、网络交流互动应用模式、网络娱乐应用模式。其中，网络信息获取应用模式又细分为网络新闻模式、搜索引擎模式、信息分类模式、信息聚合模式和知识分享模式；电子商务应用模式细分为 B2B 电子商务模式、B2C 电子商务模式、C2C 电子商务模式和 O2O 电子商务模式；网络交流互动应用模式细分为即时通信模式、个人空间模式、社交网络模式、网络论坛模式；网络娱乐应用模式细分为网络游戏模式、网络文学模式、网络视频模式。

表 7-1 互联网应用模式的体系结构

一级应用模式	二级网络应用模式
电子政务应用模式（办公需求）	G2B电子政务模式
	G2C电子政务模式
	G2G电子政务模式
	G2E电子政务模式
电子商务应用模式（交易需求）	B2B电子商务模式
	B2C电子商务模式
	C2C电子商务模式
	O2O电子商务模式

(续)

一级应用模式	二级网络应用模式
网络信息获取应用模式（信息获取）	搜索引擎模式
	信息分类模式
	信息聚合模式
	知识分享模式
	网络新闻模式
网络交流互动应用模式（交流需求）	即时通信模式
	个人空间模式
	社交网络模式
	网络论坛模式
网络娱乐应用模式（娱乐需求）	网络文学模式
	网络视频模式
	网络游戏模式

7.1.2 "互联网+"物流

1. "互联网+"的概念

"互联网+"是指在创新2.0（信息时代、知识社会的创新形态）推动下由互联网发展的新业态，也是在知识社会创新2.0推动下由互联网形态演进、催生的经济社会发展新形态。

"互联网+"简单地说就是"互联网+传统行业"，随着科学技术的发展，利用信息和互联网平台，使得互联网与传统行业进行融合，利用互联网具备的优势特点，创造新的发展机会。"互联网+"通过自身的优势，对传统行业进行优化升级转型，使得传统行业能够适应当下的新发展，从而最终推动社会不断地向前发展。

"互联网+"是互联网思维的进一步实践成果，推动经济形态不断地发生演变，从而带动社会经济实体的生命力，为改革、创新、发展提供广阔的网络平台。通俗地说，"互联网+"就是"互联网+各个传统行业"，但这并不是简单的两者相加，而是利用信息通信技术以及互联网平台，让互联网与传统行业进行深度融合，创造新的发展生态。它代表一种新的社会形态，即充分发挥互联网在社会资源配置中的优化和集成作用，将互联网的创新成果深度融合于经济、社会各领域之中，提升全社会的创新力和生产力，形成更广泛的以互联网为基础设施和实现工具的经济发展新形态。

2. "互联网+"的特点

"互联网+"有六大特征。

（1）跨界融合

"+"就是跨界，就是变革，就是开放，就是重塑融合。敢于跨界了，创新的基础就更坚实；融合协同了，群体智能才会实现，从研发到产业化的路径才会更垂直。融合本身也指代身份的融合，客户消费转化为投资，伙伴参与创新等。

（2）创新驱动

时代处于动态变化中，粗放的资源驱动型增长方式早就难以为继，必须转变到创新驱动发展这条正确的道路上来。这正是互联网的特质，用互联网思维来求变、自我革命，才能发挥创新的力量。

（3）重塑结构

互联网已经打破了原有的社会结构、经济结构、地缘结构和文化结构。权力、议事规则、话语权不断发生变化。互联网+社会治理、虚拟社会治理会有很大的不同。

（4）尊重人性

人性的光辉是推动科技进步、经济增长、社会进步和文化繁荣的最根本的力量。互联网力量强大的最根本原因也是源于互联网对人性最大限度的尊重，对人体验的敬畏，以及对人的创造性发挥的重视。例如，UGC、卷入式营销、分享经济等。

（5）开放生态

关于"互联网+"，生态是非常重要的特征，而生态的本身就是开放的。推进"互联网+"，其中一个重要的方向就是要把过去制约创新的环节化解掉，把孤岛式创新连接起来，由市场驱动，让创业者和努力者有机会实现价值。

（6）连接一切

理解"互联网+"，一定要把握它和"连接"之间的关系。连接是有层次的，可连接性又是有差异的，连接的价值是相差很大的，但是连接一切是"互联网+"的目标。

3. "互联网+"高效物流

"互联网+"高效物流是指依托互联网等先进信息技术，创新物流企业经营和服务模式，将各种运输、仓储等物流资源在更大的平台上进行整合和优化，扩大资源配置范围，提高资源配置有效性，全面提升社会物流效率。"互联网+"高效物流主要体现在以下六个方面。

（1）"互联网+"车货匹配

"互联网+"车货匹配，即发展公路港等物流信息平台，整合线下物流资源，打造线上线下联动公路港网络，促进车货高效匹配，拓展信用评价、交易结算、融资保险、全程监控等增值服务。组织开展道路货运无车承运人试点，完善相关管理政策，鼓励利用物联网等先进技术优化业务流程，提高物流流程标准化和物流过程可视化水平，促进公路货运的集约化、高效化、规范化发展。

（2）"互联网+"运力优化

"互联网+"运力优化，即鼓励企业利用大数据、云计算技术，加强货物流量、流向的预测预警，推进货物智能分仓与库存前置，提高物流链条中不同企业间的协同运作水平，优化货物运输路径，实现对配送场站、运输车辆和人员的精准调度。

（3）"互联网+"运输协同

"互联网+"运输协同，即制定出台多式联运发展推进办法，支持多式联运公共信息平台建设，加快不同业务系统之间的对接，推动多式联运信息交换共享。培育多式联运经营主体，在重点领域探索实行"一票到底"的联运服务，研究应用电子运单。探索完善海关多式联运监管模式。

（4）"互联网+"仓储交易

"互联网+"仓储交易，即鼓励企业依托互联网、物联网等先进信息技术建立全国性或区域性仓储资源网上交易平台，推动仓储资源在线开放和实时交易，整合现有仓储设施资源，提高仓储利用效率，降低企业使用成本。探索建立全国物流金融网上服务平台，完善仓单登记、公示及查询体系，有效防范仓单重复质押等金融风险。

（5）"互联网+"物流企业联盟

"互联网+"物流企业联盟，即支持以资源整合、利益共享为核心的物流企业联盟，依托互联网信息技术整合社会分散的运输、仓储、配送等物流业务资源，推动实现合同签订、车辆调度、运费结算等统筹管理，规范运营流程，提高货运组织化水平，提升物流服务能力和效率，带动广大中小企业集约发展。鼓励依托企业联盟的跨区域甩挂运输发展。

（6）"互联网+"供应链管理

"互联网+"供应链管理，即鼓励物流企业依托互联网向供应链上下游提供延伸服务，推进物流与制造、商贸、金融等产业互动融合、协同发展。支持供应链管理综合服务商建设智慧供应链管理服务体系，发展适应"互联网+"大规模定制的智能集成式物流模式，面向小批量、多品类、快速生产、快速交货和连续补货等新需求，提供物流服务解决方案。

7.2 移动通信技术

移动通信是进行无线通信的现代化技术，是现代通信技术中不可或缺的部分。移动通信技术经过第一代、第二代、第三代、第四代技术的发展，2019年已正式迈入了5G时代，6G也呼之欲出。这也是目前改变世界的几种主要技术之一。

7.2.1 移动通信技术概述

1. 移动通信的相关概念

（1）移动通信与移动通信系统

移动通信（Mobile Communication）是指通信双方至少有一方在移动中（或者临时停留在某一非预定的位置上）进行信息传输与交换，这包括移动体和移动体之间的通信以及移动体和固定点之间的通信。严格来说，移动通信属于无线通信的范畴，无线通信与移动通信虽然都是靠无线电波进行通信，却是两个概念。无线通信包含移动通信，但无线通信更侧重于无线，移动通信侧重于移动。

移动通信技术按使用对象，可划分为民用和军用两种；按使用环境可以划分为陆地通信、海上通信和空中通信；按多址方式，可以划分为频分多址（FDMA）、时分多址（TDMA）和码分多址（CDMA）；按覆盖范围可以划分为广域网、局域网和个域网；按业务类型，可以划分为电话网、数据网和综合业务网；按服务范围可以划分为专用网和公用网；按工作方式可以划分为同频单工、双频单工、双频双工和半双工；按信号形式可划分为模拟和数字两种。

采用移动通信技术和设备组成的通信系统即移动通信系统。移动通信系统必须利用无线电波进行信息传输，通信是在复杂的干扰环境中运行的，并且移动通信业务量的需求与日俱增。常见的移动通信应用系统主要有蜂窝式公用移动通信系统、集群调度移动通信系统、无绳电话系统、无线电寻呼系统、卫星移动通信系统和无线 LAN/PAN 等。本节后面的介绍主要围绕蜂窝式公用移动通信系统展开，集群调度移动通信系统将在下一节中详细介绍。

（2）移动通信网与移动数据网

移动通信网与固定通信网一样，不论从用户对业务的需求，还是从网络运营商提供的服务以及通信设备研发生产商来看，都可以分为语音、数据、视频和多媒体等层次。可以将后两个层次的业务通称为移动数据业务，例如，短消息、传真、电子邮件、文件、图像、浏览网页等。能为用户提供移动数据业务的移动通信网，又可称为移动数据网。也有专门提供移动数据业务而不提供语音业务的，称为专用移动数据网（简称为移动数据网，或无线分组数据网）。

（3）移动数据通信与无线数据通信

移动数据通信与无线数据通信这两个术语的含义比较相近，但也有一定的区别。它们的共同点在于数据通信都是通过无线信道和网络进行的，而主要区别就在于"移动"与"无线"这两个词。"移动"表示通信终端的三种运动状态：归属区静止、运动和漫游（访问区静止）。实际上"移动"主要是指"运动和漫游"这两种状态。因此，"移动数据通信"就是指终端在三种运动状态下都能进行的数据通信。而"无线数据通信"的主要含义是指在静止状态进行数据通信,但如果无线网络能提供漫游服务,那么这种情况下的"无线数据通信"也是"移动数据通信"。能提供无线数据通信最典型的例子是 WLAN。随着网络技术的发展以及移动、无线网络与互联网的逐步演进和相互融合,传统的无线数据网也能支持终端在运动状态下进行数据通信。这种情况下,无线数据通信与移动数据通信也就没有什么区别了。目前,如果分析和讨论的问题不涉及终端是否在运动中,只要不影响问题的实质,人们也常将这两个术语混用。

2. 移动通信系统的组成

通常意义上,移动通信系统由移动业务交换中心(MSC)、基站(BS)、移动台(MS)及中继线等部分组成,如图 7-2 所示。

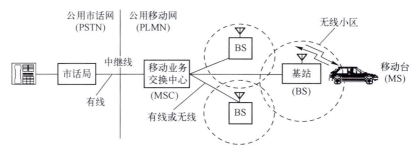

图 7-2 移动通信系统示意图

基站(BS)是以多信道共用方式在移动通信中提供通信服务的关键设备,其主要由收发信道盘等组成。移动业务交换中心(MSC)除具有一般市话交换机的功能之外,还有移动业务所需处理的越区切换、漫游等功能。传输线部分主要是指连接各设备之间的中继线,目前 MSC 到 BS 之间的传输主要采用小微波及光缆等方式。

移动台(MS)是一个子系统。它实际上是由移动终端设备和用户数据两部分组成的,移动终端设备称为移动设备,用户数据存放在一个与移动设备可分离的数据模块中,此数据模块称为用户识别卡(SIM)。移动台有便携式、手提式、车载式三种,所以说移动台不单指手机,手机只是一种便携式的移动台。

3. 移动通信系统的发展

移动通信延续着每十年一代技术的发展规律,在历经 1G、2G、3G 和 4G 的发展后,2019 年正式进入 5G 时代,如图 7-3 所示。每一次代际跃迁,每一次技术进步,都极大地促进了产业升级和经济社会发展。

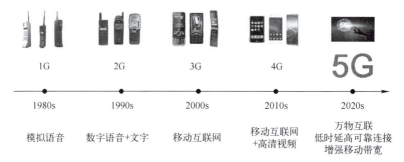

图 7-3 移动通信系统发展历程

(1)第一代移动通信系统(1G)

第一代移动通信系统简称"1G",以模拟式蜂窝网为主要特征,仅能提供话音服务,是移动通信进入民用领域的早期尝试，于 20 世纪 70 年代末 80 年代初开始商用化。典型的通信系统有北美的先进移动电话业务（Advanced Mobile Phone System，AMPS）、欧洲的全接入通信系统（Total Access Communication System，TACS）以及北欧的移动电话标准（Nordic Mobile Telephone Standard，NMS）。

第一代移动通信系统采用了模拟调制技术和 FDMA 接入方式，在使用中暴露出了很多缺点。例如，设备体积大成本高，频谱利用率低，保密性差，只能提供低速语音业务等。所以，第一代移动通信系统的使用者不多，逐渐被有明显改进、适于普及的第二代移动通信系统取代。尽管这样，第一代移动通信系统是移动电话从无到有，实现了零的突破，是人类通信史上的重要里程碑。

（2）第二代移动通信系统（2G）

第二代移动通信系统有效地将手机从模拟通信转移到数字通信，是以数字技术为主体的移动经营网络；技术引入了被叫和文本加密，以及 SMS、图片消息和 MMS 等数据服务；主要业务是语音，主特性是提供数字化的话音业务及低速数据业务。典型的通信系统有全球移动通信系统（GSM）、个人手提电话系统（Personal Handy-phone System，PHS）、个人接入通信系统（Personal Access Communication System，PACS）、IS-54 系统与 IS-95（也称窄带 CDMA）系统。

第二代移动通信系统具有频谱利用率较高、保密性好、系统容量大、接口标准明确等优点；很好地满足了人们对语音业务以及低速数据业务的需求，因此在世界范围内得以广泛应用。在我国，以 GSM 为主，IS-95、CDMA 为辅的第二代移动通信系统只用了十年的时间，就发展了近 2.8 亿用户，并超过固定电话用户数，成为世界上最大的移动经营网络。

（3）第三代移动通信系统（3G）

第三代移动通信系统是在第二代移动通信技术基础上进一步演进的以宽带 CDMA 技术为主，并能同时提供话音和数据业务的移动通信系统，是一代有能力彻底解决第一、二代移动通信系统主要弊端的先进的移动通信系统。第三代移动通信系统的目标是提供包括语音、数据、视频等丰富内容的移动多媒体业务。

第三代移动通信系统的三大主流标准分别是 WCDMA（宽带 CDMA），CDMA2000 和 TD-SCDMA（时分双工同步 CDMA）。其设计目标是实现 144Kbit/s 的车载通信速率、384Kbit/s 的步行通信速率和 2Mbit/s 的室内通信速率；在业务上更加重视移动多媒体业务，能提供多种类型的高质量多媒体业务，语音业务所占比重越来越小；能实现全球无缝覆盖，具有全球漫游能力并与固定网络相互兼容。

拓展阅读 7-1：标准背后的国家利益

（4）第四代移动通信系统（4G）

4G 是一种能够传输高质量视频图像以及图像传输质量与高清晰度电视不相上下的技术。系统能够以 100Mbit/s 的速度下载，比拨号上网快 2000 倍，上传的速度也能达到 50Mbit/s，并能够满足几乎所有用户对于无线服务的要求，速度通常与 3G 相比快 20～30 倍。在价格方面，4G 与固定宽带网络在价格方面不相上下，而且计费方式更加灵活机动，用户完全可以根据自身的需求定制所需的服务。4G 可以在 DSL 和有线电视调制解调器没有覆盖的地方部署，再扩展到整个地区。2013 年 12 月，工业和信息化部发放 4G 牌照，我国通信业进入 4G 时代。其典型标准主要有 LTE、LTE-Advanced、WiMax 和 Wireless MAN 等。

LTE（Long Term Evolution，长期演进）项目是 3G 的演进。它改进并增强了 3G 的空中接口技术，采用 OFDM 和 MIMO 作为其无线网络演进的唯一标准。根据 4G 牌照发布的规定，国内三家运营商中国移动、中国电信和中国联通都拿到了 TD-LTE 制式的 4G 牌照，中国联通和中国电信还获得了 LTE-FDD 的牌照。

LTE-Advanced 的正式名称为 Further Advancements for E-UTRA，是一种后向兼容的技术，完全兼容 LTE。LTE-Advanced 包含 TDD（时分双工）和 FDD（频分双工）两种制式，其中 TD-SCDMA 将能够演进到 TDD 制式，而 WCDMA 网络能够演进到 FDD 制式。中国移动主导的 TD-SCDMA 网络期望能够直接绕过 HSPA+网络而直接进入到 LTE。

拓展阅读 7-2：
TD-LTE

WiMax（Worldwide Interoperability for Microwave Access，全球微波互连入）的另一个名字是 IEEE 802.16。WiMAX 的技术起点较高，其所能提供的最高接入速度是 70Mbit/s，这个速度是 3G 所能提供的宽带速度的 30 倍。

Wireless MAN-Advanced 实际上是 WiMax 的升级版，即 IEEE 802.16m 标准。该标准支持"高移动"模式，能够提供 1Gbit/s 速率。

拓展阅读 7-3：
TDD 和 FDD 的区别

（5）第五代移动通信系统（5G）

5G 是具有高速率、低时延和大连接特点的新一代宽带移动通信技术，5G 通信设施是实现人、机、物互联的网络基础设施。

在容量方面，5G 通信技术将比 4G 实现流量增长 1000 倍；在传输速率方面，提升 10～100 倍，终端到终端时延缩短为 4G 的 1/5；接入性方面，可联网设备的数量增加 10～100 倍；在可靠性方面，电池续航时间增加 10 倍。由此可见，5G 全面超越 4G，是真正的融合性网络。

国际电信联盟（ITU）定义了 5G 的三大类应用场景，即增强移动宽带（eMBB）、超高可靠低时延通信（uRLLC）和海量机器类通信（mMTC），如图 7-4 所示。eMBB 主要面向移动互联网流量爆炸式增长，为移动互联网用户提供更加极致的应用体验；uRLLC 主要面向工业控制、远程医疗、自动驾驶等对时延和可靠性具有极高要求的垂直行业应用需求；mMTC 主要面向智慧城市、智能家居、环境监测等以传感和数据采集为目标的应用需求。

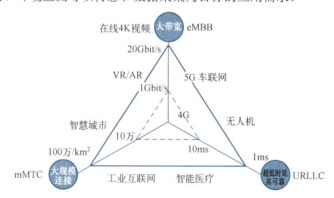

图 7-4　5G 的三大类应用场景

（6）第六代移动通信系统（6G）

6G 主要促进的就是物联网的发展。6G 网络将是一个地面无线与卫星通信集成的全连接世界。通过将卫星通信整合到 6G 移动通信，实现全球无缝覆盖，网络信号能够抵达任何一个偏远的乡村，让深处山区的病人能接受远程医疗，让孩子们能接受远程教育。此外，在全球卫星定位系统、电信卫星系统、地球图像卫星系统和 6G 地面网络的联动支持下，地空全覆盖网络还能帮助人类预测天气、快速应对自然灾害等。6G 通信技术不再是简单的网络容量和传输速率的突破，它更是为了缩小数字鸿沟，实现万物互联这个"终极目标"。

6G 的数据传输速率可能达到 5G 的 50 倍，时延缩短到 5G 的 1/10，在峰值速率、时延、流量密度、连接数、移动性、频谱效率、定位能力等方面远优于 5G。《6G 无线智能无处不在的关键驱动与研究挑战》白皮书中给出了 6G 技术的关键指标，其峰值传输速度达到 100Gbit/s～1Tbit/s，室内定位精度 10cm，室外定位精度 1m，通信时延 0.1ms，中断概率小于百万分之一，连接设备密度达到每立方米过百个。

我国在 6G 方面，研发时间早、投入资源多、研究成果好。所以未来，我国 6G 还将处于全球第一梯队。按照网络发展的传统规律看，2020～2024 年是 5G 网络的建设期，2025～2028 年是完善期，所以很有可能在 2029 年前后引入 6G。

7.2.2　5G 通信技术

5G 作为一种新型移动通信网络，不仅要解决人与人通信，为用户提供增强现实（AR）、虚拟现实（VR）、超高清（3D）视频等更加身临其境的极致业务体验。更要解决人与物、物与物的通信问题，满足移动医疗、车联网、智能家居、工业控制、环境监测等物联网应用需求。最终，5G 将渗透到经济社会的各行业各领域，成为支撑经济社会数字化、网络化、智能化转型的关键新型基础设施。

1．5G 通信的关键技术

5G 通信的关键技术包括高频段传输、新型多天线传输、同时同频全双工、D2D 技术、超密集网络技术和新型网络架构等。

（1）高频段传输

移动通信传统工作频段主要集中在 3GHz 以下，这使得频谱资源十分拥挤，而在高频段（如毫米波、厘米波频段）可用频谱资源丰富，能够有效缓解频谱资源紧张的现状，可以实现极高速短距离通信，支持 5G 容量和传输速率等方面的需求。

高频段在移动通信中的应用是未来的发展趋势，业界对此高度关注。足够量的可用带宽、小型化的天线和设备、较高的天线增益是高频段毫米波移动通信的主要优点，但也存在传输距离短、穿透和绕射能力差、容易受气候环境影响等缺点。

（2）新型多天线传输

5G 新型多天线传输基于大规模天线阵列技术。大规模天线阵列技术的基本特征是通过在基站侧集中配置数量众多的天线阵列，获得比传统天线阵列技术（天线阵列数不超过 8 个）更为精确的波束控制能力，然后通过空间复用技术，在相同的时频资源上同时服务更多用户来提升无线通信系统的频谱效率，从而满足第五代无线通信系统中海量信息的传输需求（见图 7-5）。大规模天线阵列技术可以很好地抑制无线通信系统中的干扰，带来巨大的小区内及小区间的干扰抑制增益，使得整个无线通信系统的容量和覆盖范围得到进一步提高。大规模天线阵列技术能够深度利用空间无线资源，理论上可显著提高系统的频谱效率和功率效率，是构建未来高能效绿色宽带无线通信系统的重要技术。

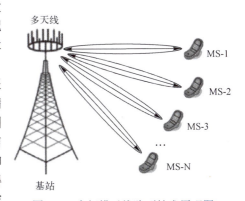

图 7-5　大规模天线阵列技术原理图

多天线技术经历了从无源到有源，从二维（2D）到三维（3D），从高阶 MIMO 到大规模阵列的发展，从而实现频谱效率提升数十倍甚至更高。由于引入了有源天线阵列，基站侧可支持的协作天线数量将达到 128 根。此外，原来的 2D 天线阵列拓展成为 3D 天线阵列，形成新颖的

3D-MIMO 技术,支持多用户波束智能赋型,减少用户间干扰,结合高频段毫米波技术,将进一步改善无线信号覆盖性能。

(3)同时同频全双工

同频同时全双工(Co-frequency Co-time Full Duplex,CCFD)即发射机和接收机用同一频率同时进行工作,突破了现有的 FDD 和 TDD 模式,使得无线通信链路的频谱效率提高了一倍。其原理如图 7-6 所示。

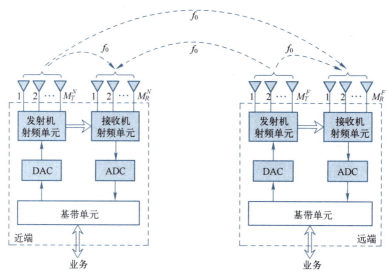

图 7-6 CCFD 原理图

全双工技术能够突破 FDD 和 TDD 方式的频谱资源使用限制,使得频谱资源的使用更加灵活。然而,全双工技术需要具备极高的干扰消除能力。这对干扰消除技术提出了极大的挑战,同时还存在相邻小区同频干扰问题。

(4)D2D 技术

D2D 通信(Device to Device Communication)技术是指两个对等的用户节点之间直接进行通信的一种通信方式。在由 D2D 通信用户组成的分布式网络中,每个用户节点都能发送和接收信号,并具有自动路由(转发消息)的功能。网络的参与者共享它们所拥有的一部分硬件资源,包括信息处理、存储以及网络连接能力等。这些共享资源向网络提供服务和资源,能被其他用户直接访问而不需要经过中间实体。在 D2D 通信网络中,用户节点同时扮演服务器和客户端的角色,用户能够意识到彼此的存在,自组织地构成一个虚拟或者实际的群体。

传统的蜂窝通信系统的组网方式是以基站为中心实现小区覆盖,而基站及中继站无法移动,其网络结构在灵活度上有一定的限制。随着无线多媒体业务不断增多,传统的以基站为中心的业务提供方式已无法满足海量用户在不同环境下的业务需求。超密集网络能够改善网络覆盖,大幅度提升系统容量,并且对业务进行分流,具有更灵活的网络部署和更高效的频率复用。面向高频段大带宽,将采用更加密集的网络方案,部署小小区/扇区将高达 100 个以上。与此同时,愈发密集的网络部署也使得网络拓扑更加复杂,小区间干扰已经成为制约系统容量增长的主要因素,极大地降低了网络能效。除了以上方面,D2D 还可以满足人与人之间大量的信息交互,相比于蓝牙,D2D 无须烦琐的匹配,且传输速度更快,相比于免费的 WiFi Direct 有着更好的 QoS 保证。

(5)超密集网络技术

超密集网络技术就是以宏基站为"表面",在覆盖区域、室内外热点密集部署低功率小基站，并以这些小基站为"节点"，打破传统的平面、单层宏网络覆盖模式，形成一种密集的三维网络方案，称为"宏微"，以消除信号盲点，改善网络覆盖环境。利用超密集网络技术，可以实现更高频率的重用效率，而在局部热点地区，也可以实现百倍的系统容量增长。该技术可以广泛应用于办公室、住宅区、街区、学校、大型集会、体育场馆、地铁站等场景。

随着各种智能终端的普及，数据流量将出现井喷式的增长。在 5G 超密集组网场景下，将部署 10 倍以上现有站点的各种小基站，在宏基站覆盖范围内，小基站站点间距将保持在 10～20m。

（6）新型网络架构

4G 的 LTE 接入网采用网络扁平化架构，减小了系统时延，降低了建网成本和维护成本。5G 则采用 C-RAN 接入网架构。

C-RAN 是基于集中化处理、协作式无线电和实时云计算构架的绿色无线接入网构架。C-RAN 的基本思想是通过充分利用低成本高速光传输网络，直接在远端天线和集中化的中心节点间传送无线信号，以构建覆盖上百个基站服务区域，甚至上百平方千米的无线接入系统。

C-RAN 架构适于采用协同技术，能够减小干扰，降低功耗，提升频谱效率，同时便于实现动态使用的智能化组网，集中处理有利于降低成本，便于维护，减少运营支出。

2．5G 通信技术的特点

为满足 5G 多样化的应用场景需求，5G 的关键性能指标更加多元化。ITU 定义了 5G 八大关键性能指标，具有高速率、泛在网、低功耗、低时延和万物互联等特点。

（1）高速率

高速率是 5G 最大的一个特点。相比于 4G 网络，5G 网络有着更高的速度，而对于 5G 的基站峰值要求不低于 20Gbit/s，当然这个速度是峰值速度，不是每一个用户的体验。随着新技术的使用，这个速度还有提升的空间。根据 Verizon 的测试模型，5G 的下载速度能够达到 1.3Gbit/s 以上。

（2）泛在网

随着业务的发展，网络业务需要无所不包，广泛存在。只有这样才能支持更加丰富的业务，才能在复杂的场景中使用。

泛在网包括广泛覆盖和纵深覆盖两个层面的含义。广泛是指人们社会生活的各个地方，需要广覆盖。以前高山峡谷就不一定需要网络覆盖，因为生活的人很少，但是如果能覆盖 5G，可以大量部署传感器，进行环境、空气质量甚至地貌变化、地震的监测，这就非常有价值。纵深是指人们生活中，虽然已经有网络部署，但是需要进入更高品质的深度覆盖。许多人的家中已经有了 4G 网络，但是家中的卫生间可能网络质量不太好，地下停车库基本没信号，现在是可以接受的状态。但 5G 的到来，可把以前网络品质不好的卫生间、地下停车库等都用很好的 5G 网络广泛覆盖。

（3）低功耗

5G 要支持大规模物联网应用，就必须有功耗的要求。而 5G 就能把功耗降下来，让大部分物联网产品一周充一次电，甚至一个月充一次电，这就大大改善了用户体验，促进物联网产品的快速普及。

（4）低时延

5G 的一个新场景是无人驾驶、工业自动化的高可靠连接。人与人之间进行信息交流，140ms 的时延是可以接受的，但是如果这个时延用于无人驾驶、工业自动化就无法接受。

无人驾驶汽车，需要中央控制中心和汽车进行互联，车与车之间也应进行互联，在高速运动中。一个制动，需要瞬间把信息送到车上做出反应，100ms 左右的时间，车就会冲出几十米。

这就需要在最短的时延中，把信息送到车上，进行制动与车控反应。因此，5G 对于时延的最低要求是 1ms，甚至更低。这就对网络提出了严格的要求。

（5）万物互联

迈入智能时代，除了手机、计算机等上网设备需要使用网络以外，越来越多的智能家电设备、可穿戴设备、共享汽车等更多类型的设备以及电灯等公共设施需要联网，在联网之后就可以实现实时的管理和智能化的相关功能，而 5G 的互联性也能让这些设备成为智能设备。

拓展阅读 7-4：
我国 5G 有哪些竞争优势

7.2.3　5G+物流

近年来，在经济全球化和电子商务的双重推动下，传统物流正在向现代物流迅速转型并成为未来的发展趋势，智慧物流成为推动现代物流转型升级的关键因素。随着 5G 技术的推广应用，国内物流行业将迎来新的发展机遇，智慧物流市场前景广阔。根据目前多家企业的探索，可以看到，5G 将从以下几个方面使传统物流业产生变革。

1．5G+物流仓储装备

5G 的发展推动着物流仓储设备向智能化更近一步，无论是 AGV，还是机器视觉识别，VR/AR 应用等，都逐渐发生变化。

首先，在机器人云化的过程中，需要无线通信网络具备极低时延和高可靠的特征，而 5G 网络是云机器人理想的通信网络，是云机器人的关键。5G 网络切片能够为云化机器人应用提供端到端定制化的网络支撑。

其次，在嵌入智能设备的仓储物流设施中，高速分拣设备、机器人、智能叉车等设备未来能够实现远程集中操作、监控、预防性维护保养。

拓展阅读 7-5：
京东 5G 智能无人仓

此外，在运营流程实现网络化、远程操控及可视化的基础上，云仓模式将会得到进一步的发展与落实。在此基础上，企业在对物流园区以及场站进行管理的过程中，能够通过智能设备来实现智慧物流园区的建设和管理。

2．5G+物流追踪

目前的物流追踪大多具有延迟性，而且并非全程无缝。随着业务的发展和用户需求的提升，企业对货物的追踪可视化将有更大的需求。而 5G 将在深度覆盖、低功耗和低成本等方面显露优势。5G 提供的改进将包括在广泛产业中优化物流——提升人员效率和安全性，提高商品、货物定位与跟踪效率。从而帮助企业最大化节约成本，并实现实时的动态跟踪。

目前，各类物流仓库和场站分布着海量的摄像头，它们将在 5G 的赋能下从简单的监控回溯设施升级为智能感知设备组成的云监控网络，进而帮管理人员实现智能化的物流管理。如此一来，基于云计算，融入大数据、人工智能等新技术的低成本视频监控解决方案，可将视频监控画面精准可视化展现，并实时进行监控、计算、分析和预警，为物流运输保驾护航。

3．5G+无人配送设备

快递配送机器人自身配备了大量的传感器，但国内配送机器人在计算、视觉、驱动等关键技术上还存在诸多问题。而 5G 网络能够保障海量数据的传输，能够为构建立体化的智慧城市网络提供丰富的输入。5G 能够让强大的机器视觉能力变得像人眼一样方便。抗干扰特性能够让高楼密集、电磁环境复杂的城市场景不再是飞行禁区。同时，5G 基站的信号辐射范围相比 4G 更加立体，能够对 300m 以下的空域进行全覆盖。因此，每一个 5G 基站，包括宏站和微站，都可以成为未来低空空域管理的必要基础设施载体，成为低空的"道路"

拓展阅读 7-6：
5G+无人机物流创新应用实验室在杭州落成

和"信号灯"。

4．5G 与智能连接的融合

智能连接则是 5G 在物流业中应用的另一广阔前景。智能连接作为一种全新的概念，未来，它与 5G、AI 和物联网的融合能够成为加速科技发展的催化剂，并可成为新的颠覆性的数字化服务。在可预见的未来，AI 能够对物联网（来自机器、设备和传感器）收集到的数据信息进行分析并转换成容易理解的语言，从而为用户以更有用、更有意义的方式呈现信息。这不仅有利于改善决策，还能为用户带来个性化的体验，最终使得人和周围环境之间的交互变得更丰富、更有意义。

7.3 集群通信技术

集群通信系统是一种专用的通信网络，适用于为行业用户、专业用户、团体用户提供专用通信网络或共用通信网络，用于指挥与调度，几乎不用作公共通信使用。集群通信系统属于移动通信网络的范畴，也属于无线通信网络的范畴。在智慧物流系统中，集群通信系统一般用于货柜码头、大型转运站等特殊场景。

7.3.1 集群通信系统概述

1．集群通信系统的概念

集群通信系统是一种高级移动调度系统，代表着通信体制之一的专用移动通信网的发展方向。CCIR（International Radio Consultative Committee，国际无线电咨询委员会）称之为 Trunking System（中继系统）。为了与无线中继的中继系统区别，自 1987 年以来，更多译者将其翻译成集群系统。

追溯它的产生，集群的概念确实是从有线电话通信中的"中继"概念而来。"集群"这一概念应用于无线电通信系统，把信道视为中继。"集群"的概念，还可从另一角度来认识，即与机电式（纵横制式）交换机类比，把有线的中继视为无线信道，把交换机的标志器视为集群系统的控制器，当中继为全利用度时，就可认为是集群的信道。集群系统控制器能把有限的信道动态地、自动地、最佳地分配给系统的所有用户。这实际上就是信道全利用度或"信道共用"。

综上所述，所谓集群通信系统，即系统所具有的可用信道可为系统的全体用户共用，具有自动选择信道功能，它是共享资源、分担费用、共用信道设备及服务的多用途、高效能的无线调度通信系统。

2．集群通信系统的分类

集群通信系统通常有以下几种分类方式。

（1）按信令方式分类

按信令方式分有共路信令方式和随路信令方式。共路信令是设定一个专门的控制信道传输信令，这种方式的优点是信令速度快，电路容易实现，缺点是占用信道。随路信令是在一个信道中同时传话音和信令，信令不单独占用信道，可节约信道，缺点是接续速度慢。

（2）按信令占有信道方式分类

按信令占有信道方式分为固定式和搜索式。在固定式中，起呼占用固定信道。搜索式起呼占用随机信道，需不断搜索变化的信令信道，忙时信令信道可作话问信道，新空出的话音信道可接替控制信道。固定式实施简单，后者实施复杂。

（3）按通话占用信道分类

按通话占用信道分有信息集群（也称消息集群）和传输集群。信息集群系统中，用户通话占用一次信道完成整个通话过程，而传输集群系统中，一次完整的通话要分几次在不同的信道上完成。信息集群的优点是通话完整性好，缺点是讲话停顿时仍占信道，信道利用率低。传输集群一般分为纯传输集群和准传输集群，或两者兼用，这种方式的优点是信道利用率高、通信保密性好，缺点是通话完整性较差。

（4）按控制方式分类

按控制方式分为集中控制方式和分散控制方式。集中控制方式是指由一个智能终端控制，统一管理系统内话务信道的方式。分散控制方式是指每一信道都有单独的智能控制终端的管理方式。

（5）按呼叫处理方式分类

按呼叫处理方式分为损失制和等待制系统。损失制系统中，当话音信道占满时，呼叫被示忙，要通话需重新呼叫，信道利用率低。在等待制系统中，信道被占满时，对新申请者采取呼叫排队方式处理，不必重新申请，信道利用率高。

3．集群通信系统的基本设备

集群通信系统一般由控制中心设备、基站、移动台、调度台等组成。

（1）控制中心设备

控制中心设备包括系统控制器、系统管理终端和电源等设备，它主要控制和管理整个集群系统的运行、交换和接续，由接口电源、交换矩阵、集群控制逻辑电路、有线接口电路、监控系统、电源和计算机组成，也称主站。系统控制器主要管理和控制整个集群系统的运行，包括选择和分配信道、监视话音信道安全、安排信令信道、监测系统运行和故障告警等。系统管理终端主要由计算机和系统管理软件构成，并和系统控制器相连接，维护人员可以通过此终端对系统进行管理和控制。

（2）基站

基站由若干基本无线收发信机、天线共用器、天馈线系统和电源等设备组成。无线电发信机包括基带信号处理、调制、混频、高频功率放大及频率合成等电路；无线电收信机包括高频低噪放大器、混频、中频放大、滤波及解调电路；控制单元包括微处理器、存储器和控制程序，负责设备的管理与控制。天馈线系统包括接收天线、发射天线和馈线。

（3）移动台

移动台用于运行中或停留在某未定地点进行通信的用户台，由收发信机、控制单元、天馈线（或双工台）和电源组成。移动台包括车载台、便携台的手持台。

（4）调度台

调度台是能对移动台进行指挥、调度和管理的设备，分有线和无线调度台两种，无线调度台由收发机、控制单元、天馈线（或双工台）、电源和操作台组成。有线调度台只有操作台。

4．集群通信系统的网络结构

根据不同的应用需求，集群通信系统的网络结构有单区单点单中心网络、单区多点单中心网络、多区多中心网络以及多区多中心多层次网络四种方式。所谓"中心"是指具有控制、交换功能的通信中心，它同时具有与市内电话网连接的功能；所谓"点"是指具有无线电信号收发功能的基站。下面详细介绍一下实际应用最多的两种类型。

（1）单区多点单中心网络

单区多点单中心网络由一个控制中心、多个基站、有线或无线调度台及网中若干移动台组成，如图7-7所示。这种网络适用于一个地区内、多个部门共同使用的集群移动通信系统，可实现各部门用户通信,自成系统而网内的频率资源共享。

当上述网络中基站只有一个时,网络就简化成单区单中心网络。它同样是由中心、基站、有线或无线调度台以及若干移动台组成。基站和中心可设在同一地点,也可分别设在不同地点,两者之间同样可通过无线或有线传输电路连接。通过用户线或中继线,同样也可以实现控制中心与用户小交换机或市话端局的连接。

（2）多区多中心多层次网络

多区多中心多层次网络由区域中心、多个中心、多基站组成而形成整个服务区,如图 7-8 及图 7-9 所示。可以看出,图 7-8 各中心通过有线或无线传输电路连接至区域中心,即形成了图 7-9 所示的网络结构。各中心将受到上一级的区域中心控制及管理。

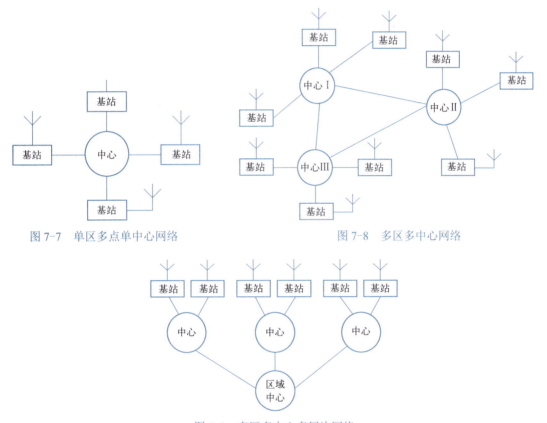

图 7-7 单区多点单中心网络　　　　图 7-8 多区多中心网络

图 7-9 多区多中心多层次网络

中心主要处理所管辖基站区内和越区至本基站区内移动用户的业务。至于越区用户识别码的登记、控制频道分配、有线或无线用户寻找越区用户的业务,即位置登记、转移呼叫、越区频道转移的漫游业务,由区域中心处理。这样就形成了二级管理的区域网。

根据业务需要,还可以设立更高级的管理中心,将其与区域中心相连接,也可以通过有线或无线传输通道,处理各下级区域间用户登记、呼叫建立、控制管理,从而对区域中心进行控制、管理以及监控。

7.3.2　集群通信系统标准

集群通信的发展经历了模拟集群、数字集群和宽带集群三个发展阶段,如图 7-10 所示。模拟集群主要为 MPT1327 技术，提供语音对讲业务。数字集群主流制式包括欧洲电信标准协会（ETSI）的 TERTA 和 DMR 标准、美国电信产业协会（TIA）的 P25 标准，以及我国公安行业的 PDT 标准，可以提供语音集群调度、低速数据和短消息业务。宽带集群通信系统是集支持宽带数据传输，以及语音、数据、视频等多媒体集群调度应用业务于一体的专用无线技术，是无线专网宽带技术演进的方向，主流标准为 B-TrunC\MCPTT。根据标准的来源可以划分为以下三种类型。

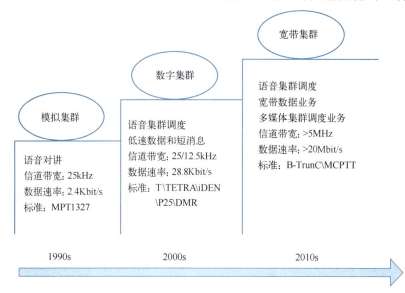

图 7-10　集群通信系统发展历程

1. 引进的系统

在这些不同的技术标准的数字集群系统中，其中两种是国外的系统，分别是 2000 年被当时信息产业部推荐使用的 TETRA 系统和 iDEN 系统。它们都属于 TDMA 体制。引进我国后，又被我国进行了再标准化，即 2000 年发布的 SJ/T11228《数字集群移动通信系统体制》电子行业标准。该标准结合了我国的无线电管理要求、我国的通信技术要求和当时的通信网络实际情况。因此，这两个系统的总体技术要求适应我国实际需要。

（1）TETRA（体制 A）

TETRA（陆地集群无线电系统）是由 ETSI 制定的数字集群通信系统标准，是基于传统大区制调度通信系统的数字化而形成的一个专用移动通信无线电标准。

TETRA 数字集群通信系统可在同一技术平台上提供指挥调度、数据传输和电话服务。它不仅提供多群组的调度功能，还提供短数据信息服务、分组数据服务以及数字化的全双工移动电话服务。TETRA 数字集群系统还支持功能强大的移动台脱网直通（DMO）方式，可实现鉴权、空中接口加密和端对端加密。TETRA 数字集群系统具有虚拟专网功能，可以使一个物理网络为互不相关的多个组织机构服务，并具有丰富的服务功能、更高的频率利用率、高通信质量、灵活的组网方式，许多新的应用（如车辆定位、图像传输、移动互联网、数据库查询等）都已在 TETRA 中得到实现。

TETRA 的主要优点是兼容性好、开放性好、频率利用率高、保密功能强。因此，TETRA 系统引进并再标准化后，在我国得到了较为广泛的组网普及应用。

（2）iDEN（体系 B）

iDEN（集成数字增强型网络）是美国摩托罗拉公司研制和生产的一种数字集群移动通信系

统。它的前身是 MIRS 系统，最初设计是做集群共网应用。因此，其除了以指挥调度业务为主外，还兼有双工电话互联、数据和短消息等功能。

在技术方面，iDEN 具有以下一些特点。①iDEN 在传统的调度通信基础上，大量吸收了数字蜂窝通信系统的优点，增强了电话互联功能，同时将数字蜂窝通信系统的增值业务如短信息服务、语音信箱及基于 IWF 的电路数据应用于 iDEN 系统中。②iDEN 可以较高效率地使用传统的频谱，通过 TDMA 技术，可将一个 25kHz 的物理信道划分成 6 个数字通信时隙，频率利用率较高。③iDEN 采纳独特的 MI6QAM 的调制技术，使每一个 25kHz 的物理信道（含 6 个通信时隙）的速率达到 64Kbit/s，同时使邻道抑制达到 60dB 以上，保证了集群通信数字化进程中数字与模拟系统的共存。④iDEN 采纳 7×3 的小区复用方式，将一个基站分为扇形小区，扩大小区的容量，提高大地域的组网能力。⑤可以实现跨系统调度通信。

iDEN 适应于大中容量系统，主要面向共用集群通信网的设计。因此，iDEN 系统引进并标准化后，在我国也得到了一定的组网应用。

2．我国自主研发的基于 2G 技术的系统

由于引进的系统标准开放性差，使设备厂商供应的系统设备互联互通的兼容性差，导致了设备价格较高和建网成本较大。鉴于此，随着第二代公用数字蜂窝移动通信技术的发展，在 2003 年，我国相关企业相继自主研发并推出了基于第二代公用数字蜂窝移动通信技术的数字集群通信系统，后被我国电信主管部门推荐为不同技术制式的数字集群通信系统，并在 2004 年被国家标准化，主要有 GT800 系统和 GOTA 系统。

（1）GT800

GT800 是华为 2003 年推出的一项具有自主知识产权的基于 GSM 技术的专业数字集群技术，通过对 TDMA 和 TD-SCDMA 进行创造性的融合和创新，为专业用户提供高性能、大容量的集群业务和功能。

GT800 的技术优势主要体现在：①覆盖广，由于采用 TDMA 的技术体制，GT800 每个信道的发射功率恒定，覆盖距离仅受地形影响，能够在共享信道情况下实现广覆盖，在用户量增多的情况下，小区覆盖不受影响，各集团共享整个 GT800 网络覆盖服务区，真正体现 GT800 集群共网的广覆盖、广调度，充分利用频率资源的特性。②一呼万应，GT800 继承了业界成熟的数字集群技术体制，实现了真正的信道共享，组内用户的数量不受限制，用户之间不会互相干扰，真正实现一呼万应。③动态信道分配，在话音间隙释放信道，讲话时才分配信道，大大地提高了系统组的容量，即使在容量负荷极限，也能够保证让高优先级用户顺利通话。④提供了面向 3G 的可持续发展能力，基于 TDMA 制式的第一阶段的 GT800 系统，可以方便地向 TD-SCDMA 第二阶段的 GT800 系统演进，充分体现保护用户投资的设计理念。

（2）GOTA

GOTA（开放式集群架构）是我国中兴通信提出的基于集群共网应用的集群通信体制，也是世界上首个基于 CDMA 技术的数字集群系统，具有中国自主知识产权，具备快速接续和信道共享等数字集群公共特点。GOTA 作为一种共网技术，主要应用于共网集群市场。其主要特色在于更利于运营商建设共网集群网络，适合大规模覆盖，频谱利用率高，在业务性能和容量方面更能满足共网集群网络和业务应用的需要。

GOTA 可提供的集群业务包括一对一的私密呼叫和一对多群组呼叫；系统寻呼、群组寻呼、子群组寻呼、专用 PTT 业务等特殊业务；对不同的话务群组进行分类（如永久型群组和临时型群组），用户可对其群组内成员进行管理。除了集群业务以外，GOTA 还具有所有新的增值业务，如短消息、定位、VPN 等，这些业务和集群业务结合起来，可为集团用户提供综合服务。

3. 我国自主研发的宽带数字集群通信系统（基于 LTE 技术）

前面所述的四种技术体制的数字集群通信系统，从提供的带宽来说，都是属于窄带的数字集群通信系统，它们仅能提供有限传输速率的数据业务。为了使数据集群通信系统能够支持多媒体业务的需要，我国在 2014 年率先制定了基于 LTE 技术的宽带集群（B-TrunC）标准，并成为国际电信联盟（ITU）推荐的首个公共安全和减灾（PPDR）国际标准，已广泛应用于政务、公安、城市轨道交通、电力、石油、铁路、机场、港口等多个领域。

7.3.3 B-TrunC 及其在物流中的应用

1. B-TrunC 技术特征

宽带集群是集支持宽带数据传输，以及语音、数据、视频等多媒体集群调度应用业务于一体的专网无线技术，在业务、功能和性能上具有以下典型技术特征。

（1）业务特征

1) 语音业务。B-TrunC 系统在语音业务方面能够做到"一呼百应"，具有快速指挥调度的能力，实现单呼、组呼、全呼、广播呼叫、紧急呼叫、优先级呼叫、调度台核查呼叫等。此外，B-TrunC 系统还具备与 PSTN、蜂窝移动通信网络，以及其他数字集群通信系统（如 TETRA、PDT 等）的互联呼叫。

2) 数据业务。宽带集群 B-TrunC 系统可以承载尽力而为（Best Effort）类数据业务，还可以承载实时控制类数据业务，以实现数据调度功能。例如，在指挥调度过程中，用户可以通过手持终端接收、发送和查询业务相关数据。

3) 视频业务。B-TrunC 系统能够提供各种交互型视频业务，包括现场图像上传、视频通话、视频回传、视频监控等。

（2）功能特征

1) 多业务融合。B-TrunC 系统能够提供语音调度、数据调度、视频调度等多种业务协同的融合调度功能。通过数据业务和视频业务弥补语音业务在准确性、可记录性方面的缺陷，从而实现全数字化、可视化、高度自动化、可记录及可追溯、事件驱动的指挥调度和协同作业能力。

2) 指挥调度。B-TrunC 系统配有专门、统一的指挥调度中心，能够根据事件现场人员反馈的情况，通过有线或无线调度台实现区域呼叫、通话限时、动态重组、迟后进入、遥毙/复活、呼叫能力限制、繁忙排队、监控、环境侦听、强拆、强插、录音/录像等多种操作。此外，指挥调度中心还可以为调度台设置管理级别，实现分级调度管理。

3) 多行业共网管理。B-TrunC 系统能够满足公安、消防、医疗、城管、交通、环保等多行业部门共用网络的要求，各行业部门通过 VPN 或独立的核心网进行独立的用户签约和业务管理，共享无线接入网和频谱资源。多行业共网不仅可以提高无线基础设施和频谱资源的利用效率，还可以实现高效的协同工作，满足跨地域、跨部门的大规模现代指挥调度的需求。

（3）性能特征

1) 快速接入能力。B-TrunC 系统具有快速接入能力，组呼建立时间小于 300ms，话权抢占时间小于 200ms，从而支持快速的指挥调度。

2) 更高的安全性和保密性。B-TrunC 系统提供包括鉴权、空口加密以及端到端加密在内的一整套完备的安全机制，来解决其所面临的诸多安全威胁。

3) 更高的可靠性。B-TrunC 系统在网络可靠性方面有着更高的要求，具有强故障弱化、单站集群和抗毁能力，以提供应对各种自然灾害或突发事件的应急指挥通信能力。宽带数字集群终端还具有脱网直通的能力，使得在网络无法覆盖时，支持群组用户的脱网直通。

2. B-TrunC 系统架构

B-TrunC 系统支持本地组网、漫游组网的架构，适用于机场、港口、油田等行业本地网应用，以及政务、公共安全、铁路等大规模组网应用多种场景。港口场景中主要使用本地组网，所以本部分主要对本地组网进行介绍。

B-TrunC 系统本地组网架构如图 7-11 所示。其架构扁平简单，由 LTE 宽带集群终端、LTE 数据终端、LTE 宽带集群基站、LTE 宽带集群核心网和调度台组成。其中，LTE 宽带集群终端支持宽带数据和集群终端，LTE 数据终端仅支持宽带数据终端。

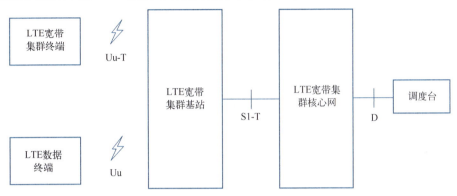

图 7-11 B-TrunC 系统本地组网架构

（1）LTE 数据终端

LTE 数据终端支持基于 IP 的分组数据传输业务，不支持集群业务和功能。LTE 数据终端能通过 Uu 接口（YD/T 2575）连接到 LTE 宽带集群基站，实现 LTE 分组域基本数据业务。

（2）LTE 宽带集群终端

LTE 宽带集群终端能通过 Uu-T 接口连接到 LTE 宽带集群基站，实现 LTE 分组域基本业务和集群业务。LTE 宽带集群终端除了支持基于 IP 的分组数据传输业务之外，还支持宽带集群业务和功能，主要包括集群业务功能、集群业务所需要的逻辑信道和传输信道、集群相关的系统信息和寻呼信息、集群业务的移动性。

（3）LTE 宽带集群基站

LTE 宽带集群基站能通过 Uu-T 接口，支持 LTE 数据终端和 LTE 宽带集群终端接入。其除支持 LTE 基本功能外，还支持集群功能，主要包括集群业务相关的 RRC 信令、集群系统消息在空中接口的调度和发送、集群寻呼消息的调度与发送、集群业务相关信道的映射控制、集群业务无线承载建立和控制、集群业务用户面数据转发、集群业务相关的点对点方式传输的空口无线接入信令的加密/完整性保护/数据加密、故障弱化功能。

（4）LTE 宽带集群核心网

LTE 宽带集群核心网是提供宽带集群业务的网络，包含增强的移动管理实体（eMME）、综合网关（xGW）、增强的归属用户服务器（eHSS）、集群控制功能体（TCF）、集群媒体功能体（TMF）五个逻辑实体，这些逻辑实体根据实际部署可合设形成实际网元设备。其中，eMME 负责移动性和承载管理；eHSS 负责宽带集群系统签约数据管理和鉴权；xGW 支持集群业务承载管理、集群数据路由和转发；TCF 负责集群业务的调度管理；TMF 负责集群业务的数据传输。

（5）调度台

调度台是集群系统中的特有终端，为调度员或特殊权限的操作人员提供集群业务的调度功能、管理功能。调度台的主要功能包括调度功能（单呼、组呼、强插/强拆、动态重组等）、管理功能（信息获取、遥晕、遥毙、复活等）和其他功能（界面显示、拨号等）。

3. 基于 B-TrunC 技术的港口宽带集群解决方案

针对港口的应用需求特点，数据带宽要求高，语音实时通话要求即按即讲，同时支持语音、数据、视频等需求。可对现有 TD-LTE 进行技术迁移，可达到下行 100Mbit/s，上行 50Mbit/s 的高数据带宽，语音对讲建立时延少于 150ms。同时，支持语音、数据、视频一体化传输，也可根据业务量的大小动态调整三种业务的带宽分配，真正实现统一通信，完全满足港口即时通信和实时作业的需求。

（1）主要功能

宽带集群系统在港口中能够提供的应用解决方案如图 7-12 所示。解决方案满足的主要功能包括岸边理货、场桥、集卡、大门、TOS（集装箱码头操作系统）系统无线调度及语音对讲；理货员、检修人员、指挥手等的语音及视频无线调度指挥；场桥、集卡 DGPS 高精度定位；大型机械 RCMS 数据采集；特殊区域视频监控等。

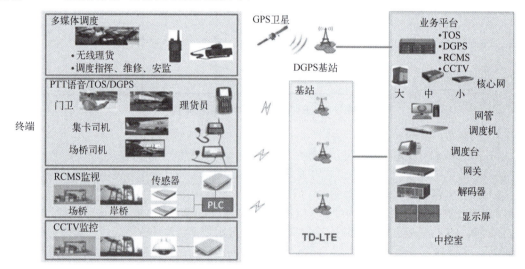

图 7-12 宽带集群系统港口解决方案

（2）业务终端

港口宽带集群系统的业务终端主要包括语音数据一体化手持终端、语音数据一体化小型集卡车载终端、语音数据一体化大型图形车载终端、语音数据视频一体化手持终端和 LTE 终端盒等。

语音数据一体化手持终端，应用于岸边理货、堆场查验、闸口验箱等，代替原来的对讲机和手持数据终端；语音数据一体化小型集卡车载终端，应用于集卡车、叉车等的作业调度，代替原来的车载台和车载数据终端；语音数据一体化大型图形车载终端，应用于场桥、岸桥、正面吊、堆高机等的作业调度，代替原来的车载台和车载数据终端；语音数据视频一体化手持终端，支持语音、数据及视频融合调度，支持 720p 标清视频，IP67 防尘防水等级；LTE 终端盒，可提供有线网或视频摄像机的接入。

（3）方案实施

图 7-13 是一个典型的集装箱码头无线解决方案。首先建设一个覆盖整个码头的宽带集群系统，一般选取位置较高的建筑物或通信铁塔，各类无线终端集成 LTE 通信模块，接收 TOS 作业指令或发送确认信息。例如，在卸船过程中，岸边指挥手通过手持终端接收到卸船指令，通过语音对讲安排岸桥司机卸箱，如果有特殊情况可将视频回传到中控室。安装在集卡车上的车载终端

接收到指令，司机将指定箱子送到指定堆场，如果有特殊情况可与中控室进行语音对讲。安装在场桥司机室的图形化车载终端接收到收箱指令，司机按照终端显示的货位信息将箱子放到指定位置，如果有特殊情况可与中控室进行语音对讲。这样就完成了卸船流程，装船流程类似。

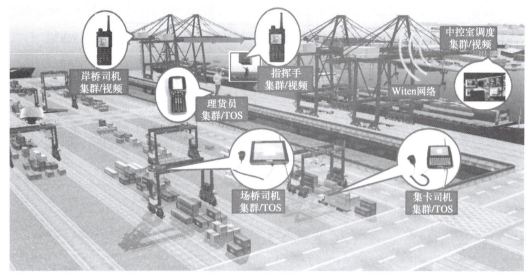

图 7-13　宽带集群港口解决方案示例

随着无线通信技术的发展，未来的港口调度将是一个融合数据、语音、视频的多媒体集群调度系统。港口各关键节点配备一体化手持终端，可将现场情况通过语音、视频、数据实时反馈给中控室。中控室操作人员能够全面掌握生产作业动态，大大提高作业指挥效率，如图 7-14 所示。

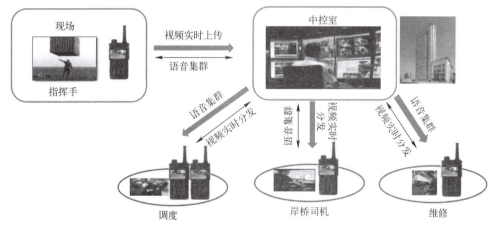

图 7-14　多媒体集群调度系统

未来的港口操作系统的发展是可视化。所谓可视化就是将各种生产作业要素（人、机械等）的状态、作业数据等信息通过特定的技术展现在操作系统中，操作系统可以对生产要素进行有效的计划、调度、指挥，从而提高生产作业的效率和准确性。集卡的全场调度，场桥的箱位精确控制，都需要将作业机械的位置、状态信息实时反馈到操作系统中，DGPS 技术、油耗采集等将在港口操作系统中得到广泛应用，这就需要一套可靠、高速、稳定的无线系统，宽带集群系统完全能够满足这些要求，如图 7-15 所示。

通过在场桥、岸桥上加装 LTE 终端盒，可以将作业机械本地的 LCMS 数据通过 LTE 网络传输到后台 RCMS 服务器，技术人员可以实时掌握设备的运行状态，远程调整各种参数，如图 7-16 所示。

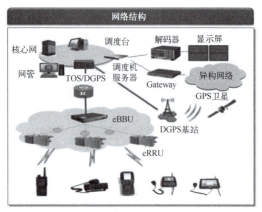

图 7-15 多媒体调度和 TOS/DGPS

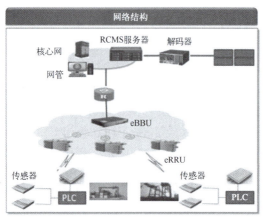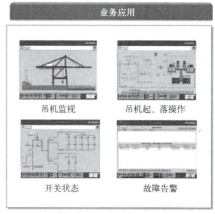

图 7-16 RCMS 监控

为了保证场桥移动过程中的安全，需要在场桥大臂上安装视频监控设备，通过 LTE 终端盒将视频传输到监控中心。对于一些临时加装的监控设备或无法通过有线传输的监控点，LTE 系统能够保证将高质量的视频实时传送到监控中心，如图 7-17 所示。

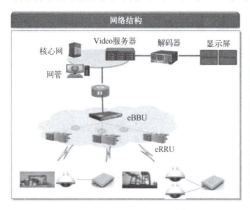

图 7-17 CCTV 监控

本章小结

本章主要介绍了互联网、移动通信和集群通信三种广域互联技术。

因特网（Internet）是当前世界上最大的互联网络，能够提供电子邮件、在线聊天、信息搜索、信息定制、网络论坛、个人出版和社会网络服务等多种服务内容，已经产生了电子政务、电子商务、网络信息获取、网络交流互动和网络娱乐等多种应用模式。互联网与物流的结合也产生了"互联网+"车货匹配、"互联网+"运力优化、"互联网+"运输协同、"互联网+"仓储交易、"互联网+"物流企业联盟以及"互联网+"供应链管理等多种物流运作新模式。

移动通信经过多年发展，已于2019年正式迈入了5G时代。高速率、低时延、大连接是5G最突出的特征。5G技术的应用将会对物流仓储装备、物流追踪、无人配送设备和智能连接的融合产生重要影响。

与互联网和5G技术不同，集群通信系统是一种专用的通信网络，能够为行业用户、专业用户和团体用户提供专用通信网络或共用通信网络，用于指挥与调度。在智慧物流系统中，集群通信系统一般用于货柜码头、大型转运站等特殊场景。集群通信的标准比较多，当前乃至未来一段时间内，我国的数字集群系统将会是TETRA系统、PDT系统（警用）和B-TrunC三种系统共存。而B-TrunC技术是其发展的趋势，将会在智能港口等特殊场景中得到较为广泛的应用。

练习与思考

一、思考题

1. 互联网的服务内容有哪些？
2. 互联网的应用模式有哪些？
3. 什么是"互联网+"？具有哪些特点？
4. 什么是5G通信？有何特点？
5. 什么是集群通信？包括哪些种类？
6. 宽带集群B-TrunC技术具有哪些特征？

二、论述题

1. 简述"互联网+"高效物流。
2. 简述5G技术对现代物流的影响。

三、案例分析

40%公路运输空载率怎么降下来？

我国公路运输效率低是老生常谈的话题，据中央广播电视总台《新闻晚高峰》报道，我国公路运输空载率高达40%，较高的空驶率是运输效率低的一个重要表现。

我国货运结构以公路运输为主，2020年，公路运输占比达到73.8%。国家统计局数据显示，2021年，全社会累计完成货运量521亿吨，其中公路累计完成货运量391.4亿吨，占全年总货运量的75%。有研究指出，卡车作为高耗能运输工具，平均每年汽油消耗比例占全国近65%。加上车辆空载率达40%以上，车辆停车配货的间隔时间平均长达约72小时，运输效率低下不仅造成了资源的极大浪费和尾气排放，也不利于交通运输行业碳减排。

问题：

1. 对比美国和欧盟20%的空载率，我国公路运输空载率40%是由什么原因导致的？
2. 结合本章学习内容，试谈一下如何进一步改善？

第8章 物物互联技术

学习目标
- 掌握物联网的概念和特征。
- 熟悉物联网的体系架构。
- 熟悉 LPWAN 的特点及主流技术。
- 掌握车联网的概念和作用。
- 了解车联网的体系架构及构成。
- 掌握信息物理系统的概念和特征。
- 了解信息物理系统的体系架构。
- 初步形成三种技术在物流中的应用思维。

导入案例

小"灯条"解决大问题

对于科技产品的需求，农村地区与城市有所不同。首先，农村地区快递成本压力更大，驿站经营者对成本更为敏感；其次，文化水平、智能手机的普及程度不同，大量留守老人的存在，一个取件码未必能使消费者找到包裹，因此取件流程需要再做优化。

为此，菜鸟技术团队用六个月左右的时间，研发出了 IoT 产品"灯条"。

包裹上架时，工作人员根据系统推荐将"灯条"与包裹关联在一起。之后，不必像以前一样整理货位，而只需将包裹放到货架上的空闲之处。取件的消费者，只需要告知工作人员手机号，系统就会自动触发"灯条"，通过"灯条"的声光引导，包裹即可被快速找到。在这一过程中，工作人员与消费者不需要识别任何文字，甚至不需要看面单。

从成本上看，"灯条"在设计之初，产品构造就更为简单；在部署上也极为简便，插上电源与网线即可应用，这也使得相关成本大大降低。与此同时，"灯条"简化管理的理念也带来了效率的提升。数据显示，"灯条"的应用使包裹上架效率提升了 2 倍，取件时间从 160s 降低至 40s。

据菜鸟物流科技的研发负责人许俊（花名兰博）介绍，如今应用"灯条"的农村站点已达数百个，近百万包裹通过"灯条"完成取件，接下来"灯条"的渗透将进一步加快。

物物互联是智慧物流区别于传统物流的典型特征，也是智慧物流的重要基础，涉及的技术主要包括物联网、车联网和信息物理系统等。物联网实现了智慧物流系统中"物"与"物"之间的相互通信，为"物"与"物"之间的协同奠定了基础；车联网则聚焦于实现车与 X（即车与车、人、路、服务平台）之间的网络连接，提升车辆整体的智能驾驶水平；信息物理系统是对物联网的演进，其将计算资源与物理资源紧密结合，在提高物理世界与信息世界适时交互能力的基础上，实现智慧物流系统诸要素之间的高效协同。

8.1 物联网技术

物联网技术（IoT）被誉为信息科技产业的第三次革命。物联网的出现推动着现代社会智慧化程度的不断提高，"智慧地球""智慧城市""智慧生活"等概念也不断被提出。物联网技术同样推动着现代物流向智慧物流发展，是智慧物流系统建设的基础支撑技术之一。

8.1.1 物联网概述

1. 物联网的概念

"物联网"的概念是在 1999 年提出的，是指把所有物品通过射频识别等信息传感设备与互联网连接起来，实现智能化识别和管理。物联网到现在为止还没有公认的概念，不同行业、不同专家对其的认识和理解也不尽一致。简单来说，物联网就是"物物相连的互联网"，具有两层含义。第一，物联网的核心和基础仍然是互联网，是在互联网基础上延伸和扩展的网络；第二，其用户端延伸和扩展到了任何物品与物品之间，进行信息交换和通信。所以物联网的本质就是将 IT 基础设施融入物理基础设施中，也就是把感应器嵌入到电网、铁路、桥梁、隧道、公路、建筑、供水系统等各种物理实体中，实现信息的自动提取。

物联网概念不是凭空杜撰出来的，也不是某单项新技术突破引申出来的。物联网的发展有坚实基础，是现代信息技术发展到一定阶段的必然产物，是多项现代信息技术的殊途同归与聚合应用，是信息技术系统性的创新与革命。RFID、（无线）传感网、M2M 和两化融合是物联网发展的四大支撑技术，如图 8-1 所示。RFID 技术在物联网中主要起"使能"（Enable）作用；传感网，尤其是无线传感网的发展，提高了感知世界的能力和范围，这也是"感知中国"提法的主要依据之一；M2M，狭义指 Machine to Machine，即机器与机器之间的对话，侧重于末端设备的互联和集控管理；两化融合是信息化和工业化的高层次的深度结合，是指以信息化带动工业化、以工业化促进信息化，走新型工业化道路，其核心是信息化支撑，追求可持续发展模式。

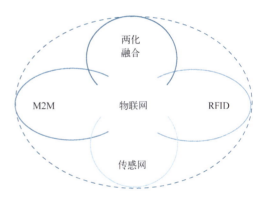

图 8-1 物联网发展的四大支撑技术

2. 物联网的特征

全面感知、可靠传输和智能处理是物联网的三大典型特征。

（1）全面感知

全面感知指利用 RFID、传感器、定位器和二维码等手段随时随地对物体进行信息采集和获取。感知包括传感器的信息采集、协同处理、智能组网，甚至信息服务，以达到控制、指挥的目的。

（2）可靠传输

可靠传输是指通过各种电信网络和因特网融合，对接收到的感知信息进行实时远程传送，实现信息的交互和共享，并进行各种有效的处理。在这一过程中，通常需要用到现有的电信运行网络，包括无线和有线网络。由于传感器网络是一个局部的无线网，因而无线移动通信网、5G 网络是作为承载物联网的一个有力的支撑。

（3）智能处理

智能处理是指利用云计算、模糊识别等各种智能计算技术，对随时接收到的跨地域、跨行业、跨部门的海量数据和信息进行分析处理,提升对物理世界、经济社会各种活动和变化的洞察力,实现智能化的决策和控制。

3. 物联网的体系架构

物联网典型体系架构分为三层,自下而上分别是感知层、网络层和应用层如图 8-2 所示。

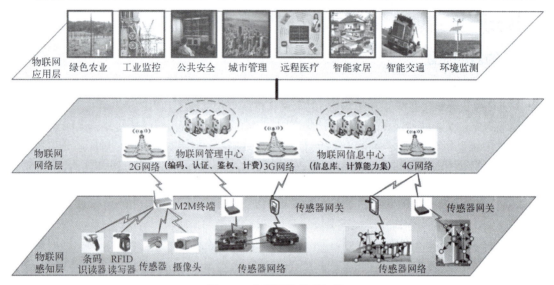

图 8-2 物联网的体系架构

（1）感知层

感知层是实现物联网全面感知的核心能力,是物联网中包括关键技术、标准化方面、产业化方面亟待突破的部分。其关键在于具备更精确、更全面的感知能力,并解决低功耗、小型化和低成本的问题。

（2）网络层

网络层主要以广泛覆盖的移动通信网络作为基础设施,是物联网中标准化程度最高、产业化能力最强、最成熟的部分,关键在于为物联网应用特征进行优化改造,形成系统感知的网络。

（3）应用层

应用层提供丰富的应用,将物联网技术与行业信息化需求相结合,实现广泛智能化的应用解决方案,关键在于行业融合、信息资源的开发利用、低成本高质量的解决方案、信息安全的保障及有效商业模式的开发。

8.1.2 物联网低功耗广域网络

物联网希望通过通信技术将人与物、物与物进行连接。在智能家居、工业数据采集等局域网通信场景中一般采用短距离通信技术,但对于广范围、远距离的连接则需要远距离通信技术。LPWAN（Low-Power Wide-Area Network,低功耗广域网）技术正是为满足物联网需求应运而生的远距离无线通信技术。LPWAN 也称为 LPWA 或 LPN,是一种用于物联网（例如,以电池为电源的传感器）,能够以低比特率进行远距离通信的无线网络。LPWAN 可以同时满足覆盖和续航的要求。以最小的功耗提供最长的距离覆盖是 LPWAN 最大的技术优势。

1. LPWAN 的特点

LPWAN 技术是近年来国际上一项物联网接入的革命性技术。远距离、低功耗、低运维是 LPWAN 技术最大的特点。与现有的 WiFi、蓝牙、ZigBee 等技术相比,LPWAN 真正实现了广阔的发展，并且能够实现物联网的低成本完全覆盖。

（1）广域覆盖

LPWAN 技术使物联网设备之间的通信距离达到 20km。低功耗 LPWAN 技术的运用，让数据可以在智能城市中进行长距离传输。

（2）低功耗

使用 LPWAN 的主要优势之一是低功耗。有了 LPWAN，当不使用物联网设备时，设备会自动进入休眠模式。并且物联网设备处于休眠模式时耗电非常少，所以这一优势有助于节省电力。使用 LPWAN 的物联网设备的电池寿命预计为 5～10 年。

（3）降低成本

LPWAN 技术的运用大大降低了物联网设备的相关成本。低功耗的特点让电池成本降低，物联网设备的成本也相应减少。除此之外，设备的维护成本也大幅降低。此外，通过 LPWAN 传输数据的网关数量将相应减少，从而进一步降低基础设施成本。

2. LPWAN 主流技术

目前，低功耗广域网络技术标准非常多，根据其所使用的无线电频谱特点可以分为基于授权频谱的技术和基于非授权频谱的技术两类。基于授权频谱的低功耗广域网络技术是由业内知名的标准化组织 3GPP 推出的，有三种，即窄带物联网（Narrow Band Internet of Things，NB-IoT）、LTE 增强机器通信（LTE enhanced Machine Type Communication，LTE-eMTC）和 GSM 覆盖增强技术（Extended Coverage GSM，EC-GSM）。而基于非授权频谱的技术非常多，当前主要活跃于物联网市场中的是芯片公司 Semtech 推出的 LoRa、法国物联网公司推出的 Sigfox、美国 Ingenu 推出的 RPMA，以及 Weightless、Nwave、WAVIoT 等数十种开源或私有技术。目前市场上主要的 LPWAN 技术包括 NB-IoT、eMTC、LoRa。

（1）NB-IoT

NB-IoT 是物联网领域的一项新兴技术，支持广域网中低功耗设备的蜂窝数据连接。NB-IoT 技术具有诸多优势。

1）强连接。穿墙能力比 Cat.4LTE 提升 20dB 增益，在同一基站的情况下，NB-IoT 可以提供相当于现有无线技术 50～100 倍的接入数，一个扇区能够支持 10 万个连接，支持低延时敏感度、超低的设备成本、低设备功耗和优化的网络架构。

2）超低功耗。由于 NB-IoT 聚焦小数据量、低速率应用，因此 NB-IoT 设备功耗可以做到非常小，设备续航时间可以从过去的几个月大幅提升到几年甚至十年以上。

3）深度覆盖，能实现比 GSM 高 20dB 的覆盖增益，相当于提升了 100 倍区域覆盖能力。

4）低成本，NB-IoT 构建于蜂窝网络，可直接部署于 GSM 网络、UMTS 网络或 LTE 网络，以降低部署成本、实现平滑升级；同时，低速率、低功耗、低带宽同样给 NB-IoT 芯片以及模块带来低成本优势。

5）安全性，继承 4G 网络安全能力，支持双向鉴权以及空口严格加密，确保用户数据的安全性。

6）稳定可靠，能提供电信级的可靠性接入，有效支撑 IoT 应用和智慧城市解决方案。

拓展阅读 8-1：NB-IoT 一统江湖，背后的商业逻辑与国家利益

（2）eMTC

eMTC 作为物联网的一种应用场景，具有超可靠和低延迟的特点。eMTC 主要应用在设备之间的通信需求上。

与 NB-IoT 技术相比，eMTC 同样具有 NB-IoT 的以上特点，不过在信号覆盖深度（eMTC 穿墙能力比 Cat.4LTE 提升 15dB 增益，略低于 NB-IoT）、功耗、成本上不同于 NB-IoT。eMTC

的优势在于传输速率更快，更低延时（100ms 级，NB-IoT 是秒级），支持移动性、FDD、定位、VoLTE 语音通信等。不过，当 3GPP Release14 标准的 NB-IoT 出来之后，也能够支持定位和一定的移动性。

eMTC 和 NB-IoT 各具优势，并在特性上有一定的相互覆盖，两者很难有非常清晰的界限。高通认为，两项技术之间是互补的关系，并各自适用于不同的物联网使用场景，同时，LTE 窄带技术和 2G/GSM 可以多模共存。

（3）LoRa

LoRa 是目前应用最为广泛的 LPWAN 网络技术之一，这一协议源于 SemTech 公司。LoRa 作为一种无线技术，基于 Sub-GHz 的频段使其更易以较低功耗远距离通信，可以使用电池供电或者以其他能量收集的方式供电。较低的数据速率也延长了电池寿命和增加了网络的容量。LoRa 信号对建筑的穿透力也很强。LoRa 的这些技术特点更适合于低成本大规模的物联网部署。

拓展阅读 8-2：中国邮政推进基于 LPWAN 技术的 ZETag 云标签商用化

LoRa 技术的通信距离为 1~20km，支持节点数为万级甚至百万级，电池寿命为 3~10 年，数据速率 0.3~50Kbit/s。LoRa 技术改变了以往在传输距离和功耗之间的折衷方案，为用户提供了一个简单的系统，可以实现远距离、长续航、大容量，进而扩展传感器网络。

8.1.3 物联网技术在物流中的应用

物联网的概念已经非常普及，但在物流领域的应用仍然有一定难度。受终端传感器高成本的影响，二维码成为现阶段溯源的主要载体，技术的阶段性突破将不断促进物联网的发展。长期来看，低成本的传感器技术将实现突破，RFID 和其他低成本无线通信技术将是未来的方向。物联网技术预计未来在物流行业将得到广泛的应用。物联网主要有以下四个物流应用场景。

1. 货物仓储

在传统的仓储中，往往需要人工进行货物扫描以及数据录取，工作效率低下；同时仓储货位有时候划分不清晰，堆放混乱，缺乏流程跟踪。将物联网技术应用于传统仓储中，形成智能仓储管理系统，能提高货物进出效率、扩大存储的容量、减少人工的劳动力强度以及人工成本，且能实时显示、监控货物进出情况，提高交货准确率，完成收货入库、盘点调拨、拣货出库以及整个系统的数据查询、备份、统计、报表生产及报表管理等任务。

例如，在仓储中，通过在物流托盘、货箱上贴 RFID 标签，可在电子地图上呈现该物品所处位置；给贵重资产贴上 RFID 标签可实现对标签货物的实时追踪监管，有效防止资产丢失。

2. 运输监测

通过物流车辆管理系统对运输的货车以及货物进行实时监控，可完成车辆及货物的实时、定位跟踪，监测货物的状态及温湿度情况，同时监测运输车辆的速度、胎温胎压、油量油耗、车速等车辆行驶行为以及刹车次数等驾驶行为，在货物运输过程中，将货物、司机以及车辆驾驶情况等信息高效地结合起来，提高运输效率、降低运输成本，降低货物损耗，清楚地了解运输过程中的一切情况。

例如，连接传感器的定位标签，可以实时监测运输过程中货物的状态（温度、压力、湿度等），并伴有报警功能；定位标签还可以连接 GPS/BDS 和 GPRS，实现运输途中车辆、货物的定位和数据上传；通过设备对司机、车辆状态数据进行收集，及时发现司机疲劳驾驶、车辆超载超速等问题，提早警报，预防事故；通过车辆内部安装的温控装置，对车内的温湿度情况进行实时监控，确保全程冷链不掉链。

3. 农产品溯源

通过传感器能够追溯到农产品从种植、运输到交付环节的所有信息，包括种植条件，农药使用，农产品品质，运输温度等，同时通过区块链记录货物从发出到接收过程中的所有步骤，确保了信息的可追溯性，从而避免丢包，错误认领事件的发生。

拓展阅读 8-3：
G7 数字货仓

4. 智能快递终端

智能快递柜是基于物联网技术，能够对物体进行识别、存储、监控和管理等功能，与 PC 服务器一起构成了智能快递投递系统。PC 服务端能够将智能快递终端采集到的信息数据进行处理，并实时在数据后台更新，方便使用人员进行快递查询、调配以及终端维护等操作。

快递员将快件送达指定的地点，将其存入快递终端后，智能系统就可以自动向用户发送一条短信，包括取件地址以及验证码等信息，用户能在 24 小时内随时去智能终端取货物，简单快捷地完成取件服务。

拓展阅读 8-4：
顺丰 IoT 平台

8.2 车联网技术

车联网（IoV）的概念源于物联网，即车辆物联网，是以行驶中的车辆为信息感知对象，借助新一代信息通信技术，实现车与 X（即车与车、人、路、服务平台）之间的网络连接，提升车辆整体的智能驾驶水平，为用户提供安全、舒适、智能、高效的驾驶感受与交通服务，同时提高交通运行效率，提升社会交通服务的智能化水平。

8.2.1 车联网技术概述

1. 车联网的概念

车联网是利用传感技术感知车辆的状态信息，并借助无线通信网络与现代智能信息处理技术实现交通的智能化管理，以及交通信息服务的智能决策和车辆的智能化控制。车联网通过新一代信息通信技术，实现车与云平台、车与车、车与路、车与人、车内等全方位网络的连接，主要实现了"三网融合"，即将车内网、车际网和车载移动互联网进行融合。

- 车与云平台间的通信是指车辆通过卫星无线通信或移动蜂窝等无线通信技术实现与车联网服务平台的信息传输，接收平台下达的控制指令，实时共享车辆数据。
- 车与车间的通信是指车辆与车辆之间实现信息交流与信息共享，包括车辆位置、行驶速度等车辆状态信息，可用于判断道路车流状况。
- 车与路间的通信是指借助地面道路固定通信设施实现车辆与道路间的信息交流，用于监测道路路面状况，引导车辆选择最佳行驶路径。
- 车与人间的通信是指用户可以通过 WiFi、蓝牙、手机等无线通信手段与车辆进行信息沟通，使用户能通过对应的移动终端设备监测并控制车辆。
- 车内设备间的通信是指车辆内部各设备间的信息数据传输，用于对设备状态的实时检测与运行控制，建立数字化的车内控制系统。

2. 车联网的发展

车联网在国外起步较早。在 20 世纪 60 年代，日本就开始研究车间通信。2000 年左右，欧洲和美国也相继启动多个车联网项目，旨在推动车联网系统的发展。2007 年，欧洲 6 家汽车制造商（包括 BMW 等）成立了 Car2Car 通信联盟，积极推动建立开放的欧洲通信系统标准，实现不同厂家汽车之间的相互沟通。2009 年，日本的 VICS 车机装载率已达到 90%。而在 2010 年，美国交通部发布了《智能交通战略研究计划》，内容包括美国车辆网络技术发展的详细规划和部署。

与国外车联网产业发展相比，我国的车联网技术直至 2009 年才刚刚起步，最初只能实现基本的导航、救援等功能。随着通信技术的发展，2013 年国内汽车网络技术已经能够实现简单的实时通信，如实时导航和实时监控。在 2014—2015 年，3G 和 LTE 技术开始应用于车载通信系统以进行远程控制。2016 年 9 月，华为、奥迪、宝马和戴姆勒等公司合作推出 5G 汽车联盟（5GAA），并与汽车经销商和科研机构共同开展了一系列汽车网络应用场景。此后至 2017 年年底，国家颁布了多项方案，将发展车联网提高到国家创新战略层面。在这期间，人工智能和大数据分析等技术的发展使得车载互联网更加实用，如企业管理和智能物流。此外 ADAS 等技术可以实现与环境信息交互，使得 UBI 业务的发展有了强劲的助推力。未来，依托于人工智能、语音识别和大数据等技术的发展，车联网将与移动互联网结合，为用户提供更具个性化的定制服务。

在 2021 中国互联网大会上发布的《中国互联网发展报告（2021）》指出，中国车联网标准体系建设基本完备，车联网成为汽车工业产业升级的创新驱动力。车联网的装机率大概有三百多万台，市场增长率 107%，渗透率 15%。说明整个车连接到互联网上已经形成了一个非常好的趋势，而且具备了一定规模。

3. 车联网的作用

车联网是实现自动驾驶乃至无人驾驶的重要组成部分，也是未来智能交通系统的核心组成部分，将在以下几个方面发挥越来越重要的作用。

（1）车辆安全

在车辆安全方面，车联网可以通过提前预警、超速警告、逆行警告、红灯预警、行人预警等相关手段提醒驾驶员，也可通过紧急制动、禁止疲劳驾驶等措施有效降低交通事故的发生率，保障人员及车辆安全。

（2）交通控制

在交通控制方面，将车端和交通信息及时发送到云端，进行智能交通管理，从而实时播报交通及事故情况，缓解交通堵塞，提高道路使用率。

（3）信息服务

在信息服务方面，车联网为企业和个人提供方便快捷的信息服务，例如，提供高精度电子地图和准确的道路导航。车企也可以通过收集和分析车辆行驶信息，了解车辆的使用状况和问题，确保用户行车安全。其他企业还可通过相关特定信息服务了解用户需求和兴趣，挖掘盈利点。

（4）智慧城市与智能交通

以车联网为通信管理平台可以实现智能交通。例如，交通信号灯智能控制、智慧停车、智能停车场管理、交通事故处理、公交车智能调度等方面都可以通过车联网实现。而随着交通的信息化和智能化，必然有助于智慧城市的构建。

8.2.2 车联网的体系架构及构成

车联网系统是指通过在车辆仪表台安装车载终端设备，实现对车辆所有工作情况和静、动态信息的采集、存储并发送。车联网系统一般具有实时实景功能，利用移动网络实现人车交互。

1. 车联网的系统架构

车联网技术是在交通基础设备日益完善和车辆管理难度不断加大的背景下被提出的,当前已基本形成了一套比较稳定的车联网技术体系结构。车联网体系结构主要由三部分组成,按照其层次由高到低分别是应用层、网络层和感知层,如图 8-3 所示。

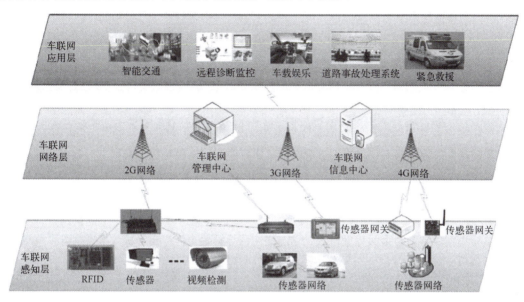

图 8-3 车联网的系统架构

(1) 应用层

应用层是车联网的最高层次,可以为联网用户提供各种车辆服务业务,从当前最广泛应用的业务内容来看,主要就是由全球定位系统取得车辆的实时位置数据,然后返回给车联网控制中心服务器,经网络层的处理后进入用户的车辆终端设备,终端设备对定位数据进行相应的分析处理后,可以为用户提供各种导航、通信、监控、定位等应用服务。

(2) 网络层

网络层的主要功能是提供透明的信息传输服务,即实现对输入/输出数据的汇总、分析、加工和传输,一般由网络服务器以及 Web 服务组成。GPS/BDS 定位信号及车载传感器信号上传到后台服务中心,由服务器对数据进行统计和管理,为每辆车提供相应的业务,同时可以对数据进行联合分析,形成车与车之间的各种关系,成为局部车联网服务业务,为用户群提供高效、准确、及时的数据服务。

(3) 感知层

感知层负责数据的采集,由各种车载传感器完成采集任务。采集的数据包括车辆实时运行参数、道路环境参数以及预测参数等,例如,车速、方向、位置、里程、发动机转速、车内温度等。所有采集到的数据将会上传到后台服务器进行统一的处理与分析,得到用户所需要的业务数据,为车联网提供可靠的数据支持。

2. 车联网的网络架构

车联网的网络架构主要由车车之间的通信和车路之间的通信组成,如图 8-4 所示。

车辆通过安装的车载单元(Onboard Unit,OBU)与其他车辆或者固定设施进行通信。这里的固定设施通常指的是路侧单元(Roadside Unit,RSU)。车载单元包括信息采集模块、定位模块、通信模块等。路侧单元一方面将车辆的信息上传至管理控制中心,另一方面也将控制中心下发的指令和相关信息传给车辆。

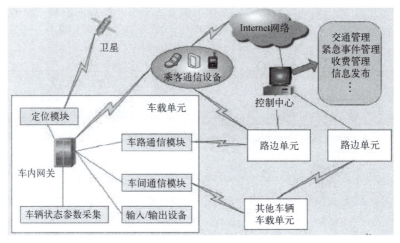

图 8-4　车联网的网络架构

控制中心将其管理区域内路侧单元获取的车辆相关信息进行汇总以对交通状态进行实时监控，包括管理模块、紧急事故处理模块、动态交通诱导模块、停车诱导模块等。此外，驾驶员和乘客也可通过智能手机等设备与车载单元和路侧单元连接，获取所需的信息。

3. 车联网系统的构成

车联网一般由如下四个部分组成。

（1）车辆和车载系统

车辆和车载系统是参与交通的每一辆汽车和车上的各种设备，通过这些传感器设备，车辆不仅可以实时地了解自己的位置、朝向、行驶距离、速度和加速度等车辆信息，还可以通过各种环境传感器感知外界环境的信息，包括温度、湿度、光线、距离等，不仅方便驾驶员及时了解车辆和信息，还可以对外界变化做出及时的反应。此外，这些传感器获取的信息还可以通过无线网络发送给周围的车辆、行人和道路，上传到车联网系统的云计算中心，加强了信息的共享能力。

（2）车辆标识系统

车辆上的若干标志标识和外界的标识识别设备构成了车辆标识系统，其中标志以 RFID 和图像识别系统为主。

（3）路边设备系统

路边设备系统会沿交通路网设置，一般会安装在交通热点地区、交叉路口或者高危险地区，通过采集经过特定地点的车流量，分析不同拥堵段的信息，给予交通参与者避免拥堵的若干建议。

（4）信息通信网络系统

有了若干信息之后，还需要信息通信系统对各种数据进行传输，这是网络链路层的重要组成部分，车联网的通信系统以 WiFi、移动网络、无线网络、蓝牙网络为主，车联网的大部分网络需求需要和网络运营商合作，以便和用户的手机随时连接。

8.2.3　车联网技术在物流中的应用

车联网发展推动着中国智慧物流的变革。随着车联网理念的引入、技术的提升、政策的支持，相信未来车联网将给中国物流业带来革命性的变化，中国智慧物流将迎来大发展的时代。

1. 运输监控

通过车联网能够实时掌握车辆运行状况，提高物流运输企业的管理水平、调度管理的灵活性和适应性，以及对事故等紧急信息处理的有效性和及时性。

2. 智能调度

通过车联网可实现对车辆的实时在线调度，提高运输车辆的利用率，降低车辆空驶率和燃油消耗，降低企业的运输成本。

用更长远的眼光来看，通过车联网可有效避免交通阻塞，减少车辆对道路的无效占用和汽车废气的排放，进而改善整个城市道路的交通状况和空气质量，促进人民对美好生活需求的满足。

3. 智能配载

在车联网技术的平台下，物流企业的客户源信息积累更容易，建立自身完整的企业物流信息系统，合理规划物流路径，物流服务更精准。

4. 无人化运输

基于车联网技术的应用，汽车将在现有 GPS、雷达、摄像头等车载传感器所获数据的基础上，获得更为全面的汽车运行状态、道路交通状态、周边车辆状态、气候条件等信息，为自动驾驶和无人驾驶技术的应用普及创造条件。如无人驾驶卡车、货车能够在货物运输环节大规模运行，大大减少货运司机的工作量。而且，机器不需要休息，运输安全性也更有保障。同时，无人配送车如果能规模化推广和使用，实现取代外卖配送员的工作，那么其安全性将会大大提高。因而，无论是无人驾驶运输，还是无人驾驶配送，车联网都将发挥举足轻重的作用。

拓展阅读 8-5：易流助力德邦搭建车联网平台

8.3 信息物理系统

信息物理系统（CPS）是将计算资源与物理资源紧密结合与协调的产物，它将改变人类与物理世界的交互方式。作为物联网的演进，CPS 已经引起了国内外相关科研机构、政府部门和社会的广泛关注。CPS 在物流领域具有重要而广泛的应用前景。

8.3.1 信息物理系统概述

1. CPS 的概念

CPS 通过集成先进的感知、计算、通信、控制等信息技术和自动控制技术，构建了物理空间与信息空间中人、机、物、环境、信息等要素相互映射、适时交互、高效协同的复杂系统，实现系统内资源配置和运行的按需响应、快速迭代、动态优化（《信息物理系统白皮书（2016）》）。

CPS 基于硬件、软件、网络、工业云等一系列工业和信息技术构建起的智能系统，其最终目的是实现资源优化配置。实现这一目标的关键要靠数据的自动流动，在流动过程中数据经过不同的环节，在不同环节以不同的形态（隐性数据、显性数据、信息、知识）展示出来，在形态不断变化的过程中逐渐向外部环境释放蕴藏在其背后的价值，为物理空间实体"赋予"实现一定范围内资源优化的"能力"。因此，信息物理系统的本质就是构建一套信息空间与物理空间之间基于数据自动流动的状态感知、实时分析、科学决策、精准执行的闭环赋能体系，解决生产制造、应用服务过程中的复杂性和不确定性问题，提高资源配置效率，实现资源优化，如图 8-5 所示。

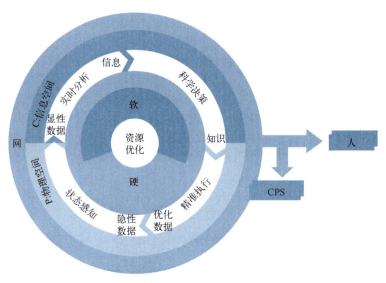

图 8-5　CPS 的本质

实现数据的自动流动具体来说需要经过四个环节，分别是状态感知、实时分析、科学决策、精准执行。大量蕴含在物理空间中的隐性数据经过状态感知被转化为显性数据，进而能够在信息空间进行计算分析，将显性数据转化为有价值的信息。不同系统的信息经过集中处理形成对外部变化的科学决策，将信息进一步转化为知识。最后以更为优化的数据作用到物理空间，构成一次数据的闭环流动。

状态感知是对外界状态的数据获取。生产制造过程中蕴含着大量的隐性数据，这些数据暗含在实际过程的方方面面，如物理实体的尺寸、运行机理，外部环境的温度、液体流速、压差等。状态感知通过传感器、物联网等一些数据采集技术，将这些蕴含在物理实体背后的数据不断地传递到信息空间，使得数据不断"可见"，变为显性数据。状态感知是对数据的初级采集加工，是一次数据自动流动闭环的起点，也是数据自动流动的原动力。

实时分析是对显性数据的进一步理解，是将感知的数据转化成认知的信息的过程，是对原始数据赋予意义的过程，也是发现物理实体状态在时空域和逻辑域的内在因果性或关联性关系的过程。大量的显性数据并不一定能够直观地体现出物理实体的内在联系。这就需要经过实时分析环节，利用数据挖掘、机器学习、聚类分析等数据处理分析技术对数据进一步分析估计使得数据不断"透明"，将显性化的数据进一步转化为直观可理解的信息。此外，在这一过程中，人的介入也能够为分析提供有效的输入。

科学决策是对信息的综合处理。决策是根据积累的经验、对现实的评估和对未来的预测，为了达到明确的目的，在一定的条件约束下，所做的最优决定。在这一环节 CPS 能够权衡判断当前时刻获取的所有来自不同系统或不同环境下的信息，形成最优决策来对物理空间实体进行控制。分析决策并最终形成最优策略是 CPS 的关键环节。这个环节不一定在系统最初投入运行时就能产生效果，往往在系统运行一段时间之后逐渐形成一定范围内的知识。对信息的进一步分析与判断，使得信息真正地转变成知识，并且不断地迭代优化形成系统运行、产品状态、企业发展所需的知识库。

精准执行是对决策的精准物理实现。在信息空间分析并形成的决策最终会作用到物理空间，而物理空间的实体设备只能以数据的形式接受信息空间的决策。因此，执行的本质是将信息空间产生的决策转换成物理实体可以执行的命令，进行物理层面的实现。输出更为优化的数据，使得物理空间设备运行得更加可靠，资源调度更加合理，实现企业高效运营，各环节智能协同效果逐步优化。

数据在自动流动的过程中逐步由隐性数据转化为显性数据，显性数据分析处理成为信息，信息最终通过综合决策判断转化为有效的知识并固化在 CPS 中，同时产生的决策通过控制系统转化为优化的数据作用到物理空间，使得物理空间的物理实体朝向资源配置更为优化的方向发展。从这一层面来看，数据自动流动应是以资源优化为最终目标"螺旋式"上升的过程。因此对于 CPS 的本质，可从另一个角度辅助来看，如图 8-6 所示。

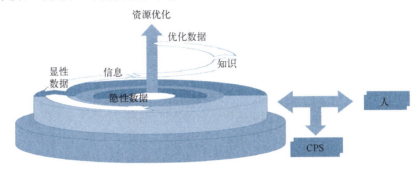

图 8-6　另一个角度对 CPS 的认识

CPS 信息物理系统其实和物联网很像，但有着本质的区别（见图 8-7）。物联网以及传感网，最擅长的是基于无线连接，主要实现的是感知，控制的成分很少。而 CPS 在实现信息传递之外，协调能力、计算能力更加强大，从而实现自治。物联网就像现在的瘦客户端，而 CPS 就是胖客户端。基于 CPS 的硬件可以通过收集信息，将信息的处理分析过程在本地进行，这就需要物理硬件有很强大的计算能力，能够适应海量运算。

图 8-7　物联网与信息物理系统对比

2. CPS 的层次

CPS 具有层次性，一个智能部件、一台智能设备、一条智能产线、一个智能工厂都可能成为一个 CPS。同时 CPS 还具有系统性，一个工厂可能涵盖多条产线，一条产线也会由多台设备组成。CPS 可划分为单元级、系统级、SoS 级（System of Systems，系统之系统级）三个层次。单元级 CPS 可以通过组合与集成（如 CPS 总线）构成更高层次的 CPS，即系统级 CPS；系统级 CPS 可以通过工业云、工业大数据等平台构成 SoS 级的 CPS，实现企业级层面的数字化运营。CPS 的层次演进如图 8-8 所示。

拓展阅读 8-6：CPS 与数字孪生的关系

（1）单元级 CPS

一个部件如智能轴承，一台设备如关节机器人等都可以构成一个 CPS 最小单元，单元级 CPS 具有不可分割性，其内部不能分割出更小 CPS 单元，如图 8-9 所示。单元级 CPS 能够通过物理硬件（如传动轴承、机械臂、电机等）、自身嵌入式软件系统及通信模块，构成含有"感知-分析-决策-执行"数据自动流动的闭环，实现在设备工作能力范围内的资源优化配置（如优化机械臂、AGV 小车的行驶路径等）。在这一层级上，感知和自动控制硬件、工业软件及基础通信模块主要支撑和定义产品的功能。

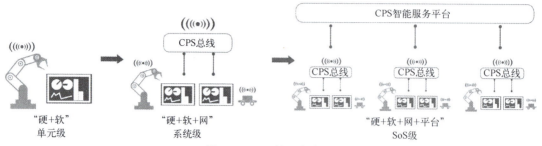

图 8-8 CPS 的层次演进

（2）系统级 CPS

在单元级 CPS 的基础上，通过网络的引入，可以实现系统级 CPS 的协同调配。在这一层级上，多个单元级 CPS 及非 CPS 单元设备的集成构成系统级 CPS，如一条含机械臂和 AGV 小车的智能装配线。多个单元级 CPS 汇聚到统一的网络（如 CPS 总线），对系统内部的多个单元级 CPS 进行统一指挥，实体管理（如根据机械臂运行效率，优化调度多个 AGV 的运行轨迹），进而提高各设备间的协作效率，实现生产线范围内的资源优化配置，如图 8-10 所示。在这一层级上，网络联通（CPS 总线）至关重要，确保多个单元级 CPS 能够交互协作。

图 8-9 单元级 CPS 示意图   图 8-10 系统级 CPS 示意图

（3）SoS 级 CPS

在系统级 CPS 的基础上，可以通过构建 CPS 智能服务平台，实现系统级 CPS 之间的协同优化。在这一层级上，多个系统级 CPS 构成了 SoS 级 CPS（见图 8-11），如多条生产线或多个工厂之间的协作，以实现产品生命周期全流程及企业全系统的整合。CPS 智能服务平台能够将多个系统级 CPS 工作状态统一监测，实时分析，集中管控。利用数据融合、分布式计算、大数据分析技术对多个系统级 CPS 的生产计划、运行状态、寿命估计统一监管，实现企业级远程监测、供应链协同、预防性维护，以及更大范围内的资源优化配置，避免资源浪费。

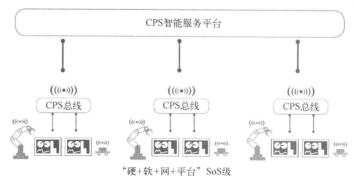

图 8-11 SoS 级 CPS 示意图

3. CPS 的特征

CPS 作为支撑两化深度融合的一套综合技术体系，构建了一个能够联通物理空间与信息空间，驱动数据在其中自动流动，实现对资源优化配置的智能系统。这套系统的灵魂是数据，在系统的有机运行过程中，通过数据自动流动对物理空间中的物理实体逐渐"赋能"，实现对特定目标资源优化的同时，表现出六大典型特征，总结为：数据驱动、软件定义、泛在连接、虚实映射、异构集成、系统自治。理解 CPS 的特征不能从单一方面、单一层次来看，要结合 CPS 的层次分析，在不同的层次上呈现出不同的特征。

（1）数据驱动

数据普遍存在于工业生产的方方面面，其中大量的数据是隐性存在的，没有被充分利用并挖掘出其背后潜在的价值。CPS 通过构建"状态感知、实时分析、科学决策、精准执行"数据自动流动体系，能够将数据源源不断地从物理空间的隐性形态转化为信息空间的显性形态，并不断迭代优化形成知识库。在这一过程中，状态感知的结果是数据；实时分析的对象是数据；科学决策的基础是数据；精准执行的输出还是数据。因此，数据是 CPS 的灵魂所在，数据在自动生成、自动传输、自动分析、自动执行以及不断的迭代优化中不断累积，螺旋上升，不断产生更为优化的数据，实现对外部环境的资源优化配置。

（2）软件定义

软件正和芯片、传感与控制设备等一起对传统的网络、存储、设备等进行定义，并正在从 IT 领域向工业领域延伸。工业软件是对工业各类工业生产环节规律的代码化，支撑了绝大多数的生产制造过程。作为面向制造业的 CPS，软件就成为实现 CPS 功能的核心载体之一。从生产流程的角度看，CPS 会全面应用到研发设计、生产制造、管理服务等方方面面，通过对人、机、物、法、环全面的感知和控制，实现各类资源的优化配置。这一过程需要依靠对工业技术模块化、代码化、数字化并不断软件化，从而被广泛利用。从产品装备的角度看，一些产品和装备本身就是 CPS。软件不但可以控制产品和装备运行，而且可以把产品和装备运行的状态实时展现出来，通过分析、优化，作用到产品、装备的运行，甚至是设计环节，实现迭代优化。

（3）泛在连接

网络通信是 CPS 的基础保障，能够实现 CPS 内部单元之间以及与其他 CPS 之间的互联互通。应用到工业生产场景时，CPS 对网络连接的时延、可靠性等网络性能和组网灵活性、功耗都有特殊要求，还必须解决异构网络融合、业务支撑的高效性和智能性等挑战。随着无线宽带、射频识别、信息传感及网络业务等信息通信技术的发展，网络通信将会更加全面深入地融合信息空间与物理空间，表现出明显的泛在连接特征，实现在任何时间、任何地点、任何人、任何物都能顺畅地通信。构成 CPS 的各器件、模块、单元、企业等实体都要具备泛在连接能力，并实现跨网络、跨行业、异构多技术的融合与协同，以保障数据在系统内的自由流动。泛在连接通过对物理世界状态的实时采集、传输，以及信息世界控制指令的实时反馈下达，提供无处不在的优化决策和智能服务。

（4）虚实映射

CPS 构筑信息空间与物理空间数据交互的闭环通道，能够实现信息虚体与物理实体之间的交互联动。以物理实体建模产生的静态模型为基础，通过实时数据采集、数据集成和监控，动态跟踪物理实体的工作状态和工作进展（如采集测量结果、追溯信息等），将物理空间中的物理实体在信息空间进行全要素重建，形成具有感知、分析、决策、执行能力的数字孪生（亦叫作数字化映射、数字镜像、数字双胞胎）。同时借助信息空间对数据综合分析处理的能力，形成对外部复杂环境变化的有效决策，并通过以虚控实的方式作用到物理实体。在这一过程中，物理实体与信息虚体之间交互联动，虚实映射，共同作用提升资源优化配置效率。

（5）异构集成

软件、硬件、网络、工业云等一系列技术的有机组合构建了一个信息空间与物理空间之间数据自动流动的闭环"赋能"体系。尤其在高层次的 CPS，如 SoS 级 CPS 中，往往会存在大量不同类型的硬件、软件、数据、网络。CPS 能够将这些异构硬件（如 CISC CPU、RISC CPU、FPGA 等）、异构软件（如 PLM 软件、MES 软件、PDM 软件、SCM 软件等）、异构数据（如模拟量、数字量、开关量、音频、视频、特定格式文件等）及异构网络（如现场总线、工业以太网等）集成起来，实现数据在信息空间与物理空间不同环节的自动流动，实现信息技术与工业技术的深度融合，因此，CPS 必定是一个对多方异构环节集成的综合体。异构集成能够为各个环节的深度融合打通交互的通道，为实现融合提供重要保障。

（6）系统自治

CPS 能够根据感知到的环境变化信息，在信息空间进行处理分析，自适应地对外部变化做出有效响应。同时在更高层级的 CPS 中（即系统级、SoS 级）多个 CPS 之间通过网络平台互联（如 CPS 总线、智能服务平台）实现 CPS 之间的自组织。多个单元级 CPS 统一调度，编组协作，在生产与设备运行、原材料配送、订单变化之间的自组织、自配置、自优化，实现生产运行效率的提升，订单需求的快速响应等；多个系统级 CPS 通过统一的智能服务平台连接在一起，在企业级层面实现生产运营能力调配，企业经营高效管理、供应链变化响应等更大范围的系统自治。在自优化自配置的过程中，大量现场运行数据及控制参数被固化在系统中，形成知识库、模型库、资源库，使得系统能够不断自我演进与学习提升，提高应对复杂环境变化的能力。

8.3.2　信息物理系统的体系架构

本部分从单元级 CPS 体系架构开始，逐级扩展，依次给出系统级和 SoS 级两个层级的体系架构。

1. 单元级的体系架构

单元级 CPS 是具有不可分割性的 CPS 最小单元，其本质是通过软件对物理实体及环境进行状态感知、计算分析，并最终控制到物理实体，构建最基本的数据自动流动的闭环，形成物理世界和信息世界的融合交互。同时，为了与外界进行交互，单元级 CPS 应具有通信功能。单元级 CPS 是具备可感知、可计算、可交互、可延展、自决策功能的 CPS 最小单元，一个智能部件、一个工业机器人或一个智能机床都可能是一个 CPS 最小单元，其体系架构如图 8-12 所示。

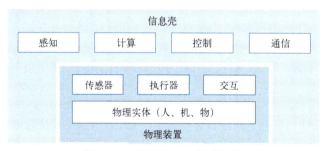

图 8-12　单元级 CPS 体系架构

物理装置主要包括人、机、物等物理实体和传感器、执行器、与外界进行交互的装置等，是物理过程的实际操作部分。物理装置通过传感器能够监测、感知外界的信号、物理条件（如光、热）或化学组成（如烟雾）等，同时经过执行器能够接收控制指令并对物理实体施加控制作用。

信息壳主要包括感知、计算、控制和通信等功能，是物理世界中物理装置与信息世界之间交互的接口。物理装置通过信息壳实现物理实体的"数字化",信息世界可以通过信息壳对物理实体"以虚控实"。信息壳是物理装置对外进行信息交互的桥梁,通过信息壳使得物理装置与信息世界联系在一起,物理空间和信息空间走向融合。

2. 系统级的体系架构

在实际运行中,任何活动都是多个人、机、物共同参与完成的,例如,在制造业中,实际生产过程中冲压可能是有传送带进行传送,工业机器人进行调整,然后由冲压机床进行冲压,是多个智能产品共同活动的结果,这些智能产品一起形成了一个系统。通过 CPS 总线形成的系统级 CPS 体系架构如图 8-13 所示。

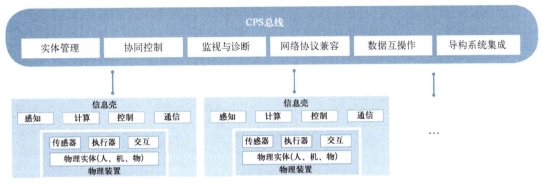

图 8-13 系统级 CPS 体系架构

多个最小单元(单元级)通过工业网络(如工业现场总线、工业以太网等),实现更大范围、更宽领域的数据自动流动,实现了多个单元级 CPS 的互联、互通和互操作,进一步提高制造资源优化配置的广度、深度和精度。系统级 CPS 基于多个单元级 CPS 的状态感知、信息交互、实时分析,实现了局部制造资源的自组织、自配置、自决策、自优化。在单元级 CPS 功能的基础上,系统级 CPS 还主要包含互联互通、即插即用、边缘网关、数据互操作、协同控制、监视与诊断等功能。其中互联互通、边缘网关和数据互操作主要实现单元级 CPS 的异构集成;即插即用主要在系统级 CPS 实现组件管理,包括组件(单元级 CPS)的识别、配置、更新和删除等功能;协同控制是指对多个单元级 CPS 的联动和协同控制等;监视与诊断主要是对单元级 CPS 的状态实时监控和诊断其是否具备应有的能力。

3. SoS 级的体系架构

多个系统级 CPS 的有机组合构成 SoS 级 CPS。例如,多个工序(系统的 CPS)形成一个车间级的 CPS,或者形成整个工厂的 CPS。通过单元级 CPS 和系统级 CPS 混合形成的 SoS 级 CPS 体系架构如图 8-14 所示。

SoS 级 CPS 主要实现数据的汇聚,从而对内进行资产的优化和对外形成运营优化服务。其主要功能包括数据存储、数据融合、分布式计算、大数据分析和数据服务,并在数据服务的基础上形成了资产性能管理和运营优化服务。

SoS 级 CPS 可以通过大数据平台,实现跨系统、跨平台的互联、互通和互操作,促成了多源异构数据的集成、交换和共享的闭环自动流动,在全局范围内实现信息全面感知、深度分析、科学决策和精准执行。这些数据部分存储在 CPS 智能服务平台,部分分散在各组成的组件内。对这些数据进行统一管理和融合,并具有对这些数据的分布式计算和大数据分析能力,是这些数据能够提供数据服务,有效支撑高级应用的基础。

资产性能管理主要包括企业资产优化、预防性维护、工厂资产管理、环境安全和远程监控诊断等。运营优化服务主要包括个性化定制、供应链协同、数字制造管控和远程运维管理。通过智能服务平台的数据服务,能够对 CPS 内的每一个组成部分进行操控,对各组成部分状态数据进行获取,对多个组成部分协同进行优化,达到资产和资源的优化配置和运行。

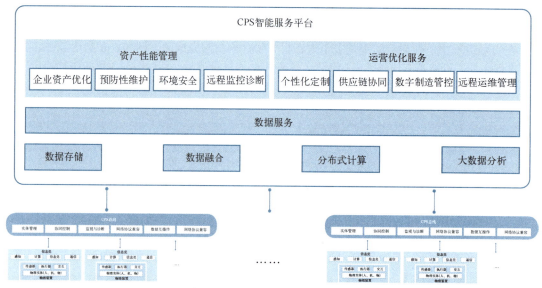

图 8-14　SoS 级 CPS 体系架构

8.3.3　信息物理系统在物流中的应用

目前,CPS 受到工业领域的广泛关注,并已在多个环节得到应用和体现。但工业 4.0 制造必然需要物流 4.0 服务,CPS 绝不仅仅适合工业领域,物流领域仍然适用。把 CPS 原理应用于物流系统,组建基于 CPS 的物流物联网,是极具价值的。借鉴其在工业领域的应用思想,在物流领域的应用主要体现在以下几个方面。

1. 物流系统规划与设计辅助

目前,在物流系统规划与设计过程中,借助于仿真分析手段使设计的精度得到大幅度提高,但由于缺少足够的实际数据为设计人员提供支撑,使得在设计、分析、仿真过程中不能有效模拟真实环境,从而影响了设计精度。所以需要建立实际应用与设计之间的信息交互平台,以便在设计过程中可以直接提取真实数据,通过对数据进行分析处理来直接指导设计与仿真,最后形成更优化的设计方案,提高设计精度,降低研制成本。

随着 CPS 不断发展,在物流系统规划与设计过程中,通过基于仿真模型的"预演",可以及早发现设计中的问题,减少实际建造过程中设计方案的更改,从而缩短项目建设周期,并提高项目的可靠性与成功率。

2. 物流设备的智能管理

CPS 将无处不在的传感器、智能硬件、控制系统、计算设施、信息终端、作业装置通过不同的设备接入方式(例如串口通信、以太网通信、总线模式等)连接成一个智能网络,构建形成设备网络平台或云平台,如图 8-15 所示。在不同的布局和组织方式下,企业、人、设备、服务之间能够互联互通,具备了广泛的自组织能力、状态采集和感知

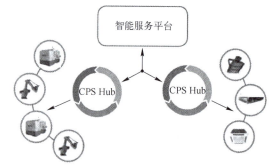

图 8-15　物流作业设备联网

能力，数据和信息能够通畅流转，同时也具备了对设备实时监控和模拟仿真的能力，通过数据的集成、共享和协同，实现对工序设备的实时优化控制和配置，使各种组成单元能够根据工作任务需要自行集结成一种超柔性组织结构，并最优和最大限度地开发、整合和利用各类信息资源。

3. 物流作业的智能管理

CPS 是实现物流企业中物理空间与信息空间联通的重要手段和有效途径。在物流作业管理过程中通过集成工业软件、构建工业云平台对生产过程的数据进行管理，实现物流管理人员、设备之间无缝信息通信，将车间人员、设备等运行移动、现场管理等行为转换为实时数据信息，对这些信息进行实时处理分析，实现对作业环节的智能决策，并根据决策信息和领导层意志及时调整作业过程，进一步打通从上游到下游的整个供应链，从资源管理、作业计划与调度来对整个作业进行管理、控制以及科学决策，使整个作业环节的资源处于有序可控的状态，如图 8-16 所示。

4. 物流设备的智能维护

应用建模、仿真测试及验证等技术，基于装备虚拟健康的预测性智能维护模型，构建物流设备智能维护 CPS。通过采集设备的实时运行数据，将相关的多源信息融合，进行设备性能、安全、状态等特性分析，预测设备可能出现的异常状态，并提前对异常状态采取恰当的预测性维护。设备智能维护 CPS 突破传统的阈值报警和穷举式专家知识库模式，依据各设备实际活动产生的数据进行独立的数据分析与利用，提前发现问题并处理，延长资产的正常运行时间，如图 8-17 所示。

图 8-16　CPS 在物流作业管理中的应用

拓展阅读 8-7：
SoS 级 CPS——
中国船舶工业
系统工程研究
院 CPS 应用
探索

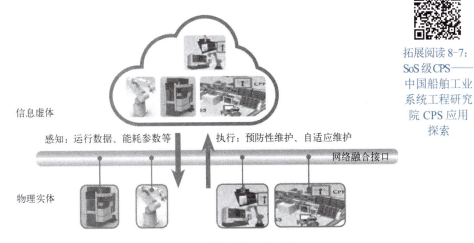

图 8-17　CPS 在预防维护中的应用

本章小结

本章主要介绍了物联网、车联网和信息物理系统三种物物互联技术。

物联网技术被誉为信息科技产业的第三次革命，是智慧物流系统建设的基础支撑技术之一。其具有全面感知、可靠传输和智能处理三大典型特征，一般划分为感知层、传输层和网络层三个层次。为了解决物联网中广范围、远距离的连接，LPWAN 技术应运而生，主要有 NB-IoT、eMTC 和 LoRa 三种类型。智慧物流系统中，物联网技术广泛应用于货物仓储、运输监测、农产品溯源和智能快递终端。

车联网的概念源于物联网，即车辆物联网，其目标是实现车与 X（即车与车、人、路、服务平台）之间的网络连接，提升车辆整体的智能驾驶水平，为用户提供安全、舒适、智能、高效的驾驶感受与交通服务，同时提高交通运行效率，提升社会交通服务的智能化水平。与物联网相似，车联网也划分为应用层、网络层和采集层三个层次，一般由车辆和车载系统、车辆标识系统、路边设备系统和信息通信网络系统四个部分组成。车联网在物流中的应用主要有运输监控、智能调度、智能配载和无人化运输等。

信息物理系统是对物联网的演进，将计算资源与物理资源紧密结合与协调，从而改变人类与物理世界的交互方式。信息物理系统对物流系统规划与设计辅助、物流设备的智能管理、物流作业的智能管理以及物流设备的智能维护都具有重要的促进作用。

练习与思考

一、思考题
1. 什么是物联网？具有哪些特征？
2. 什么是 LPWAN？具有哪些特点？
3. 什么车联网？具有哪些作用？
4. 车联网系统是如何构成的？
5. 什么是信息物理系统？具有哪些特征？

二、论述题
1. 简述 LPWAN 的主流技术。
2. 简述物联网技术在物流中的应用。
3. 简述车联网技术在物流中的应用。
4. 简述信息物理系统在物流中的应用。

三、案例分析

农产品冷链运输中的问题

随着我国经济的发展，人们生活水平不断提高，生产节奏不断加快，花在厨房里的时间越来越少，对冷冻冷藏食品的认知度越来越高，迅速拉动了冷冻冷藏食品的消费，冷藏冷冻食品每年增产约 10%。然而，我国食品的冷藏运输率只有 15%左右，而发达国家却达到 80%～90%。目前，我国冷链物流还处在初级阶段，存在食品冷链的硬件设施建设不足、技术含量低、行业标准不完善、缺乏系统冷链物流管理、操作不规范等问题。有数据显示，我国平均食物年产值约为 3000 亿美元，超过 20%的食物由于没有很好地冷藏，在运输过程中被浪费。仅水果、蔬菜等农产品在采摘、运输、储存等物流环节上损失率就达 25%～30%，每年有总值约 100 亿美元的农产品在运输中损失，缺乏冷链物流运输仅腐烂损耗的果蔬可满足将近 2 亿人口的基本营养需求，损耗量居世界首位，而发达国家的果蔬损失率则控制在 5% 以下。

随着人们对农产品尤其是蔬菜、水果、肉类、水产品等鲜活农产品的需求量越来越大，对其内在品质及安全性的要求也越来越高，我国冷链的发展时机也已经成熟。冷链物流企业要想在市场激烈的竞争中发展自己，就必须抓住运行过程中的每一个细节，精细管理，提高管理品质，赢得客户的信任和支持。

问题：

1. 试分析农产品冷链中损失率较高的主要原因。
2. 结合本章学习内容，试从技术应用的角度提出解决问题的思路。

第9章 数据存储与处理技术

学习目标
- 掌握物流大数据的概念和特征。
- 熟悉常用的大数据存储方式。
- 熟悉典型的大数据存储系统。
- 熟悉典型的大数据处理系统。
- 初步形成物流大数据的应用思维。

导入案例

一个橙子的背后

对于江西瑞金的橙农来说,"大数据"这个概念也许很难理解。但他们的生活,却实实在在地被大数据改变了。

每年的11月至12月,正是赣南脐橙收获的月份,即使有着名扬海外的品牌优势,瑞金的11万亩脐橙也面临着"丰产难丰收"的困局。传统的销售模式中,农产品与消费者之间隔着果农、企业、经销商等多道销售环节,销售渠道全靠线下,不仅单一,缓慢的物流速度还严重影响了果品新鲜度。很多脐橙到达消费者手里之后已经全无鲜亮之形,甘甜之味。这还给了市面上各种"假赣南脐橙"可乘之机。

不过这一切正在慢慢改变。

2017年12月26日,菜鸟网络在这里开设了生鲜瑞金产地仓,物流效率提高了50%以上,物流成本降低约10%,中间环节的成本控制,大量人力物力的节省,直接为当地贫困户、普通农户增加了收入。

菜鸟对生鲜行业的物流有着自己的一套解决方案,通过提前规划分仓计划,并根据销售数据提供补货计划预测。这种大数据支持下的分仓体系,能够减少中转环节、缩短配送路径,从而降低货品的损耗和商家物流运营成本,大幅提升配送时效。

此外,系统留存的大数据也将为未来的地方农产品品牌化运营、智慧物流的搭建提供支持。

丁宏伟(菜鸟首席数据科学家)说,过去大家做生意都讲商业直觉,但再好的商业直觉也没办法捕捉到整个体系的细枝末节,但大数据就可以把整个商业社会的各个环节客观地描述和捕捉下来,然后通过算法分析可以给出更加具体的建议。这就是我们重视大数据的原因。

大数据里的1和0是冰冷的,但是大数据赋能物流之后,却能让城里的消费者吃上最新鲜的橙子,让山里果农一年的辛劳得到回报,在临近年关的寒冬,对美好生活充满期待。

数据存储与处理是数据应用的基础,其主要作用是将原始的物流数据上升到信息层次。智慧物流环境下,物流数据类型繁多,来源复杂,信息量大,更新速度快,传统的数据存储与处理技术已经不能满足需要,需要综合运用数据库、数据仓库、大数据实时处理、大数据挖掘以及数据可视化技术进行物流数据的存储与处理。结合智慧物流的发展实际,本部分主要从大数据的角度来分析和介绍物流数据的存储和处理问题。

9.1 物流大数据概述

随着智慧物流系统信息感知能力的不断增强，以及物流系统长期以来的数据积累，物流大数据时代已然来临。物流大数据属于大数据的范畴，既有着大数据的共性特征，也呈现出个性化的特点。准确把握物流大数据的特征与内容，是进行物流大数据存储与处理的基础。

9.1.1 物流大数据的概念

1. 数据与信息

数据是指对客观事件进行记录为可以鉴别的符号，是对客观事物的性质、状态以及相互关系等进行记载的物理符号或这些物理符号的组合。数据是可识别的、抽象的符号，不仅指狭义上的数字，还可以是具有一定意义的文字、字母、数字符号的组合、图形、图像、视频、音频等，也是客观事物的属性、数量、位置及其相互关系的抽象表示。

在计算机科学中，数据是指所有能输入到计算机并被计算机程序处理的符号的介质的总称，是用于输入电子计算机进行处理，具有一定意义的数字、字母、符号和模拟量等的通称。计算机存储和处理的对象十分广泛，表示这些对象的数据也随之变得越来越复杂。

与数据紧密相关的概念是信息。信息与数据既有联系，又有区别。数据是信息的表现形式和载体，可以是符号、文字、数字、语音、图像、视频等。而信息是数据的内涵，信息是加载于数据之上，对数据做具有含义的解释。数据和信息是不可分离的，信息依赖数据来表达，数据则生动具体表达出信息。数据是符号，是物理性的，信息是对数据进行加工处理之后所得到的并对决策产生影响的数据，是逻辑性和观念性的；数据是信息的表现形式，信息是数据有意义的表示。数据是信息的表达、载体，信息是数据的内涵，是形与质的关系。数据本身没意义，数据只有对实体行为产生影响时才成为信息。

借用数据的定义，物流数据可以界定为是对物流活动和过程记录或观察的结果，是用于表示物流活动和过程的未经加工的原始素材。而物流信息是对物流数据进行一定程度加工的结果。智慧物流系统中，获取物流数据是途径，而获得物流信息是目的。

2. 大数据与物流大数据

大数据（big data）也称巨量资料，指的是所涉及的资料量规模巨大到无法通过主流软件工具，在合理时间内达到获取、管理、处理，并整理成为帮助企业经营决策更积极目的的信息。

大数据具有 5V 特点（IBM 提出），即 Volume、Variety、Velocity、Value、Veracity。Volume 指数据的体量大，已经超过传统的存储和处理设施的承受能力；Variety 指数据的类型多样，既有结构化的数据，也有文本、声音、视频、网页等半结构化和非结构化的数据，并且后者将成为大数据的主流；Velocity 指数据增长的速度快；Value 既指大数据具有较高的整体价值，也指大数据具有低价值密度的特点；Veracity 指的是大数据的质量，即真实性。

物流大数据是大数据的子集，是物流数据在大数据环境下所呈现出来的一种状态，也是物流数据不断积累所形成的结果。物流大数据，其本质仍是物流数据，即运输、仓储、搬运装卸、包装及流通加工等物流环节中涉及的数据等。物流大数据将所有货物流通的数据、物流快递公司、供求双方有效结合，形成一个巨大的即时信息平台，从而实现快速、高效、经济的物流。通过大数据分析和应用可以提高物流效率、减少物流成本、更有效地满足客户服务要求。

9.1.2 物流大数据的特征

物流大数据继承了大数据的 5V 特性，但具体表现也呈现出自己的特点。

1. 数据体量巨大

大数据最显著的特征是数据量巨大，一般关系型数据库处理的数据量在 TB 级，大数据所处理的数据量通常在 PB 级以上。随着信息技术的高速发展，数据呈现爆发性增长的趋势。大数据环境下，物流数据同样呈现出体量巨大的特点。以菜鸟网络为例，其链接 170 万物流从业者，优化专业线路 600 多万条，整合路线运输公司近 4 千家，合作伙伴运输车辆超 3 万辆，协同约 18 万个物流快递网点，每日处理数据量超过 7 万亿条，日接收物流详情超 6 亿条。

拓展阅读 9-1：
2022 年我国快递业务量再超千亿件

物流车辆一般以 10～30 秒的间隔向数据中心发送当前位置信息，这些移动在全国各地路网中的物流车辆每天生成的 BDS/GPS 数据都达到了 GB 甚至 TB 规模，并且还在不断增长中。这既是发展数据挖掘的驱动力，同时也是数据挖掘面临的难题。

2. 数据类型多元

大数据所处理的计算机数据类型已经不是单一的文本形式或者结构化数据库中的表，它包括订单、日志、博客、微博、音频、视频等各种复杂结构的数据。大数据中的数据类型分为结构化数据、半结构化数据和非结构化数据。与传统的结构化数据相比，大数据环境下存储在数据中的结构化数据约占 20%，而互联网上的数据，如用户创造的数据、社交网络中人与人交互的数据、物联网中的物理感知数据等动态变化的非结构化数据占到 80%。

大数据环境下，物流数据同样呈现出多元化的特点，由传统的单一结构化数据拓展到结构化、半结构化和非结构化等多种类型。传统物流中，物流业务数据占有很大比重，且大部分以结构化方式存储在各类物流管理系统中，如仓储管理系统、运输管理系统等；而智慧物流情景中，物流系统的数据采集和感知能力不断增强，半结构化或非结构化的表单数据、状态数据、音视频数据等在智慧物流数据中所占的比重也不断增大。

3. 数据价值密度低

大数据中有价值的数据所占比例很小，大数据的价值体现在从大量不相关的各种类型的数据中，挖掘出对未来趋势与模式预测分析有价值的数据。数据价值密度低是大数据关注的非结构化数据的重要属性。大数据为了获取事物的全部细节，不对事物进行抽象、归纳等处理，直接采用原始的数据，保留了数据的原貌。由于减少了采样和抽象，呈现所有数据和全部细节信息，可以分析更多的信息，但也引入了大量没有意义的信息，甚至是错误的信息，因此相对于特定的应用，大数据关注的非结构化数据的价值密度偏低。

大数据环境下，物流数据同样呈现出价值密度低的特点。以当前广泛应用的监控视频为例，在连续不间断监控过程中，大量的视频数据被存储下来，许多数据可能是无用的。但是大数据的数据价值密度低是指相对于特定的应用，有效的信息相对于数据整体是偏少的，信息有效与否也是相对的，对某些应用是无效的信息对另外一些应用则成为最关键的信息，数据的价值也是相对的。

4. 数据处理速度快

速度快是指数据处理的实时性要求高，支持交互式、准实时的数据分析。传统的数据仓库、商业智能等应用对处理的时延要求不高，但在大数据时代，数据价值随着时间的流逝而逐步降低，因此大数据对处理数据的响应速度有更严格的要求。

大数据环境下，物流数据同样呈现出处理速度快的特点，尤其是搬运机器人的智能调度、在途运输监控等实时性要求高的应用。例如，在无人仓的分拣机器人的智能调度中，要求数据必须进行实时分析而非批量处理，数据输入处理与丢弃要立刻见效，几乎无时延。另一方面，由于数据来源渠道拓宽，数据产生与采集的速度加快，物流数据呈爆炸式快速增长，新数据不断涌现，快速增长的数据量要求数据处理的速度也要相应地提升，才能使得大量的数据得到有效的利用，否则不断激增的数据不但不能为解决问题带来优势，反而成为快速解决问题的负担。数据的增长速度和处理速度是物流数据高速性的重要体现。

5. 数据采集手段多样化

大数据的采集往往是通过传感器、条码、RFID 技术、GPS 技术、GIS 技术、Web 搜索等智能信息捕捉技术获得所需的数据，这体现了大数据采集手段多样化的特点，与传统的人工搜集数据相比更加快速，获取的数据更加完整真实。通过智能采集技术可以实时、方便、准确地捕捉并且及时有效地进行信息传递，这将直接影响系统运作的效率。

大数据环境下，物流数据的采集手段也同样呈现多样化的特点。条码技术、EPC 技术、RFID 技术等已经在商品和物品标识方面得到充分应用；传感器被广泛应用于仓储环境数据和运输工具状态数据，甚至作业人员状态数据的采集；GPS/BDS 技术、GIS 技术被广泛应用于户外运输工具、物品位置信息的采集；红外线室内定位、超声波定位、RFID 定位、超宽带定位和 WiFi 定位等技术被广泛应用于室内物品位置信息的采集；视频采集设备被广泛应用于物流作业场景和作业状态数据的采集；智能手机、PDA 等移动终端也被用来进行移动状态下物流信息的采集。

6. 数据预测分析精准化

预测分析是大数据的核心所在，大数据时代下预测分析已在商业和社会中得到广泛应用，预测分析必定会成为所有领域的关键技术。通过智能数据采集手段获得与事物相关的所有数据，包括文字、数据、图片、音视频等类型多样的数据，利用大数据相关技术对数据进行预测分析，得到精准的预测结果，从而可以对事物的发展情况做出准确的判断，获得更大的价值。

大数据环境下，物流数据同样呈现出预测分析精准化的特点，同时在智慧物流的各个领域得到了充分应用。在车货匹配中，通过对运力池进行大数据分析，公共运力的标准化和专业运力的个性化需求之间可以产生良好的匹配，同时，结合企业的信息系统也会全面整合与优化；在运输路线优化方面，通过运用大数据，物流运输效率将得到大幅提高，大数据为物流企业间搭建起沟通的桥梁，物流车辆行车路径也将被最短化、最优化定制；在库存预测方面，系统会自动根据以往的销售数据进行建模和分析，以此判断当前商品的安全库存，并及时给出预警，而不再是根据往年的销售情况来预测当前的库存状况；在供应链协同管理方面，使用大数据技术可以迅速高效地发挥数据的最大价值，集成企业所有的计划和决策业务，包括需求预测、库存计划、资源配置、设备管理、渠道优化、生产作业计划、物料需求与采购计划等，这将彻底变革企业市场边界、业务组合、商业模式和运作模式等。

9.1.3 物流大数据的内容

按照数据产生的层次，物流大数据可以划分为商物管控数据、供应链物流数据和物流业务数据三类，如图 9-1 所示，分别对应宏观、中观和微观层面。

1. 商物管控数据

物流网络是一个复杂的网络系统，商品在网络中流通，就产生了物流商物管控数据。物流商物管控数据主要包括商物数据、物流网络数据和流量流向数据三个方面。

（1）商物数据

商物即流通商品，按其性质可划分为产品、商品和货物三类。产品是指提供给市场，被人们使用和消费的任何东西，是流通商品中最重要的一部分，包括农产品、工业产品和以流通产品与服务产品为主的其他产品；商品是指商品流通企业外购或委托加工完成、验收入库用于销售的各类产品，包括基本生活品、享受品和发展品；货物主要是指经由运输部门或仓储部门承运的产品，划分为普通货物和特殊货物。

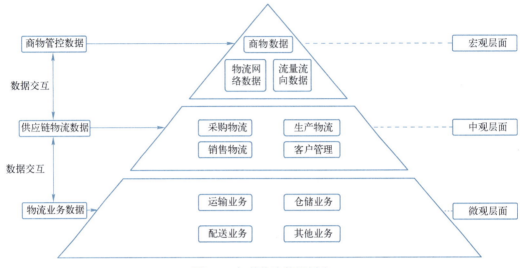

图 9-1 智慧物流数据划分

商物数据也就是流通商品的数据。对于这类数据，主要将其各品类的流量流向数据、各地供需数据和运输网络数据等进行汇总和分析。

（2）物流网络数据

智慧物流中的网络数据分为基础设施网络数据、能力网络数据、信息网络数据和组织网络数据。基础设施网络数据主要是指智慧物流网络中基础设施的基本信息，主要包括各类别基础设施数量、各类别基础设施使用状态、各类别基础设施采集数据、各类别基础设施网络优化数据等。能力网络数据主要是智慧物流网络所具备的所有能力的数据，主要包括各运输方式的运输能力数据、流通能力数据、仓储能力数据、配送能力数据和其他能力数据。信息网络是智慧物流网络中电子信息传输的通道，信息网络数据主要包括信息技术数据、信息共享数据、信息系统数据和信息资源数据等。组织网络是指智慧物流网络中诸多要素按照一定方式相互联系起来的网络，组织网络数据主要包括网络层次数据、网络结构数据、组织管理数据、网络流程数据、组织安全性数据等。

（3）流量流向数据

智慧物流网络与一般网络不同，在智慧物流网络中，货物是不断流通的，因此就产生了货物流量和流向数据。流量数据主要是统计了智慧物流过程中和网络中在各环节的流量及相关的信息，主要包括流量分析数据、流量调控数据、流量分布数据和流量优化数据。流向数据主要描述了货物在智慧物流网络中的来源与去向，是分析智慧数据的重要基础数据。流向数据同样划分为流向分析数据、流向调控数据、流向分布数据和流向控制数据。

2．供应链物流数据

根据供应链的不同环节，供应链物流数据分为采购物流数据、生产物流数据、销售物流数据和客户数据。

（1）采购物流数据

采购物流数据主要指包括原材料等一切生产物资在采购、进货运输、仓储、库存管理、用料管理和供应管理过程中产生的数据，按照智慧物流采购物流的流程，智慧物流采购物流数据主要包括供应商基本数据、采购计划数据、原料运输数据、原料仓储数据等。

供应商基本数据是指供应商企业提供的基础数据，主要包括所供应商品的基本信息，如商品属性、商品特点等信息，同时还有供应商的基本信息，如企业规模、企业信用度和市场占有率等数据。采购计划数据是指采购部门根据销售计划和生产计划制订的原材料或零部件的采购计划，主要包括采购商品种类、采购商品用途、采购商品数量、商品基本要求、采购周期等数据。原料运输数据是指在采购物流中原料运输产生的数据，主要包括原料运输路线、原料运输量、原料运输时间、原料运输调度、原料运输人员等数据。原料仓储数据主要是指采购物资的库存数据，包括原料库存计划、原料出库数据、原料入库数据、原料盘点数据、原料调拨数据等。

（2）生产物流数据

生产物流数据是生产工艺中物流活动产生的数据，按照智慧物流生产物流的流程和数据需求，将智慧物流生产的物流数据分为生产计划数据、生产监管数据、生产流程数据、ERP数据等。

生产计划数据是关于企业生产运作系统总体方面的计划，是企业在计划期应达到的产品品种、质量、产量和产值等生产任务的计划和对产品生产进度的安排。生产计划数据主要包括主生产计划和次生产计划等。生产监管数据是指对企业生产活动进行监督和管理，在这个过程中，会产生大量的数据，主要包括生产原材料数据、生产产品数据、生产人员数据、生产设备数据、生产安全数据等。生产流程数据是指生产物流的流程数据，主要包括原料储存数据、生产数据、加工数据、包装数据和成品储存数据等。ERP数据可简单分为静态数据（主数据）和动态数据（业务数据）两类，静态数据包括会计科目（总账科目、供应商、客户、固定资产等）、物料主数据、项目、人员编号等，动态数据包括科目余额、物料数量、订单、会计凭证等。

（3）销售物流数据

销售物流数据是指生产企业、流通企业出售商品时，物品在供方与需方之间实体流动的过程所产生的数据，主要包括物流数据、供需数据、订单数据、销售网络数据等。

物流数据包括运输数据、仓储数据、配送数据、包装数据、装卸搬运数据和流通加工数据等。供需数据是指销售过程中，供方和需方的基础数据，主要是指企业的供应量和消费者的需求量及各级分销商的需求量和供应量等。订单数据是指客户通过互联网或者其他渠道订购商品的单据数据，主要包括订购商品信息、订购数量、客户信息、配送信息、订货时间、订单信息等。销售网络数据是指企业分销网点形成的销售网络数据，主要包括网点基本信息、销售网络范围、网点业务范围、网点货物信息等数据。

（4）客户数据

供应链客户数据是指产品最终到达客户所具有或产生的数据，主要包括客户基本数据、客户购买数据、客户喜好数据、客户需求数据等。

客户基本数据是指购买商品的客户的基本数据，主要包括客户个人信息、客户地址、客户联系方式、客户其他信息等。客户购买数据是指客户购买商品时产生的数据，主要包括商品信息、商品物流数据、历史交易数据、反馈数据等。客户喜好数据是指对客户基本数据和客户购买数据进行大数据分析，得到的与每个客户的购物喜好有关的数据，主要包括商品类型、商品价格、商品配送时间、商品数量等。客户需求数据是指通过前面三项数据，进而得到总体客户群的需求数据，主要包括商品类型、商品数量、地理位置、配送时间等。

3．物流业务数据

物流业务数据是物流大数据的重要组成部分。基于物流信息的分类方法，根据各业务过程中数据作用的不同，可将物流中纷繁复杂的业务数据进一步分类。

（1）运输业务数据

运输业务作为智慧物流的核心业务，其过程中产生的数据较多，按照其作用的不同，分为运输基础数据、运输作业数据、运输协调数据和运输决策数据四类。

运输基础数据是指运输业务的基础数据，是最初的信息源，是运输业务开展之前就存在的数据，一般来说，在运输作业进行前后，运输基础数据是保持不变的，其主要包括运输货物信息、运输企业信息、运输车辆基本信息、运输人员基本信息等。

运输作业数据是指在智慧物流运输过程中产生的信息。该信息与运输基础信息不同，具有波动性大、动态性等特点，只有发生运输作业才会产生运输作业数据，可以通过物联网技术对这类数据进行采集。运输作业数据主要包括运输车辆状态信息、运输货物状态信息、运输单据信息、运输环境信息等。

运输协调数据主要指运输业务中，对基础数据和决策支持数据进行分析建模，从而得到的调度数据和计划数据，主要包括运输计划、运输调整方案、运输应急调预案数据。

运输决策数据主要指能对运输计划、调度方案和应急预案具有影响的统计信息或有关的宏观信息，对于智慧物流来说至关重要。该类信息并不是运输作业内部数据，而是与运输作业相关的外部数据，主要包括运输技术信息、运输政策法规、运输行业信息、运输专家知识及经验等方面的数据。

（2）仓储业务数据

仓储业务是智慧物流业务中的静态业务，主要业务内容包括对产品及相关信息进行分类、挑选、整理、包装、加工后，集中到相应场地或空间进行保存。在这个过程中会产生很多数据，如货物进行仓储之前的基础数据、仓储时产生的数据和其他外部数据等，根据这些数据作用的不同，可以分为仓储基础数据、仓储作业数据、仓储协调控制数据和仓储决策支持数据。

仓储基础数据是货物和仓库等与仓储作业相关的主体在仓储活动之前就已经产生的数据，按照主体的不同，可以分为货物基础信息、仓库信息、货位基础信息和人员信息等。

仓储作业数据是指仓储活动中产生的数据，根据仓储的作业流程，在进行不同操作时，会产生相应的数据，划分为入库信息、出库信息、盘点信息、仓储费用等。

仓储协调控制数据是指在进行仓储作业之前，经过对各种基础数据、外部数据进行统计、分析、计算而得出的货物仓储过程的全过程计划，同时需要对仓储过程中的所有业务环节进行预测并提出应对方案，主要包括仓储计划、货位分配计划和仓储应急预案。

仓储决策支持数据是体现智慧物流仓储过程的数据，而且这些数据都是不在仓储数据中的，但是由于智慧物流能够自动、智能地提出仓储协调控制类数据，因此，这类数据是智慧物流仓储业务中的数据与普通仓储业务最大的不同之处。仓储决策支持数据主要包括仓储技术、仓储政策法规、仓储行业信息和仓储知识及专家经验等。

（3）配送业务数据

配送是物流的最后一个环节，在智慧物流中，利用物联网等先进技术及时获得交通信息、用户需求等因素的变化情况，制定动态配送方案，完成高效率、高品质的配送。智慧物流配送数据就是在这个过程中产生的数据，可以分为配送基础数据、配送作业数据、配送协调控制数据和配送决策支持数据。

配送基础数据是指配送活动的基础数据，是在配送准备活动开始之前就产生的数据。根据数据的主体不同，分为配送货物信息、配送企业信息、配送车辆基本信息和配送人员信息等。

配送作业数据是指配送作业进行过程中所产生的数据，以便对配送过程进行实时控制。通过分析配送业务流程，可以把配送作业数据分为订单信息、分拣信息、送货信息、送达信息等。

配送协调控制数据是指配送活动之前做出的配送计划和应急预案，根据在配送实际过程中的数据采集，可以对配送计划进行实时调整，同时，在遇到紧急情况时，可以启动应急预案，来应对突发状况。配送计划的主要内容包括配送的时间、车辆选择、货物装载及配送路线、配送顺序等的具体选择；配送应急预案主要分为设备故障应急预案、事故应急预案、灾害应急预案等。

配送决策支持数据不是配送过程中产生的数据，而是外部的数据，以便智慧物流系统可以制订最优的配送计划，并实时进行调整。配送决策支持数据主要包括配送技术、配送政策法规、配送行业信息和配送知识及专家经验等。

（4）其他业务数据

在智慧物流中，除了运输、仓储、配送这三大核心业务之外，还有包装、流通加工和装卸搬运这三个辅助业务，根据不同的货物类型，这三个业务的重要性不同，这三个业务只是对物流业务提供辅助决策支持，因此，将这三个业务归为其他业务类。在智慧物流其他业务数据中，根据数据的作用不同，将其分成其他业务基础数据、其他业务作业数据、其他业务协调控制数据和其他业务决策支持数据。

其他业务基础数据是三个辅助业务活动的基础。这三个业务中，设备的作用非常重要，因为越是细小的操作，越需要精细的设备。因此，其他业务基础数据主要包括货物基本信息、企业基本信息、人员基本信息和设备基本信息。

其他业务作业数据是指在包装、流通加工和装卸搬运作业进行过程中产生的数据，可以将其分为包装作业数据、流通加工作业数据和装卸搬运作业数据。

其他业务协调控制数据是基于基础数据，借助辅助决策支持数据，进而制订的包装、流通加工、装卸搬运业务实施的计划和应急预案，来为物流活动提供依据。在智慧物流中，这部分数据是系统自动生成的，不需要借助人来操作。

其他业务决策支持数据是指为包装、流通加工和装卸搬运业务提供决策支持的数据，可以分为其他业务技术、其他业务政策法规、其他业务行业信息和其他业务知识及专家经验等。其中，其他业务行业信息主要包括三个业务的行业重要咨询、行业分析报告、市场竞争报告、市场需求等信息。

9.2 物流大数据存储技术

物流大数据的管理包括存储、处理与应用等环节，其中，数据存储是物流大数据管理的首要环节，也是进行数据处理与应用的重要基础。物流大数据虽然在内容上具有鲜明的个性特征，但其本质上仍是大数据。大数据存储的相关技术同样适用于物流大数据的存储。

9.2.1 大数据存储的相关概念

1. 结构化数据与非结构化数据

按是否具有数据结构，可将物流大数据划分为结构化数据、非结构化数据和半结构化数据三种。所谓结构化数据，即有数据结构描述信息的数据，主要为各类表格，其特点是先有结构，再有数据。所谓非结构化数据，指的是不方便用固定结构来表现的数据，例如，图形、图像、音频、视频信息等，其特点是只有数据，没有结构。而半结构化数据介于前两者之间，例如，HTML 文档，它一般是自描述的，数据结构和内容混在一起，其特点是先有数据，再有结构。

在物流大数据中，结构化、非结构化和半结构化数据都是客观存在的，大数据存储技术需要覆盖所有的类型。

2. 关系型数据库与非关系型数据库

按所使用数据模型的不同,数据库可以划分为关系型数据库和非关系型数据库。

关系型数据库创建在关系模型基础上来处理数据库中的数据,其接口语言一般为结构化查询语言(SQL),典型代表有 Oracle、DB2、Sybase、SQL Server、MySQL、Postgresql 等,新型的 MPP、RDB 也属于关系型数据库,主要用于存储结构化的数据。

非关系型数据库没有标准定义,包括表存储数据库、键值存储数据库、面向文档的数据库等。其接口语言也无统一标准,包括各自定义的 API、类 SQL、MR 等。典型的非关系型数据库主要有 HBase、MongoDB、Redis 等,主要用于存储非结构化的数据。

对于物流大数据而言,非关系型数据库技术是必不可少的,但关系型数据库也是不可或缺的。

3. 行式存储与列式存储

传统关系型数据库主要采用行存储模式,海量数据的高效存储和访问要求引发了从行存储模式向列存储模式的转变。

所谓的行存储,即一行中各列一起存放,单行集中存储,如图 9-2 所示。在索引效率方面,海量数据索引既占用大量空间,且索引效率随着数据增长越来越低;在空间效率方面,同一行不同列数据类型不同,压缩效率低,空值列依然占据空间;在 I/O 方面,查某列必须读出整行,I/O 负荷高、速度慢;同时,表结构改变影响较大。行存储主要适用于数据写入后需要修改和删除以及基于行的反复查询等。

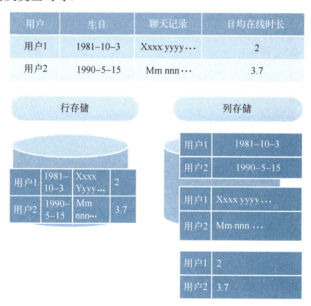

图 9-2 样例数据表

与行存储不同,列存储一行中各列独立存放,单列集中存储。在索引效率方面,基于列自动索引,海量数据查询效率高,不产生额外存储;在空间效率方面,同一列数据类型相同,压缩效率高,空值不占空间;在 I/O 方面,只需读出某列数据,I/O 负荷低且速度快;并且可随时增加动态列。列存储适用于批量数据一次写入和基于少量列的反复查询。

9.2.2 大数据存储方式

大数据时代的关键不仅是帮助人们分析有价值的信息,更重要的是如何将这些有价值的信息存储下来，为未来或当下提供有效的信息。大数据的出现同时伴随着信息产业的发展，促进存储技术的革新。面对数据量庞大、结构复杂的物流数据，应该采用什么样的方式来存储，也是信息行业为此一直努力探索的目标。目前的存储模型有 NoSQL、分布式系统存储和云计算存储等。云计算存储将在下一章中介绍。

1. NoSQL

传统型关系型数据库在面对大数据时，数据存储和处理速度慢，扩展性和弹性较低，这也注定它们不能成为大数据存储的首要选择，因此 NoSQL 是为了满足信息产业需求而产生的数据管理技术。NoSQL 全称是 Not Only SQL，指的是一系列非关系型数据库，可以说是为大数据而生的，它打破了传统数据库模型的局限性。

（1）NoSQL 数据库的分类

NoSQL 数据库分为键值存储数据库、列存储数据库、文档型数据库和图形数据库四种类型。

键值存储数据库中所有的数据都是以键值方式存储的，使用起来非常简单方便，性能也非常高。列存储数据库，通常是用来应对分布式存储的海量数据，键仍然存在，但是它们的特点是指向了多个列。文档型数据库以一种特定的文档格式存储数据，例如，使用 JSON 格式，在处理网页等复杂数据时，文档型数据库比传统键值数据库的查询效率更高。图形数据库利用类似于图的数据结构存储数据，结合图相关算法实现高速访问。

（2）NoSQL 数据库的优势

与传统的关系型数据库相比，NoSQL 数据库具有以下优点。

1）NoSQL 用于处理非结构化的数据类型，容纳复杂的数据模型。相比传统数据库，其数据结构的扩展性更强，处理速度更快。例如，传统数据库每个元组的结构相同，即使某一实例无某种字段类型，也会被分配为定义的字段；而 NoSQL 模式是以键值对为标准，对数据进行存储，并没有首先对元组进行固定的格式化结构，而是根据不同元组的不同需求来定义，同时实现数据之间没有联系，从很大程度上减少了空间资源的成本，以及时间的开销。

2）NoSQL 类型的数据库可以搭建在成本较低的硬件设备上，同时也支持分布式存储。分布式存储以网络环境为依据，数据分布存储在不同的节点（服务器）上。对用户而言，这样的工作方式是不可见的，这也让 NoSQL 具有高度扩展性，并且维护成本较低。

2. 分布式系统存储

（1）分布式系统的原理

物流大数据的数据类型多样，结构混合，处理起来非常复杂。传统的数据库在数据增大到一定级别时，例如，十几个字段的数据表增加了到几百个数据表，那么数据库的响应速度随之也会变得缓慢。其实这样的劣势与它的数据处理模式有关系，传统的处理模式为集中式存储方式，即非分布式处理。

数据存储在集中的服务器内，若其中某台因超负荷处理而崩溃，数据容易造成丢失。分布式系统存储是指将数据分成各个部分，让多台处理器并行处理各自数据，某一节点崩溃不会导致其他节点同时崩溃，其系统架构如图 9-3 所示。分布式技术允许在一个时间点内多个合法用户访问存储数据和目录。分布式文件系统可以允许两个以上的节点同时执行相关数据库事务。

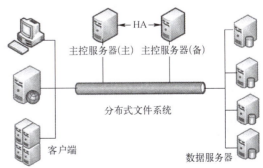

图 9-3 分布式文件系统架构

(2)分布式系统的优势

与传统的集中式存储相比,分布式系统具有如下特点。

1)存取效率高。分布式处理模式将数据分布在不同的具有多处理器的数据服务器上,每台服务器事务的处理不用等待上一个事务完成,处理器间并行处理数据。

2)独立性、扩展性较强。分布式系统由多台服务器同时工作,各部分相互独立。当一台出现问题,并不影响其余服务器的进程任务,很大程度上提高了数据与系统的稳定性;分布式系统扩展性较强,处理的各个数据放置在不同的地方,相互之间独立,当添加新的节点,不会影响数据的丢失,因而实现负载均衡,横向扩展性较强,而传统模式的弹性较差。

(3)传统分布式文件系统与新型分布式文件系统

传统分布式文件系统也可适应海量数据增长,但由于数据计算与存储是分离的。随着数据量的增长,网络带宽成为瓶颈。新型分布式文件系统采用数据计算与存储绑定的新策略,可有效应对海量数据增长。

传统分布式文件系统使用磁盘阵列存储模式。图 9-4a 所示的计算模式是磁盘阵列负责存储,数据服务器负责计算,彼此靠网络连接,计算效率受网络带宽影响;构建传统分布式文件系统,需要使用专用设备,价格昂贵且维护费用高;在容错性方面,不能容忍盘阵设备出问题,靠 RAID 容错个别硬盘故障。

新型分布式文件系统的存储模式为由每台 PC 自带硬盘组成。图 9-4b 所示的计算模式是 PC 自行负责存储和计算,数据与计算绑定,不受网络带宽影响;使用通用的 PC 就可以构建新型分布式文件系统,因此其价格相对低廉,维护方便;在容错性方面,容许 PC 节点故障,通过多个文本副本保证数据完整性。典型代表是 Hadoop HDFS。

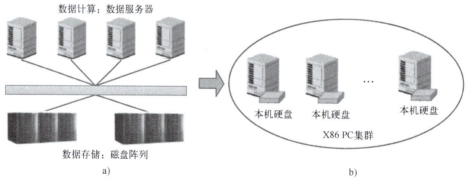

图 9-4 传统分布式文件系统与新型分布式文件系统
a)数据存储与计算分离 b)数据存储与计算合一

9.2.3 典型大数据存储系统

目前,大数据存储系统类型已经比较丰富,不同系统因侧重点的不同在性能上存在着较大差异。典型的大数据存储系统主要有以下几种。

1. Hadoop HDFS

Hadoop HDFS 是新型分布式文件系统的典型代表,提供高可靠、高扩展、高吞吐能力的海量文件数据存储。

HDFS 的内部机制是将一个文件分割成一个或多个块,这些块被存储在一组数据节点中(如图 9-5 所示)。HDFS 支持任意超大文件存储,其硬件节点可不断扩展。HDFS 对上层应用屏蔽分布式部署结构,提供统一的文件系统访问接口,应用无须知道文件具体存放位置,使用简单。

HDFS 中，不同块可分布在不同机器节点上，通过元数据记录文件块位置。HDFS 系统设计为高容错性，每块文件数据在不同机器节点上保存 3 份；这种备份的另一个好处是可方便不同应用就近读取，提高访问效率。

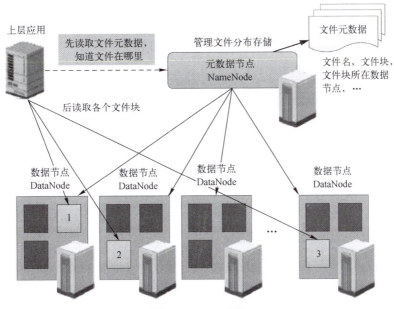

图 9-5　HDFS 框架

HDFS 适用于大文件、大数据处理，处理数据达到 GB、TB 甚至 PB 级别的数据；适合流式文件访问，一次写入，多次读取；文件一旦写入不能修改，只能追加。但不适合于低延时数据访问，小文件存储，以及并发写入，文件随机修改等场景。

2．MongoDB

MongoDB 是一种面向文档的数据库。传统数据库只适合存储结构化数据，对于海量非结构化、半结构化数据则显得无能为力，而面向文档的数据库技术填补了这一空白。

如图 9-6 所示，传统关系型数据库中，复杂数据放在数据库中，而低价值大文件放在文件系统中，彼此分离存储和访问。在面向文档的数据库中，数据的记录就是文档，涵盖各种数据类型，数据统一管理和访问；数据库可分布式部署，对外提供统一视图。

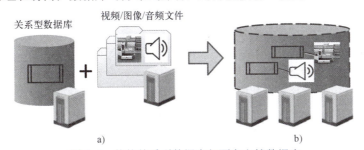

图 9-6　传统关系型数据库与面向文档数据库
a) 传统关系型数据库　b) 面向文档的数据库

MongoDB 的设计目标是高性能、可扩展、易部署和易使用，存储数据非常方便。MongoDB 适用于网站数据存储，数据缓存，大尺寸、低价值的数据存储，高伸缩性的场景，对象及 JSON

数据的存储等多种应用场景。但对于高度事务性的系统（如仓储管理系统、运输管理系统等），传统的商业智能应用，以及需要 SQL 支持的场景则不适合选择 MongoDB。

3. Redis

Redis（Remote Dictionary Server，远程字典服务器）是一种基于内存的键/值存储数据库。由于传统关系型数据库主要采用二维表硬盘存储方式，难以满足海量数据高速大并发读写的需要，基于键/值的分布式存储技术应运而生并得到广泛应用。

如图 9-7 所示，传统的关系数据库，其存储介质为硬盘，读写速度慢；存储模式为磁盘阵列；数据结构为二维表，所以不支持复杂数据结构；获取方式为 SQL，支持复杂查询。Redis 与关系数据库在技术原理上有较大差异。Redis 数据大部分时间存储在内存中，所以读写速度快（读的速度是 110000 次/s，写的速度是 81000 次/s），适合存储频繁、访问频繁、数据量比较小的数据；对于缓存而言，Redis 又可以持久化；存储模式支持 X86 分布式部署；数据结构为键/值，其值类型支持复杂数据结构；获取方式为应用程序接口 API，不支持复杂查询。

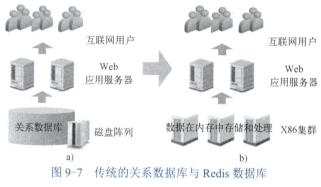

图 9-7 传统的关系数据库与 Redis 数据库

a）关系数据库　b）Redis 数据库

Redis 适合小数据量的存储以及实时性要求高的场景，用来存储一些需要频繁调取的数据，这样可以大大节省系统直接读取磁盘来获得数据的 I/O 开销，更重要的是可以极大地提升速度。但是不适合做完整数据库，完整数据库基本上都有一套详细的解决方案。

4. HBase

HBase（Hadoop Database），是采取分布式 MPP 架构的列存储数据库，底层存储基于 HDFS。其不同于一般的关系数据库，是一个适合非结构化数据存储的数据库。利用 HBase 技术可在廉价 PC Server 上搭建大规模结构化存储集群。

HBase 由 Client、Zookeeper、HMaster、HRegionServer 等组成，如图 9-8 所示。Client 提供访问 HBase 的接口，并且维护对应的 Cache 来加速 HBase 的访问。Zookeeper 存储 HBase 的元数据（Meta 表），无论是读还是写数据，都需要先访问 Zookeeper 获取元数据。HMaster 用于协调多个 HRegionServer，侦测各个 HRegionServer 之间的状态，并平衡 RegionServer 之间的负载，同时负责分配 Region 给 RegionServer。HRegionServer 处理客户端的读写请求，负责与底层 HDFS 交互。

HBase 具有容量巨大、面向列、扩展性、高可靠性和高性能等特点。因此，对于数据量规模非常庞大，有实时的点查询需求，能够容忍 NoSQL 的短板，以及数据分析需求不多等情况，可以选择 HBase 进行数据存储。

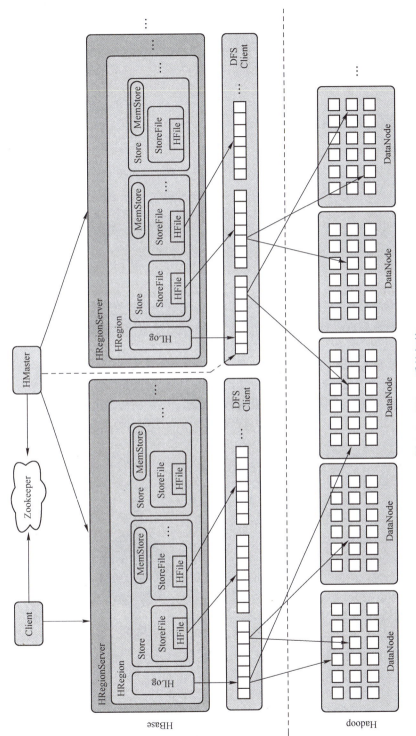

图 9-8 HBase 系统架构

9.3 物流大数据处理技术

大数据处理是利用分布式并行编程模型和计算框架,结合机器学习和数据挖掘算法,实现对海量数据的处理和分析;对分析结果进行可视化呈现,帮助人们更好地理解数据、分析数据。大数据处理基于大数据存储,两者在概念上虽然相对独立,但在实际应用过程中是紧密相关的,例如,上节中所介绍的数据存储系统(数据库)既包括数据存储功能,也包括数据分析功能。

9.3.1 大数据处理的相关概念

1. OLTP 与 OLAP

物流大数据的处理可以划分为联机事务处理(On-Line Transportation Processing,OLTP)和联机分析处理(On-Line Analytical Processing,OLAP)两种方式,两者对技术的要求很难兼顾。

OLTP 以业务操作为主,对一条记录数据会多次修改,支持大量并发用户添加和修改数据。数据处理过程中,需要确保数据的一致性、事务的完整性,并且数据读写实时性高。其处理的数据量一般为 GB 级或 TB 级。在物流领域,OLTP 主要用于对仓储、运输等过程中的业务数据处理。

OLAP 以业务分析为主,数据写入后基本不再修改,能较好地支持大量并发用户进行大数据量查询,支持多维数据以及对多维数据的复杂分析。其处理的数据量一般为 TP 级或 PB 级。在物流领域,主要用于决策分析系统或数据库。

2. 批处理与流处理

批处理与流处理是数据处理的两种模式。

批处理是指在特定时间段内批量处理大量数据,一次可处理大量数据。当数据大小已知且有限时,可以使用批处理。批处理程序以一次执行多条语句来处理数据,相比于一次一条其执行效率会提高很多。

流处理是指在产生连续数据流时立即对其进行处理。流处理可实时分析流数据。当数据大小未知、无限且连续时,适合使用流处理。在流处理中,数据输出速率与数据输入速率一样快。流处理器只需几步就可以处理数据。当数据流是连续的并且需要立即响应时,可使用流处理。

批处理以"静止数据"为出发点,输入处理逻辑,计算完成后输出处理结果。而流处理中,计算逻辑不动,输入"动态数据",计算完成后输出处理结果;原始数据加入"静止数据"或丢弃,如图 9-9 所示。

传统的物流数据处理以批处理为主,但随着智慧物流的不断发展,对流处理的需求也不断增强。

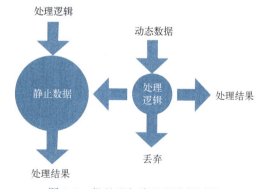

图 9-9 批处理与流处理流程对比

例如,仓储环境的状态数据、物流设备的健康监测数据、运输物品的状态数据等。

3. 数据库与数据仓库

数据库(Database)是一种逻辑概念,即用来存放数据的仓库,通过数据库软件来实现。数据仓库(DataWarehouse)是数据库概念的升级。从逻辑上理解,数据库和数据仓库没有区别,从数据量来说,数据仓库要比数据库更庞大。

数据库主要用于事务处理，而数据仓库主要用于数据分析。用途的不同决定了两者架构的特点不同。数据库是相对复杂的表格结构，存储结构相对紧致，冗余数据少；读和写都有优化；读、写和查询相对简单，单次操作的数据量小。而数据仓库是相对简单的表格结构，存储结构相对松散，冗余数据多；一般只是读优化；查询相对复杂，单次作用于相对大量的数据（历史数据）。

4. 数据可视化、数据分析与数据挖掘

数据可视化、数据分析与数据挖掘是大数据处理中常用的三种手段。三者之间既有着紧密的联系，也存在着明显的区别。

数据可视化（Data Visualization）指通过图表将若干数字以直观的方式呈现给读者。例如，常见的饼图、柱状图、趋势图、热点图和 K 线图等。目前以二维展示为主，不过越来越多的三维图像和动态图也被用来展示数据。

数据分析狭义上指统计分析，即通过统计学手段，从数据中精炼对现实的描述。例如，针对关系型数据库中以表形式存储的数据，按照某些指定的列进行分组，然后计算不同组的均值、方差、分布等，再以可视化的方式将这些计算结果呈现出来。目前很多文章中提及的数据分析，其实是包括数据可视化的。

数据挖掘（Data Mining）的定义也是众说纷纭。落到实际，主要是在传统统计学的基础上，结合机器学习的算法，对数据进行更深层次的分析，并从中获取某些传统统计学方法无法提供的洞见（如预测）。简单而言，即针对某个特定问题构建一个数学模型（可以把这个模型想象成一个或多个公式），其中包含一些具体的未知参数。将收集到的相关领域的若干数据（训练数据）代入模型，通过运算（训练），得出未知参数的值。然后用这个已经确定了参数的模型，计算一些全新的数据，得出相应结果，这一过程被称为机器学习。机器学习的算法纷繁复杂，最常用的主要有回归分析、关联规则、分类、聚类、神经网络和决策树等。

本章主要介绍数据分析的相关技术，数据挖掘将在第 10 章中结合人工智能介绍。

9.3.2 典型物流大数据处理技术

物流大数据处理中涉及的技术主要有数据仓库、数据实时处理和数据可视化等技术。

1. 智慧物流数据仓库

物流数据仓库主要是对物流数据进行集成化的收集与处理，不断地对信息系统中的数据进行整理，为决策者提供决策支持。智慧物流数据仓库主要解决智慧物流环境下的物流数据提取、集成与数据的性能优化等问题。

抽取（Extract）、转换（Transform）和加载（Load）是智慧物流数据仓库中最重要的三个环节，即 ETL 过程，如图 9-10 所示。抽取和加载通常是定期的，即每天、每星期或每个月。因此，智慧物流数据仓库常常没有或者说不需要有当前数据。智慧物流数据仓库虽然包含事务型数据，但不支持操作型事务处理。对于智慧物流数据仓库而言，用户不是寻找对个别事务的反应，而是寻求包括在整个数据仓库中的一个特定子集上的企业（或其他组织）状态的趋势和模式。

2. 智慧物流数据实时处理

智慧物流环境下，各种数据采集终端实时采集、传输物流数据，并依此制订和优化物流计划，实现智慧物流的快速响应。传统的数据分析工具是为分析历史数据而设计的，而处理海量的物流实时数据，就需要借助大数据实时处理技术，满足海量数据处理的高并发、大容量和高速度需求。

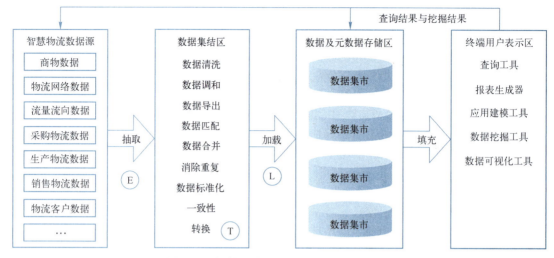

图 9-10 智慧物流数据仓库体系结构示意图

以京东商城大数据实时处理架构为例,如图 9-11 所示。通过在线实时计算集群、缓存集群完成对物流数据的实时计算,用以支持在线服务,支撑报表应用、分析应用、推荐应用等功能;通过分布式消息系统、高速存取集群、流式计算集群等,完成实时计算,用以更新日志系统、企业消息总线;最后在企业数据仓库进行财务、采销等数据推送,以及数据分析挖掘,从而完成离线计算。

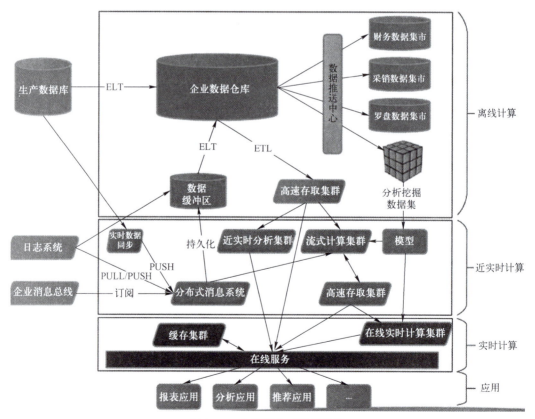

图 9-11 大数据实时处理架构

3. 智慧物流数据可视化

智慧物流数据可视化将大型数据集中的数据以图形图像形式表示，并利用数据分析和开发工具发现其中未知的信息。其可视化的一般流程可以划分为获取整理数据、建立数据模型、可视化呈现和发布数据四个环节，如图 9-12 所示。其中，可视化呈现是其重要环节，通过选取合适的图形进行数据的展示。

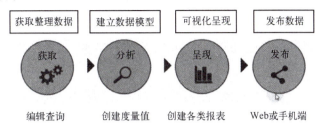

图 9-12 数据分析可视化流程

智慧物流数据常用的可视化呈现方式主要有柱形图（包括堆积柱形图、簇状柱形图）、饼图、风玫瑰图、直方图、密度曲线（包括二维核密度曲线）、散点图（包括散点图矩阵）、气泡图、相关系数图、雷达图、平行坐标图、热图、箱线图、小提琴图，以及分组图形和分面图形等。其与数据类型和变量数量（特征）之间的关系如图 9-13 所示。

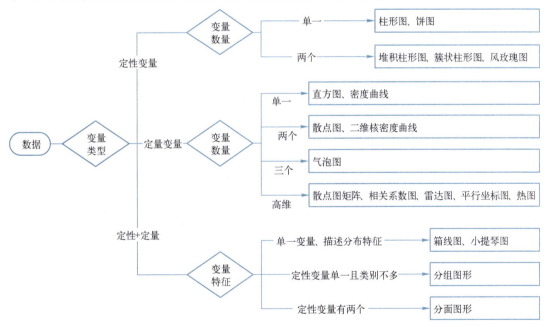

图 9-13 数据呈现方式选择过程

近年来，智慧物流数据可视化的需求不断升级，需要在同一页面上呈现各种不同的绩效指标，像汽车仪表盘那样，被称作绩效仪表盘。绩效仪表盘是大部分绩效管理系统、绩效评估系统、BPM 软件套件和商务智能平台中常见的组件。仪表盘将重要的信息整理并显示在同一屏幕中，使用户可以很容易地理解这些信息，并方便用户深入分析。图 9-14 为物流大数据仪表盘的一个示例。

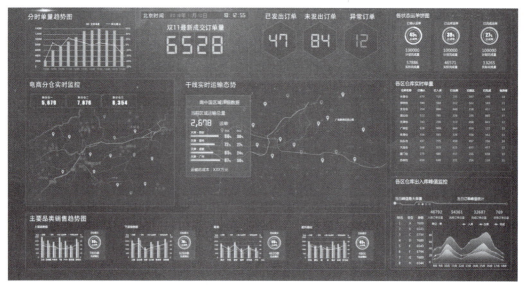

图 9-14 物流大数据仪表盘示例

9.4 物流大数据的应用

大数据已经成为众多物流企业重点发展的新兴技术，多家企业已成立相应的大数据分析部门或团队，进行大数据分析、研究、应用布局。各企业未来将进一步加强对物流及商流数据的收集、分析与应用。目前，大数据在物流中的应用主要体现在车货匹配、运输路线优化、库存预测、设备修理预测和供应链协同管理等方面。

9.4.1 车货匹配

通过对运力池进行大数据分析，公共运力的标准化和专业运力的个性化需求之间可以产生良好的匹配，同时，结合企业的信息系统也会全面整合与优化。通过对货主、司机和任务的精准画像，可实现智能化定价、为司机智能推荐任务和根据任务要求指派配送司机等。

从客户方面来讲，大数据应用会根据任务要求，如车型、配送公里数、配送预计时长、附加服务等自动计算运力价格并匹配最符合要求的司机，司机接到任务后会按照客户的要求进行高质量的服务。在司机方面，大数据应用可以根据司机的个人情况、服务质量、空闲时间为他自动匹配合适的任务，并进行智能化定价。基于大数据实现车货高效匹配，不仅能减少空驶带来的损耗，还能减少污染。

拓展阅读 9-2：大数据赋能 满帮集团建立车货匹配新逻辑

9.4.2 运输路线优化

通过运用大数据，物流运输效率将得到大幅提高，大数据为物流企业间搭建起沟通的桥梁，物流车辆行车路径也将被最短化、最优化定制。

美国 UPS 公司使用大数据优化送货路线，配送人员不需要自己思考配送路径是否最优。UPS 采用大数据系统可实时分析 20 万种可能路线，3 秒找出最佳路径。UPS 通过大数据分析，规定卡车不能左转,所以,UPS 的司机会宁愿绕个圈,也不往左转。根据往年的数据显示,因为执行尽量避免左转的政策,UPS 货车在行驶路程减少 2.04 亿公里的前提下,多送出了 350000 件包裹。

DHL 速递货运公司的快运卡车被特别改装成为 Smart Truck,并装有摩托罗拉的 XR48ORFIO 阅读器。每当运输车辆装载和卸载货物时,车载计算机会将货物上的 RFID 传感器的信息上传至数据中心服务器,服务器会在更新数据之后动态计算出最新、最优的配送序列和路径。在运送途中,远程信息处理数据库会根据即时交通状况和 GPS 数据实时更新配送路径,做到更精确的取货和交货,对随时接收的订单做出更灵活的反应,以及向客户提供有关取货时间的精确信息。DHL 通过对末端运营大数据的采集,实现了全程可视化的监控,以及最优路径的调度,同时精确到了每一个运营节点。此外,拥有 Crowd-Based 手机应用程序的顾客可以实时更新他们的位置或即将到达的目的地,DHL 的包裹配送人员能够实时收到顾客的位置信息,防止配送失败,甚至按需更新配送目的地。

9.4.3 库存预测

互联网技术和商业模式的改变带来了从生产者直接到顾客的供应渠道的改变。这样的改变,从时间和空间两个维度都为物流业创造新价值奠定了很好的基础。大数据技术可优化库存结构和降低库存存储成本。

运用大数据分析商品品类,系统会自动分解用来促销和用来引流的商品;同时,系统会自动根据以往的销售数据进行建模和分析,以此判断当前商品的安全库存,并及时给出预警,而不再是根据往年的销售情况来预测当前的库存状况。总之,使用大数据技术可以降低库存存货,从而提高资金利用率。

例如,京东在分析各地电商客户的购买习惯之后,结合电商平台中相应的促销信息,对入库的热销货物进行预先调配与堆放;这样,当消费者在电商平台的订单生成后,系统将自动给出物流仓储中最优的商品分拣路线,并迅速打包、出库,将货物送运到客户手中。京东电商依托自行积累的用户电商行为大数据建立了一个内部仓储配货出错评估体系,对智能分拣、包裹运行及分拣中心处理的单号和核心节点之间的差错实施实时的监控和比对评估,找出可能的配货错误。

9.4.4 设备修理预测

美国 UPS 公司从 2000 年就开始使用预测性分析来检测自己全美 60000 辆车规模的车队,这样就能及时地进行预防性的修理。如果车在路上抛锚,损失会非常大,因为那样就需要再派一辆车,会造成延误和再装载的负担,并消耗大量的人力、物力。

以前,UPS 每两三年就会对车辆的零件进行定时更换,但这种方法不太有效,因为有的零件并没有什么毛病就被换掉了。通过监测车辆的各个部位,UPS 如今只需要更换需要更换的零件,从而每年节省了几百万美元。

9.4.5 供应链协同管理

随着供应链变得越来越复杂,使用大数据技术可以迅速高效地发挥数据的最大价值,集成企业所有的计划和决策业务,包括需求预测、库存计划、资源配置、设备管理、渠道优化、生产作业计划、物料需求与采购计划等,这将彻底变革企业市场边界、业务组合、商业模式和运作模式等。

良好的供应商关系是消灭供应商与制造商间不信任成本的关键。双方库存与需求信息的交互，将降低由于缺货造成的生产损失。通过将资源数据、交易数据、供应商数据、质量数据等存储起来用于跟踪和分析供应链在执行过程中的效率、成本，能够控制产品质量；通过数学模型、优化和模拟技术综合平衡订单、产能、调度、库存和成本间的关系，找到优化解决方案，能够保证生产过程的有序与匀速，最终达到最佳的物料供应分解和生产订单的拆分。

本章小结

物流大数据在车货匹配、运输路线优化、库存预测、设备修理预测和供应链协同等方面有着广阔的应用前景，按照数据产生的层次，可以划分为商物控制数据、供应链物流数据和物流业务数据三类。物流大数据具有采集手段多样、体量巨大、类型多元、数据价值密度低、数据处理要求速度快、数据预分析要求精准化等典型特征，所以需要采取相应的存储和处理技术。

典型的大数据存储系统主要有 Hadoop HDFS、MongoDB、Redis 和 HBase 等；典型的物流大数据处理包括智慧物流数据仓库、智慧物流数据实时处理和智慧物流数据可视化等。

练习与思考

一、思考题
1. 物流大数据具有哪些特征？
2. 物流大数据包括哪些内容？
3. 常用的大数据存储方式有哪些？
4. 典型的大数据存储系统有哪些？
5. 典型的物流大数据处理技术有哪些？

二、论述题
1. 简述数据存储与数据处理之间的关系。
2. 简述物流大数据的应用场景。

三、案例分析

细数物流仓储活动中常见的浪费现象

物流仓储活动中不直接或间接产生经济效益的环境都可以称为浪费。一般常见的浪费现象有仓库空置、货车空载、无效搬运和呆滞库存。

（1）仓库空置

对于第三方仓储管理公司来说，仓库空置是最常见的浪费现象，因为大多数仓库里面的货物都是不断进出库，仓库很难保证一直都是满库存的，所以就很容易出现仓库空置的现象。

当然也有市场需求变化，导致仓库空置的现象，那样对企业来说就是更严重的问题了。

（2）货车空载

货车空载也是很严重的浪费现象。现在很多长途运输的货车回程都是空载的，而运输行程越长，货车空载造成的浪费就越大。究其根本，主要还是现在货运市场供大于求，还有就是信息不对称的原因，有需求的货主找不到车，有车的车主找不到货源。

（3）无效搬运

对于非自动化的仓库来说，无效搬运也是一个很严重的浪费现象，主要是由于仓库布局不合理，还有货物进出库，上下货架流程安排不合理导致的。

（4）呆滞库存

安全库存安排不合理，就有可能变成呆滞库存，而呆滞库存可能是暂时不用或者永久用不上的存库。这里面的浪费往往对企业是伤筋动骨的。

问题：

请从物流大数据应用的角度思考如何解决案例中的浪费现象。

第 10 章　智能分析与计算技术

学习目标
- 掌握云计算的特点和服务类型。
- 掌握物流云的业务架构和运作模型。
- 掌握物流云服务的特征和方案。
- 掌握物流云公共信息平台的功能和系统构成。
- 了解边缘计算的概念和特点。
- 熟悉典型的边缘智能平台。
- 掌握边缘计算在物流中的应用场景。
- 了解人工智能的研究目标与内容。
- 熟悉人工智能的表现形式和主要成果。
- 掌握人工智能技术在物流中的应用方式。
- 了解仿真模拟的概念、分类及关键技术。
- 熟悉 VR 技术的特征、分类及趋势。
- 掌握 VR 技术在物流中的应用方式。

导入案例

菜鸟发布"物流天眼"

2018 年 9 月 25 日,菜鸟发布"物流天眼",让全国百万个摄像头学会自主运算。

那么,菜鸟物流天眼到底是何物?简单来说,就是视频云监控系统。利用 IoT 技术,菜鸟的视频云监控系统直指物流企业的快递难点,为其解决物流场站的效率和管理问题。

菜鸟仓运配技术负责人李强表示,中国快递业有超过 1000 个分拨中心,18 万个网点,摄像头 100 多万个。一旦将这些独立的摄像头连接起来,就能形成一张覆盖全国的安全网。

说干就干,菜鸟为摄像头加载智能算法,将这百万个摄像头全部升级为 IoT 设备。装上"大脑"后,百万个摄像头让所有物流要素实时在线,智能调度!

最早体验的德邦已经充分体现出其价值,不仅车位、卸货、堵塞等问题迎刃而解,转运效率提高 15%,系统破损识别和定责困局也有望破解。更重要的是,成本大幅下降。德邦透露,物流天眼全部投入使用后,仅德邦一年就能省下近千万元成本,可产生过亿元效应!

智能分析与计算以数据存储与处理为基础,在某些应用场景中,两者相互交叉、互为支撑。智慧物流系统中,智能分析与计算技术主要用于挖掘物流信息背后隐藏的规律,将信息上升到知识层次,为智能管理与决策提供支撑,涉及的技术主要有云计算、边缘计算、人工智能和仿真模拟等技术。其中,云计算和边缘计算主要提供算力;人工智能则主要提供算法,结合物流大数据可以充分实现物流系统的智能;而仿真模拟则提供了模型验证与优化的工具,能够提升物流系统的智能进化的速度。

10.1 云计算技术

云计算（Cloud Computing）是一种对信息资源的使用并按使用量付费的商业模式。这种模式提供可用的、便捷的、按需的网络访问，用户进入可配置的计算资源共享池（资源包括网络、服务器、存储、应用软件、服务），只需投入很少的管理工作，或与服务供应商进行很少的交互，这些资源就能够被快速提供。

10.1.1 云计算技术概述

1. 云计算的发展历程

云计算的历史可以追溯到 1956 年，Christopher Strachey 发表了一篇有关虚拟化的论文，正式提出了虚拟化的概念。虚拟化正是今天云计算基础架构的核心，是云计算发展的基础。而后随着网络技术的发展，逐渐孕育了云计算的萌芽。

2006 年 8 月 9 日，Google 首席执行官埃里克·施密特（Eric Schmidt）首次提出"云计算"的概念。这是云计算发展史上第一次正式地提出这一概念，有着巨大的历史意义。

2007 年以来，"云计算"成为计算机领域最令人关注的话题之一，同样也是大型企业、互联网建设着力研究的重要方向。因为云计算的提出，互联网技术和 IT 服务出现了新的模式，引发了一场变革。

2. 云计算的主要特点

与传统的网络应用模式相比，云计算具有如下特点。

（1）超大规模

"云"具有巨大的规模。Google 云计算已经拥有 100 多万台服务器，Amazon、IBM、微软、Yahoo 等的"云"均拥有几十万台服务器。企业私有云一般拥有数百上千台服务器。"云"能赋予用户前所未有的计算能力。

（2）虚拟化

云计算支持用户在任意位置、使用各种终端获取应用服务。所请求的资源来自"云"，而不是固定的有形的实体。应用在"云"中某处运行，但实际上用户无须了解、也不用担心应用运行的具体位置。只需要一台笔记本或者一个手机，就可以通过网络服务来实现所需的一切，甚至包括超级计算这样的任务。

（3）高可靠性

"云"使用了数据多副本容错、计算节点同构可互换等措施来保障服务的高可靠性，使用云计算比使用本地计算机可靠。

（4）通用性

云计算不针对特定的应用，在"云"的支撑下可以构造出千变万化的应用，同一个"云"可以同时支撑不同的应用运行。

（5）高可扩展性

"云"的规模可以动态伸缩，满足应用和用户规模增长的需要。

（6）按需服务

"云"是一个庞大的资源池，可按需使用，按使用量付费，如同自来水、电和煤气的计费方式。

（7）极其廉价

由于"云"的特殊容错措施可以采用极其廉价的节点来构成云。"云"的自动化集中式管理使大量企业无须负担日益高昂的数据中心管理成本;"云"的通用性使资源的利用率较传统系统大幅提升。因此用户可以充分享受"云"的低成本优势。

(8) 潜在的危险

云计算服务除了提供计算服务外,还提供了存储服务。但是云计算服务当前垄断在私人机构(企业)手中,而他们仅仅能够提供商业信用。对于政府机构、商业机构(特别像银行这样持有敏感数据的商业机构)对于选择云计算服务应保持足够的警惕。一旦商业用户大规模使用私人机构提供的云计算服务,无论其技术优势有多强,都不可避免地让这些私人机构以"数据(信息)"的重要性挟制整个社会。对于信息社会而言,"信息"是至关重要的。另一方面,云计算中的数据对于数据所有者以外的其他用户云计算用户是保密的,但是对于提供云计算的商业机构而言确实毫无秘密可言。所有这些潜在的危险,是商业机构和政府机构选择云计算服务、特别是国外机构提供的云计算服务时,不得不考虑的一个重要的前提。

3. 云计算的服务类型

通常,云计算的服务类型分为三类,即基础设施即服务(Infrastructure as a Service,IaaS)、平台即服务(Platform as a Service,PaaS)和软件即服务(Software as a Service,SaaS)。这三种云计算服务有时称为云计算服务栈,如图10-1所示。

图 10-1 云计算服务栈

(1) 基础设施即服务(IaaS)

基础设施即服务是主要的服务类别之一,它向云计算提供商的个人或组织提供虚拟化计算资源,如虚拟机、存储、网络和操作系统。

(2) 平台即服务(PaaS)

平台即服务是一种服务类别,为开发人员提供通过全球互联网构建应用程序和服务的平台。PaaS为开发、测试和管理软件应用程序提供按需开发环境。

(3) 软件即服务(SaaS)

软件即服务也是其服务的一类,通过互联网提供按需软件付费应用程序,云计算提供商托管和管理软件应用程序,允许其用户连接到应用程序并通过互联网访问应用程序。

10.1.2 物流云及服务

云计算的发展和应用对现代物流产生了重要影响。云计算与物流结合促进了物流云的出现,物流云是对云计算的理念及技术综合应用的结果,是智慧物流的重要服务方式之一。

1. 物流云的相关概念

物流云是一种面向服务的、面向物流任务的,融合现有物流网络、服务技术、云计算、物联网等技术,通过将各类物流资源(包括运作资源、客户资源、人力资源、信息资源、系统资源、供应商资源和分销商资源等)进行虚拟化服务并进行统一、集中、智能化管理和分配的智能化物流服务模式。

物流云服务（Logistics Cloud Service，LCS）平台是面向各类物流企业、物流枢纽中心及各类综合型企业的物流部门的完整解决方案。依靠大规模的云计算处理能力、标准的作业流程、灵活的业务覆盖、精确的环节控制、智能的决策支持及深入的信息共享来完成物流行业的各环节所需要的信息化要求。

物流云服务是一种在网络技术与分布式计算技术的支持下，通过物流云服务平台整合物流资源和客户资源，并按照客户需求智能管理和调配物流资源，为客户定制和提供安全、高效、优质廉价、灵活可变的个性化物流服务的新型物流服务模式。物流云服务模式按照物流任务需求进行智能化管理与调度匹配物流资源，融合现有的物流网络、服务技术、云计算、云安全、物联网、RFID 等技术，实现各类物流资源（包括运输工具、运输线路、仓储资源、信息资源、软件、知识等）和客户资源，为物流服务系统全生命周期过程提供可随时获取、按需使用的个性化物流服务。

2．物流云服务的业务架构

从业务的角度，物流云服务业务架构如图 10-2 所示，主要由三部分组成，即物流云服务请求端（Logistics Cloud Service Demander，LCSD）、物流云服务提供端（Logistics Cloud Service Provider，LCSP）、云服务平台（Cloud Service Platform，CSP）。LCSD 是指物流云服务使用者，包括整个供应链或供应链上的个别成员；LCSP 指的是提供物流服务资源的运输车队、货代公司等，它主要向云服务平台提供各种异构的物流资源和物流服务；CSP 充当两者之间的桥梁和枢纽，负责建立健壮的供需服务链。LCSD 通过 CSP 提出个性化服务需求，CSP 对 LCSP 提供的物流云进行整合、检索和匹配，建立起适合客户的个性化服务解决方案并进行物流云调度，同时在服务过程中对服务质量进行管理和监控，为双方创造不断优化的服务质量和服务价值。

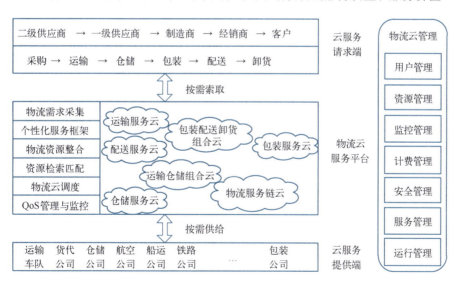

图 10-2　物流云服务的业务架构

云服务提供端是能够提供物流服务的公司或者企业按照一定的信息格式对自己所能提供的服务进行信息化并发布在云中，供其他用户使用。云管理层则主要是对已经发布的各类服务云进行管理，主要包含用户管理、资源管理、监控管理、计费管理、安全管理、运行管理以及服务管理等。目前可以提供服务的物流云主要包含运输服务云、包装服务云、配送服务云、仓储服务云以及物流服务链云等。

云服务请求端则为用户按需请求物流服务提供一个平台，主要包含采购、运输、仓储、包装、配送以及装卸等物流类的服务。

3．物流云服务的运作模型

物流云服务的运作模型如图 10-3 所示。

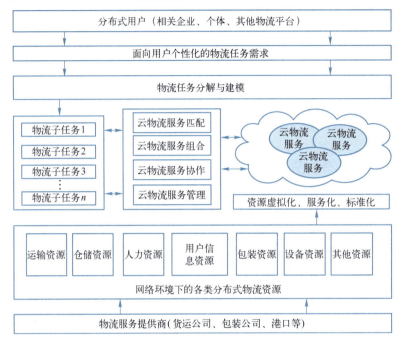

图 10-3　物流云服务运作模型

在物流云中，物流服务是面向物流任务的，是面向用户的，是通过定制按需物流服务满足客户需求所实施的一系列物流活动的结果。物流服务模式是结合先进的云计算技术、物联网技术、网络技术和物流技术，通过对物流任务的分工与协作实现的一个物流资源高度共享、快速反应、成本最优的综合物流服务体系。它实现了跨企业的高度协同和区域物流资源随需调配，为客户提供高效、高质量、低成本的专业化与个性化物流服务。

物流云服务模式是在不确定、动态变化的需求和云物流服务之间建立一种按需的资源分配和使用模式。在物流云中，可以根据客户需求建立相应的物流任务模型，然后在云物流服务中心搜索相应的服务，最终向客户提供其所需的服务。

物流云服务运作模式就是通过物联网感知物流设施和流程中的各种资源信息，为云计算平台提供物流信息来源，利用云计算将物流资源虚拟化形成云服务，通过云服务信息共享、云服务发现、云服务资源组合以及服务之间协作实现物流任务的协同运作，最终为现代物流服务模式提供方案。

4．物流云服务的特征

在云计算环境下，物流资源与物流能力以物流云服务的形式运作。在物流云服务模式下，物流服务具有不同于传统服务模式的特征，主要表现在以下几个方面。

（1）服务环境的开放性

物流服务环境的开放性，使用户可根据需要获取服务。和传统的信息服务模式不同，物联网、云计算环境下的信息服务正在从桌面服务调用向云端服务执行转变，从数据密集型向服务密集型转变，从固定单调的服务内容向丰富可定制的服务内容转变，并可根据决策者的需求进行组合或扩展，为物流任务的执行提供支持。

（2）物流资源的虚拟性

物流资源的虚拟性，使物流资源以云服务的方式运作。通过物联网对各类物流资源（包括仓储资源、运输资源、包装资源、配送资源、信息资源等）以及客户资源进行感知，云计算把各类物流资源和客户资源虚拟化为物流云，并对物流云进行服务化封装、发布及注册，形成物流云服务。各种决策资源并不是集中在一起，而是分布在各地数以万计的不同服务器上，以一种云服务的方式提供给决策者，使得决策者可以使用不同的终端从云端获取相应的云物流服务。

（3）服务运行的协同性

服务运行的协同性的基础是云服务组合。云服务组合就是按照一定的规则动态地发现云计算环境中的各种云服务，然后根据需求组合成为一个增值的、更大粒度的服务或系统，以满足用户的复杂需求，从而完成更加复杂的物流任务。对于复杂的物流任务，单个云服务可能很难独立地满足要求，需要不同层次的多种云服务通过组合协同求解。

5．物流云服务方案

按照物流云服务的开放程度，物流云服务方案包括私有云方案、公有云方案和混合云方案三种类型。

（1）私有云方案

私有云（Private Clouds）是为一个客户单独使用而构建的，因而提供对数据、安全性和服务质量的最有效控制。私有云方案中，一般物流企业拥有自己的基础设施，并在此基础设施上部署应用程序的方式。私有云可部署在企业数据中心的防火墙内，也可以将它们部署在一个安全的主机托管场所。私有云的核心属性是专有资源。

（2）公有云方案

公有云通常指第三方提供商为用户提供的能够使用的云。公有云一般可通过Internet使用，其核心属性是共享资源服务。在公有云方案中，物流企业一般不需要构建自己的基础设施，而是按需向物流云平台请求服务并根据使用情况进行付费。图10-4为华为物流云的公有云解决方案。

拓展阅读10-1：物流链云平台

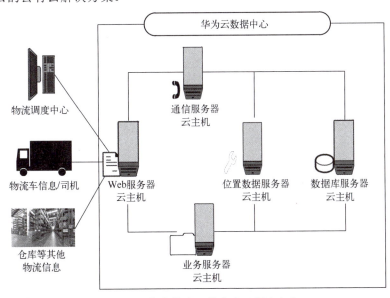

图10-4　华为物流云的公有云解决方案

（3）混合云方案

混合云融合了公有云和私有云，是近年来云计算的主要模式和发展方向。私有云主要面向企业用户，出于安全考虑，企业更愿意将数据存放在私有云中，但是同时又希望可以获得公有云的计算资源。在这种情况下混合云被越来越多地采用，它将公有云和私有云进行混合和匹配，以获得最佳的效果。这种个性化的解决方案，达到了既省钱又安全的目的。图 10-5 为华为物流云的混合云解决方案。

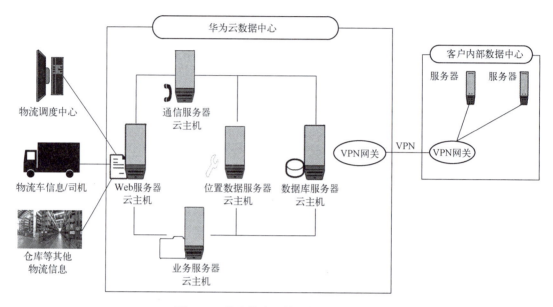

图 10-5　华为物流云的混合云解决方案

10.1.3　物流云公共信息平台

基于云计算技术的物流公共信息平台是云计算技术在信息处理中的应用。云计算的数据管理和计算技术能够满足物流公共信息平台对分布的、种类众多的节点数据进行处理和分析的需要。物流云公共信息平台能够整合供应链各环节的物流信息、物流监管、物流技术和设备等资源，面向社会用户提供信息服务、管理服务、技术服务和交易服务。

1. 物流云公共信息平台的层次结构

与云计算相似，物流云公共信息平台从下至上由物理资源层、虚拟资源层、计算服务层、接口层和应用层等组成，如图 10-6 所示。

（1）物流云物理资源层

物理资源是虚拟物流资源的载体，由物流资源和 IT 资源两部分组成。物流资源主要包括基础设施、物流设备、人力资源、配送中心等分布式异构资源。物流资源通过计算资源、存储资源、网络资源、RFID、GPS/BDS 等接入到云平台，实现物理资源的共享和协同。

（2）物流云虚拟资源层

虚拟资源层主要是将分布式的物流资源汇聚成虚拟物流资源，主要功能包括资源建模、统一描述、接口实现、虚拟化、封装管理、发布管理、虚拟资源质量管理等。其通过资源建模、统一描述、接口实现，将局部的虚拟物流资源封装成全局的各类云服务，发布到云服务平台中，以一致透明的方式供访问和使用。

图 10-6 物流云公共信息平台的层次结构

（3）物流云计算服务层

物流云服务层是物流云公共信息平台的核心，是实现物流云服务最为重要的结构，依托物流云虚拟资源层的支撑，提供信息查询、信息发布、数据分析、网上交易、电子通关、保险报税、库存管理和车辆调度等服务。

（4）物流云接口层

物流云接口层主要为各类用户提供接口，包括云端的服务请求接口、技术标准接口以及服务提供接口等。

（5）物流云应用层

物流云应用层主要面向制造业产业供应链和物流服务供应链上的企业用户。它为用户提供统一的入口和访问界面，用户可以通过门户网站、用户界面访问和使用云服务平台提供的各种云服务。制造业供应链上的用户通过平台获得最适合的单个物流云服务或一套物流服务解决方案，物流服务供应链上的用户通过平台整合各类物流资源，协同为客户提供高效、优质廉价的个性化服务。

2. 物流云公共信息平台的系统构成

从业务功能的角度，物流云公共信息平台主要由四个主要子系统组成，分别是作业管理子系统、信息发布子系统、电子政务子系统和电子商务管理子系统，如图 10-7 所示。

（1）作业管理子系统

作业管理子系统负责物流服务的实现，由运输管理、配送管理、车辆监控、场地管理和分析决策等功能模块组成。作业管理子系统可以对车辆、场地、货物等进行高效管理，同时通过分析决策模块使物流管理更科学、更高效。基于物流云管理系统，可以实现作业管理子系统与其他子系统之间的无缝衔接，能够更加合理高效地利用整个物流系统的资源，充分满足终端用户的需求。

（2）信息发布子系统

信息发布子系统包括基本信息管理、用户管理、信息发布和信息查询等模块。信息发布子系统的核心功能是提供信息服务，服务内容包括政府部门的报送政策、税收政策和物流法律法规，物流企业的运输、配送信息，货主的货物信息以及金融保险部门的外汇、保险信息等。其目标是实现各个环节上的信息共享与共用。

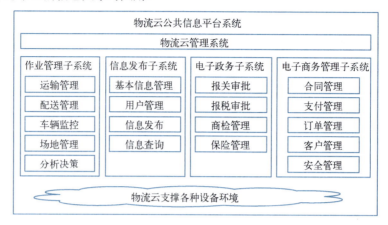

图 10-7　物流云公共信息平台系统构成

（3）电子政务子系统

电子政务子系统包括报关审批、报税审批、商检管理和保险管理等模块。电子政务子系统主要提供报关申报服务、电子贸易单据的提交服务以及相应的商检申报和查询，保险业务申请服务。其目的是为中小型企业提供网上政务服务，提高政府的服务效率。

（4）电子商务管理子系统

电子商务管理子系统包括合同管理、订单管理、支付管理、客户管理和安全管理等模块。电子商务管理系统通过平台为各个业务主体提供了一个虚拟的交易平台。通过这个系统可以对订单、合同、支付等进行安全的管理和操作，最终实现物流的线上交易。

拓展阅读 10-2：深度揭秘菜鸟物流云

10.2　边缘计算技术

随着云计算、大数据、人工智能等技术的快速发展，以及各种应用场景的不断成熟，越来越多的数据需要上传到云端进行处理，给云计算带来更多的工作负载，同时，由于越来越多的应用需要更快的反应速度，边缘智能应运而生。未来，随着百亿级别的设备联网，大部分数据都将在靠近数据的一侧完成收集、处理、分析、决策的过程。

10.2.1　边缘计算技术概述

边缘计算（Edge Computing）是指在靠近物或数据源头的网络边缘侧，融合网络、计算、存储、应用核心能力的开放平台，就近提供边缘智能服务，以满足行业数字化在敏捷连接、实时业务、数据优化、应用智能、安全与隐私保护等方面的关键需求。

1. 边缘计算的特点

边缘计算的范式如图 10-8 所示。基于对边缘计算定义的理解，以及其在新场景下发挥的功能，边缘计算的特点可以归纳为以下几个方面。

（1）数据处理实时性

实时性是由边缘计算的天生能力决定的。由于靠近物与数据源头，或者说其整合了数据采集、处理、执行三大能力，使其能够避免一些数据上传下达产生的时延弊端，可以在业务允许的范围完成对数据、软硬件的适配，提升本地物联网设备的处理能力和响应速度。

（2）业务数据可靠性

基于安全的数据才会有可靠的业务。众多的边缘计算服务就意味着庞大的服务加密协议，与现有的云计算数据传输状态类似，当数据从一个服务中心传输到另一个服务中心，会有各种协议的支持和数据加密方式的保障。同样，百亿级的边缘计算服务设备之间的数据传输更应该对数据的安全与隐私提出保障。在数据安全的基础上，业务才会有可靠的表现。边缘计算在广域网发生故障的情况下，也能够实现局域范围内的数据服务，进而实现本地业务的可靠运行。

（3）应用开发多样化

据预测，未来会有一半以上的数据在其源头进行处理，也会有诸如工业制造、智能汽车、智能家居等多样的应用场景。用户可以根据自己的业务需求自定义物联网应用，这就好比在安装 Office 过程中会有多种的安装选项。此外，需求的多样化必然会带来研发的多样化，设备公司、运营商、系统集成商、互联网公司都在从各自的角度，利用自己的能力介入边缘计算。

2．边缘计算体系结构

边缘计算通过在终端设备和云之间引入边缘设备，将云服务扩展到网络边缘。边缘计算架构包括终端层、边缘层和云层，其体系结构如图 10-9 所示。

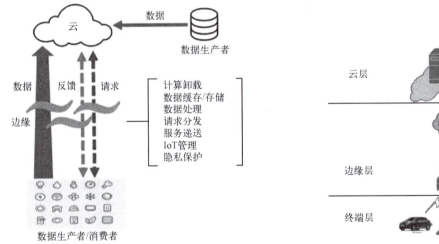

图 10-8 边缘计算的范式　　　　图 10-9 边缘计算的体系结构

（1）终端层

终端层是最接近终端用户的层。它由各种物联网设备组成，如传感器、智能手机、智能车辆、智能卡、读卡器等。为了延长终端设备提供服务的时间，应该避免在终端设备上运行复杂的计算任务。因此，终端设备一般只负责收集原始数据，然后上传至上层进行计算和存储。终端层主要通过蜂窝网络连接上一层。

（2）边缘层

边缘层位于网络的边缘，由大量的边缘节点组成，通常包括路由器、网关、交换机、接入点、基站、特定边缘服务器等。这些边缘节点广泛分布在终端设备和云层之间，如咖啡馆、购物中心、公交总站、街道、公园等。它们能够对终端设备上传的数据进行计算和存储。由于这些边缘节点距离用户较近，可以运行对时延比较敏感的应用，从而满足用户的实时性要求。边缘节点也可以对收集的数据进行预处理，再把预处理的数据上传至云端，从而减少核心网络的传输流量。边缘层连接上层主要通过因特网。

（3）云层

云层由多个高性能服务器和存储设备组成。它具有强大的计算和存储功能，可以执行复杂的计算任务。云模块通过控制策略可以有效地管理和调度边缘节点和云计算中心，为用户提供更好的服务。

10.2.2 典型边缘智能平台

边缘智能是边缘计算发展的下一个阶段，更注重与产业应用的结合，促进产业的落地与实现。与边缘计算相比，边缘智能除了拥有更高的安全性、更低的功耗、更短的时延、更高的可靠性、更低的带宽需求，还可以更大限度地利用数据，让数据变得更有价值。与云计算、边缘计算相比，边缘智能可以进一步缩减数据处理的成本。目前，典型的边缘智能平台主要有以下几种类型。

1．ParaDrop

ParaDrop 是威斯康星大学麦迪逊分校的研究项目，WiFi 接入点可以在 ParaDrop 的支持下扩展为边缘计算系统，像普通服务器一样运行。其使用容器技术来隔离不同应用的运行环境，在云端的后台服务控制系统上部署所有应用的安装、运行和撤销。

ParaDrop 系统主要由三部分组成，即 ParaDrop 后端、ParaDrop 网关和开发者 API。ParaDrop 后端集中管理 ParaDrop 的系统资源，维护网关、用户和服务程序信息，提供一个服务程序商店用于存储部署在网关上的 Chute 文件。同时，还提供两个重要的接口，WAMP API 和 HTTP RESTful APIA。前者用于和 ParaDrop 网关通信，发送控制信息，接收网关回复和状态报告；后者用于和用户、开发者、管理者以及网关通信。ParaDrop 网关是具体的执行引擎，给各服务程序提供虚拟化的资源环境，包括 CPU、内存和网络资源。开发者 API 使开发者可以通过 API 监测和控制 ParaDrop 系统。

ParaDrop 主要应用于物联网，特别是物联网数据分析。ParaDrop 中，敏感数据可以在本地处理，不用上传到云端，保护用户隐私；接入点靠近数据源，缩短应用的响应时间；数据按需上传互联网，减少网络负载；在某些无法联网的情况下，部分应用依然可以使用等。

2．Cloudlet

Cloudlet 是卡内基梅隆大学于 2009 年提出的概念。Cloudlet 是一个可信且资源丰富的主机或机群，部署在网络边缘，与互联网相连，可以被周围的设备访问，为其提供服务。

Cloudlet 将原先移动云计算的"移动设备—云"两层架构变为"移动设备—Cloudlet—云"三层架构。Cloudle 可以在个人计算机、工作站或者低成本服务器上实现，可以由单机构成，也可以由多台机器组成的小集群构成。其典型架构如图 10-10 所示。

作为网络边缘的小型云计算中心，Cloudlet 可以暂时存储来自云端的状态信息，并进行自我管理；其有相对充足的计算资源，可以满足多个移动用户的计算任务；介于云端和用户之间，更加靠近用户，受网络带宽和时延的限制较小。

3．PCloud

PCloud 是佐治亚大学在边缘计算领域的研究成果，可以将周围的计算、存储、输入/输出设备与云计算资源整合，使这些资源可以无缝地为移动设备提供支持。云计算的丰富资源弥补了边缘设备计算、存储能力上的不足，而边缘设备由于贴近用户可以提供云计算无法提供的低时延服务。此外，PCloud 也使整个系统的可用性增强，无论是网络故障还是设备故障都可以选择备用资源。

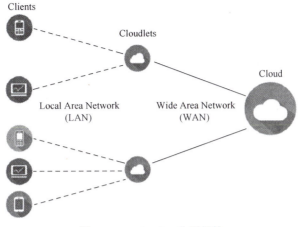

图 10-10　Cloudlet 典型架构

4．Firework

Firework（烟花模型）是韦恩州立大学 MIST 实验室提出的边缘计算下的编程模型，如图 10-11 所示。

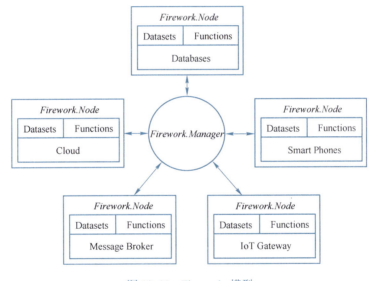

图 10-11　Firework 模型

Firework 系统中，一个数据处理服务会拆分为多个数字处理子服务，而 Firework 对数据处理流程的调度，可以分为两个层次。第一层是相同子服务调度层，烟花节点（Firework Node）会根据情况与周边具有相同子服务的烟花节点进行合作执行，从而可以以最优的响应时间反应子服务，也可以对周围未提供子服务的且空闲的烟花节点进行调用。第二层是计算流调度层，计算流的烟花节点会会相互合作，动态地调度路径上节点的执行情况，以达到最优的情况。

5．海云计算系统

海云计算系统是中科院提出的边缘计算系统，可以拆分为云计算和海计算。云计算是服务端的计算模式，海计算是物理世界的物体之间的计算模式。

海云计算系统一共包括四个部分。一个计算模型——REST2.0，将 Web 计算中的 REST（Representational State Transfer，表述性状态转移）架构风格拓展到海云计算中；一个存储系统，其能够处理 ZB 级别的数据；一个高能效数据中心，能够运行数十亿级别线程；一个高能效的弹性处理器，能够每秒每瓦特进行万亿次操作。REST 架构为现代 Web 计算和当今许多云计算系统提供通用架构，海端设备通过 REST 接口访问云端，客户端设备将继续使用 REST 接口运行 Web 浏览器或应用程序。

10.2.3 边缘计算在物流中的应用

在边缘计算模型中，数据在最接近其原点的点进行收集、处理和分析，然后将结果传输到云端以供查看、报告和共享。即使网络连接不可用，边缘计算技术也能无缝工作。而且，由于边缘计算可以就近进行数据处理，其在降低了数据传输要求和功耗的同时，显著改善了网络的固有延迟，为实时数据计算提供了增强功能。边缘计算所具有的这些特征或优势，使其在智慧物流领域有着广阔的应用空间。

1. 基于边缘计算的智慧交通应用

交通运输业是边缘计算应用的重点方向，边缘计算可以让交通运输更加智能。尤其是 5G 和车联网技术的成熟与应用，使交通边缘侧的通信瓶颈取得突破，移动接入、低时延、广连接等问题得到较好解决，使得边缘计算在交通运输业中发挥了巨大作用。图 10-12 为"5G+边缘计算"的 V2X 应用示意图。

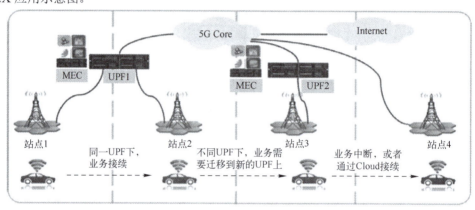

图 10-12 "5G+边缘计算"的 V2X 应用示意图

（1）边缘计算改善交通拥堵

由于车辆增长迅速、交通流量持续攀升，道路施工、线路及站点设置不合理等问题，交通运输业中的交通拥堵问题屡见不鲜。但边缘计算与人工智能相结合以后，可以根据收集到的数据，预先判断和处理可能出现的突发情况。例如，提前规划最佳路线，避免拥堵；提前告知驾驶员前方道路施工等信息，以便驾驶员做出合理判断；可以结合诸如天气预报等信息来源进行预测，保证驾驶安全。

（2）边缘计算推动智能交通多样化场景落地

通过边缘计算，数字化高速公路、城市道路数字化改造、园区自动驾驶等多个智能交通场景正在迅速落地。

数字化高速公路能够完整呈现实时高速路交通状态，及时准确地发现拥堵、事故、道路异常等交通事件，提升高速管理效率，诱导合理出行。通过城市道路的数字化改造，在城市路口和关键路段采集视频和多种路侧传感器信息，多层次应用智能算法，能够实现非现场执法和城市道路交通的优化能力。基于道路感知服务，在相对封闭的园区或停车场，与车厂自动驾驶技术配合实现限定区域内的自动驾驶，能够切实解决客户园区内交通、停车等需求。

（3）边缘计算车载智能物联网终端应用

基于边缘计算的本地快速计算响应优势，车载物联网终端将更加智能。①车辆状态全程监测，异常实时报警。车载终端能够实时采集车辆、发动机、油箱等的状态参数和业务数据，并且进行 360°安全扫描，结合实时监测分析，能够对异常情况做出报警。而且，终端还可以根据数据对油耗、设备等进行预测，提前让驾驶员或者运输经营者知晓情况并准备好处理方案，保证业务不中断。②司机行为实时监测，精细化管理规范司机驾驶行为。与人工智能相结合，可以对司机进行监测，如发现急加速、急减速、急转弯、急刹车、超速、超重等违规违法行为，可及时告警。如果发生路线偏离等情况，也可以及时告知后台监控中心。③冷链运输温度实时监测、智能控制。通过边缘计算，车厢不同温区、压缩机、室外温度等多方位温度都能得到实时监测和反馈，一旦发现温湿度不符合要求，可以迅速告警。有些终端还支持智能控制，如发现温湿度不符合要求，还可以开启智能调节。④视频触发，安全管理。和摄像头相连接，可以存储摄像头抓拍、录像到的数据，同时可以将这些数据和已有数据进行分析比对，如果发现司机有异常行为，例如，出现疲劳驾驶可以及时告警。⑤特种车辆身份识别，安全监管。通过本地指纹识别、人脸识别等方式实时判断车辆使用者的身份合法性，当出现异常或非法驾驶或乘车时，及时报警并通知后台，并启动自动锁定程序，实现特种车辆的安全监管，保障生命财产安全。

2. 基于边缘计算的工业控制应用

现代物流园区对无线通信有越来越强的需求，结合蜂窝网络和基于边缘计算的本地化工业云平台，可在工业 4.0 时代实现机器和设备相关生产数据的实时分析处理和本地分流，进一步提高物流自动化水平，提升生产效率。图 10-13 为基于边缘计算的工业控制应用示意图。

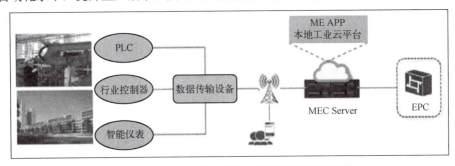

图 10-13　基于边缘计算的工业控制应用示意图

边缘计算有效解决了物流园区作业现场的有效连接问题。现代物流园区中，大量使用物流自动化设备，但设备来源的多样化导致设备连接协议众多，造成设备互联困难。通过引入数据抽象层，使得不能直接互联互通的设备基于边缘计算平台实现互联互通，边缘计算平台的低延迟性能可以保证设备间的实时横向通信。边缘计算由于具有丰富的连接性和灵活的部署能力，可以提供多种轻量级的解决方案，在不对自动化装备进行大规模升级的情况下，通过增加边缘网关和必要的边缘数据采集终端等，可以有效提高物流园区的数字化水平，加强数据在物流作业系统各个环节间的流动，实现各种基于数据的智能应用。

边缘计算平台可以实现实时物流自动化控制软件开发的软硬件解耦。智慧物流园区的运行依赖于智能装备和智能流程，需要大量的物流自动化软件支持。目前很多装备的控制软件过度依赖于具体的控制系统硬件，难以迁移到不同的系统。基于边缘计算平台的架构，可以将大量实时规划、优化排版、设备监控、故障诊断和分析、AGV 调度等功能封装在边缘应用程序上，实现了软件与硬件平台的解耦，降低了开发难度，提高了软件质量。通过边缘计算平台可进行边缘

拓展阅读10-3：工信部推动"5G+边缘计算"在制造行业应用

应用程序的灵活部署。

3. 基于边缘计算的视频监控智能分析应用

视频监控设备在智慧物流系统中广泛应用，是实现智慧物流系统可视、可控的重要基础。传统的视频监控方式下，采集的视频需回传至数据中心处理，回传的流量较大，对网络带宽（尤其是骨干网）提出了很高的要求。然而，大部分画面是无价值或低价值的，将数据本地存储或实时回传都不具有经济性。如图 10-14 所示，通过边缘计算平台，可以对视频内容进行预分析和处理，过滤低价值内容，将高价值内容进行回传，在核心网数据中心进行运算处理和存储，从而大幅节约传输资源，优化存储资源，提升信息分析效率。

图 10-14　基于边缘计算的视频监控智能分析应用示意图

10.3　人工智能技术

人工智能是计算机学科的一个分支。20 世纪 70 年代以来被称为世界三大尖端技术之一（空间技术、能源技术、人工智能），也被认为是 21 世纪三大尖端技术（基因工程、纳米科学、人工智能）之一。人工智能的发展与应用为智慧物流注入强大的动力，推动传统物流向智能化以及智慧化的方向发展。

10.3.1　人工智能技术概述

1. 人工智能的概念

顾名思义，人工智能就是人造智能，其英文表示是"Artificial Intelligence"，简称 AI。"人工智能"一词目前是指用计算机模拟或实现的智能，因此人工智能又称机器智能。当然，这只是对人工智能的字面解释或一般解释。关于人工智能的科学定义，学术界目前还没有统一的认识。下面是部分学者对人工智能概念的描述，可以看作是他们各自对人工智能所下的定义。

Bellman 认为"人工智能是那些与人的思维相关的活动，诸如决策、问题求解和学习等的自动化（1978 年）。"尼尔逊教授对人工智能下了这样一个定义："人工智能是关于知识的学科——怎样表示知识以及怎样获得知识并使用知识的科学。"而美国麻省理工学院的温斯顿教授认为："人工智能就是研究如何使计算机去做过去只有人才能做的智能工作。"Stuart Russell 和 Peter Norvig 则把已有的一些人工智能定义分为四类，即像人一样思考的系统，像人一样行动的系统，理性地思考的系统，理性地行动的系统（2003 年）。

这些说法反映了人工智能学科的基本思想和基本内容，即人工智能是研究人类智能活动的规律，构造具有一定智能的人工系统，研究如何让计算机去完成以往需要人的智力才能胜任的工作。也就是研究如何应用计算机的软硬件来模拟人类某些智能行为的基本理论、方法和技术。

2. 人工智能的研究目标与内容

人工智能的研究目标可分为远期目标和近期目标。远期目标是要制造智能机器。具体来讲，就是要使计算机具有看、听、说、写等感知和交互功能，具有联想、推理、理解、学习等高级思维能力，还要有分析问题、解决问题和发明创造的能力。简言之，也就是使计算机像人一样具有自动发现规律和利用规律的能力，或者说具有自动获取知识和利用知识的能力，从而扩展和延伸人的智能。从目前的技术水平来看，要全面实现上述目标，还存在很多困难。人工智能的近期目标是实现机器智能，即先部分地或某种程度地实现机器的智能，从而使现有的计算机更灵活、更好用和更有用，成为人类的智能化信息处理工具。

人工智能的研究内容主要包括以下几点。

（1）搜索与求解

所谓搜索，就是为了达到某一目标而多次进行某种操作、运算、推理或计算的过程。事实上，搜索是人在求解问题时在不知现成解法的情况下所采用的一种普遍方法。这可以看作是人类和其他生物所具有的一种元知识。另一方面，人工智能的研究实践也表明，许多问题（包括智力问题和实际工程问题）的求解都可以描述为或者归结为对某种图或空间的搜索问题。进一步，人们发现，许多智能活动（包括脑智能和群智能）的过程，甚至几乎所有智能活动的过程，都可以看作或者抽象为一个基于搜索的问题求解过程。因此，搜索技术就成为人工智能最基本的研究内容。

（2）学习与发现

学习与发现是指机器的知识学习和规律发现。事实上，经验积累能力、规律发现能力和知识学习能力都是智能的表现。那么，要实现人工智能就应该赋予机器这些能力。因此，关于机器的学习和发现技术就是人工智能的重要研究内容。

（3）知识与推理

我们知道"知识就是力量"。在人工智能中，人们进一步领略到了这句话的深刻内涵。的确，对智能来说，知识太重要了，以致可以说"知识就是智能"。事实上，能发现客观规律是一种有智能的表现，能运用知识解决问题也是有智能的表现，而且是最为基本的一种表现。而发现规律和运用知识本身还需要知识。因此可以说，知识是智能的基础和源泉。所以，要实现人工智能，计算机就必须拥有知识和运用知识的能力。为此，就要研究面向机器的知识表示形式和基于各种表示的机器推理技术。知识表示要求便于计算机的接收、存储、处理和运用，机器的推理方式与知识的表示又息息相关。由于推理是人脑的一个基本功能和重要功能，因此，在符号智能中几乎处处都与推理有关。

（4）发明与创造

这里的发明创造是广义的，它既包括人们通常所说的发明创造，如机器、仪器、设备等的发明和革新，也包括创新性软件、方案、规划、设计等的研制和技术、方法的创新以及文学、艺术的创作，还包括思想、理论、法规的建立和创新等。发明创造不仅需要知识和推理，还需要想象和灵感。它不仅需要逻辑思维，而且还需要形象思维。所以，这个领域应该说是人工智能中最富挑战性的一个研究领域。目前，人们在这一领域已经开展了一些工作，并取得了一些成果。例如，已展开了关于形象信息的认知理论、计算模型和应用技术的研究；还开发出了计算机辅助创新软件，并尝试用计算机进行文艺创作等。但总的来讲，原创性的机器发明创造进展甚微，甚至还是空白。

（5）感知与交流

感知与交流是指计算机对外部信息的直接感知和人机之间、智能体之间的直接信息交流。机器感知就是计算机直接"感觉"周围世界，就像人一样通过"感觉器官"直接从外界获取信息，如通过视觉器官获取图形、图像信息，通过听觉器官获取声音信息等。所以，机器感知包括计算机视觉、听觉等各种感觉能力。机器信息交流涉及通信和自然语言处理等技术。自然语言处理又包括自然语言理解和表达。感知和交流是拟人化智能个体或智能系统（如 Agent 和智能机器人）所不可缺少的功能组成部分，所以这也是人工智能的研究内容之一。

（6）记忆与联想

记忆是智能的基本条件，无论是脑智能还是群智能，都以记忆为基础。记忆也是人脑的基本功能之一。在人脑中，伴随着记忆的就是联想，联想是人脑的奥秘之一。

计算机要模拟人脑的思维就必须具有联想功能。要实现联想无非就是建立事物之间的联系。在机器世界里面就是有关数据、信息或知识之间的联系。当然，建立这种联系的办法很多，例如，用指针、函数、链表等进行信息查询。但传统方法实现的联想，只能对那些完整的、确定的（输入）信息，联想起（输出）有关的信息。这种"联想"与人脑的联想功能相差甚远。人脑对那些残缺的、失真的、变形的输入信息，仍然可以快速准确地输出联想响应。

当前，在机器联想功能的研究中，采用的是一种称为"联想存储"的技术来实现联想功能。联想存储的特点是可以存储许多相关（激励、响应）模式对；通过自组织过程可以完成这种存储；以分布、稳健的方式（可能会有很高的冗余度）存储信息；可以根据接收到的相关激励模式产生并输出适当的响应模式；即使输入激励模式失真或不完全时，仍然可以产生正确的响应模式；可在原存储中加入新的存储模式。

（7）系统与建造

系统与建造是指智能系统的设计和实现技术。它包括智能系统的分类、硬/软件体系结构、设计方法、实现语言工具与环境等。由于人工智能一般总要以某种系统的形式来表现和应用，因此关于智能系统的设计和实现技术也是人工智能的研究内容之一。

（8）应用与工程

应用与工程是指人工智能的应用和工程研究，这是人工智能技术与实际应用的接口。它主要研究人工智能的应用领域、应用形式、具体应用工程项目等。其研究内容涉及问题的分析、识别和表示，相应的求解方法和技术的选择等。

3．人工智能的表现形式

人工智能的表现形式主要包括智能软件、智能设备、智能网络、智能计算机和智能机器人等。

（1）智能软件

智能软件的范围比较广泛。例如，它可以是一个完整的智能软件系统，如专家系统、知识库系统等；也可以是具有一定智能的程序模块，如推理程序、学习程序等，这种程序可以作为其他程序系统的子程序；智能软件还可以是有一定知识或智能的应用软件，如字处理软件 Word 就有一定的英语语法知识，所以在英文文稿的录入、编辑过程中，Word 就表现出一定的智能。

（2）智能设备

智能设备包括具有一定智能的仪器、仪表、机器、设施等，例如，采用智能控制的机床、汽车、武器装备、家用电器等。这种设备实际上是嵌入了某种智能软件的设备。

（3）智能网络

智能网络也就是智能化的信息网络。具体来讲，从网络的构建、管理、控制、信息传输，到网上信息发布和检索以及人机接口等，都是智能化的。

智能网络具有弹性、自适应性和集成性。弹性指的是具有较高的安全性并且可以方便地实现扩容；自适应性包括识别应用、服务灵活、快速响应、自动防御和优化；集成性表现在设备模块化和实现系统级管理。网络智能化程度的提高有助于运营商降低总成本，提高网络效率并增加业务灵活性。

（4）智能计算机

智能计算机是一个动态的发展的概念，它始终处于不断向前推进的计算机技术的前沿。相关工具书上将其定义为：能存储大量信息和知识，会推理（包括演绎与归纳），具有学习功能，能以自然语言、文字、声音、图形、图像和人交流信息和知识的非冯·诺依曼（John.von Neumann）结构的通用高速并行处理计算机。它是现代计算技术、通信技术、人工智能和仿生学的有机结合，是供知识处理用的一种工具。

（5）智能机器人

智能机器人具备形形色色的内部信息传感器和外部信息传感器，如视觉、听觉、触觉、嗅觉。除具有感受器外，它还有效应器，作为作用于周围环境的手段。这就是筋肉，或称自整步电动机，它们使手、脚、鼻子等动起来。由此也可知，智能机器人至少具备三个要素，即感觉要素、反应要素和思考要素。

智能机器人能够理解人类语言，用人类语言同操作者对话，在它自身的"意识"中单独形成了一种使它得以"生存"的外界环境——实际情况的详尽模式。它能分析出现的情况，能调整自己的动作以达到操作者所提出的全部要求，能拟定所希望的动作，并在信息不充分的情况下和环境迅速变化的条件下完成这些动作。当然，要它和我们人类思维一模一样，这是不可能办到的。不过，仍然有人试图建立计算机能够理解的某种"微观世界"。

10.3.2 人工智能的主要成果

人工智能从诞生以来，理论和技术日益成熟，应用领域也不断扩大，可以设想，未来人工智能带来的科技产品，将会是人类智慧的"容器"。现阶段，人工智能领域的主要成果有模式识别、自动工程和知识工程等。

1．模式识别

所谓模式识别就是用计算的方法根据样本的特征将样本划分到一定的类别中去。随着计算机技术的发展，人类有可能研究复杂的信息处理过程，其过程的一个重要形式是生命体对环境及客体的识别。模式识别以图像处理与计算机视觉、语音语言信息处理、脑网络组、类脑智能等为主要研究方向，研究人类模式识别的机理以及有效的计算方法。目前典型的应用主要有语音识别、生物识别、文字识别、图像识别等。

（1）语音识别

语音识别也被称为自动语音识别（ASR），属于人工智能方向的一个重要分支。其目标是将人类语音中的词汇内容转换为计算机可读的输入，如按键、二进制编码或者字符序列。与说话人识别及说话人确认不同，后者尝试识别或确认发出语音的说话人而非其中所包含的词汇内容。

随着数据处理技术的进步以及移动互联网的快速普及，计算机技术被广泛地运用到了社会的各个领域，随之而来的则是海量数据的产生。其中，语音数据受到了人们越来越多的重视。在过去的两年（2020—2021 年）中，自动语音识别在商用上取得了重要的发展，多个完全基于神经网络的企业级 ASR 模型成功上市，如 Alexa、Rev、AssemblyAI、ASAPP 等。

ASR 的准确性在不断提高，在更多的数据集和用例中将逐渐达到人类水平。随着 ASR 技术的识别准确度大幅提升，其应用场景越来越丰富。据预计，未来十年 AI 语音的相关研究和商业系统将重点攻克多语言 ASR 模型、丰富的标准化输出对象、面向所有人的大规模 ASR、人机协同以及负责任的 ASR。

拓展阅读10-4：多语言 ASR、大规模 ASR 与负责的 ASR 介绍

（2）生物识别

所谓生物识别技术就是，通过计算机与光学、声学、生物传感器和生物统计学原理等高科技手段密切结合，利用人体固有的生理特性（如指纹、指静脉、人脸、虹膜等）和行为特征（如笔迹、声音、步态等）来进行个人身份的鉴定。

目前比较成熟并大规模使用的方式主要有指纹、虹膜、脸、耳、掌纹、手掌静脉等。此外近年来，语音识别、脑电波识别、唾液提取、DNA 等研究也有突破，有望进入商用阶段。生物特征识别技术的应用相当广泛，在计算机应用领域居重要地位。在计算机安全学中，生物特征识别是认证（Authentication）的重要手段，生物测定（Biostatistics）则被广泛地应用在安全防范领域，国家安全公共安全领域中也有广泛的应用。在物流领域，生物特征识别技术近年也逐渐被应用于人员的管理。

（3）文字识别

文字识别即利用计算机自动识别字符的技术，是模式识别应用的一个重要领域。人们在生产和生活中，要处理大量的文字、报表和文本。为了减轻人们的劳动，提高处理效率，20 世纪 50 年代开始探讨一般文字识别方法，并研制出光学字符识别器。60 年代出现了采用磁性墨水和特殊字体的实用机器。60 年代后期，出现了多种字体和手写体文字识别机，其识别精度和机器性能都基本上能满足要求，例如，用于信函分拣的手写体数字识别机和印刷体英文数字识别机。70 年代主要研究文字识别的基本理论和研制高性能的文字识别机，并着重于汉字识别的研究。

文字识别可应用于许多领域，例如，阅读、翻译、文献资料的检索、信件和包裹的分拣、稿件的编辑和校对、大量统计报表和卡片的汇总与分析、银行支票的处理、商品发票的统计汇总、商品编码的识别、商品仓库的管理；水、电、煤气、房租、人身保险等费用的征收业务中的大量信用卡片的自动处理和办公室打字员工作的局部自动化等；以及文档检索，各类证件识别等。文字识别方便用户快速录入信息，提高各行各业的工作效率。

（4）图像识别

图像识别技术是指利用计算机对图像进行处理、分析和理解，以识别各种不同模式的目标和对象的技术。

图像识别技术是立体视觉、运动分析、数据融合等实用技术的基础。在具体应用实践中，图像识别除了要弄清识别的对象是什么样的物体外，还应该明确其所在的位置和姿态。图像识别已经被广泛应用到各个领域中，例如，交通领域中的车牌号识别、交通标志识别，军事领域中的飞行物识别、地形勘察，安全领域中的指纹识别、人脸识别等。

2. 自动工程

自动工程的主要成果中尤其以自动汽车和自动驾驶最为引人关注。

在汽车自动驾驶领域，国外起步较早。德国汉堡 IBEO 公司早在 2007 年开发了无人驾驶汽车；谷歌公司在 2010 年宣布正在开发自动驾驶系统，2012 年获得牌照上路。同时也在不断完善自动加强的相关法律，2021 年 12 月，德国联邦汽车运输管理局（KBA）批准了奔驰的 L3 级自动驾驶系统；2022 年 4 月 19 日，英媒报道根据拟议中的交通法规修改方案，英国司机在车辆自动驾驶期间可以在汽车内置屏幕上观看电视和电影。

国内从 20 世纪 80 年代开始着手自动驾驶系统的研制开发，虽与国外相比还有一些距离，但目前也取得了阶段性成果。国防科技大学、北京理工大学、清华大学、同济大学、上海交通大学、吉林大学等都有过无人驾驶汽车的研究项目。国防科技大学和中国一汽联合研发的红旗无人驾驶轿车高速公路试验成功。同济大学汽车学院建立了无人驾驶车研究平台，实现环境感知、全局路径规划、局部路径规划及底盘控制等功能的集成，从而使自动驾驶车具备自主"思考—行动"的能力，使无人驾驶车能完成融入交通流、避障、自适应巡航、紧急停车（行人横穿马

拓展阅读 10-5：
人工智能中的
道德问题

路等工况)、车道保持等无人驾驶功能。

3. 知识工程

知识工程以知识本身为处理对象,研究如何运用人工智能和软件技术,设计、构造和维护知识系统。主要成果有专家系统、智能搜索引擎、计算机视觉和图像处理、机器翻译和自然语言理解、数据挖掘和知识发现等。

(1)专家系统

专家系统是一个智能计算机程序系统,其内部含有大量的某个领域专家水平的知识与经验。它能够应用人工智能技术和计算机技术,根据系统中的知识与经验进行推理和判断,模拟人类专家的决策过程,以便解决那些需要人类专家处理的复杂问题。简而言之,专家系统是一种模拟人类专家解决领域问题的计算机程序系统。

近年来专家系统技术逐渐成熟,广泛应用在工程、科学、医药、军事、商业等方面,而且成果相当丰硕。甚至在某些应用领域,还超过人类专家的智能与判断。

(2)智能搜索引擎

智能搜索引擎是结合了人工智能技术的新一代搜索引擎。其设计目标是,根据用户的请求,从可以获得的网络资源中检索出对用户最有价值的信息。智能搜索引擎除了能提供传统的快速检索、相关度排序等功能,还能提供用户角色登记、用户兴趣自动识别、内容的语义理解、智能信息化过滤和推送等功能。

智能搜索引擎具有信息服务的智能化、人性化特征,允许网民采用自然语言进行信息的检索,为他们提供更方便、更确切的搜索服务。搜索引擎的国内代表有百度、搜狗、搜搜等;国外代表有 WolframAlpha、Ask jeeves、Powerset、Google、必应等。

(3)计算机视觉和图像处理

计算机视觉是人工智能的一个重要分支,是一门研究如何使机器"看"的科学。进一步说,就是指用摄影机和计算机代替人眼对目标进行识别、跟踪和测量,并进一步做图形处理,使计算机处理成为更适合人眼观察或传送给仪器检测的图像。计算机视觉也可以看作是研究如何使人工系统从图像或多维数据中"感知"的科学。

计算机视觉行业按市场结构可分为安防影像分析、广告营销分析、泛金融身份认证(解决方案)、互联网娱乐、手机及创新领域等类别。随着人脸识别、物体识别等分类、分割算法精度日益提升,愈来愈多的对象识别、分类问题将会逐步实现工业化,渗透进更多的行业应用。未来医疗影像、智慧物流、工业制造、批发零售等创新应用领域也将进一步解锁,成为行业整体快速发展的重要支撑。

(4)数据挖掘和知识发现

数据挖掘(Data Mining,DM)是从大量的数据中通过算法搜索隐藏于其中的信息的过程。知识发现(Knowledge Discovery in Database,KDD)是数据挖掘的一种广义说法,是从各种信息中,根据不同的需求获得知识。知识发现的目的是向使用者屏蔽原始数据的烦琐细节,从原始数据中提炼出有效的、新颖的、潜在的知识,直接向使用者报告。虽然数据挖掘是知识发现过程的核心,但它通常仅占 KDD 的一部分(15%~25%)。因此数据挖掘仅是整个 KDD 过程的一个步骤,对于到底有多少步以及哪一步必须包括在 KDD 过程中没有确切的定义。

数据挖掘技术在教育、金融、医疗、交通运输、工业制造等领域均有广阔的应用前景。

10.3.3 人工智能技术在物流中的应用

人工智能技术是智慧物流的三大支柱技术之一。目前,在物流行业实现应用的人工智能技术主要以深度学习、计算机视觉、自动驾驶及自然语言理解为主。鉴于机器视觉（本书 4.3 节）及语音识别（本书 4.2 节）等技术的应用已经在其他章节中做过介绍，本章仅介绍深度学习和自动驾驶技术在物流中的应用。深度学习主要在物流设施选址、运输路径规划、运力资源优化、设备智能调度、智能运营管理等场景中发挥至关重要的作用；自动驾驶技术是运输环节智能化的核心技术，头部企业的无人卡车已经开始在特定路段进行实地路测和试运行。已经落地或即将落地的应用主要有无人化物流装备、智能调度和智能车辆管理等。

1. 人工智能在无人化物流装备中的应用

人工智能与物流装备的结合促进了传统物流装备的无人化，无人卡车、无人配送车、配送无人机是其典型代表。无人卡车面向物流干线运输，而无人配送车和配送无人机则面向物流末端的配送环节，解决"最后一公里"无人化的问题。

（1）无人卡车

无人卡车的核心是其自动驾驶系统，一般由感知层、决策层与执行层组成，如图 10-15 所示。其感知载体与无人驾驶乘用车非常相似，以摄像头、激光雷达、毫米波雷达、超声波雷达等传感器为主。决策层是自动驾驶系统的核心，采用"计算平台+算法"的模式运行。其中计算平台依赖于两部分，一部分为车载智能系统，另一部分为边缘计算服务平台。算法是人工智能具体应用的结果，其目标是使车辆能够主动适应复杂的路况和交通环境。执行层由电子驱动、电子制动和电子转向等模块组成，能够按照指令完成刹车、加速、转向等操作。

人工智能赋能物流运输的最终形态必将是由无人卡车替代人工驾驶卡车。尽管近两年自

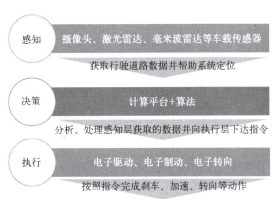

图 10-15 无人卡车自动驾驶系统架构

动驾驶在卡车领域进展顺利，无人卡车在港区、园区等相对封闭的场景中已经开始进入试运行阶段，但与实际运营的距离尚远，开放环境中（高速或城市）路况的复杂程度和不确定因素给无人卡车的商业化道路带来极大的障碍。

从商业化的进程来看，以图森未来为代表的 L4 级别自动驾驶卡车已经率先进入到了试运营阶段，无人卡车的商业化序幕正在缓缓拉开。但这只是无人卡车在物流运输中的初步尝试，仍然存在技术稳定性有待验证、可测试路段较少、国内甩挂运输份额较小等诸多问题，无人卡车距离大规模商业化应用尚需时日。

（2）无人配送车

无人配送车是应用在快递快运配送与即时物流配送中的低速自动驾驶无人车，是城市环境中自动驾驶技术的"降维"落地。

拓展阅读 10-6：吉利全场景智慧物流方案

无人配送车的核心技术架构与汽车自动驾驶系统基本一致，都是由环境感知、车辆定位、路径规划决策、车辆控制、车辆执行等模块组成，如图 10-16 所示。由于无人配送车的运行环境里有着大量的非机动车与行人，路面复杂程度要高于机动车道，因此对于超声波雷达、广角摄像头等近距离传感器的依赖度更高，环境感知算法的侧重点与汽车、卡车等机动车自动驾驶系统也有所不同。

在人口、车辆密集的城市环境中，无人配送车无疑是比无人驾驶乘用车更加适合自动驾驶技术落地的载体。首要原因是无人配送车的体积小、车速低，出现事故的风险与造成人身伤害甚至死亡的概率较低；此外，无人配送的场景非常丰富，落地初期可以选择边界相对清晰、环境相

对简单、对新技术接受度高的高科技园区、高等院校等场景，在技术成熟度提升和政策支持的前提下逐步向写字楼、小区等环境扩张，为自动驾驶算法的迭代与进化积累大量的数据资源。

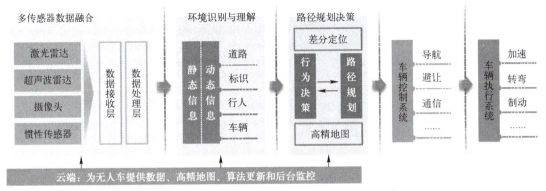

图 10-16　无人配送车自动驾驶系统流程示意图

（3）配送无人机

无人机起源于军事领域，早期的发展驱动力是为了减少飞行员伤亡以及应对极端情况，近年来消费级无人机市场也异常火爆。最早将无人机引入物流领域的是亚马逊于 2013 年提出的 PrimeAir 业务，国内以顺丰、京东为代表的快递、电商巨头也纷纷跟进，推出物流无人机战略。

人工智能技术在配送无人机领域的应用原理与自动驾驶并无本质差异，主要区别有两点。一是无人机搭载的传感器种类更为繁杂，环境感知算法对数据融合技术的要求更高；二是无人机配送中可选择的路径明显多于车辆，路径上的海拔、地貌、气候等客观约束条件都会对无人机的配送行为产生影响。此外，出于安全考虑，路径规划还需要尽量避开人群聚集区与关键设施，因此配送无人机的路径规划算法更加复杂。

快递、电商巨头以及无人机产品技术供应商们通过大量的试验与测试不断打磨提升物流无人机的技术稳定度、探索科学的运营模式。基于国内的人口密度、居住条件、政策限制等现实条件，配送无人机目前较为可行的应用场景是偏远山区配送、医药资源紧急配送、应急保障物资配送等。国内外物流巨头对物流无人机的运营模式探索如表 10-1 所示。

表 10-1　国内外物流巨头对物流无人机的运营模式探索

物流巨头	无人机类型	运营模式	战略构想
UPS	多旋翼小型无人机	无人机配送的起点是配备充电站的货车，以此减少快递员由于路径相斥导致的不必要时间消耗并延长无人机的续航时间与配送范围	将无人机与运输货车结合，一方面提升无人机配送的灵活性，另一方面未来随着无人卡车的落地有望实现"运输+配送"的完全无人化
DHL	旋转翼与多旋翼中小型无人机	设置无人机站点，配送人员将物品放入站点后，无人机负责将物品运送至其他指定接收站点或智能柜，再由快递员或无人车完成最终配送	DHL 采用的"无人机+智能快递柜"战略更适用于城市环境，其落地需要政策支撑与无人机专用站点或快递柜的大规模建设
SF EXPRESS 顺丰速运	固定翼中大型无人机	用无人机实现航空物流网络干支对接，辅以快递员在配送末端的到门服务，在末端运力尚充足的情况下短期内不会直接面向客户	建立"大型有人运输机+支线大型无人机+末端小型无人机"的整体空运链条，完成对全国大部分城市的空网覆盖

2. 人工智能在智能调度中的应用

智能调度又称基于知识的调度（Knowledge-based Scheduling），是人工智能和智能控制感兴趣的研究领域之一。物流领域的智能调度主要面向两类对象，即物流设备和物流作业人员，目前均有人工智能的落地应用，典型代表是仓储设备智能调度系统和即时配送订单分配系统。

(1) 仓储设备智能调度系统

仓储设备智能调度系统是基于深度学习与运筹优化算法，提升设备群体的智能化程度。

随着 AS/RS、AGV、AMR、穿梭车、激光叉车、堆垛/分拣机器人等不同类别的自动化及智能化设备越来越多地进入仓储环境中，设备的调度与协同成为影响设备工作效能的关键因素之一。如果把仓储环境中的各类设备比作一只足球队，那么设备调度系统就相当于球队的教练，负责制定球队战术、选择出场球员以及指挥球员跑位等工作。早期仓储设备的调度与控制主要是以 WCS（仓库控制系统）为载体，接收 WMS/ERP 等上层系统的指令后，控制着设备按照既定设计的运行方式进行工作。而在人工智能技术，尤其是深度学习与运筹优化算法的驱动下，设备调度系统在准确性、灵活性、自主性方面取得显著提升。以 AGVS 为例，基于大规模聚类、约束优化、时间序列预测等底层算法，AGV 智能调度系统能够灵活指挥数百乃至上千台 AGV 完成任务最优匹配、协同路径规划、调整货架布局、补货计划生成等多项业务，并随数据积累与学习不断自主优化算法。可以说，AI 算法加持的设备调度系统能够在一定程度上将系统自身的智能赋予设备本体，使设备群体的智能化程度得以提升。

人工智能在仓储设备智能调度的应用具体包括任务匹配优化、路径动态规划、订单批次规划和货架优化调整等。任务匹配优化以历史匹配经验数据作为驱动，将需要搬运的货架与空闲机器人进行一一匹配，使用在线与离线学习相结合的方式最大化当前和未来奖励值，不断迭代学习，得到最优匹配策略。路径动态规划打破传统路径规划的局限，采用深度强化学习结合动态规划的算法使多智能体进行分布式协同路径规划，在保证安全避障的同时用最短的时间到达目的地。订单批次规划对海量历史订单数据进行挖掘和分析，同时对未来订单进行预测，通过特征提取、关联性分析和无监督聚类，综合得到最优的订单批次组合。货架优化调整基于对货物未来订单需求的预测，对货架可能被搬运的次数（即货架的热度）进行识别，通过生成机器人搬运任务让不同热度的货架调整到最适合的位置，从而最小化预期的货架总体搬运距离。

从目前的情况来看，大部分仓储设备调度系统都是由设备供应商单独为本企业产品开发的标准化软件系统。对于设备类型较多的仓储环境，尤其是 AGV、激光叉车、分拣/堆垛机械臂等机器人类设备数量较多的大型自动化仓库，往往存在多种设备调度软件"山头林立"的局面，这些软件分别与 WMS/ERP 等上层系统连接，但彼此之间并无关联。因此要最大程度地发挥机器人的效能，就需要搭建连接 WMS 与仓内所有机器人的中间协同调度系统，为企业提供多设备、多厂商的统一接入与调度能力，使一定范围内的多种设备高效、联动、连贯地完成同一任务。但是由于设备调度系统在整个智能仓储体系中的定位是中间件，向上要能够适配市场主流 WMS 软件，向下要接入各种不同导航方式、功能类型、工作区域的仓储设备并以算法为基础调度指导设备完成各项工作，实现难度较大，目前尚处于实验阶段。较为可行的路径是由具备生产多种仓储机器人技术能力的企业自主研发或与 AI 公司共同开发能够将自身生产的各类机器人在同一环境内统一调度管理的平台型机器人操作系统，在充分验证与优化后，尝试向通用型设备协同控制系统发展。其典型的产品架构如图 10-17 所示。

(2) 即时配送订单分配系统

即时配送（On-demand Delivery）是一种立即响应用户提出的即刻服务要求并且短时间内送达的配送方式。即时配送对时间要求非常严格，能否合理分配订单任务，有效调动末端配送人员，直接影响即时配送的服务质量，而订单分配是提高效率的关键。人工智能在订单分配系统中的应用，促进订单分配系统向智能化的方向发展。

图 10-17 仓储设备协同控制系统的典型产品架构

基于人工智能的订单分配系统能够为提供订单数量预估、订单实时匹配、订单路径规划等能力,从而合理匹配运力与需求,提升配送效率,有效解决配送资源配置问题。尤其是对配送时效性要求非常高的即时物流领域,在引入基于机器学习与运筹优化算法的订单分配系统后,将行业发展初期使用的效率较低的骑手抢单模式和人工派单模式转变为系统派单模式。

即时物流订单分配本质上可以看作是带有若干复杂约束的动态车辆路径问题(Dynamic Vehicle Routing Problem,DVRP)。订单分配系统的工作原理(见图 10-18)是以大数据平台收集的骑手轨迹、配送业务、实时环境等内容作为基础数据,通过机器学习算法得到预计交付时间、预计未来订单、预计路径耗时等预测数据,最后基于基础数据和预测数据,利用运筹优化模型与算法进行系统派单、路径规划、自动改派等决策行为。订单分配系统给企业带来效率提升的最直接表现即配送时长明显下降,以美团为例,在应用了自主研发的 O2O 即时配送智能调度系统后,美团外卖的订单平均配送时长由 2015 年的 41min 缩短至 28min,降幅达到了 31.7%。

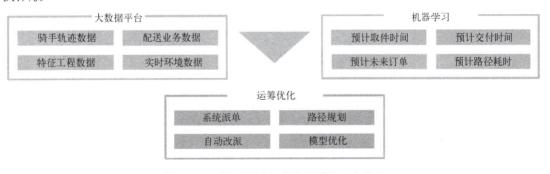

图 10-18 即时物流订单分配系统工作原理

3. 人工智能在智能车辆管理中的应用

无人卡车能够从根本上颠覆整个物流运输流程,但可预见的是在未来一段相当长的时间内,国内公路运输的主力依然会是规模不一的传统物流运输企业及其管理的车队。未来数年内,人工智能在物流运输中的商业化价值主要体现在车辆状态监测、驾驶行为监控等功能。

目前,国内人工智能赋能物流运输的主要形式是基于计算机视觉技术与 AIoT(Artificial Intelligence & Internet of Things,人工智能物联网)技术(见图 10-19),在车辆管理系统中实现车辆行驶状况、司机驾驶行为、货物装载情况的实时感知功能,使系统在车辆出现行程延误、线路异常和司机危险行为(瞌睡、看手机、超速、车道偏离等)时进行风险报警、干预和取证判责,并最终达到提升车队管理效率、减少运输安全事故的目的。

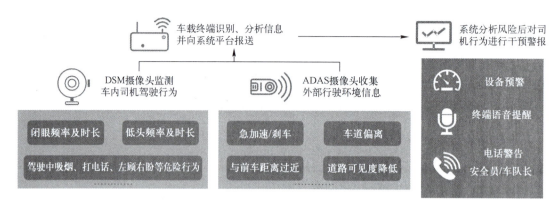

图 10-19 人工智能在车辆管理系统中的应用示例

与无人卡车的"替代性"功效不同，车辆管理系统中所应用的计算机视觉技术是对原有物联网功能的补充与拓展，依然是从辅助者的角度来帮助司机和车辆管理者，其感知设备是后装形式的车载终端，决策来自系统平台，对车辆的控制和动作执行要通过司机手动完成。因此就现阶段而言，融入人工智能技术的车辆管理系统在适用性和商业化程度上领先于无人卡车。

10.4 仿真模拟技术

仿真模拟是方法验证、模型验证和方案评估的有效手段。尤其是 VR/AR 等技术的发展成熟，进一步拓展了仿真模拟的范围，提高了仿真模拟的效果。其对于智慧物流的发展具有重要的推动作用。

10.4.1 仿真模拟技术概述

1．仿真模拟的概念

（1）仿真与模拟

仿真（Emulation）是指用一个数据处理系统来全部或部分地模仿某一数据处理系统，使得模仿的系统能像被模仿的系统一样接收同样的数据，执行同样的程序，获得同样的结果。模拟（Simulation，有时也译作仿真）是指用一个数字处理系统表达某个物理系统或抽象系统中选取的行为特征。但在习惯上经常将仿真和模拟两个词连用，有时也简称为仿真，并用 Simulation 来表示，是用模型（物理模型或数学模型）来模仿实际系统，代替实际系统进行实验和研究，是产品设计和制造中的常用技术手段。例如，在飞机或者汽车设计中，为了研究其空气动力学性能，通常先制造一个按照等比例缩小的飞机或者汽车模型，放在气流场相似的风洞中进行吹风实验，以得到优化的外形尺寸；在设计船舰时，也常常先做一个缩小的船舰模型，在水池中进行各种试验等。这些自然直观的仿真模拟手段直到现在仍然被设计人员采用。

（2）仿真模拟与虚拟现实

在有关文献中，经常可以看到仿真模拟与虚拟现实（VR）密切相关。虚拟现实技术，又称虚拟环境、灵境或人工环境，是指利用计算机生成一种可对参与者直接施加视觉、听觉和触觉感受，并允许其交互地观察和操作的虚拟世界的技术。虚拟现实和仿真模拟是从不同的角度、不同的对象或者不同的应用范围来阐述实物虚化和虚物实化的控制操作过程。两者之间的研究目标和实现手段等大部分是相似的。

仿真模拟技术按照技术交互手段和实现目的不同分为过程仿真和结果仿真。前者侧重于系统行为过程活动的真实性验证,它与虚拟现实技术联系更为紧密;后者侧重于对系统模型计算结果的验证,通常借助于高性能计算机等设备获得数据,再对计算结果作可视化重现。而计算机仿真更侧重在利用计算机软件模拟环境与真实环境结合进行操作和推演,因此仿真模拟更注重系统中的一些物理特性或真实特性,有时并不注重系统的沉浸感。但是目前越来越多的仿真模拟技术与虚拟现实技术相结合以提高仿真模拟的沉浸感,虚拟现实也越来越多地使用仿真模拟常用的设备和装置来提高虚拟现实的真实感,因此两者的界限也越来越模糊。

这里不对两者进行清晰的区分,仿真模拟技术就是综合使用这两种技术的统称。

(3) 仿真模拟系统

仿真模拟系统是以数学理论、相似原理、信息技术、系统技术及其应用领域有关的专业技术为基础,以计算机和各种物理效应设备为工具,利用系统模型对实际或者设想的系统进行试验研究的一门综合性技术。它综合了计算机、信息处理、自动控制等多个高新领域的技术,已经成为科学研究中除理论研究和科学实验以外的第三种方法。其广泛应用不仅有力地推动了计算机、电子和控制技术等相关学科的发展,而且其应用成果也产生了巨大的经济效益和社会效益。用仿真模拟系统进行试验,不受气候、场地和时间等客观条件限制,具有经济、灵活、可多次重复使用的优点,尤其适用于航空、航天、国防、航海及其他大规模复杂系统的分析、设计、试验和评估过程,已经成为许多复杂系统必不可少的辅助设计手段。

早期的仿真系统侧重于模拟,即按照真实系统的物理性质构造仿真系统的物理模型,并在物理模型上进行实验,但这种模型改变困难,实验限制多,投资较大。随着计算机技术和其他电子设备的发展,仿真模拟技术逐渐以计算机仿真技术为主。但很多情况下,由于对系统演变过程的物理规律认识不足,系统数学模型不易建立,仅仅采用计算机仿真技术来模拟系统演变过程不够真实。将数学模型与物理模型甚至实物联合起来进行实验,就是半实物仿真技术。虚拟现实技术中,这种在虚拟环境中结合实物的方法,就是增强现实(AR)研究的内容。这样既可以避免建模过程中过于抽象而导致的简单化和片面化,也可以充分发挥实物模型的真实性,使得系统更具真实感,提高了仿真模拟的可信度。

2. 仿真模拟的过程

传统上,仿真模拟技术是探讨系统、模型、仿真三者之间的关系。仿真就是对模型的实验,模型是系统的抽象,仿真建模就是对不同形式的系统模型研究其求解算法。现代的仿真技术,更多的是根据物理规律通过计算机的程序计算,建模方法和手段更为丰富,如通过基于模型库的结构化建模,采用面向对象建模方法,在类库的基础上实现模型拼合与重用等软件工程技术。由此涌现出来的众多的新算法和新软件,大大加快了仿真模拟过程。仿真模拟过程的一般步骤如下:

1) 系统建模与形式化。确定系统物理模型及其边界,以及模型的可信性分析和形式化处理。

2) 算法分析和程序设计。考虑算法的稳定性、计算精度和速度,考虑仿真程序对运行参数、控制参数、输出要求等。

3) 模型校验。检验所选仿真算法的合理性、系统模型的正确性。

4) 仿真结果分析。对系统性能做出评价,模型可信性检验。

模型的可信度取决于建模所用的信息"原材料"(先验知识、试验数据)是否正确完备,还取决于所用建模方法(演绎、归纳)是否合理、严密。此外,对于许多仿真软件来说,还要将数学模型转化为仿真算法所能处理的仿真模型。因此,这里还有一个模型的转换精度问题。建模中任何一个环节的失误,都会影响模型的可信度。

要想通过仿真模拟得出正确、有效的结论,必须对仿真结果进行科学的分析。现代仿真软件广泛采用了可视化技术，通过图形、图表，甚至动画生动逼真地显示出仿真对象的各种状态，使模拟仿真的输出信息更加丰富、更加详尽、更加有利于对仿真结果的科学分析。

3. 仿真模拟的分类

仿真模拟技术在不同的应用领域和应用中，具有不同的实现形式，主要体现在系统模型或者仿真模型的不同实现形式，根据系统模型中是否包含随机因素，可分为随机型模型和确定型模型；根据模型是否具有时变性，可分为动态模型和静态模型；从仿真模拟的形态区分，通常有实物仿真和半实物仿真甚至全软件仿真等形式；从系统状态来区分主要可以分为离散事件仿真、蒙特卡洛仿真和连续仿真等形式。

对于离散事件的系统仿真，系统中的状态只是在离散时间点上发生变化，而且这些离散时间点一般是不确定的。例如，理发馆系统、库存系统等典型实例，具有随机性特点，其中的分析工具更多地使用排队论、概率论等理论。

蒙特卡洛仿真模拟方法，也称为统计试验方法，可以用来解决数学和物理问题的非确定性的（概率统计的或随机的）数值模拟方法。例如，研究均匀介质的稳定状态。

对于连续仿真过程，也有实时仿真和非实时仿真等形式。例如，很多化学反应变化缓慢，通过非实时仿真可以较快地得到反应结果；核反应过程通常在一瞬间完成，也可以通过非实时仿真减缓核反应进度，并仔细观察和分析反应构成的各种瞬时形态的变化，为了解和掌握核反应原理提供有利的工具和方法。

4. 仿真模拟中的关键技术

仿真模拟技术的关键是模型和环境的构建以及实时交互和反馈技术。它涉及数据表示、运动计算和实时视景生成等基本环节。数据表示与管理不仅与物理模型或者数学模型的构建和环境生成等图形图像数据有关，也与其他数据格式和具体应用背景所需要的数据有关。运动计算不仅需要高性能的计算能力也与仿真应用背景密切相关，它包括动力学或者运动学方程等具体的数学物理模型求解以及实时交互计算。实时视景生成对于强调过程真实感的体验型仿真系统尤为重要。

10.4.2 虚拟（增强）现实技术

作为新一代信息技术融合创新的典型领域，继 2016 年产业元年与 2019 年 5G 云 VR 元年之后，虚拟现实关键技术日趋成熟，在智慧物流领域应用前景广阔。

1. 虚拟现实技术的特征

一般来说，一个完整的虚拟现实系统由虚拟环境、以高性能计算机为核心的虚拟环境处理器、以头盔显示器为核心的视觉系统、以语音识别、声音合成与声音定位为核心的听觉系统、以方位跟踪器、数据手套和数据服务为主体的身体方位姿态跟踪设备，以及味觉、嗅觉、触觉与力觉反馈系统等功能单元构成。其具有以下特征。

（1）多感知性（Multi-Sensory）

所谓多感知是指除了一般计算机技术所具有的视觉感知之外，还有听觉感知、力觉感知、触觉感知、运动感知，甚至包括味觉感知、嗅觉感知等。理想的虚拟现实技术应该具有一切人所具有的感知功能。由于相关技术，特别是传感技术的限制，目前虚拟现实技术所具有的感知功能仅限于视觉、听觉、力觉、触觉、运动等几种。

（2）沉浸感（Immersion）

沉浸感又称临场感或存在感，是指用户感到作为主角存在于模拟环境中的真实程度。理想的模拟环境应该使用户难以分辨真假，使用户全身心地投入到计算机创建的三维虚拟环境中，该环境中的一切看上去是真的，听上去是真的，动起来是真的，甚至闻起来、尝起来等一切感觉都是真的，如同在现实世界中的感觉一样。

（3）交互性（Interaction）

交互性又称互动性，是指用户对模拟环境内物体的可操作程度和从环境得到反馈的自然程度（包括实时性）。例如，用户可以用手直接抓取模拟环境中虚拟的物体，这时手有握着东西的感觉，并可以感觉物体的重量，视野中被抓的物体也能立刻随着手的移动而移动。

（4）构想性（Imagination）

构想性又称为自主性，强调虚拟现实技术应具有广阔的可想象空间，可拓宽人类认知范围，不仅可再现真实存在的环境，也可以随意构想客观不存在的环境。

2. 虚拟现实技术的分类

虚拟现实从用户感受角度分为桌面级虚拟现实和沉浸式虚拟现实两种类型，从研究对象角度分为仿真级虚拟现实和假想性虚拟现实，还有其他依据不同的背景和要求对虚拟现实研究方法和表现形式的各种分类。

（1）桌面级的虚拟现实

桌面虚拟现实利用个人计算机和低级工作站进行仿真，计算机的屏幕用来作为用户观察虚拟境界的一个窗口，各种外部设备一般用来驾驭虚拟境界，并且有助于操纵在虚拟情景中的各种物体。这些外部设备包括鼠标、追踪球、力矩球等。它要求参与者使用位置跟踪器和另一个手控输入设备，如鼠标、追踪球等，坐在监视器前，通过计算机屏幕观察 360°范围内的虚拟境界，并操纵其中的物体，但这时参与者并没有完全投入，因为他仍然会受到周围现实环境的干扰。桌面级虚拟现实的最大特点是缺乏完全投入的功能，但是成本也相对低一些，因而，应用面比较广。

（2）沉浸式的虚拟现实

高级虚拟现实系统提供完全投入的功能，使用户有一种置身于虚拟境界之中的感觉。它利用头盔式显示器或其他设备，把参与者的视觉、听觉和其他感觉封闭起来，并提供一个新的、虚拟的感觉空间，利用位置跟踪器、数据手套、其他手控输入设备、声音等使得参与者产生一种身在虚拟环境中，并能全心投入和沉浸其中的感觉。

（3）增强现实性的虚拟现实

增强现实性的虚拟现实不仅是利用虚拟现实技术来模拟现实世界、仿真现实世界，而且要利用它来增强参与者对真实环境的感受，也就是增强现实中无法感知或不方便感知的感受。这种类型虚拟现实典型的实例是战机飞行员的平视显示器，它可以将仪表读数和武器瞄准数据投射到安装在飞行员面前的穿透式屏幕上，它可以使飞行员不必低头读座舱中仪表的数据，从而可集中精力盯着敌人的飞机和导航偏差。

（4）分布式虚拟现实

如果多个用户通过计算机网络连接在一起，同时参加一个虚拟空间，共同体验虚拟经历，那么虚拟现实就提升到了一个更高的境界，这就是分布式虚拟现实系统。目前最典型的分布式虚拟现实系统是作战仿真互联网和 SIMNET，作战仿真互联网（Defense Simulation Internet，DSI）是目前最大的 VR 项目之一。该项目是由美国国防部推动的一项标准，目的是使各种不同的仿真器可以在巨型网络上互联，它是美国国防高级研究计划局 1980 年提出的 SIMNET 计划的产物。SIMNET 由坦克仿真器（Cab 类型的）通过网络连接而成，用于部队的联合训练。通过 SIMNET，位于德国的仿真器可以和位于美国的仿真器一样运行在同一个虚拟世界，参与同一场作战演习。

3. 虚拟现实的技术发展趋势

依据《虚拟（增强）现实白皮书（2021 年）》，虚拟现实存在单机智能与网联云控两条技术路径。当前，单体智能主要聚焦于近眼显示、感知交互、渲染计算与内容制作等领域，而网联主要体现在内容上云后的流媒体服务。近眼显示受限于核心光学器件与新型显示的发展，整体发展相对迟缓。2020 年随着市场需求日渐清晰，业界对近眼显示领域表现出更高的期待。在渲染计算方面，云渲染、人工智能与注视点技术引领 VR 渲染 2.0。在内容制作方面，交互性体验和支撑工具快速发展。感知交互强调与近眼显示、渲染计算、内容制作、网络传输等关键领域间的技术协同，各大 ICT 巨头与虚拟现实科技型初创公司对此深度布局，积极投入。

10.4.3 仿真模拟技术在物流中的应用

仿真模拟技术在物流中的应用非常广泛，既有基于离散事件仿真的物流系统仿真，也有基于 VR/AR 技术的物流数字孪生系统和虚拟仿真实训系统。

1. 物流系统仿真

物流系统仿真是仿真模拟技术在物流领域应用的结果，主要是基于离散事件的仿真。物流系统仿真通过建立现实物流系统的仿真模型，用模型代替真实系统，然后在模型上进行实验，从而研究物流系统的性能。物流系统仿真为物流系统规划与设计、物流运输调度与优化、物流成本估算和库存控制等提供了有效的验证手段。

（1）物流系统规划与设计

仿真多用于供应链设计、评价和优化，用来处理供应链中的不确定因素与动态性，此外有能力找出供应链各个成员之间的最优解决方案。在系统没有运行之前，把规划转化为仿真模型，通过运行模型，评价规划或设计方案的优劣并修改方案，仿真能够辅助决策者或策划者的决策活动，这是仿真经常用到的一方面。这样不仅可以避免不合理的设计和投资，而且也减少了投资风险，避免了人力、时间等的浪费。

（2）物流运输调度与优化

复杂的物流系统经常包含若干个运输调度、多种运输路线，连接供应链上游与下游是供应链运作过程中至关重要的一个环节，而运输调度与路线选择一直是物流系统的难点，其中包含了很多 NP 问题。在解决调度问题、规划运输路线时多使用启发式算法、不完全优化算法和遗传算法等，但在评价这些算法得到的策略哪个更有效、更合理时，遇到的问题更多。由于运输调度是物流系统最复杂、动态变化最大的一部分，有许多不确定性因素，很难用解析法描述运输的全过程。使用仿真建立运输系统模型，动态运行此模型，再结合图形将运行状态、物料供应情况、配货情况、道路堵塞情况、配送路径等生动地呈现出来。仿真还提供了各种数据，包括车辆运输时间和效率、不同策略之间的比较、不同路径的比较等。

（3）物流成本估算

物流系统运作是一个复杂的系统，其中存在许多不确定性因素。系统的总成本中包括运输成本、库存成本、订货成本和生产成本等。成本的核算与所花费的时间有关。进程中每一个操作的时间，通过仿真推进被记录下来。因此，人们可以通过仿真，统计物流时间的花费，进而计算出物流的成本。

（4）库存控制

库存系统是供应链管理中的重要环节，起到缓冲、调节和平衡的作用。供应链上各节点企业库存水平的高低一方面影响产品的成本，另一方面影响客户服务水平和企业对市场波动的适应能力。企业运作时库存处理的好坏直接影响公司的效益，也决定公司的竞争力。现实库存系统多数属于复杂的离散事件系统，具有诸多不确定性因素，部分关系复杂。在确定安全库存量、采购订货方式的时候遇到很大的困难，直接表现为没有适应的库存策略，解析方法的应用受到了很大的限制。通常使用离散系统仿真技术，对库存系统全局或局部变量进行分析和优化。

2. 物流数字孪生系统

物流数字孪生系统是融合了 VR、IoT 和数据分析等技术所形成的与现实物流系统虚实一体的数字化世界。仿真技术是创建和运行数字孪生的核心技术，是数字孪生实现数据交互与融合的基础。物流数字孪生系统具有以下特点。

（1）互操作性

物流数字孪生系统中的物理对象和数字空间能够双向映射、动态交互和实时连接，因此数字孪生具备以多样的数字模型映射物理实体的能力，具有能够在不同数字模型之间转换、合并和建立"表达"的等同性。

（2）可扩展性

物流数字孪生系统具备集成、添加和替换数字模型的能力，能够针对多尺度、多物理、多层级的模型内容进行扩展。

（3）实时性

物流数字孪生系统以一种计算机可识别和处理的方式管理数据以对随时间轴变化的物理实体进行表征。表征的对象包括外观、状态、属性、内在机理，形成物理实体实时状态的数字虚体映射。

（4）保真性

保真性指描述数字虚体模型和物理实体的接近性。要求虚体和实体不仅要保持几何结构的高度仿真，在状态、相态和时态上也要仿真。值得一提的是在不同的数字孪生场景下，同一数字虚体的仿真程度可能不同。例如，工况场景中可能只要求描述虚体的物理性质，并不需要关注化学结构细节。

（5）闭环性

物流数字孪生系统中的数字虚体，用于描述物理实体的可视化模型和内在机理，以便对物理实体的状态数据进行监视、分析推理、优化工艺参数和运行参数，实现决策功能，即赋予数字虚体和物理实体一个大脑。因此物流数字孪生系统具有闭环性。

拓展阅读10-7：数字孪生物流园区智能化运作

3. 物流虚拟仿真实训系统

传统的物流实训一般有两种方式。一种方式是利用实际的物流作业场景或设施设备进行实地训练；另一种是搭建仿真的实体模型进行模拟训练。前一种方式的优点是训练效果好，但存在训练成本高、影响生产作业、安全隐患大等弊端；后一种方式虽然有效解决了第一种方式的弊端，但是训练效果较差，并且只能仿真模拟物流系统中部分场景，主要用于仓储、配送、分拣等场景的模拟训练。VR/AR 技术能够有效应对两种方式的不足，提供近现实的各种虚拟场景，全面满足物流实训的需要。

（1）能够提供全场景模拟

VR 技术能够对物流系统中的所有场景进行建模和仿真，既包括仓储、配送、分拣等相对稳定的室内小型场景，也包括港口、码头、中转站、调度场等相对复杂的户外大型场景，而且其构建的成本远远小于建立实体模型。

（2）能够有效应对技术更新

物流技术发展日新月异，物流各作业场景中的设施设备更新换代也非常快。实体模型一旦建立，短期内不会更新换代，所以往往会出现训练场景落后于业务场景的现象。而 VR 的优势是能够紧跟物流技术发展的步伐，同步甚至超前配置新型的物流设备，以满足智慧物流快速发展的需要。

（3）能够提供近实况的训练环境

多感知性、沉浸感、交互性是 VR 的典型特征。基于 VR/AR 技术的物流虚拟仿真实训系统中为训练提供视觉、听觉、力觉、触觉和运动等多维感知，结合 VR 眼镜、沉浸式显示器、数据手套、数据衣等设备，能够进一步提高虚拟场景的真实感。同时，训练对象可以像操纵实体对象一样操作虚拟对象，达到近实况的训练效果。

拓展阅读 10-8：集装箱铁水联运港口作业 3D 虚拟仿真训练平台

本章小结

本章主要介绍了云计算、边缘计算、人工智能和仿真模拟四种技术。

云计算是智慧物流的支撑技术之一，具有虚拟化、动态可扩展、按需部署、灵活性高、可靠性高、性价比高等特点。云计算和物流的结合促使了物流云的出现，具有服务环境的开放性、物流资源的虚拟性和服务运行的协同性等特点，是智慧物流重要服务方式之一。按照物流云服务的开放程度，物流云服务方案包括私有云方案、公有云方案和混合云方案三种类型。

边缘计算是对云计算的发展，其核心仍是虚拟化。与云计算相比，边缘计算具有数据处理实时性、业务数据可靠性和应用开发多样化等特点。典型的边缘智能平台主要有 ParaDrop、Cloudlet、PCloud、Firework 和海云计算系统等几种类型。5G 的出现促进了边缘计算的落地，出现了基于边缘计算的视频应用、基于边缘计算的 VR/AR 应用、基于边缘计算的视频监控智能分析应用、基于边缘计算的 V2X 应用和基于边缘计算的工业控制应用等多种应用模式。

人工智能技术也是智慧物流支撑技术之一，其表现形式主要包括智能软件、智能设备、智能网络、智能计算机和智能机器人等。现阶段，人工智能领域的主要成果有人机对弈、模式识别、自动工程和知识工程等，在智慧物流中的应用主要包括无人化物流装备、智能调度和智能车辆管理等。

仿真模拟技术为物流系统中各种模型、方案的验证评估提供了必要的技术手段。尤其是 VR/AR 技术的出现，更进一步拓展了仿真模拟技术的应用范围，增强了仿真模拟的感知性、沉浸感、交互性和构想性，在物流系统仿真、物流数字孪生系统和物流实训等方面均有着广泛的应用。

练习与思考

一、思考题

1. 什么是云计算？具有哪些特点？
2. 云计算的服务类型有哪些？
3. 什么是物流云服务？具有哪些特征？
4. 物流云服务方案有哪些类型？
5. 什么是边缘计算？具有哪些特点？
6. 典型边缘智能平台有哪些？各有何特点？
7. 什么是人工智能？其研究目标与内容是什么？
8. 人工智能的主要成果有哪些？

9. 什么是仿真模拟技术？包括哪些类型？
10. 什么是虚拟现实技术？具有哪些特征？

二、论述题

1. 简述物流云公共信息平台的功能和结构。
2. 简述 5G 边缘计算在智慧物流中的应用。
3. 简述人工智能技术在智慧物流中的应用。
4. 简述仿真模拟技术在物流中的应用。

三、案例分析

无人驾驶汽车逃逸，"肇事者"身份特殊，AI 又引发争议

2022 年 4 月 12 日，美国的旧金山发生了一起和无人驾驶汽车相关的事故。据当时巡逻的交警所说，当时已经是夜晚，他们看到了一辆无人驾驶汽车从路边缓慢通行，但这辆汽车却没有开启灯光。

巡逻的交警有些疑惑，就想把这辆汽车拦下来去看一下究竟是怎么回事。虽然交警成功地把这辆汽车拦了下来，但却没有在汽车里面发现驾驶员，并且连车门也打不开。

交警有一种无奈的感觉，如果按照正常情况，车辆在夜间行驶不打开灯光，交警即便不处罚，也要对驾驶员进行一番口头警告。可是这辆汽车既没有驾驶员，也打不开车门，交警根本就没有办法进行处罚。

正当这名交警看着汽车有些无奈的时候，没想到汽车却不顾交警的阻拦突然启动了。因为事情还没有调查清楚，这辆汽车突然就离去已经属于逃逸了，这位交警赶紧上警车去追逐无人驾驶的车辆。

或许是这辆无人驾驶汽车发现了不对劲，在过了一个十字路口之后就靠边停了下来。三位交警又再一次绕着这辆汽车观察起来，但却没有一点办法。

事后经过调查得知，这辆汽车是 Cruise 公司生产出来的。这家公司是美国通用旗下专门研究无人驾驶汽车技术的公司，在全球无人驾驶领域属于领头羊的地位。

针对这件事情，Cruise 公司也发表了声明。他们称这辆汽车对于交警的执法命令非常配合，之所以在停车之后又启动离开是因为想找一个安全的地方停车。

虽然这家公司的解释没有获得所有人的认同，但汽车在逃逸之后却没有收到任何罚单，这件事引发了不小的争议。

有人质疑汽车加入 AI 技术之后，安全性如何保证？就比如美国这起事件，AI 技术再智能化也无法做到像人一样思考。然而路上的交通状况又是复杂多变的，它究竟能否应付得过来？

问题：

1. 针对案例中提到的事件，你怎么看？
2. 结合案例，思考在物流领域应该如何处理好"人工智能"和"人的智能"之间的关系。

第 11 章　数据交换与共享技术

学习目标

- 理解 EDI、XML 和区块链等技术的概念。
- 掌握 EDI、XML 和区块链等技术的特点和作用。
- 熟悉典型的 EDI、XML 和区块链技术标准。
- 了解 EDI、XML 和区块链等技术的技术原理。
- 能够辨析 EDI、XML 和区块链等技术之间的联系和区别。
- 初步形成 EDI、XML 和区块链等技术在物流中的应用思路。

导入案例

浙江"四港"联动智慧物流云平台

2021 年 12 月 30 日，浙江"四港"联动智慧物流云平台 2.0 正式发布上线。"四港"联动智慧物流云平台（简称"四港"云平台）是浙江省物流领域的核心平台，该平台由浙江四港联动发展有限公司开发运营，阿里云、百度、运去哪、货讯通等知名平台共同参与，旨在打造浙江省物流一站式公共服务平台。通过物流数智赋能，推动海港、陆港、空港等相关物流数据交互共享、汇聚融合，构建物流数字生态。

"四港"云平台 2.0 新增了物流数据交互中台、物流管家、公铁水内贸货运网络三大集成应用。物流数据交互中台以软件和数据服务为核心，打造一站式集约操作环境，利用丰富的物流数据资源为用户业务提供全面数据支撑，为生态内用户解决数据通道对接难的问题，构建"物流数据枢纽港"。物流管家为工贸企业提供最及时、有效的物流讯息，集成了全程可视、浙船期、运价服务、航运信息、数智获客 5 大应用场景。公铁水内贸货运网络将以区域内河集装箱运输为切入口，开辟标准化、专业化、低碳化、便利化、可视化的公铁水联运通道，建立浙江省内及长三角地区内贸运输信息共享网络体系，形成优势互济、要素互动、条块互通、立体互联的运输格局，为用户提供"端到端"的物流服务和"一票制"结算。

未来，平台将进一步发挥物流公共服务属性，增强全社会物流资源协作与交易的便利度，逐步实现"一点接入、四港联通，一次查询、全程可视，一单到底、货畅其流"的目标，通过物流服务和资源的数字化，打造一个集各物流主体于一体的数字物流生态，助力交通强国试点建设，实现平台全国全球辐射。

数据交换与共享技术是打破物流信息孤岛，促进物流数据流通，形成数据聚合效应的重要基础。虽然数据库、物流信息平台等技术在很大程度上扩大了数据共享范围，提升了数据共享能力，但针对智慧物流环境下的数据异构、自动交换、数据安全、数据溯源和可信性验证等问题，仍需要 EDI、XML 和区块链等相关技术的支持。其中，EDI 主要面向物流各参与方之间商业信息的自动交换；XML 作为新一代网络数据表示、传递和交换的标准，其与 EDI 相比更加灵活，准入门槛也更低，能够使更多的物流企业实现包括通用信息和商业信息的自动交换与共享；区块链基于去中心化的信任机制，在实现链上用户之间信息可信共享和传递的同时，实现链上用户之间的价值传递。

11.1 电子数据交换技术

电子数据交换（EDI）将计算机和通信网络高度结合，快速处理传递商业信息，形成了涌动全球的"无纸贸易"。EDI 应用水平已经成为衡量一个企业在国际国内市场上竞争能力大小的重要标志。EDI 对于提高智慧物流系统中各企业间的信息交互效率，推动物流全球化的发展具有重要作用。

11.1.1 EDI 概述

1. EDI 的概念

联合国标准化组织将 EDI 定义为：企业之间将商业或行政事务处理文件按照一个公认标准，形成结构化的事务处理或报文数据格式，从计算机到计算机的电子传输方法。由此可见，EDI 定义的主体是行政、商业、运输等方面的格式化信息；文件特征是标准化的结构性文件；文件传输路径是计算机—通信网络—计算机；信息的最终用户是计算机应用软件系统，从标准格式转换为工作文件是自动处理的；数据一般通过增值网络和专用网来传输。

由于使用 EDI 能有效地减少直到最终消除贸易过程中的纸面单证，因而 EDI 也被俗称为"无纸交易"。它是一种利用计算机进行商务处理的新方法，其目的是消除处理延迟和数据的重新录入，用电子数据输入代替人工数据录入，电子数据交换代替传统的人工交换。

EDI 不是用户间的简单的数据交换系统，EDI 用户需要按照国际通用的消息格式发送消息，接收方也需要按照国际统一规定的语法规则，对消息进行处理，并引起其他相关系统的 EDI 综合处理，整个过程都是自动完成，不需要人工的干预，减少了差错，提高了效率。

对于企业而言，EDI 的应用需要具备一定的条件：EDI 是交易双方之间的文件传递；交易双方传递的文件是特定的格式，采用的是报文标准；双方均有自己的计算机系统（或计算机管理信息系统）；双方的计算机（或计算机系统）能发送、接收并处理符合约定标准的交易电文的数据信息；双方计算机之间有网络通信系统，信息传输是通过该网络通信系统实现的，信息处理是由计算机自动进行的，无须人工干预和人为介入。

2. EDI 的特点

与传统的信函、传真、电子邮件等信息传输方式相比，EDI 具有以下特点。

（1）单证格式化

EDI 传输的是企业间格式化的数据，如定购单、报价单、发票、货运单、装箱单、报关单等，这些信息都具有固定的格式与行业通用性。而信件、公函等非格式化的文件不属于 EDI 处理的范畴。

（2）报文标准化

EDI 传输的报文符合国际标准或行业标准，这是计算机能自动处理的前提条件。目前广泛使用的 EDI 标准是 UN/EDIFACT 和 ANSI X.12。

（3）处理自动化

EDI 信息传递的路径是计算机到数据通信网络，再到商业伙伴的计算机，信息的最终用户是计算机应用系统，它自动处理传来的信息。因此这种数据交换是计算机到计算机，应用到应用，不需人工干预。

（4）系统结构化

EDI 系统由五个模块组成，即用户界面模块、内部 EDP（Electronic Data Processing）接口模块、报文生成与处理模块、标准报文格式转换模块和通信模块。这五个模块功能分明，结构清晰，形成了 EDI 较为成熟的商业化软件。

（5）运作规范化

EDI 报文是目前商业化应用中最成熟、最有效、最规范的电子凭证之一。EDI 单证报文的法律效力已被普遍接受。

11.1.2 EDI 系统

1. EDI 系统的基本结构

一般来说，EDI 系统由用户接口模块、内部接口模块、报文生成与处理模块、格式转换模块和通信模块五部分组成，如图 11-1 所示。

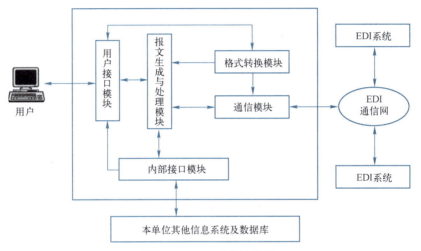

图 11-1 EDI 系统结构图

（1）用户接口模块

用户接口模块也称为联系模块，是 EDI 系统和本单位内的其他信息系统或数据库的接口。其主要功能是为 EDI 用户提供良好的接口和人机界面，业务管理人员可用此模块进行输入、查询、统计、中断、打印等，及时地了解市场变化，调整策略。

此模块同时也是 EDI 系统和企业内部其他系统进行信息交换的纽带。由于 EDI 不是将订单直接传递和简单打印，而是通过订单审核、生活组织、货运安排及海关手续办理等事务的 EDI 处理后，再将有关结果通知其他信息系统，或打印必要的文件进行物理存档。因此一个单位的信息系统应用程度越高，用户接口也就越复杂。

（2）内部接口模块

内部接口模块是连接 EDI 系统和本单位内部其他信息系统及数据库的接口。来自外部的 EDI 报文经过 EDI 系统处理，相关内容需要经内部接口模块送往其他信息系统，或查询其他信息系统才能给对方 EDI 报文以确认的答复。

（3）报文生成与处理模块

报文生成与处理模块的一个功能是接收来自用户接口模块和内部接口模块的命令和信息，按照 EDI 标准生成订单、发票等各种 EDI 报文和单证，经格式转换模块处理之后，由通信模块经 EDI 网络发给其他 EDI 用户。另一个功能是自动处理由其他 EDI 系统发来的报文。如因特殊情况不能满足对方的要求，则把这一类事件提交用户接口模块，由人工干预决策。

（4）格式转换模块

格式转换模块的主要功能是将产生的报文转换成符合通信标准的格式，同时将接收到的报文转换成本系统可读懂的格式。转换过程包括语法上的压缩、嵌套、代码的替换以及必要的 EDI 语法控制字符。

（5）通信模块

通信模块是 EDI 系统与 EDI 通信网络的接口，包括执行呼叫、自动重发、合法性和完整性检查、出错报警、自动应答、通信记录、报文拼装和拆卸等功能。

2. EDI 系统的工作流程

简单来说，EDI 是指用约定的标准编排有关的数据，通过计算传送业务往来信息。其实质是通过约定的商业数据表示方法，实现数据经过网络在贸易伙伴所拥有的计算机应用系统之间进行交换和自动处理，以达到迅捷可靠的目的。EDI 技术的实现主要体现在结构化标准报文在计算应用系统之间的自动交换和处理，其单证处理过程可分为以下四个步骤，如图 11-2 所示。

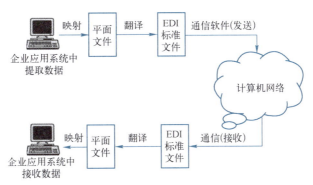

图 11-2 EDI 系统的单证处理过程

（1）生成 EDI 平面文件

用户应用系统将用户的应用文件或数据库中的数据取出，通过映射程序把用户格式的数据转换为被称为平面文件的一种标准中间文件。平面文件是一种普通的文本文件，其作用在于生成 EDI 电子单证，以用于内部计算机系统的交换和处理等。应用文件是用户通过应用系统直接进行编辑、修改和操作的单证和票据文件，可直接阅读、显示和打印输出。

（2）翻译生成 EDI 标准格式文件

将平面文件通过翻译软件生成 EDI 标准格式文件。EDI 标准格式文件是按 EDI 数据交换标准，即 EDI 标准的要求，将单证（平面文件）中的目录项，加上特定的分隔符、控制符和其他信息，生成一种包括控制符、代码和单证信息在内的只有计算才能阅读的 ASCII 码文件。EDI 标准格式文件就是所谓的 EDI 电子单证，或称电子票据，是 EDI 用户之间进行贸易往来的依据，具有法律效力。

（3）通信

这一过程由用户端计算机通信软件完成。通信软件将已转换成标准格式的 EDI 报文，经通信线路传送到网络中心，将 EDI 电子单证投递到对方的信箱中。信息系统自动完成投递和转接，并按照 ITU-T X.400/X.435 通信协议的要求为电子单证加上信封、信头、信尾、投递地址、安全要求及其他辅助信息。

（4）EDI 文件的接收和处理

接收和处理过程是发送过程的逆过程。用户首先需要通过通信网络接 EDI 信箱系统，打开自己的信箱，将 EDI 文件还原成应用文件再进行编辑、处理和恢复。

11.1.3 EDI 标准

EDI 是最为成熟和使用范围最广泛的电子商务应用系统。其根本特征在于标准的国际化，国际标准是实现 EDI 的关键环节。早期的 EDI 标准，只是由贸易双方自行约定，随着使用范围的扩大，出现了行业标准和国家标准，最后形成了统一的国际标准。国际标准的出现，大大地促进了 EDI 的发展。随着 EDI 各项国际标准的推出，以及开放式 EDI 概念模型的趋于成熟，EDI 的应用领域不仅只限于国际贸易领域，而且在行政管理、医疗、建筑、环境保护等各个领域得到了广泛应用。可见 EDI 的各项标准是使 EDI 技术得以广泛应用的重要技术支撑，EDI 的标准化工作是在 EDI 发展进程中不可缺少的一项基础性工作。

1. EDI 标准体系

EDI 标准体系是在 EDI 应用领域范围内的、具有内在联系的标准组成的科学有机整体，它由若干个分体系构成，各分体系之间又存在着相互制约、相互作用、相互依赖和相互补充的内在联系。我国根据国际标准体系和我国 EDI 应用的实际以及未来一段时期的发展情况，制定了 EDI 标准体系，以《EDI 系统标准化总体规范》作为总体技术文件。该规范作为我国"八五"重点科技攻关项目，是这一段时间内我国 EDI 标准化工作的技术指南，处于主导和支配作用。根据该规范，EDI 标准体系分基础、单证、报文、代码、通信、安全、管理和应用八部分。

（1）EDI 基础标准体系

主要由 UN/EDIFACT 的基础标准和开放式 EDI 基础标准两部分组成，是 EDI 的核心标准体系。其中，EDIFACT 有 7 项基础标准，包括 EDI 术语、EDIFACT 应用级语法规则、语法规则实施指南、报文设计指南和规则、贸易数据元目录、复合数据元目录、段目录、代码表，我国等同采用了这 7 项标准；开放式 EDI 基础标准是实现开放式 EDI 最重要、最基本的条件，包括业务、法律、通信、安全标准及信息技术方面的通用标准等，ISO/IEC JTC1 SC30 推出《开放式 EDI 概念模型》和《开放式 EDI 参考模型》，规定了用于协调和制定现有的和未来的开放式 EDI 标准的总体框架，成为未来开放式 EDI 标准化工作的指南。随之推出的一大批功能服务标准和业务操作标准等将成为指导各个领域 EDI 应用的国际标准。

（2）EDI 单证标准体系

EDI 报文标准源于相关业务，而业务的过程则以单证体现。单证标准化的主要目标是统一单证中的元数据和纸面格式，内容相当广泛。其标准体系包括管理、贸易、运输、海关、银行、保险、税务、邮政等方面的单证标准。

（3）EDI 报文标准体系

EDI 报文标准是每一个具体应用数据的结构化体现，所有的数据都以报文的形式传输或接收。EDI 报文标准主要体现于联合国标准报文（United Nations Standard Message，UNSM），其 1987 年正式形成时只有十几个报文，而到 1999 年 2 月止，UN/EDIFACT D.99A 版已包括 247 个报文。其中有 178 个联合国标准报文（UNSM）、50 个草案报文（Message in Development，MiD）及 19 个作废报文，涉及海关、银行、保险、运输、法律、税务、统计、旅游、零售、医疗、制造业等诸多领域。随着 EDI 的不断发展，绝大部分 EDI 报文标准被淘汰。目前，EDI 官网公布的标准主要有 ANSI ASC X12、EANCOM、VICS、UN/EDIFACT、ODETTE、Tradacoms、VDA、HIPAA、RosettaNet 和 SWIFT 十种。

（4）EDI 代码标准体系

在 EDI 传输的数据中，除了公司名称、地址、人名和一些自由文本内容外，几乎大多数数据都以代码形式发出。为了使交换各方理解收到信息的内容，便以代码形式把传输数据固定下来。代码标准是 EDI 实现过程中不可缺少的一个组成部分。EDI 代码标准体系包括管理、贸易、运输、海关、银行、保险、检验等方面的代码标准。

（5）EDI 通信标准体系

计算机网络通信是 EDI 得以实现的必备条件，EDI 通信标准则是顺利传输以 EDI 方式发送或接收的数据的基本保证。EDI 通信标准体系包括 ITU 的 X.25、X.200/ISO 7498、X.400 系列/ISO 10021、X.500 系列等，其中 X.400 系列/ISO 10021 标准是一套关于电子邮政的国际标准。虽然 ISO 称其为 MOTIS，ITU 称其为 MHS，但其技术内容是兼容的，它们和 EDI 有着更为密切的关系。

（6）EDI 安全标准体系

由于经 EDI 传输的数据会涉及商业秘密、金额、订货数量等内容，为防止数据的篡改、遗失，必须通过一系列安全保密的规范给予保证。EDI 安全标准体系包括 EDI 安全规范、电子签名规范、电文认证规范、密钥管理规范、X.435 安全服务、X.509 鉴别框架体系等。为了制定 EDIFACT 安全标准，联合国于 1991 年成立了 UN/EDIFACT 安全联合工作组，进行有关标准的制定。

（7）EDI 管理标准体系

EDI 管理标准体系主要涉及 EDI 标准维护的有关评审指南和规则，包括标准技术评审导则、标准报文与目录文件编制规则、目录维护规则、报文维护规则、技术评审单格式、目录及代码编制原则、EDIFACT 标准版本号与发布号编制原则等。

（8）EDI 应用标准体系

EDI 应用标准体系主要指在应用过程中用到的字符集标准及其他相关标准，包括信息交换用七位编码字符集及其扩充方法、信息交换用汉字编码字符集、通用多八位编码字符集、信息交换用汉字编码字符集等。

2. 典型 EDI 报文标准

商业伙伴实施 EDI，必须遵循一定的报文标准。通用的 EDI 报文标准主要有以下几种。

（1）ANSI ASC X12

1979 年，美国国家标准学会（ANSI）特许公认标准委员会（ASC）X12 为行业间电子交换商业交易开发统一的标准，即为电子数据交换。原先设想的 ANSI X12 支持北美的不同行业的公司，但目前已有全球超过 300000 家公司在日常业务交易使用 X12 的 EDI 标准。ASC X12 也对 UN/EDIFACT 做出过贡献，广泛用于美国以外的数据交换。

（2）EANCOM

EANCOM 标准最初是由 EAN 大会于 1987 年设想并提出，是根据当时新兴的 UN/EDIFACT 标准来进行开发。相比 TRADACOM 消息集，EANCOM 更详细，由 GS1 维护。EANCOM 最初应用于零售业开发，随后发展成为使用最广泛的 UN / EDIFACT 的子集，已经推广到其他行业，如医疗、建筑和出版等。

（3）VICS

VICS（Voluntary Inter-industry Commerce Standard，美国产业共同商务标准）是 ANSI ACS X12 标准的一个子集，由 GS1 US 负责管理，应用于北美的一般商品零售行业，已经被北美地区成千上万的公司、百货公司和专业零售店、大型商家及其各自的供应商所使用。

（4）UN/EDIFACT

UN/EDIFACT（Electronic Data Interchange For Administration，Commerce and TransPort，联合国/行政、商业和运输电子数据交换）是由联合国制定的国际标准，由联合国欧洲经济委员会下属的联合国贸易便利化和电子商务中心（UN/CEFACT）负责维护和发展。EDIFACT 标准提供了一套语法规则的结构、互动交流协议，并提供了一套允许多国和多行业的电子商业文件交换的标准消息。在欧洲，很多企业很早就采纳了 EDIFACT，应用很广泛。EDIFACT 在亚太地区也被一些企业采用，然而，亚太地区使用基于 XML 标准的较多。

（5）ODETTE

ODETTE（Organization for Data Exchange by Tele Transmission in Europe，欧洲电信传输数据交换组织）是代表欧洲汽车业利益的组织，与北美的汽车业行动组（Automotive Industry Action Group，AIAG）属于同类型组织。ODETTE 一直致力于开发通信标准，如 OFTP 和 OFTP2.0，不断优化流程，如物料管理操作指南/物流评估（Materials Management Operations Guideline/Logistics Evaluation，MMOG/LE）和汽车业的专用文件标准等，以改善整个汽车价值链上的货物、服务、产品数据和商业信息的流动。

（6）Tradacoms

Tradacoms 是 EDI 的一个早期标准，主要应用于英国零售业。它最初是在 1982 年作为 UN/GTDI 语法（EDIFACT 的前身之一）的实现而引入的，并由英国物品编码协会（现称 GS1 UK）维护和扩展。该标准的发展在 1995 年就停止了，取而代之的是 EDIFACT EANCOM 子集。尽管如此，英国的大部分零售业至今仍在使用它。

（7）VDA

VDA 标准的实行是汽车行业的特殊要求，以满足德国汽车行业公司的需求。VDA 已经开发了 30 多种信息，以满足大众、奥迪、博世、大陆和戴姆勒等公司的需求。如果需要同德国整车厂（Original Equipment Manufacturer，OEM）签订业务合同，部分 VDA 标准是强制要求（VDA 6.3/IATF 16949）或者是技术规范的一部分（VDA 19.1/2、FMEA）；部分 VDA 标准在顾客 CSR 中有要求（如戴姆勒的特殊条款和大众集团的 Formel Q），从而成为 CSR 强制要求（如新零件成熟度保障（MLA）、产品安全与符合性代表（PSCR））。

（8）HIPAA

HIPAA（Health Insurance Portability and Accountability Act，健康保险可携带和责任法案）由美国国会于 1996 年颁布。HIPAA 的一个关键组成部分是为电子医疗交易、国家认证供应商、健康保险计划和雇主建立国家标准。建立该标准的目的是通过鼓励广泛使用美国卫生保健系统的 EDI 标准，提高北美卫生保健系统的效率和效益。HIPAA EDI 交易集基于 X12 建立。

（9）RosettaNet

RosettaNet 是一个主要由计算机、消费电子、半导体制造商、电信和物流公司组成的联盟，共同努力创建和实施的全行业开放式电子商务流程标准。这些标准形成了一种通用的电子商务语言，在全球范围内协调供应链合作伙伴之间的流程。RosettaNet 报文标准基于 XML，并为公司之间的交互定义了消息指南、业务流程接口和实施框架。使用 RosettaNet 合作伙伴接口流程（Partner Interface Processes，PIP），各种规模的业务合作伙伴都可以通过电子方式连接来处理事务，并在其扩展的供应链中传输信息。关于 RosettaNet 的具体内容将在 11.2.2 节（典型 XML 电子商务标准）详细介绍。

11.1.4　EDI 技术在物流中的应用

EDI 技术应用在物流中，可以提高交易双方信息的传输效率，降低通信成本和通信时间，从而提高整个物流行业的工作效率。

1. 物流企业的 EDI 模型

许多国际和国内的大型制造商、零售企业、大公司等对于贸易伙伴都有使用 EDI 技术的需求。将 EDI 技术与企业内部的仓储管理系统、自动补货系统、订单处理系统等企业 MIS 集成使用之后，可以实现商业单证快速交换和自动处理，简化采购程序、降低营运资金及存货量、改善现金流动等，也使企业能更快地对客户的需求进行响应。物流企业 EDI 框架模型如图 11-3 所示。

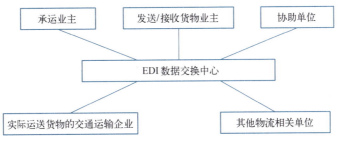

图 11-3　物流企业 EDI 的框架模型

企业使用 EDI 技术后的物流模型的主要步骤如下所述。

1）发送货物业主（如生产厂家）在接到订单后制订货物运送计划，并把运送货物的清单及运送时间安排等信息通过 EDI 发送给物流运输业主和接收货物业主（如零售商），以便物流运输业主预先制订车辆调配计划和接收货物业主制订货物接收计划。

2）发送货物业主依据顾客的要求和货物运送计划下达发货指令、分拣配货、打印物流条码并贴在货物包装箱上，同时把运送货物品种、数量、包装等信息通过 EDI 发送给物流运输业主和接收货物业主，并下达车辆调配指令。

3）物流运输业主在向发送货物业主取运货物时，利用车载扫描读数仪读取货物标签的物流条码，并与先前收到的货物运输数据进行核对，确认运送货物。

4）物流运输业主在物流中心对货物进行整理、集装，做成送货清单并通过 EDI 向接收货物业主发送发货信息。在货物运送的同时进行货物跟踪管理，并在货物交给接收货物业主之后，通过 EDI 向发送货物业主发送完成运送业务信息和运费请示信息。

5）接收货物业主在货物到达时，利用扫描读数仪读取货物标签的货物条码，并与先前收到的货物运输数据进行核对确认，开出收货发票，货物入库。同时通过 EDI 向物流运输业主和发送货物业主发送收货确认信息。

2. EDI 在物流中的应用场景

EDI 是一种信息管理或处理的有效手段，它可以对物流供应链上物流信息进行有效的运作，如传输物流单证等。EDI 在物流供应链上运作的目的是充分利用现有计算机及通信网络资源，提高交易双方信息的传输效率，降低物流成本。目的不同，EDI 的功能不同，所需的人力、时间与成本也不一样，如表 11-1 所示。

表 11-1　EDI 的应用方式

目的	数据传输	改善作业	企业再造
功能	维持订单、减少人工输入、降低错误	与业务系统集成、缩短作业时间、发现错误、提高传输可靠性	提高企业竞争力
参与人员	作业人员	业务主管	决策主管

（续）

目的	数据传输	改善作业	企业再造
初期成本	小	较小	
引入时间	1个月	2～4个月	1年
条件	计算机	管理信息系统	管理信息系统
实现方式	多引入频繁发生且各不相同的业务单据	引入相关业务单据，并与自身系统集成	借助EDI的引入完成企业流程再造

（1）EDI在物流公司中的应用

物流公司是供应商与客户之间的桥梁，它对调节产品供需、缩短流通渠道、解决经济的流通规模及降低流通成本起着极为重要的作用。物流公司的交易流程如图11-4所示。

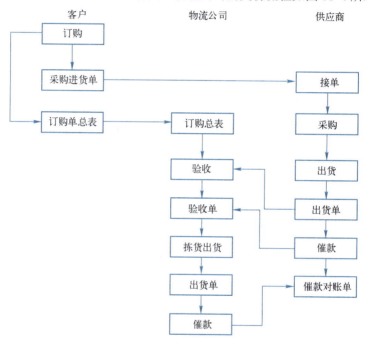

图11-4 物流公司交易流程

如果物流公司引入EDI是为了运输数据，则可以低成本引入出货单的接收。如果希望引入EDI改善作业流程，可以依次引入各种单证，并与企业内部信息系统集成，逐步改善接单、配送、催款的作业流程。对物流公司来说，出货单是客户发出的出货指示。物流公司引入EDI出货单后可与自己的拣货系统集成，生成拣货单，这样就可以加快内部作业速度，缩短配送时间；在出货完成后，可将出货结果用EDI通知客户，使客户及时知道出货情况，也可尽快处理缺货情况。对于每月的出货配送业务，物流公司可引入EDI催款对账单，同时开发对账系统，并与EDI出货配送系统集成来生成对账单。从而减轻财务部门每月对账工作量，降低对账的错误率以及业务部门的催款人力。除数据传输及改善作业流程外，物流公司还可以以EDI为工具进行企业流程再造。

（2）EDI在生产企业中的应用

相对于物流公司，生产企业与其交易伙伴间的商业行为大致可分为接单、出货、催款及收货作业，其间往来的单据包括采购进货单、出货单、催款对账单及付款凭证等。生产企业引入 EDI 是为了数据传输时，可选择低成本的方式引入采购进货单，接收客户传来的 EDI 订单报文，将其转换成企业内部的订单形式。其优点是，不需要为配合不同供应商而使用不同的电子订单系统；不需要重新输入订单数据，节省了人力和时间，同时减少人为错误。如果生产企业应用 EDI 的目的是改善作业，可以同客户合作，依次引入采购进货单、出货单、催款对账单及转账系统，并与企业内部的信息系统集成，逐步改善接单、出货、对账及收款作业。

生产企业为改善作业流程而引入 EDI 时，必须有相关业务主管积极参与，才可能获得成果。例如，对生产企业来说，退货处理非常麻烦，退货原因可能是商品瑕疵或商品下架。对有瑕疵的商品，退货只会增加处理成本；对下架商品，如果处理及时，还有机会再次销售。因此，引入 EDI 退货单并与客户重新拟定退货策略，对双方都有好处。

（3）EDI 在批发商中的应用

批发商因其交易特征，相关业务包括向客户提供产品以及向厂商团购商品。

批发商若为了数据传输而引入 EDI，可选择低成本方式。交易对象若是厂商，可引入 EDI 采购进货单的传输，将采购进货单转化成 EDI 报文传给厂商。其优点是，不需要为了配合不同厂商而使用不同的电子订货系统；使厂商提早收到订单，及时处理，加快送货速度。

批发商若为了改善作业流程而引入 EDI，可逐步引入各项单证，并与企业内部信息系统集成，逐步改善接单、出货、催款的作业流程（或订购、验收、对账、付款的作业流程）。对旨在改善订购、验收、对账、付款流程的批发商来说，可依次引入采购进货单、验收单、催款对账单以及付款明细单，并与企业内部的订购、验收、对账及转账系统集成。其做法与零售商的做法类似。对旨在改善接单、出货、催款流程的批发商来说，可依次引入采购进货单、出货单及催款对账单，并与企业内部的接单、出货及催款系统集成，其做法与生产企业的做法类似。

11.2 可扩展标记语言

在国外，EDI 技术是在大公司的推动下发展起来的，并且已经得到了很大的发展。有些国家甚至规定没有使用 EDI 的企业不允许加入企业协会，这就意味着这些企业将失去很多机会和优惠条件。而进入 21 世纪以后，电子商务快速发展，促使企业与企业之间、企业与用户之间的信息交换越来越频繁，所以需要一种数据标准格式作为数据的载体，而且它应该是经过检验的国际标准，并且与平台、语言无关。可扩展标记语言（Extensible Markup Language，XML）可以满足这样的要求。所以 XML 出现后，自然成为 EDI 的替代者。

11.2.1 XML 概述

1. XML 的由来

XML 最初的设计目的是为 EDI 提供一个标准数据格式。但由于 XML 支持世界上几乎所有的主要语言，并且不同语言的文本可以在同一文档中混合使用，应用 XML 的软件能处理这些语言的任何组合。所有这一切使 XML 成为数据表示的一个开放标准，这种数据表示独立于机器平台、供应商以及编程语言。XML 为网络计算注入了新的活力，并为信息技术带来了新的机遇。

XML 不是 HTML 的替代。XML 和 HTML 为不同的目的而设计，XML 被设计为传输和存储数据，其焦点是数据的内容。HTML 被设计用来显示数据，其焦点是数据的外观。HTM 旨在显示信息，而 XML 旨在传输信息。

2. XML 的特点

XML 具备可扩展性、灵活性和自描述性等特点，同时把数据与显示分离，能够简化数据共享与传输，简化平台的变更，从而使数据更有用。

（1）可扩展性

XML 允许使用者创建和使用他们自己的标记而不是 HTML 的有限词汇表。这一点至关重要，企业可以用 XML 为电子商务和供应链集成等应用定义自己的标记语言，甚至特定行业一起来定义该领域的特殊标记语言，作为该领域信息共享与数据交换的基础。

（2）灵活性

XML 提供了一种结构化的数据表示方式，使得用户界面分离于结构化数据。所以，Web 用户所追求的许多先进功能在 XML 环境下更容易实现。

（3）自描述性

XML 文档通常包含一个文档类型声明，因而 XML 文档是自描述的。不仅人能读懂 XML 文档，计算机也能处理。XML 表示数据的方式真正做到了独立于应用系统，并且数据能够重用。XML 文档被看作是文档的数据库化和数据的文档化。

（4）数据与显示分离

通过 XML，数据能够存储在独立的 XML 文件中。这样用户就可以专注于使用 HTML 进行布局和显示，并确保修改底层数据不再需要对 HTML 进行任何的改变。通过使用几行 JavaScript，就可以读取一个外部 XML 文件，然后更新 HTML 中的数据内容。

（5）简化数据共享

XML 数据以纯文本格式进行存储，因此提供了一种独立于软件和硬件的数据存储方法。这让创建不同应用程序可以共享的数据变得更加容易。

（6）简化数据传输

通过 XML，可以在不兼容的系统之间轻松地交换数据。对开发人员来说，其中一项最费时的挑战一直是在因特网上的不兼容系统之间交换数据。由于可以通过各种不兼容的应用程序来读取数据，以 XML 交换数据降低了这种复杂性。

（7）简化平台的变更

升级到新的系统（硬件或软件平台）总是非常费时的，必须转换大量的数据，不兼容的数据经常会丢失。XML 数据以文本格式存储，这使得 XML 在不损失数据的情况下，更容易扩展或升级到新的操作系统、新应用程序或新的浏览器。

（8）使数据更有用

由于 XML 独立于硬件、软件以及应用程序，XML 使数据更可用，也更有用。不同的应用程序都能够访问用户的数据，不仅仅在 HTML 页中，也可以从 XML 数据源中进行访问。

3. XML 的适用情况

以下几种情况可以考虑使用 XML 技术。

（1）推广开放的数据标准

XML 文档可以自由设计所使用的标签以表达信息。标签结构容易扩展，而且 XML 文档是纯文本文档，容易阅读。因此，XML 格式成为开放数据标准的首选。

（2）用于交换和发布信息

XML 文档友好而开放的格式，使其内容非常易于理解。XML 技术还得到了广泛的开发平台的支持，并支持国际语言，计算机操作系统或编程语言的差异、各种私有的文档格式等，不再成为信息交换和发布的障碍。因此，XML 是适用于交换和发布信息的技术。

（3）提供可重复使用的数据

XML 文档具有内容与形式分离的特征。因此，XML 文档的内容和格式可以分别处理，编写内容时不必考虑排版，而处理格式时也不会影响内容。XML 文档本身又是开放的文本文档，比二进制文档容易理解，还得到很多编程技术的支持，易于访问编辑。这降低了重复用文档数据的难度。

（4）为应用程序存储数据

XML 格式自由，容易扩展，方便编辑，得到许多编程语言的支持，文档中嵌套的标签层次分明，这些对于应用程序存储配置数据非常重要。因此，许多应用程序和业务系统都选择 XML 作为应用系统的配置文件和程序数据文件。

（5）程序与数据的共享

XML 的应用非常广泛，许多软件系统或应用程序都使用 XML，不少编程者也使用 XML 构建应用程序。如果要和这些应用程序交换数据或进行二次开发，使用 XML 能够减少许多障碍。

11.2.2 典型 XML 电子商务标准

在基于 XML 的数据交换标准方面，国外已经建立了一些基于 XML 的电子商务标准体系，如 ebXML、RosettaNet、XML/EDI 等；我国也制定了具有中国特色的 XML 标准——cnXML。另外，GS1 也制定了针对 GS1 编码信息交换的 GS1 XML 标准。

1. ebXML

电子商务扩展标记语言（E-Business Extension Markup Language，ebXML）是由联合国促进贸易和电子商务中心 UN/CEFACT 和组织结构化信息发展组织 OASIS 共同倡导的一个全球性电子商务标准。

（1）ebXML 的目标

ebXML 提出了一套完整的技术规范，制定了电子商务中各种功能标准，包括商业流程的建立、信息的挖掘、信息的封包与传输等。其目的是提供一个开放的基于 XML 的基础环境，使全球的企业，无论其规模大小，都可以通过互联网进行电子商务交易。凭借这套规范，企业在交易过程中，可以使用共同的术语来交换商业信息、定义和注册商业流程。ebXML 的目标就是建立全球唯一的电子商务市场。使用 ebXML 能找到全世界范围内任何规模，任何地点的基于 XML 信息传输的电子商务者，并可以引导、管理他们间的商务活动。

ebXML 能够提供全球性的开放标准，建立全球统一的电子商务市场，协助目前采用 EDI 的公司使用新的电子商务标准，进而发现新的交易伙伴，加速目前各种 XML 产业标准的整合。可以说，ebXML 有希望接替电子数据交换 EDI，但这种接替是辩证的，因为 ebXML 强调应该学习 EDI 而并不是盲目地抛弃它。

（2）ebXML 的总体结构

ebXML 的总体结构如图 11-5 所示。首先使用 ebXML 来描述公司内部的商业流程（Business Process）及核心组件（Core Components），然后通过参考和引用商业流程以及使用按照核心组件的要求，共同构建本公司的商业文档。公司在向 ebXML 注册机构注册的时候，同时提交该公司的商业流程、核心组件和商业文档，这些资料被存储起来以备将来的贸易伙伴检索和其后可能进行的自动协商等活动。每个企业在 ebXML 注册后，都需要注册生成一个有关该公司的合作协议描述（Collaboration Protocol Profile，CPP）。当另外一个企业在这个注册存储库中搜寻的时候，会将自己的 CPP 与其目标公司的商业描述进行匹配。如果两个公司的商业描述足够匹配，它们之间就能达成某种共识，生成一个最终文件，即合作方案协议（Collaboration

Protocol Agreement，CPA）。基于上述的自动协议的成功，两个企业就可以开始进行充分有效的合作，通过使用 ebXML 消息技术规范来传输商业信息，实现贸易往来。此时数据怎样传输及如何有效地传输、如何保证其安全性和保密性，ebXML 技术规范都给出了规定。

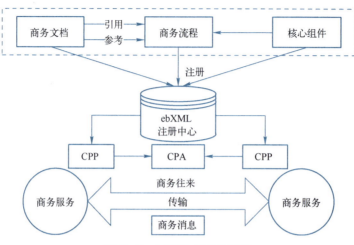

图 11-5　ebXML 的总体结构

（3）ebXML 的商务流程

当一个企业要加入一个基于 EDI 的供应链系统的时候，它要付出的成本将是昂贵的，因为使用 EDI 系统就必须和这个供应链中的每一个成员企业建立一种 P2P 的网络传输系统，如图 11-6 所示。而这对于经济技术人力资源实力相对薄弱的中小型企业而言是不可实现或极难实现的，它极大地限制了电子商务的使用范围。但是，如果采用基于 ebXML 的供应链管理就只要接入 Internet 及一台计算机就能够实现，这对于想要实现电子商务的任何企业而言其吸引力都是巨大的。

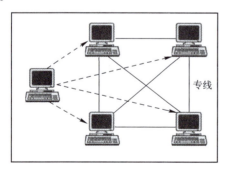 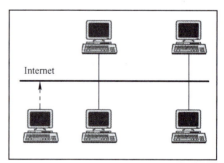

图 11-6　EDI 与 ebXML 接入方式的区别

图 11-7 揭示了 ebXML 在商业运作中的具体方法。企业 A 首先浏览 ebXML 注册中的内容，特别是其中可以下载或查看内容的核心库（Core Library）。核心库（或者是其他商务过程库）允许公司 A 提交它撰写的 ebXML 在商务运作中的具体需求。

基于对 ebXML 注册中可用信息的浏览，公司 A 可以组建或者购买适合它预期的 ebXML 处理方式制作的执行系统，同时希望其卖主或买主企业 B 也将全部支持 ebXML 的要素。此时的一个 ebXML 系统通常比一些桌面应用软件还要小，可能比一些商业数据库系统还要便于管理。图 11-7 中假设原材料供应者或销售者 B 也使用了这种 ebXML 系统。

接下来，公司 A 在"注册"里面创建并登记一个合作协议描述 CPP 文件。当然还可以继续创建新的商业流程到"注册"里面,也可能只登记刚才的那个 CPP 文件。CPP 里面必须包括公司 A 感兴趣的合作伙伴的类型,以及为吸引潜在的合作伙伴将来决定加入供应链合作的一些必备信息,另外还要提供未来实行这些合作的草案书。

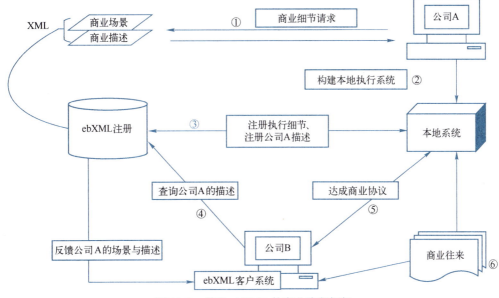

图 11-7　基于 ebXML 的商业流程框架

一旦公司 A 登记好了上述的内容,公司 B 就能够在看到公司 A 的 CPP 后确定它是否和本公司的 CPP 及要求是一致的。如果一致,公司 B 就可以和公司 A 自动地磋商合作方案协议 CPA,并在 CPA 协商一致的基础上给出 ebXML 标准格式或推荐格式的协议草案书。最后,公司 A 和公司 B 就开始了实际的商务交易。这些具体商务处理有可能依从更进一步的 ebXML 标准和推荐的商务信息处理方法。另外,ebXML 还将继续就现实工作中发生的诸如原材料运输、服务方式方法等提供应答、监视、检查确认等辅助工作。这样,一个供应链就通过 ebXML 构建起来了,供应链中的成员通过 ebXML 在全球范围里面寻找到合适的合作伙伴,并可以开始进行实际的电子商务运作。

2. RosettaNet

RosettaNet 是一个业务协议,通过为电子商务制定全球性语言,企业可以克服在 Internet 上经营业务的障碍。RosettaNet 的文档标准基于 XML 定义消息指引、业务流程接口和公司之间的相互作用的实施框架。RosettaNet 标准为电子商务标准化提供了一个健壮的、非专有的解决方案,它是免费的,可以通过 RosettaNet 网站获得。

(1) RosettaNet 的目标

RosettaNet 的主要目标集中在供应链及其优化上。它通过增强的 B2B 集成提高其效率和性能。RosettaNet 电子商务过程标准旨在提高速度、效率和可靠性,允许在贸易合作伙伴间进行更大规模的协作和交流。RosettaNet 提供一个公共交流平台,也可以说是一种公共语言,它允许参与业务流程的不同贸易合作伙伴自动化流程并在 Internet 上执行。该公共平台解决了 EDI 的主要成本开销之一,即业务流程中贸易合作伙伴的 IT 部门必须为与其交互的各贸易合作伙伴设计、实现和测试定制业务流程。与 EDI 和早期的 B2B 集成工作不同,RosettaNet 已完全设计用于与安全性的结合和按需集成,这使得原本要花费数日的传统业务事务批处理可以在几分钟之内迅速完成。

（2）RosettaNet 的优势

EDI 和 RosettaNet 之间的主要区别在于，EDI 在公司之间交换文档，而 RosettaNet 跨网络定义业务流程并对其进行集成，以确定最佳操作过程。大量的案例分析已显示，RosettaNet 带来了胜过 EDI 的多种利益。

RosettaNet 能够更轻松、更经济高效地实现，投资回报（ROI）更大；能够自动处理更大批量的业务；能够提供相对于批处理的实时事务处理；具有更高的可伸缩性。

3. XML/EDI

传统的 EDI 已经证明了它在处理电子商务事务中具备相当的可行性和有效性，然而它的局限性也是显而易见的。对于小型商业合作伙伴而言，要求它们负担昂贵的集成代价和部署代价是几乎不可能的。因此，XML/EDI 工作组在 1997 年制定了基于 XML 的 EDI 标准，是对传统 EDI 的扩展和升级，其目标就是使这些公司可以建立一个快捷的、廉价的、可维护性更强的面向全球使用的商务系统。与传统的 EDI 相比，XML/EDI 能够节省约一半以上的建设成本，同时也缩短建设周期。

（1）XML/EDI 的组成元素

XML/EDI 在传统 EDI 的基础上，增加了 XML、结构化文件处理机制（Parsing）、流程样本（Process Template）、软件代理（Software Agent）、全球实体储存库（Global Entity Repositories）等关键元素（见图 11-8），从而使贸易伙伴之间不仅能通过传统的 EDI 来进行数据交换，而且通过新的增值服务能够更好地实现彼此系统之间的事务同步。

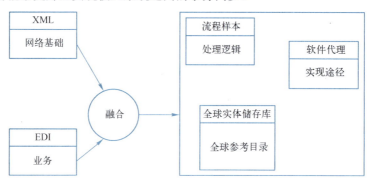

图 11-8 XML/EDI 的组成元素

EDI 元素的存在，使 XML/EDI 对于传统的 EDI 系统具有 100%的相容性。XML 元素使 XML/EDI 支持 W3C 的 XML 标准，可以通过 HTTP、SMTP 和 FTP 在 Internet 上进行数据传输。Parsing 用于对 XML 结构化文件进行解析，以获取所需的信息。流程样本提供了将整个 XML/EDI 结合在一起的机制，如果没有流程样本将无法单独使用 XML 语法来表达所有需要进行的工作流程细节。软件代理不仅可处理流程样本执行必要的工作，而且与 EDI 交换资料定义，与用户业务应用相互作用，每一特定的任务可建立新的商业流程样本。全球实体存储库主要是存储业界所共同接受的 DTD、Template、Agent 等商业资料与流程对象，并提供搜索机制，让企业能够通过 Internet 进行访问。

（2）XML/EDI 的核心模式

XML/EDI 有 Star、Ad hoc、Hybrid、Web 四种核心模式。

Star 模式如图 11-9 所示，是典型的 EDI 模式。其中的节点分为父节点（或叫管理节点）和子节点两类，处于中心位置的为父节点，边缘位置的为子节点。父节点是整个组织体系内的核心企业，根据贸易需要制定相互之间共同遵守的标准，而子节点没有标准的制定权。

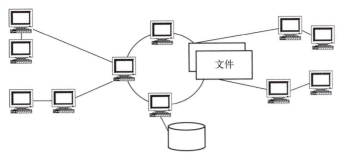

图 11-9　XML/EDI Star 模式

Ad hoc 模式如图 11-10 所示，其无核心组织和机构。参与的企业相互之间可以建立对等的联系，双方根据各自需要共同制定双方遵守的标准。

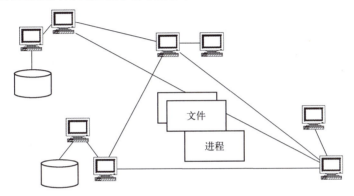

图 11-10　XML/EDI Ad hoc 模式

Hybrid 模式是 Star 和 Ad hoc 模式的混合体，如图 11-11 所示。其在 Star 模式的基础上，部分企业可以根据自身需要与新的企业建立对等联系，共同制定仅供双方遵守的标准。

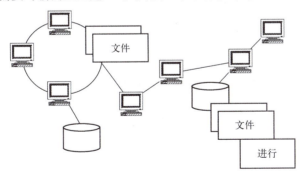

图 11-11　XML/EDI Hybrid 模式

Web 模式如图 11-12 所示，是一个以文件为中心（Document-Centric）的模式。此模式中，内容（Content）是最重要的交换信息。内容可以通过预先设定的规则或要求传递，或通过广播的方式发布。

4．cnXML

cnXML 是由中国科学院软件研究所电子商务技术研究中心联合中国电子信息产业发展研究院、用友软件集团、神州数码、8848 电子商务公司等单位发起和制定的具有中特色的 XML 标准。cnXML 是一个符合我国商业习惯、商业传统和商业流程的电子商务语言规范，提供一套统

一、灵活、开放并且可扩充的数据交换格式，使包括采购方、销售方、运营者及中介等商业机构在内的各个贸易方都能够通过网络方便地进行各种商业活动。cnXML 是一个规范标准，更是中国电子商务发展的前提。

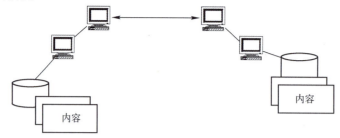

图 11-12　XML/EDI Web 模式

（1）cnXML 的设计原则

在制定 cnXML 规范的过程中，遵循了以下几个基本设计原则：标准和规范；模块结构；可扩展性；内容与传统方式的分离；通用性；全面支持中文标记；体现我国的商业流程与习惯；可实现性；精简性。

（2）cnXML 文档规范

cnXML 文档规范定义各种商业文档的内容和格式。它首先定义了一系列公共元素，包括姓名、通信地址、电话、金额、货币等。这些元素是多个商业文档都包含的内容，具有普遍性。在公共元素的基础上，cnXML 文档规范定义了用于不同商业活动的各种文档，如产品目录、价格查询、订单、发票、货单等，使用这些文档可以完成一个完整的商业交易。

（3）cnXML 商业流程

Internet 开放购买（Open Buying on the Internet，OBI）模型是由 OBI 协会提出的一个电子商务交易标准。cnXML 支持 OBI 模型，可以使用 OBI 模型来驱动订单流程，完成企业与企业之间的电子商务交易。

拓展阅读 11-1：开放购买模型（OBI）

5．GS1 XML

GS1 XML 是一项 XML 架构下的 GS1 标准，为用户实施电子商务提供一个全球商业报文语言，以有效实施基于因特网的电子商务。

（1）GS1 XML 数据传输流程

GS1 XML 的数据传输流程如图 11-13 所示。数据发出方从自身的 ERP 系统中导出数据，如订单、发货单、运输票据、发票、收据等；然后按 GS1 XML 模式要求，生成有效的 XML 标准化信息；验证通过后生成 XML 实例文档并通过互联网发送给信息接收方；接收方在收取文件前也会有相同的模式来验证数据的有效性；验证通过后转换成自己可接收的信息。

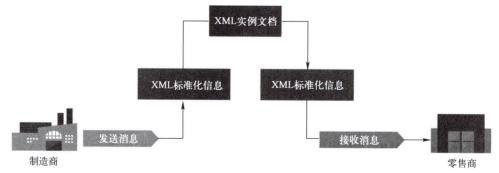

图 11-13　GS1 XML 数据传输流程

（2）GS1 XML 的目标

GS1 XML 的目标主要包括：为业务消息提供通用结构和允许的内容，其中的交易双方和项目使用 GS1 编码标识；为世界各地国际性企业服务；能够扩展以满足特定业务部门和区域的需求；能否扩展以满足不同行业的新要求；提供与联合国贸易便利化和电子商务中心（UN/CEFACT）技术规范的兼容性。

11.2.3　XML 技术在物流中的应用

XML 的开放性和灵活性，使其与 EDI 相比，在现代物流中应用的范围更广，主要体现在以下几个方面。

1. 异构物流信息系统之间的数据交换

物流信息系统之间的异构性在智慧物流中普遍存在。老系统与新系统之间，不同企业之间，不同部门之间都存在着这一问题，从而导致了"信息孤岛"的出现。尤其是底层数据结构上的异构性，更是增加了数据交互和整合的难度，也是造成"信息孤岛"的直接原因。基于 XML 的异构数据交换机制能够较好地解决这一问题。

XML 作为一种可扩展标记语言，其自描述性使其非常适用于异构系统之间的数据交换，而且这种交换是不以预先规定的一组数据结构定义为前提的，即能够充分满足新老系统之间的数据交换需要。

XML 在异构系统之间搭建起沟通桥梁的基本操作流程可以描述为：数据发送方查询自身数据库，生成需发送数据的 XML 文件；对 XML 文件进行加密、数字签名和密钥处理，并对其进行可查询的压缩处理；检测压缩后的 XML 文件，并将其上传到指定目标系统应用中 Web 服务器的指定位置；接收系统查询指定地点是否存在传送过来的文件，如果有，则将文件下载到指定目录，对文件解压、解密并解析 XML 文档内容，将物流数据读入到相关数据表中。

2. 基于 XML 的物流信息自动化发布

智慧物流环境下，由国家、地方政府和物流企业和科研单位建设的各种物流公共信息平台是物流行业信息发布的重要场所，也是物流企业、院校、科研单位等迅速获取多种信息的重要途径。同时，国内诸多物流企业也建立了自己的门户网站和部门网站，用来发布各类新闻和告知等信息。

目前信息发布大体有两种方式。第一种是通过固定的模板来发布信息，即根据已有的 HTML 格式的信息模板，通过简朴的内容替代来生成静态的页面，然后通过 FTP 上传到服务器，再修改主页上的链接进行发布；第二种是将信息数据保存到数据库或者文献中，当用户阅读具体信息的时候，从数据库或文献中调出数据，动态生成显示页面。两种方式都可以实现信息的自动转出，但是很难实现数据在使用方的自动转入。

基于 XML 的物流信息自动化发布能够有效解决数据自动转入的问题。通过在行业内或集团内制定相对规范的 XML 数据发布规范，发布方根据规范生成具有一定标准化的 XML 文件，而数据使用方则可以根据规范，对 XML 文件进行自动解析和转入。这种方式可以进一步提高物流数据的使用效率，挖掘物流数据要素的价值。

3. 基于 XML 的物流商务数据自动交互

物流商务数据的交互对安全性（防窃取、防篡改等）有严格要求，同时数据交互的范围更广，涉及的主体更多，因此对于数据交换标准的要求也更严格。11.2.2 小节所提到的各种 XML 技术标准为物流商务数据的自动交互奠定了良好的基础。与基于 EDI 的方式相比，基于 XML 的方式更加灵活，成本也更低。

商务主体之间可以根据自身实际，商定选用合适的 XML 电子商务标准，构建起相互之间的数据交互系统，实现物流商务数据的自动交互。

11.3 区块链技术

区块链是一个信息技术领域的术语，通过节点连接的网络分层结构，能够在整个网络中实现信息的全面传递，并能够检验信息的准确程度。从本质上讲，它是一个共享数据库，存储于其中的数据或信息，具有"不可伪造""全程留痕""可以追溯""公开透明""集体维护"等特征。基于这些特征，区块链技术奠定了坚实的"信任"基础，创造了可靠的"合作"机制，在智慧物流领域具有广阔的应用前景。通过区块链可以降低物流成本，追溯物品的生产和运送过程，并且提高供应链管理的效率。

11.3.1 区块链技术概述

1. 区块链的概念

区块链是用分布式数据库识别、传播和记载信息的智能对等网络，也称为价值互联网。区块链虽然起源于比特币，但区块链不等于比特币。比特币是区块链的首个应用，区块链是支撑比特币的底层技术。从数据的角度来看，区块链是一种几乎不可能被更改的分布式数据库。这里的"分布式"不仅体现为数据的分布式存储，也体现为数据的分布式记录，即由系统参与者共同维护。从技术的角度来看，区块链并不是一种单一的技术，而是多种技术整合的结果。这些技术以新的结构组合在一起，形成了一种新的数据记录、存储和表达的方式。

区块链的本质在于：①构建了一种低成本的互信机制。区块技术用代码构建了一个目前最低成本的信任方式和大型合作网络。②实现了网络的价值传递。互联网信息的传输只是信息复制的传输，现实中的货币流通需要中介化的组织背书，区块链真正实现了网络的价值传递。③实现了以计算机语言而非法律语言记录的智能合约。可借助智能合约与真实世界的资产交互。智能合约构建了一套满足条件即自动执行的计算机程序，使得单独一方无法操纵合约，并有效降低了签约成本、执行成本和合规成本，可以大大节省日常交易成本。

2. 区块链的发展

区块链（Block Chain）起源于比特币。从 2009 年至 2022 年，经历了 1.0 至 5.0 的迭代，其功能不断丰富，性能不断提高，应用领域也不断拓展。

（1）区块链 1.0

区块链 1.0 实现于 2009 年的可编程货币。区块链之旅始于比特币，当时的区块链技术打下了去中心化分类账的根基，且打造了加密币，提供了一个发送和接收资金的点对点网络。比特币用的是工作量证明算法，但存在可扩展性问题。区块链 1.0 的应用场景包括支付、流通等货币职能，比特币是区块链 1.0 的典型应用。

（2）区块链 2.0

区块链 2.0 实现于 2014 年的可编程金融。其典型特征是以以太坊为代表的数字货币与智能合约的结合，对金融领域更广泛的场景和流程进行了优化和应用。

区块链 2.0 在数字货币的基础上加了智能合约功能，智能合约算法可以利用程序算法代替人执行合同，通过转让来创建不同资产单元的价值，使区块链从货币体系扩展到股权、债券乃至金融合约的交易和执行等。区块链 2.0 在货币市场去中心化后，对整体市场完成了去中心化，区块链技术的去中心化账本功能可以被用来注册、确认、转移各种不同类型的资产及合约。所有的金融交易都可以被改造并在区块链上使用，包括股票、私募股权、众筹、债券、对冲基金和所有类型的金融衍生品如期货、期权等。

（3）区块链 3.0

区块链 3.0 实现于 2017 年的可编程社会。以 EOS、Hyperledger Fabric 为代表的共识协议得到了认可，解决了性能能耗问题，应用从金融延伸到各个领域。作为价值互联网内核，区块链能够使互联网中每一个代表价值的信息和字节都能得到产权的确认、追溯、计量和存储。这使得它将技术应用拓展到金融领域之外，为各行各业提供去中心化或者多中心分布式的解决方案。

（4）区块链 4.0

区块链发展的前几个阶段显然对企业具有潜在优势，包括安全性、自动记录保存和不可篡改性，以及在安全的框架内支付发票、账单和工资的潜力。但是，在速度和易用性等方面，仍有更大的提升空间。区块链 4.0 旨在提升行业内的用户体验，使企业能够将其当前的部分或全部业务转移到安全、自我记录的应用程序上，使区块链广泛应用于商业环境中，使该技术完全成为主流。企业和机构可以轻松享受区块链的好处。

（5）区块链 5.0

截至 2022 年，区块链的最新版本是 5.0，而 Relictum Pro 是采用区块链 5.0 技术的先驱之一。据区块链 5.0 白皮书资料显示，Relictum Pro 使用较小的块，可允许每秒 1 万次交易的操作；另外，Relictum Pro 上的智能合约可以被 10 家签署，这是其他任何区块链网络都不具备的独特功能。

3．区块链的分类

按开放对象范围不同，区块链分可划分为公有区块链、联盟/行业区块链和私有区块链三种类型，如图 11-14 所示。

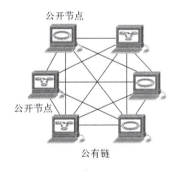
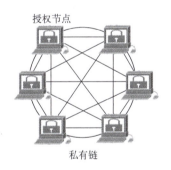
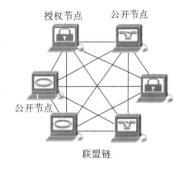

图 11-14　区块链的分类

（1）公有区块链

公共区块链，简称公有链。其无官方组织及管理机构，无中心服务器，参与的节点按照系统规则自由接入网络、不受控制，节点间基于共识机制开展工作。

在公有链中，世界上任何个人或者团体都可以发送交易，且交易能够获得该区块链的有效确认，任何人都可参与其共识过程。公有链是最早且当前应用最广泛的区块链。公有链特征是访问门槛低，任何人都可以自由加入和退出；可以保护使用其开放程序的用户，参与者身份隐藏但所有数据默认公开。公有链的应用包括比特币、以太坊、超级账本、大多数山寨币以及智能合约。公链的始祖是比特币，其应用已经工业化。

（2）联盟/行业区块链

联盟/行业区块链，简称联盟链，一般由若干机构联合发起，介于公有链和私有链之间，兼具部分去中心化的特性。

联盟链中，由某个群体内部指定多个预选的节点为记账人，每个块的生成由所有预选节点共同决定（预选节点参与共识过程），其他接入节点可以参与交易，但不过问记账过程，其他任何人可以通过该区块链开放的 API 进行限定查询。联盟链需要通过授权才能加入和退出。

（3）私有区块链

私有区块链，简称私有链，仅仅使用区块链的总账技术进行记账，公司或个人独享该区块链的写入权限。私有链的特征是交易速度快，数据不会公开地被拥有网络连接的人获得，交易成本大幅度降低甚至为零。目前传统金融巨头都在尝试私有链，私有链应用产品还在摸索当中。

4．区块链的特点

（1）去中心化

区块链技术不依赖额外的第三方管理机构或硬件设施，没有中心管制，除了自成一体的区块链本身，通过分布式核算和存储，各个节点实现了信息自我验证、传递和管理。去中心化是区块链最突出、最本质的特征。

（2）开放性

区块链技术基础是开源的，除了交易各方的私有信息被加密外，区块链的数据对所有人开放，任何人都可以通过公开的接口查询区块链数据和开发相关应用，因此整个系统信息高度透明。

（3）独立性

基于协商一致的规范和协议（类似比特币采用的散列算法等各种数学算法），整个区块链系统不依赖第三方，所有节点能够在系统内自动安全地验证、交换数据，不需要任何人为的干预。

（4）安全性

只要不能掌控全部数据节点的 51%，就无法肆意操控修改网络数据，这使区块链本身变得相对安全，避免了人为的数据变更。

（5）匿名性

除非有法律规范要求，单从技术上来讲，各区块节点的身份信息不需要公开或验证，信息传递可以匿名进行。

11.3.2 区块链的技术原理

1．区块链的核心技术

区块链是在集成了多方面研究成果基础上的综合性技术系统，包含共识机制、密码学原理和分布式存储三项核心技术。

（1）共识机制

共识机制是指在一个时间段内对事物的前后顺序达成共识的一种算法。共识机制是区块链的灵魂，它维系着区块链世界的正常运转。常见的共识机制有工作量证明机制（Proof of Work，PoW）、权益证明机制（Proof of Stake，PoS）和拜占庭共享算法（Practical Byzantine Fault Tolerance，PBFT）三种。

工作量证明机制，其主要特征是客户端需要做一定难度的工作得出一个结果，验证方却可以很容易地通过结果来检查客户端是不是做了相应的工作。这种方案的一个核心特征是不对称性，工作对于请求方是适中的，对于验证方则是易于验证的。它与验证码不同，验证码的设计出发点是易于被人类解决而不易被计算机解决。以比特币为例，采用的是"工作量证明"。工作量是需要算力的，通过工作量证明，有效地防止了篡改和伪造，因为如果要达到伪造和篡改的工作量，大概需要上亿元成本的算力。

权益证明机制，类似股权凭证和投票系统，因此也叫"股权证明算法"，由持有最多的人来公示最终信息。

拜占庭共享算法以计算为基础，没有代币奖励，由链上所有人参与投票，少于(N-1)/3 个节点反对时就获得了公示信息的权利。

达成共享需要 50%以上的节点同意，篡改数据需要极大的成本，或者无法完成（节点数据非常多）。共识机制确保了信息的唯一性，数据不可被篡改。利用这一点，区块链技术可被广泛应用于智能合约，保证合约不被篡改，还可应用于社会中的无形资产管理，如知识产权保护、域名管理、积分管理等领域等。

（2）密码学原理

在区块链中，信息的传播按照公钥、私钥这种非对称数字加密技术实现交易双方的互相信任。"公钥"（很长且随机生成的数字字符串）是区块链上的用户地址。通过网络发送的比特币记录属于该地址。"私钥"就像一个密码，它的所有者可以访问他们的比特币或其他数字资产。将数据存储在区块上，它是不可破坏的。根据公开的公钥无法测算出另一个不公开的密钥（即私钥），密码学原理较好地保证了数据的安全和用户的隐私。

（3）分布式存储

分布式存储是一种数据存储技术，通过网络使用每台机器上的磁盘空间，并将这些分散的存储资源构成一个虚拟的存储设备，数据分散地存储在网络中的各个角落，参与的节点各自都有独立的、完整的数据存储。区块链的分布式存储特性体现在两个方面，一是区块链每个节点都按照块链式结构存储完整的数据；二是区块链每个节点都是独立的、地位等同的，依靠共识机制保证存储的一致性。不存在集中化的信息供黑客破坏。数以万计的计算机同时托管，其数据可供互联网上任何人使用。分布式数据存储系统能提高系统的可靠性、可用性和存取效率，而且易于拓展，在区块链领域应用非常广泛。

传统的信息集中在中介机构，而区块链技术信息被存储在每一台计算机上，决定了区块链的本质特征——去中介、多中心。

2．区块链的数据结构

区块链以区块为单位组织数据，区块是一种记录交易的数据结构，如图 11-15 所示。每个区块由区块头和区块主体组成，区块主体只负责记录前一段时间内的所有交易信息，区块链的大部分功能都由区块头实现。

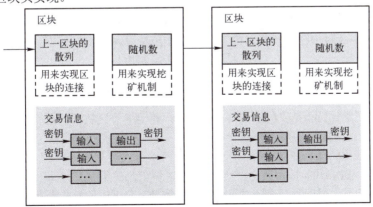

图 11-15 区块及其数据结构

（1）区块头

区块头由版本号、父区块散列值、Merkle 根、时间戳、难度值、随机数（Nonce）等组成。

版本号用于标示软件及协议的相关版本信息；父区块散列值，即引用的区块链中父区块头的散列值，通过这个值每个区块才首尾相连组成了区块链，并且这个值对区块链的安全性起到了至关重要的作用；Merkle 根是由区块主体中所有交易的散列值再逐级两两散列计算出来的一个数值，主要用于检验一笔交易是否在这个区块中存在；时间戳用于记录该区块产生的时间，精确到秒；难度值确定区块相关数学题的难度目标；随机数用于记录解密该区块相关数学题答案的值。

（2）区块形成过程

在当前区块加入区块链后，所有矿工就立即开始下一个区块的生成工作。主要包括把在本地内存中的交易信息记录到区块主体中；在区块主体中生成此区块中所有交易信息的 Merkle 树，把 Merkle 树根的值保存在区块头中；把上一个刚刚生成的区块的区块头的数据通过 SHA256 算法生成一个散列值填入到当前区块的父散列值中；把当前时间保存在时间戳字段中。难度值字段会根据之前一段时间区块的平均生成时间进行调整以应对整个网络不断变化的整体计算总量，如果计算总量增长了，则系统会调高数学题的难度值，使得预期完成下一个区块的时间依然在一定时间内。

3．区块链的交易过程

本部分以比特币为例，简要描述区块链中的交易过程。整个区块链的交易过程共分为五步，如图 11-16 所示。

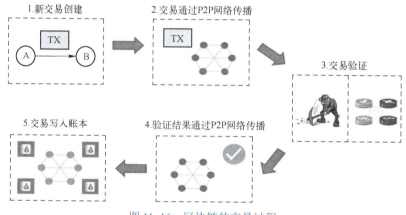

图 11-16　区块链的交易过程

1）所有者 A 利用他的私钥对前一次交易（比特币来源）和下一位所有者 B 签署一个数字签名，并将这个签名附加在这枚货币的末尾，制作成交易单。其要点是 B 以公钥作为接收方地址。

2）A 将交易单广播至全网，比特币就发送给了 B，每个节点都将收到的交易信息纳入一个区块中。其要点是，对 B 而言，该枚比特币会即时显示在比特币钱包中，但直到区块确认成功后才可用。目前一笔比特币从支付到最终确认成功，得到 6 个区块确认之后才能真正确认到账。

3）每个节点通过解一道数学难题（答案不唯一），从而获得创建新区块权利，并争取得到比特币的奖励（新比特币会在此过程中产生）。

4）当一个节点找到解时，它就向全网广播该区块记录的所有有时间戳的交易，并由全网其他节点核对。要点是：时间戳用来证实特定区块必然于某特定时间的确存在。比特币网络采取从 5 个以上节点获取时间，然后取中间值的方式作为时间戳。

5）全网其他节点核对该区块记账的正确性，没有错误后它们将在该合法区块之后竞争下一个区块，这样就形成了一个合法记账的区块链。要点是，每个区块的创建时间大约在 10 分钟。

随着全网算力的不断变化,每个区块的产生时间会随算力增强而缩短、随算力减弱而延长。其原理是根据 2016 年产生的区块的时间差(约两周时间),自动调整每个区块的生成难度(如减少或增加目标值中 0 的个数),使得每个区块的生成时间是 10 分钟。

11.3.3 区块链技术在物流中的应用

区块链在物流领域的应用大致可分为流程优化、物流征信、物流追踪和物流金融四个方向,涵盖结算对账、商品溯源、冷链运输、电子发票、供应链金融、ABS 资产证券化等重要领域。

1. 基于区块链的物流流程优化

在流程优化方面,通过区块链与电子签名技术,单据流转和签收全程实时上链,全程无纸化,信息流与单据流合二为一。待到计费对账时,账单或异常调账等关键信息均在区块链上,通过智能合约完成自动对账。具体应用场景包括可信运单签收平台、快运对账服务平台和航运供应链存证平台。

(1) 可信运单签收平台

物流供应链中,企业与企业之间,个人与企业之间的信用签收凭证大部分还处在纸质单据与手写签名的阶段,这些纸质单据不仅作为运营凭证使用,还作为结算凭证使用。传统纸质单据会造成已有纸化办公带来的成本上、管理上的浪费,由于传统内审、外审的要求,造成有纸化委托书的存在,势必在材料成本和管理成本方面造成浪费。而通过区块链和电子签名技术的结合可以解决传统纸质单据签收不及时、易丢失、易篡改、管理成本高的问题,实现单据流与信息流合一。

以物流快运配送场景为例,司机与承运商、承运商与货主之间的结算凭证是通过区块链上真实可靠的电子运输委托凭证,而不是传统的纸质委托书,具体流程如图 11-17 所示。首先,通过权威 CA 机构为结算双方颁发组织证书,为双方各自组织下的信用主体进行背书,确保签收过程真实有效。其次,为每个终端设备关联一个数字身份。通过生物特征的采集,确保使用该设备进行签收的主体是唯一的并且是自愿的。最后,将签收结果写入区块链存证。整个过程可以确保签收主体的真实可信,签收过程真实可靠,签收结果可验证、不可篡改。

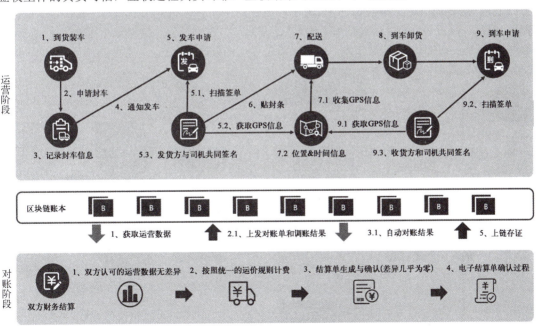

图 11-17 基于区块链的电子运输委托凭证

通过区块链构建可信单据查验平台,可为利益相关方提供单据查验和下载统一视图,基于标准跨链协议完成与权威机构的证据链对接,如图 11-18 所示。

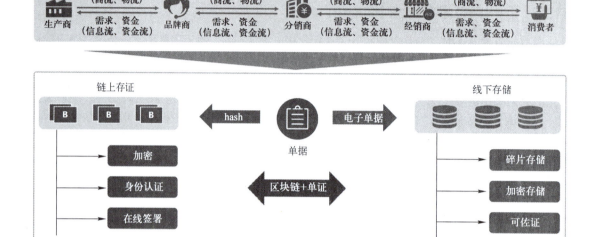

图 11-18　基于区块链实现单据流与信息流合一

(2) 快运对账服务平台

物流对账过程主要解决核心企业和承运商之间的结算需求,物流承运过程一般需要经过下单、询价、承运、签收等诸多环节。结算双方企业需要通过系统接口对接的方式完成不同阶段数据的共享与流通,通过传统技术手段仅能实现信息流互通,并不能解决双方的信任问题。信用签收还是依赖纸质运单,双方各有一套清结算数据,结算双方每个结算周期要进行对账,要人工审核大量的纸质单据,具有成本高、效率低、结算周期长的问题。

基于区块链的快运对账服务平台(见图 11-19),从订单生成环节就开始上链,包括询价、报价、配送、妥投等环节,通过信用主体无纸化签收,生成基于区块链的电子运输结算凭证。承运过程中通过 RFID 等物联网技术,确保物流配送过程数据收集的真实性,配合车载 GPS/BDS 系统收集位置数据,从而实现信息流和实物流的一致性。

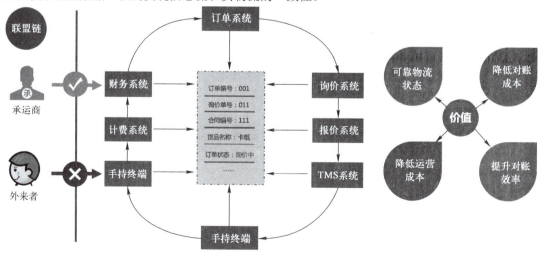

图 11-19　基于区块链的快运对账服务平台

利用链上数据的实时性和真实可靠且不可篡改的特性，可以实现交易即清算。同时将包含运价规则电子合同写入区块链，结算双方共享同一份双方认可的交易数据和运价规则，那么计费后的对账单基本是一致的。如果对账过程中存在异常账单，可以通过调账完成，调账的审核过程和结算付款发票信息作为存证写入区块链。

（3）航运供应链存证平台

由于航运供应链时间长、跨度大，流程复杂，涉及相关方众多（发货人、陆运、堆场、码头、港口、装卸公司、船公司、海关、检验检疫、货代、船代、收货人、理货公司等），所运输货物的物权、数量、质量、状态等证明文件的真实性、可靠性和有效性对于各方的权益意义重大。

企业可利用区块链技术，打造航运供应链存证平台（见图 11-20），实现对航运供应链过程中产生的各种证明、证书等进行存证和查询，确保信息的真实、可靠和有效，有效解决各方痛点，提升航运供应链的整体运作效率，降低运营成本。航运区块链存证平台将作为航运区块链各应用的底层技术平台，用区块链技术保证各种电子数据的可靠性、不可更改性，从而能够在此基础上搭建其他高阶应用。存证平台也将作为基础平台，为航运供应链领域的现有管理系统和业务系统提供技术支撑。

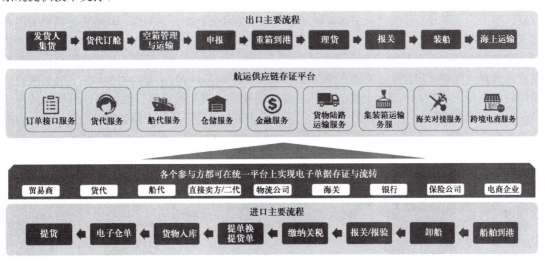

图 11-20　基于区块链的航运供应链存证平台

2. 基于区块链的物流征信

物流征信方面则是将区块链上可信的交易数据，包括服务评分、配送时效、权威机构背书等信息录入，将过往的物流数据沉淀下来，结合行业标准评级，为物流参与方进行信用评级。具体应用场景包括物流征信信息平台和可信数据交易平台。

（1）物流征信信息平台

物流上下游环节中离不开一线从业人员，这里包括承运司机、大件安装工程师、安维工程师等一线服务人员。有些服务人员需要经过培训，并经过考核通过后才能上岗。目前物流领域并没有一套统一的评级标准，工程师的评级规则和评级结果仅在各自的企业内部使用，存在背书内容不全、信用主体使用范围受限、雇佣关系不稳定导致已有信用主体及征信数据不准确等问题。通过区块链构建信用主体，围绕主体累积可信交易数据，联合物流生态企业共同建立区块链征信联盟，构建物流从业者的信用评级标准，真正形成以数据信用为主来构建整个物流信用生态，如图 11-21 所示。

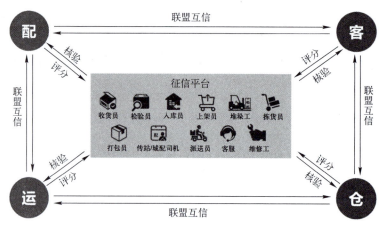

图 11-21 基于区块链的物流征信平台

利用区块链技术为每个参与主体构建一个数字身份，将这个数字身份关联到权威 CA，这样数字身份在参与社会活动时具备法律效应，利用信用钱包定义数字身份关联的属性，并请权威机构进行背书。例如，张三定义一张身份证，通过权威机构认证后，将认证信息加密后写入区块链存证。当第三方需要验证张三身份时可以通过授权的方式进行验证。同样，从业资格证也可以利用同样的手段去建立。

区块链技术能够促进物流行业建立征信评级标准，如图 11-22 所示。数据信用建立的前提是有一套行业征信评级标准，物流行业信用评级标准需要行业内的企业共同参与，通过智能合约编写评级算法，并发布到联盟链中，利用账本上真实的交易数据计算评级结果。区块链的自治性，可以使系统在无须人为干预的情况下自动执行评级程序，采用基于联盟节点之间协调一致的规范和协议，使整个系统中的所有节点都能在信任的环境中自由、安全地交换数据。

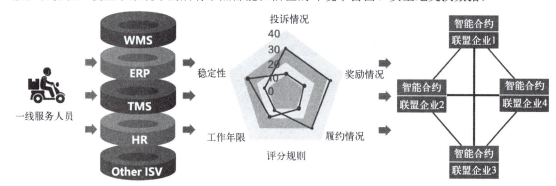

图 11-22 征信评级标准

（2）可信数据交易平台

企业作为数据的使用方，在与数据需求方之间进行数据共享与交换时，通常会担心个人征信数据资产泄露。我国征信立法中至今仍有许多重大的问题尚未形成统一的认识，尤其是企业征信体系立法问题还存在很大的争议，如企业/个人隐私的范围鉴定、征信公司的资质审核等。因此，对企业/个人隐私保护除了要有法律法规以外，还需要有持续性的监管机制，而传统的技术架构无法很好地解决这个问题。

基于区块链的征信数据交易平台是通过搭建联盟链的形式，由数据提供方对征信数据需求方授权。数据采集与加工的过程在本地完成，通过标准 SDK+API 提供给每一个联盟链的节点，可以实现资产定义、资产上链、信用主体建立、数据确权、安全等功能。这种构建系统的方法，无须各方改变现有的业务流程，亦可实时更新授权交易记录到区块链上。

基于区块链构建征信数据交易共享系统（见图 11-23）可以实现对数字资产的确权。数据需求方购买承运商、司机的数据是为了获取更多的信息，用来评估和掌握承运商、司机更多征信评级信息，来完善 KYC（Know Your Customer）画像。但这种隐私数据的共享势必侵犯个人的隐私。通过区块链记录数据资产的拥有方和使用方，在交易中通过广播的方式通知数据拥有方进行确权，确权完成后数据使用方与需求方通过点对点的方式完成数据的交易，交易数据需要使用非对称加密算法加密，保证数据在流通过程的安全性和隐私性，数据需求方接收数据后自动从账户上完成扣款，并支付相应的报酬给数据的拥有者。这种方式使得各方在获得利益的同时促成交易。

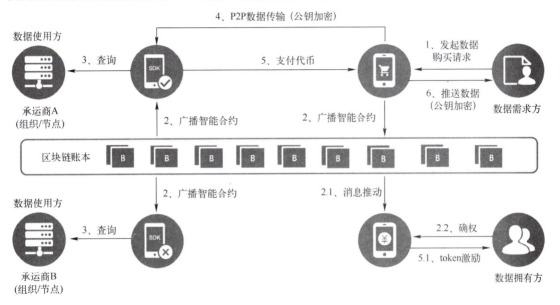

图 11-23 征信数据交易共享系统

区块链能够建立征信主体并确定数据主权，能够在保护个人隐私和相互信任的前提下完成数据的流通与共享。同时，区块链让点对点的交换和合作成本大幅下降，也就是交易成本下降，这种模式比较符合科斯定理，只要财产权是明确的，并且交易成本为零，或者很小，那么，无论在开始时将财产权赋予谁，市场均衡的最终结果都是有效率的，这就实现了资源配置的帕累托最优。

3. 基于区块链的物流追踪

物流追踪方面，区块链技术与物联网技术的结合，实现商品从生产、加工、运输、销售等全流程闭环的透明化可追溯。前者保证数据存放真实可靠，后者则保证数据在收集过程中的真实可信。具体应用包括跨境供应链物流追踪平台、商品溯源区块链平台和危化品运输全程监管平台。

（1）跨境供应链物流追踪平台

目前，随着"一带一路"战略的积极推进以及消费升级时代的到来，进口商品需求量与日俱增的同时，消费者对商品的质量和来源，对跨境物流的可追溯及服务质量的要求也越来越强烈。跨境供应链由货运公司、货运代理商、海运承运商、港口和海关当局构成的物流网络构成。利用区块链技术在各方之间实现信息透明，可以大大降低贸易成本和复杂性，减少欺诈和错误，缩短产品在运输和海运过程中所花的时间，改善库存管理，最终减少浪费并降低成本。

供应链中的关键方参与区块链系统节点，如农业生产商、物流运营商，以及港口运营商和海关。基于区块链的系统将在分布式网络上存储集装箱、文件和交易的数据，实现端到端的供应链全程数字化，帮助企业监控和跟踪数以万计的船运集装箱记录。可以改善库存管理，减少资源浪费，缩短货物在海运过程中所花费的时间，同时也可以提高贸易伙伴之间的信息透明度，实现高度安全的信息共享，消除欺诈与不守信行为。图 11-24 所示的跨境供应链溯源流程，主要内容包括供应链生态系统中的每个参与者都能查看货物在供应链中的进度，了解集装箱已运输到何处；通过实时交换原始供应链事件和文档，进行集装箱在供应链中所处位置的详细追踪；未经网络中其他方同意，任一方都不能修改、删除，甚至附加任何记录；有助于减少欺诈和错误，缩短产品在运输过程中所花的时间，改善库存管理，最终减少浪费并降低成本。

图 11-24　跨境供应链溯源流程

（2）商品溯源区块链平台

溯源系统需要实现品牌商、渠道商、零售商、消费者、监管部门，以及第三方检测机构之间的信息在信任的前提下进行共享，全面提升品牌、效率、体验、监管和供应链整体收益。溯源类别主要有种植类、养殖类、信息类。其中，信息类主要是物流过程中产生的虚拟资产，如标准仓单、运输委托书、安维施工单等结算凭证。

图 11-25 为京东所提出的基于区块链的商品溯源流程。通过将商品原材料过程、生产过程、流通过程、营销过程的信息写入区块链，实现精细到一物一码的全流程正品追溯，每一条信息都拥有自己特有的区块链 ID "身份证"，且每条信息都附有各主体的数字签名和时间戳可供查验。区块链的数据签名和加密技术让全链路信息实现了防篡改、标准统一和高效率交换。

平台基于区块链技术实现信息流的一物一码。通过为小包装商品分配线下唯一防伪码，如激光标记不可逆二维码、植入芯片的方法实现线下的一物一码。同时结合物联网技术，使商品在生产、仓储、物流、交易等环节所产生的关键数据的收集过程真实可信，通过区块链技术解决数据存放的真实可靠。最后将商品全生命周期数据提供给监管部门或消费者溯源验真使用。

（3）危化品运输全程监管平台

化工产品运输包括危险品、剧毒品的仓储、分拨、远洋运输、内河运输、公路运输、灌装、储罐清洗等物流整合服务。我国化工物流行业尚无成熟的体系，参与者以中小型企业为主，行业分散、中间环节多，日常运营与管理存在较大的安全隐患。而实现从化工企业至终端用户的物流供应链全链条透明可视化，让"安全"落实到对物流供应链每个环节的追踪，仍是行业难题。

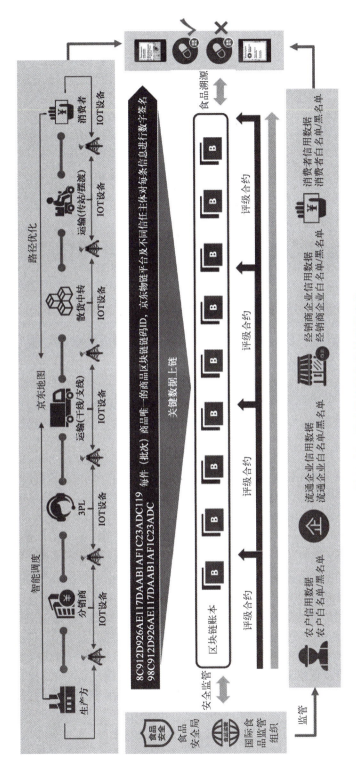

图 11-25 基于区块链的商品溯源流程

利用区块链技术，可靠交换危化品物流业务的事件和相关文档，可以提高对危化品在物流过程中的监管能力，包括监管中的位置、数量和货物状态等，实现安全、预警、报警、重大危险源、安全检查、交通安全、隐患管理、风险识别、事故处置、环保监控等信息的实时上链，实现安全、监管信息的不可篡改和可追溯，使物流企业和监管机构可以回溯危化品运输行驶线路、司机是否存在疲劳驾驶等不当行为、危化品运输资质证明、交通管理部门的违章记录等货物运输的每一个关键节点，从而实现危化品运输全程的监管可控，如图 11-26 所示。同时，利用线路地图和运输数据进行调度优化，可降低运输成本，提升运营效率。

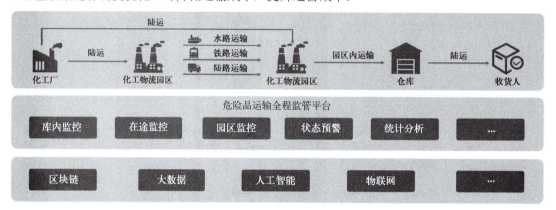

图 11-26　基于区块链的危化品物流追踪平台

4. 基于区块链的物流金融

物流金融的应用则依托区块链上的征信评级、应收账款、资产等信息，核查真实的贸易背景，帮助金融机构完善中小型企业的 KYC 画像，规避金融风险，解决中小型企业融资难的问题。具体应用场景包括数字仓单质押融资平台、供应链金融服务平台和航运供应链小额贷款风控平台。

（1）数字仓单质押融资平台

传统的仓单质押业务，以物流企业为中心建设的仓单业务系统，存在银行对仓单信息获取不及时的问题，可能出现内部人员在仓单上伪造银行解押信息，给资金方造成损失的风险。

基于区块链构建的数字仓单可以使物流企业、经销商和银行对仓单的权属等状态达成共识，形成不可篡改的共享账本信息。区块链为不互信的各方创造了信任，同时结合物联网技术对接到质押监管系统可以有效避免造假行为。在仓库管理中，物联网技术能够准确感知货物的重量、位置、轮廓、运动状态、管理权限等精确物流信息，是保障动产的有力手段，可以促进动产质押业务从现有的自发自主描述化的模式向系统确认的模式转变，实现监管公示力向公信力的延伸。

图 11-27 描述了数字仓单质押融资平台的工作过程。①基于权威 CA 建立真实可靠的信用主体，通过数字身份和电子签章等技术，确保参与多方的身份真实，对每笔交易进行签名，实现交易合法并且不可抵赖。②通过区块链和物联网技术确保质押物的真实性，使融资过程中的买方、卖方、金融机构、核心企业的四个参与方对一份真实可靠的数据进行操作，减少信息不对称和信用摩擦成本，避免传统中心化金融平台的不足。③区块链的自治性能够规避道德犯错，通过智能合约的自动执行，避免人为操作时出现的执行错误，或者故意不履行合同等行为，能够确保按照预先声明的合约在规定的时间去执行。④区块链可以保证信用主体累积的交易数据真实可靠，不可被篡改，包括主体的融资数据、还款数据、质押物的数据都可以作为后续买卖双方交易前对融资风险的评估依据。⑤通过联盟链的方式协同物流上下游企业和个人完成共同的商业模式，建立可靠生产关系的同时也建立了一套行业标准。

拓展阅读 11-2：中储货兑宝区块链仓单建设实践

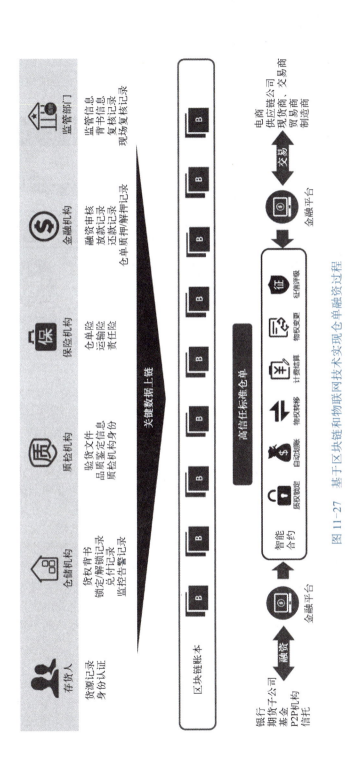

图 11-27 基于区块链和物联网技术实现仓单融资过程

图 11-28 描述了基于区块链的动产质押融资过程管理。将登记公示机构、质权人、出质人、次债务人及第三债务人加入到联盟链节点，实现登记公示、单证、交互、确认四大环节的协作，形成全过程的文档记录。将原有的手工处理单证、线下签章、单证集中式保存的形式，更改为线上确认，将涉及权益与合同执行的环节，如合同瑕疵、付款条件、登记确认、通知确认等，都通过共识机制写入区块链账本。智能合同则可以实现对节点行为智能化监控，并自动执行预先确定的规则，如自动划账。

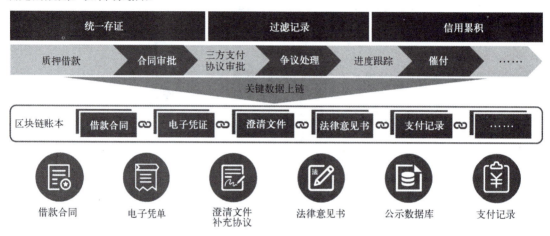

图 11-28　基于区块链的动产质押融资过程管理

（2）供应链金融服务平台

应收账款融资的主要风险来自真实性问题。如果交易为虚假，则应收账款质押不成立。2014 年 4 月，中国银监会颁布的《商业银行保理业务管理办法》指出，在企业开展保理业务时必须审查交易背景的合法性和真实性。在实践中，虽然可以通过监管手段实现履约过程中多方交互的问题，但仍然出现诸多尖锐问题。

基于区块链的供应链金融服务平台（见图 11-29）具备实名认证、凭证管理、融资申请、资金管理等功能，提供了一个为核心企业及其供应链上、下游企业和金融机构服务的多方协作平台，能够有效解决这些问题。通过区块链记录供应链各主要参与方在生产、销售、采购、物流等环节的关键数据，形成不可篡改的真实贸易信息数据链，实现相关资产的数字化，能够实现真实贸易信息共享传递。区块链技术可以提供去中心化、多方平等协作的平台，降低核心企业、融资企业、物流提供商、金融机构等物流金融主要参与者在协作过程中的信用风险与成本。区块链技术能够打通供应链上、下游各层级之间的交易关系，将核心企业在交易中的主体信用传递到没有与其发生直接交易的远端企业，从而解决远端企业融资贵、融资难的问题。区块链技术可实现供应链相关操作流程的自动化，减少其中人为参与的不可控因素，提高业务流程的运营效率。

（3）航运供应链小额贷款风控平台

在航运供应链领域，很多进出口企业都是小微企业。由于航运供应链时间长、跨度大、流程复杂，涉及相关方多等特点，很多小微企业时时刻刻承受着资金链紧张的压力。而与这种小、快、频的金融需求对应的是复杂、缓慢、高成本的金融体系和流程。造成这种局面的重要原因是由于信息不对称、不完整，金融欺诈的广泛存在，金融机构不得以采取的风险管控手段，导致整个流程复杂、冗长且容易出错。

基于区块链技术的航运供应链小额贷款风控平台（见图 11-30），能够从源头上保证物权凭证的可信、可流转和可追溯，充分保证其真实性、可承兑性、防伪性和不可抵赖性，能够有效预防金融欺诈。未来随着区块链技术的不断推广与完善，充分利用其分布式账本、去中心化（弱中心化）、智能合约等技术，能够在集装箱运输、船舶管理、航运金融、航运保险等领域进行广泛的应用。

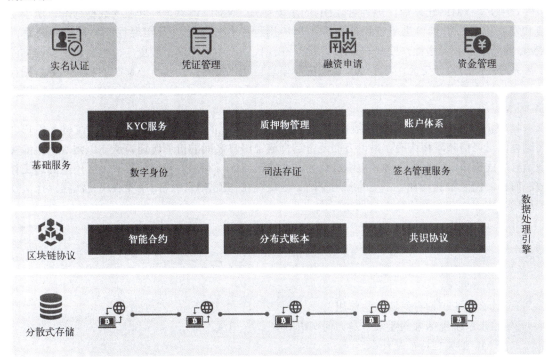

图 11-29　基于区块链的供应链金融服务平台

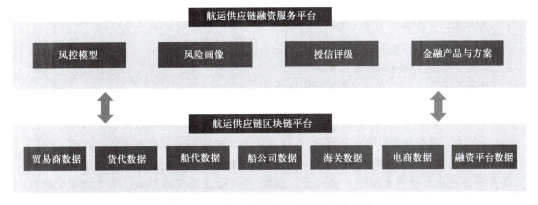

图 11-30　航运供应链小额贷款风控平台

本章小结

本章主要介绍了电子数据交换、可扩展标记语言和区块链三种技术。

电子数据交换技术是"无纸贸易"的基础，具有单证格式化、报文标准化、软件结构化和运作规范化等特点。其能够降低企业成本；减少重复劳动，提高工作效率；改善贸易双方关系，提高贸易效率；提高企业的国际市场竞争力。EDI 技术在物流领域也有着较为广泛的应用，尤其是外贸、通关和报关方面充分展现了其效率优势。

然而电子数据交换技术的门槛较高，这就意味着很多多中小型企业将失去很多机会和优惠条件。因此，XML 出现后，成为对 EDI 的重要补充。XML 能够推广开放的数据标准，用于交换和发布信息，提供可重复使用的数据，为应用程序存储数据以及实现程序与数据的共享。XML 的开放性和灵活性，使其与 EDI 相比，在现代物流中应用的范围更广，主要包括异构物流信息系统之间的数据交换、基于 XML 的物流信息自动化发布以及基于 XML 的物流商务数据自动交互。当前基于 XML 的电子商务标准主要有 ebXML、RosettaNet、XML/EDI、cnXML 以及 GS1 XML 等。

区块链本质上是一种分布式数据库。由于其去中心化的信任机制，一方面可在链上用户之间进行信息可信共享和传递；另一方面还可进行链上用户之间的价值传递。从 1.0 到 3.0 逐步实现了可编程货币、可编程金融和可编程社会。区块链 5.0 发布后，较好地解决了区块链的速度和效率问题，使区块链具有更广泛的应用空间。区块链在物流领域的应用主要表现在流程优化、物流征信、物流追踪和物流金融等四个方面。

练习与思考

一、思考题

1. 什么是 EDI？有何特点与作用？
2. EDI 系统包括哪些要素？是如何构成的？
3. XML 的典型特征是什么？
4. 典型 XML 电子商务标准有哪些？
5. 什么是区块链？具有哪些特征？

二、论述题

1. 请简述 EDI 在物流中的主要应用场景。
2. 请简述 XML 在物流中的主要应用场景。
3. 请简要描述区块链的核心技术。
4. 请简述区块链在物流中的主要应用场景。

三、案例分析

征信服务为企业提供融资支持

"疫情之下，资金就是我最大的痛点。"这是上海某网络科技公司老总的心声。

该公司是我国头部集装箱运输智慧解决平台，2021 年，平台交易规模超 13 亿元人民币，为上海乃至全国进出口贸易贡献了中坚力量。2022 年，受上海疫情影响，货运行业受到较大冲击，如果资金不能迅速到位，该公司经营可能遭受前所未有的困难。然而，缺少抵押物成为其获得资金的最大难题。

云微信用是在重庆备案经营的企业征信机构，面向全国开展业务，为各类金融机构提供货运行业信息。针对前述企业面临的困难，云微信用在人民银行重庆营业管理部的指导下，运用自主开发的平台为该公司提供了征信支持——通过分析物流企业运力、运营车辆常跑线路、车辆运行时段、运行里程信息等，辅以车联网大数据、工商、司法等信息，为金融机构展示了该公司的可靠运营情况,让金融机构敢贷、愿贷。

最终,在上海实施全域静态管理前夕,该公司拿到1000万元流动资金,解了燃眉之急。在该笔资金帮助下,目前该公司顺利渡过了经营难关,营业数据已恢复至疫情前水平。

问题:

1. 征信问题是物流运输企业的融资痛点,如案例中所述,中介机构的信用背书是解决问题的有效途径,请思考这种"中心化"的方式存在哪些弊端?

2. 如何结合区块链技术,实现物流运输企业融资中的信用去中心化?

参 考 文 献

[1] 李文锋. 智慧物流[M]. 武汉：华中科技大学出版社，2022.
[2] 刘伟华. 智慧物流生态链系统形成机理与组织模式[M]. 北京：中国财富出版社，2020.
[3] 刘伟华，李波，彭岩. 智慧物流与供应链管理[M]. 北京：中国人民大学出版社，2022.
[4] 王斌. 智能物流：系统构成与技术应用[M]. 北京：机械工业出版社，2022.
[5] 朱卫锋. 物流自动化技术及应用[M]. 武汉：华中科技大学出版社，2021.
[6] 霍艳芳，齐二石. 智慧物流与智慧供应链[M]. 北京：清华大学出版社，2020.
[7] 宓为建. 智慧港口概论[M]. 上海：上海科学技术出版社，2020.
[8] 王健，赵国生，赵中楠. 人工智能导论[M]. 北京：机械工业出版社，2021.
[9] 谢希仁. 计算机网络[M]. 8版. 北京：电子工业出版社，2021.
[10] 魏学将，王猛，张庆英. 智慧物流概论[M]. 北京：机械工业出版社，2020.
[11] 王猛，魏学将，张庆英，等. 智慧物流装备与应用[M]. 北京：机械工业出版社，2021.
[12] 王道平，霍玮. 现代物流信息技术[M]. 3版. 北京：北京大学出版社，2019.
[13] 朱长征，朱云桦，方静. 物流信息技术[M]. 2版. 北京：清华大学出版社，2020.
[14] 王晓平. 物流信息技术[M]. 2版. 北京：清华大学出版社，2017.
[15] 国家标准化管理委员会. 物流术语：GB/T 18354-2021[S]. 北京：中国标准出版社，2021
[16] 韩东亚，余玉刚. 智慧物流[M]. 北京：中国财富出版社，2018.
[17] 王喜富，崔忠付. 智慧物流与供应链信息平台[M]. 北京：中国财富出版社，2019.
[18] 王先庆. 智慧物流：打造智能高效的物流生态系统[M]. 北京：电子工业出版社，2019.
[19] 张翼英，张茜，西莎，等. 智能物流[M]. 北京：中国水利水电出版社，2016.
[20] 李汉卿，姜彩良. 大数据时代的智慧物流[M]. 北京：人民交通出版社，2018.
[21] 王喜富. 大数据与智慧物流[M]. 北京：清华大学出版社，2016.
[22] 张颖川. 我国物流机器人技术突破与发展方向：访西安电子科技大学机电工程学院胡核算教授，武汉理工大学物流工程学院李文锋教授[J]. 物流技术与应用，2021.
[23] 物联网智库，阿里云IoT. 2017-2018物联网产业全景图谱报告[R]. 2018.
[24] 艾瑞咨询. 中国物流科技行业研究报告（2017）[R]. 2017.
[25] 中国信息通信研究院. 物联网白皮书（2020）[R]. 2020.
[26] 中国信息通信研究院. 车联网白皮书（2021）[R]. 2021.
[27] 中国信息通信研究院. 大数据白皮书（2021）[R]. 2021.
[28] 中国信息通信研究院，京东探索研究院. 可信人工智能白皮书（2021）[R]. 2021.
[29] 中国信息通信研究院. 区块链白皮书（2021）[R]. 2021.
[30] 中国信息通信研究院，中国人工智能产业发展联盟. 人工智能核心技术产业白皮书（2021）[R]. 2021.
[31] 中国信息通信研究院. 云计算白皮书（2021）[R]. 2021.
[32] 中国信息通信研究院. 中国"5G+工业互联网"发展报告（2021）[R]. 2021.
[33] 中国信息通信研究院. 中国宽带发展白皮书（2021）[R]. 2021.
[34] 中国信息通信研究院，华为技术有限公司，京东方科技集团股份有限公司. 虚拟（增强）现实白皮书（2021年）[R]. 2021.
[35] 罗戈研究院. 中国物流科技发展报告（2021）[R]. 2021.

[36] 宽带集群产业联盟．LTE 宽带集群通信：B-TrunC 技术白皮书（2016）[R]．2016．
[37] 艾瑞咨询．中国人工智能+物流发展研究报告（2020）[R]．2020．
[38] 中国物流采购联合会，京东物流，物流+区块链技术应用联盟．中国物流与区块链融合创新应用蓝皮书（2019）[R]．2019．
[39] GS1.EPC Tag Data Standard（Release 2.0）[Z/OL]．2022-08 [2022-12-06]．https://www.gs1.org/standards/tds．
[40] GS1.GS1 General Specifications（Release 22.0）[Z/OL]．2022-01-22 [2022-12-06]．https://www.gs1.org/standards/barcodes-epcrfid-id-keys/gs1-general-specifications．
[41] 王响雷．5G 时代的智慧物流发展与物流技术变革[J]．物流技术与应用，2021，26(06)：90-94．
[42] 黎作鹏，张天驰，张菁．信息物理融合系统（CPS）研究综述[J]．计算机科学，2011，38(9)：7．
[43] 张铎．智能物流与物品编码标识[J]．物流技术与应用，2012(3)：4．
[44] 中国卫星导航系统管理办公室.北斗卫星导航系统公开服务性能规范（3.0 版）[Z/OL]．2021-05-26 [2022-12-06]．http://www.beidou.gov.cn/xt/gfxz/．
[45] ICA 联盟．边缘智能白皮书[R]．2021．
[46] 联想集团．联想边缘计算白皮书 2022[R]．2022．
[47] 应琳芝，俞海宏，章合杰．宁波市智慧物流建设策略研究[J]．商场现代化，2011(17)：94-96．
[48] 王之泰．城镇化需要"智慧物流"[J]．中国流通经济，2014，28(3)：4-8．
[49] 章合杰．智慧物流的基本内涵和实施框架研究[J]．商场现代化，2011(21)：30-32．
[50] 中国物流与采购联合会，京东物流．中国智慧物流 2025 应用展望（蓝皮书）[R]．2017(5)．
[51] 何黎明．我国智慧物流发展现状及趋势[J]．中国国情与国力，2017(12)：9-12．
[52] 饶姗姗，鲍正德，李晨曦．浅谈基于大数据的数据存储技术[J]．计算机系统网络和电信，2019，1(2)．